本书出版得到广东海洋大学中国语言文学重点学科建设经费、科技处学术著作出版基金、发展规划处学科建设经费共同资助

齐高帝萧道成年谱

蔡平 著

暨南大学出版社
JINAN UNIVERSITY PRESS

中国·广州

图书在版编目（CIP）数据

齐高帝萧道成年谱/蔡平著. —广州：暨南大学出版社，2020. 12
ISBN 978 - 7 - 5668 - 3018 - 0

Ⅰ. ①齐…　Ⅱ. ①蔡…　Ⅲ. ①萧道成（427—482）—年谱
Ⅳ. ①K827 = 391

中国版本图书馆 CIP 数据核字（2020）第 217120 号

齐高帝萧道成年谱
QI GAODI XIAO DAOCHENG NIANPU
著　者：蔡　平
···

出 版 人：张晋升
策划编辑：杜小陆
责任编辑：潘江曼　亢东昌
责任校对：刘舜怡
责任印制：汤慧君　周一丹

出版发行：暨南大学出版社（510630）
电　　话：总编室（8620）85221601
　　　　　营销部（8620）85225284　85228291　85228292　85226712
传　　真：（8620）85221583（办公室）　85223774（营销部）
网　　址：http：//www.jnupress.com
排　　版：广州良弓广告有限公司
印　　刷：佛山市浩文彩色印刷有限公司
开　　本：787mm×1092mm　1/16
印　　张：25. 25
字　　数：370 千
版　　次：2020 年 12 月第 1 版
印　　次：2020 年 12 月第 1 次
定　　价：89. 80 元

前　言

萧道成（427—482），南齐建国之君，宋顺帝昇明三年（479）四月甲午即皇帝位，建元四年（482）三月壬戌崩于临光殿，在位仅三年。萧道成博涉经史、多才多艺，善属文，工草隶书，善围棋。严可均《全齐文》辑其文六十八篇，除《与褚渊袁粲书》《报沈攸之书》等个别篇章相对完整、略具文之规模外，多为经国言语之短章，其中多有体现其醇厚性情的，具有一定的文学色彩。其诗今仅存《塞客吟》《群鹤咏》二首，分别载于《南齐书·苏侃传》和《南史·荀伯玉传》，是于宋明帝时期创作的乐府旧题诗。《群鹤咏》较早见选于《采菽堂古诗选》，成书于 1992 年的《汉魏六朝诗鉴赏辞典》列此诗为鉴赏篇目。曹旭等《齐梁萧氏诗文选注》注评萧道成诗 2 首、文 7 篇，是迄今选录萧道成作品最多的。钟嵘将萧道成纳入《诗品》所品 122 位诗人之列，归之于"下品"，评曰："齐高帝诗，词藻意深，无所云少。"

南朝齐、梁均为萧氏王朝，然对两朝帝王之研究却是极不平衡的。过去对梁武帝萧衍、简文帝萧纲、元帝萧绎的研究，业已成为南朝文史研究的热点之一，对南齐诸帝之研究则关注不够。诚然，南齐历高帝萧道成、武帝萧赜、鬱林王萧昭业、海陵王萧昭文、明帝萧鸾、东昏侯萧宝卷、和帝萧宝融，却都享国日浅，政绩不著，留下的诗文既远不及萧梁诸帝之多，在文学色彩上又多所不及，对当世及后世的影响也较为逊色，故文学史上便缺少了如对萧梁诸帝那样肯定或否定式的接受。以齐高帝萧道成而言，南朝文史研究话语中明确以萧道成为对象的研究著述主要出现在近十几年里，仅有冯文丹《刘宋昇明元年萧道成与袁粲、沈攸之之争》[1]、王永平《南

---

①　冯文丹：《刘宋昇明元年萧道成与袁粲、沈攸之之争》，首都师范大学硕士学位论文，2004 年。

齐高帝萧道成之"家教"及其门风之变化——从一个侧面看萧齐皇族的"士族化"趋向》①、汪奎《萧道成覆宋建齐考论》②、杨茹《宋齐之际庶族的全面崛起与萧道成势力研究》③、刘欢《萧道成代宋研究》④ 等数篇。这些著述主要为学位论文,且均为史学视野的研究。另有近三十篇论著从不同视角在一定程度上涉及萧道成的书写。至于谱类著述,仅有王晓卫《萧道成年谱简编》⑤ 一篇。

本谱编纂遵循以下原则:

1. 各年内之内容约为三项:

一是当年政治、经济、军事、文化等方面的重要事件。事件择取酌情而定,或直引文献原文,或依原文转述,均于文后注明出处。对一年之内与谱主相关的事件,依原始文献的纪年顺序依次排列,对于大事记中诸条目,根据需要加以辨析考证性按语,凡涉及文化、文学、艺术、学术等问题者,详加按语。按语均于每条事件之下。

二是谱主事迹。凡发生于谱主身上的一切大小事件,均依时间顺序,采取转述的形式出之,事迹表述之后注明出处。每条谱主事迹均出以按语,以说明或考辨事件的依据,并对与谱主事迹直接相关的人物或事件加以引述分析,以揭示彼此间的内在联系。

三是重要人物生年及卒年。重要人物包括政治、经济、军事、文化人物,对于文人,无论重要与否,凡有史料可查证者均列之。

2. 萧道成事迹之可据者,按其可信程度大致可分为三个层次:第一层次,萧道成本人之诗文著述。今所见萧道成作品,均为后世所辑,主要为清人严可均《全齐文》、近人逯钦立《先秦汉魏晋南北朝诗》。第二层次,来自南北朝诸史所载史料,包括《宋书》《南齐书》《梁书》《南史》《魏书》《北史》等,以《南朝五史人名索

---

① 王永平:《南齐高帝萧道成之"家教"及其门风之变化——从一个侧面看萧齐皇族的"士族化"趋向》,《江苏行政学院学报》2007 年第 5 期。

② 汪奎:《萧道成覆宋建齐考论》,《兰州学刊》2007 年第 7 期。

③ 杨茹:《宋齐之际庶族的全面崛起与萧道成势力研究》,重庆师范大学硕士学位论文,2010 年。

④ 刘欢:《萧道成代宋研究》,湘潭大学硕士学位论文,2017 年。

⑤ 该年谱附于《萧道成评传》篇末,见薛锋、储佩成主编:《南兰陵萧氏人物评传》,上海古籍出版社 2015 年版,第 20 – 22 页。

引》和《北朝四史人名索引》为史料辑录线索。第三层次，当世或后世诗文、评论及有助于生平事迹考证的相关资料。《建康实录》《通典》《资治通鉴》《景定建康志》《六朝事迹编类》等亦为萧道成生平材料的必要补充。

3. 谱主为南齐开国之君，生平事迹史料相对丰富详赡，同一事迹往往诸史并载，彼此或有出入，采集史料时则据实甄别。对于不明的史料，则参证相关人物史料而裁定。

4. 系谱主以外人物生卒年者，随谱主事迹的推进，标其生于何年或卒于何年，并引述推论依据，以按语出之。其中一些人物，今多有谱类著述行世，对于生卒年并无争议者，直接据史载推定；对于存在争议的人物生卒年，则结合成谱加以辨析。

5. 年谱通常包含谱主一生的所有事迹，涉及谱主政治、经济、军事、宗教、文学、艺术等诸多领域。本谱修纂时，亦根据需要将涉及谱主事迹的今人相关研究成果吸纳进来。对前贤与时贤非谱类研究成果，或有引用，或为参考，或予辩证，仅作证成之用，不妄加批评或附和，并随文出注，以示对他人成果之尊重。对无法或因资料不足而不能辨明之事，则付阙疑，不强以出解。

关于萧道成世系，《南齐书·高帝纪》开卷谓："太祖高皇帝讳道成，字绍伯，姓萧氏，小讳斗将，汉相国萧何二十四世孙也。""斗将"，唐代多用以指称骁勇善战的将领。唐人刘肃《大唐新语·聪敏》记唐高宗问贾言忠辽东诸将所能，贾言忠谓"庞同善虽非斗将，所持军严整"。[①] 又《旧唐书·仆固怀恩传》载仆固怀恩子仆固场"以开府仪同三司从将兵于其军，每深入虏阵，亦以勇敢闻，军中号为'斗将'"。[②]

《南齐书·高帝纪》以萧道成为汉相国萧何第二十四世孙，并详举其世系：

（酂文终侯）萧何—（酂定侯）萧延—（侍中）萧彪—（公府掾）萧章—萧皓—萧仰—（御史大夫）萧望之—（光禄大夫）萧

---

①　（唐）刘肃撰，许德楠、李鼎霞点校：《大唐新语》，中华书局 1984 年版，第 119 页。

②　（后晋）刘昫等撰：《旧唐书》卷一百二十一，中华书局 1975 年版，第 3479 页。

育—（御史中丞）萧绍—（光禄勋）萧闳—（济阴太守）萧阐—（吴郡太守）萧永—（中山相）萧苞—（博士）萧周—（蛇丘长）萧矫—（州从事）萧逵—（孝廉）萧休—（广陵府丞）萧豹—（太中大夫）萧裔—（淮阴令）萧整—（即丘令）萧儁—（辅国参军）萧乐子—萧承之—萧道成。

《梁书·武帝纪》载萧氏世系与《南齐书·高帝纪》略有出入：

（酂文终侯）萧何—（酂定侯）萧延—（侍中）萧彪—（公府掾）萧章—萧皓—萧仰—（太子太傅）萧望之—（光禄大夫）萧育—（御史中丞）萧绍—（光禄勋）萧闳—（济阴太守）萧阐—（吴郡太守）萧冰—（中山相）萧苞—（博士）萧周—（蛇丘长）萧矫—（州从事）萧逵—（孝廉）萧休—（广陵郡丞）萧豹—（太中大夫）萧裔—（淮阴令）萧整—（济阴太守）萧辖—（州治中）萧副子—（南台治书）萧道赐—萧顺之—萧衍。

萧何（前257—前193），卒于汉惠帝二年，谥"文终侯"。

萧延（生卒年不详），萧何少子，高后二年（前186），以定侯封筑阳侯，文帝元年（前179）更封为酂侯。《汉书·萧何传》："孝惠二年，何薨，谥曰文终侯。子禄嗣，薨，无子。高后乃封何夫人同为酂侯，小子延为筑阳侯。孝文元年，罢同，更封延为酂侯。"[1]

萧彪（生卒年不详），《史记》《汉书》均未载其事迹。

萧章（生卒年不详），大致历汉成帝、哀帝、平帝之世。事迹仅见《汉书·高惠高后文功臣表》，其曰："绥和元年，质侯章嗣。元始元年，益封满二千户，十三年薨。"[2]

萧皓（生卒年不详），《史记》《汉书》未载其事迹。

萧仰（生卒年不详），《史记》《汉书》未载其事迹。

萧望之（前114？—前47），汉元帝初元二年（前47）为石显等人所谮而自杀。《汉书·周堪传》："及元帝即位，堪为光禄大夫，与萧望之并领尚书事，为石显等所谮，皆免官。望之自杀，上愍之，

① （汉）班固撰，（唐）颜师古注：《汉书》卷三十九，中华书局1962年版，第2012页。

② （汉）班固撰，（唐）颜师古注：《汉书》卷十六，中华书局1962年版，第544页。

乃擢堪为光禄勋。"① 《通鉴》系萧望之自杀于元帝初元二年。按照《南齐书·高帝纪》和《梁书·武帝纪》的萧氏世系载录，"何子酇定侯延生侍中彪，彪生公府掾章，章生皓，皓生仰，仰生御史大夫望之"，至萧章为第四世，萧章历汉成帝、哀帝、平帝，至萧望之为第七世，萧望之历武帝、昭帝、宣帝，自萧章后又历萧皓、萧仰至萧望之，而萧望之在世时间反倒在萧章之前，显然是不合常理的。《史记》《汉书》二史没有任何关于萧皓、萧仰的史料载录，萧望之出于萧仰无据可证。况且，萧何为沛人，而萧望之为东海兰陵人，《汉书·萧望之传》谓"萧望之字长倩，东海兰陵人也，徙杜陵，家世以田为业，至望之，好学，治《齐诗》，事同县后仓且十年"②，显然东海兰陵萧氏在萧望之之前历世以耕田为业，至萧望之才荣登仕途，而至声名显著。《南齐书》《梁书》所载兰陵萧氏家族世系，唐时已有学者提出质疑。唐初颜师古注《汉书》云：

近代谱牒妄相托附，乃云望之萧何之后，追次昭穆，流俗学者共祖述焉。但酇侯汉室宗臣，功高位重，子孙胤绪，具详表传。长倩（萧望之字）钜儒达学，名节并隆，博览古今，能言其祖。市朝未变，年载非遥，长老所传，耳目相接，若其实承何后，史传宁得弗详？《汉书》既不叙论，后人焉所取信？不然之事，断可识矣。③

《汉书·高惠高后文功臣表》"酇文终侯萧何"仅叙至九世萧乡侯萧禹，"王莽居摄元年，侯禹嗣，建国元年更为萧乡侯，莽败，绝"。④ 《后汉书》亦未提及萧章之后、萧望之之前的萧皓、萧仰，《汉书·萧望之传》历述萧望之家世时也未载其有功高位重的汉室宗

---

① （汉）班固撰，（唐）颜师古注：《汉书》卷八十八，中华书局 1962 年版，第 3604 页。

② （汉）班固撰，（唐）颜师古注：《汉书》卷七十八，中华书局 1962 年版，第 3271 页。

③ （汉）班固撰，（唐）颜师古注：《汉书》卷七十八《萧望之传》注，中华书局 1962 年版，第 3271 页。

④ （汉）班固撰，（唐）颜师古注：《汉书》卷十六，中华书局 1962 年版，第 544 页。

臣家史，可见萧望之并非萧何之后。东汉王符在《潜夫论·氏姓》中有言："汉兴，相国萧何封酂侯，本沛人，今长陵萧其后也；前将军萧望之，东海、杜陵萧其后也。"[①] 表明萧何与萧望之是萧氏的不同世系。唐人李延寿撰《南史》，其《齐本纪》《梁本纪》不提萧何至淮阴令萧整之前的萧氏世系，而均从淮阴令萧整叙起。《齐本纪论》云："据齐、梁纪录，并云出自萧何，又编御史大夫望之以为先祖之次。案何及望之于汉俱为勋德，而望之本传不有此陈，齐典所书，便乖实录。近秘书监颜师古博考经籍，注解《汉书》，已正其非，今随而改削云。"[②] 萧望之原居东海兰陵，后徙于杜陵。杜陵，在今陕西省西安市东南二十多公里的长安区境内。据谭洁所考，萧望之墓在杜陵，今山东临沂兰陵故城北六公里小仲村西南五百米处的一座古墓，当地群众称之为"萧王墓"，是萧望之家族后人立的衣冠冢。"齐梁萧氏先祖与先居兰陵后迁杜陵的萧望之，并非如《南齐书》所云同一故里，也非同一支系。"[③]

萧育（前76—3），萧望之之子，字次君。他曾经辅佐过元帝、成帝、哀帝三代君主，历任太子庶子、御史、使匈奴副校尉，后又为茂陵令、南郡太守、青冀二州刺史、长水校尉、泰山太守，入守大鸿胪。《汉书·萧望之传》云："望之八子，至大官者育、咸、由。"[④]《汉书》有传，附于《萧望之传》后。

萧绍（生卒年不详），其名仅见于《南齐书·高帝纪》《梁书·武帝纪》。

萧闵（生卒年不详），其名仅见于《南齐书·高帝纪》《梁书·武帝纪》。

萧阐（生卒年不详），其名仅见于《南齐书·高帝纪》《梁书·武帝纪》。

萧永（生卒年不详），其名仅见于《南齐书·高帝纪》《梁书·

---

① （汉）王符撰，（清）汪继培笺：《潜夫论》，中华书局1979年版，第460页。
② （唐）李延寿撰：《南史》卷四，中华书局1975年版，第127页。
③ 谭洁：《兰陵萧氏家族文化研究》，中华书局2013年版，第16页。
④ （汉）班固撰，（唐）颜师古注：《汉书》卷七十八，中华书局1962年版，第3289页。

武帝纪》。《梁书·武帝纪》作"萧冰"。

萧苞（生卒年不详），其名仅见于《南齐书·高帝纪》《梁书·武帝纪》。

萧周（生卒年不详），其名仅见于《南齐书·高帝纪》《梁书·武帝纪》。

萧矫（生卒年不详），其名仅见于《南齐书·高帝纪》《梁书·武帝纪》。

萧逵（生卒年不详），其名仅见于《南齐书·高帝纪》《梁书·武帝纪》。

萧休（生卒年不详），其名仅见于《南齐书·高帝纪》《梁书·武帝纪》。

萧育后，自萧绍至萧休，《汉书》《后汉书》《三国志》《晋书》诸史均不见载录，他们是否为萧望之之后，或史上是否确有其人，亦颇可疑。由史籍的阙载看，萧何系之萧氏与萧望之系之萧氏于东汉至魏晋是渐趋衰落的。

萧豹（生卒年不详），其名除见于《南齐书·高帝纪》《梁书·武帝纪》历叙兰陵萧氏世系外，仍见于《南齐书·礼志》，萧道成即位所立七庙之一"广陵府君"①，又见于《南齐书·乐志》南齐朝用以称述祖宗功德的太庙歌辞"皇祖广陵丞府君神室奏《凯容乐》歌辞"②。其他事迹不详。

萧裔（生卒年不详），与萧豹一致，其名见于《南齐书·高帝纪》《梁书·武帝纪》。萧道成即位立七庙之二"太中府君"，皇祖太中大夫府君神室亦奏《凯容乐》歌辞。

萧整（生卒年不详），字公齐，萧道成即位立七庙，为"淮阴府君"。《南齐书·高帝纪》云："晋元康元年，分东海为兰陵郡。中朝乱，淮阴令整字公齐，过江居晋陵武进县之东城里。寓居江左者，皆侨置本土，加以南名，于是为南兰陵兰陵人也。"③ 东海郡，汉高帝置，属徐州，治郯（今山东郯城县）。《后汉书·郡国志》：

---

① （梁）萧子显撰：《南齐书》卷九，中华书局1972年版，第130页。

② （梁）萧子显撰：《南齐书》卷十一，中华书局1972年版，第181页。

③ （梁）萧子显撰：《南齐书》卷一，中华书局1972年版，第1页。

"东海郡，高帝置，洛阳东千五百里，十三城。"① "兰陵"居其一。曹魏时一度为侯国（兰陵国）。据胡阿祥等所考，曹魏时为兰陵国始自魏明帝太和元年（227），终于魏元帝景元四年（263）。② 晋永嘉之乱，"徐州之淮北流人相帅过江淮，帝并侨立郡县以司牧之。……以江乘置南东海、南琅邪、南东平、南兰陵等郡，分武进立临淮、淮陵、南彭城等郡，属南徐州"。③ 家居徐州东海郡兰陵的齐梁萧氏，自淮阴令萧整始南渡江淮，变为江南侨姓家族，经土断后籍贯改成南兰陵兰陵人。南渡的淮阴令萧整即成为南朝齐梁萧氏之共祖。《南史·梁本纪》曰："梁高祖武皇帝讳衍，……姓萧氏，与齐同承淮阴令整。"④

萧儁（生卒年不详），萧整之子。《南史·齐本纪上》："皇曾祖儁，字子武，位即丘令。"萧道成即位立七庙，为"即丘府君"。《梁书·武帝纪上》："整生济阴太守辖。"《南史·梁本纪上》："整生皇高祖辖，位济阴太守。"萧儁与萧辖既同出萧整，则二人至少是同父兄弟。撇开对汉代萧何、萧望之二萧氏的攀附成分，兰陵齐梁萧氏家族除《南齐书》《梁书》《南史》诸史述世系及立七庙位提及族系人物外，最早见于史籍者为东晋时期的萧辖，即萧整之子，梁武帝萧衍高祖。据《晋书·荀崧附荀羡传》所载，晋穆帝升平元年（357），前燕与东晋交兵，慕容儁攻段兰于青州，东晋使兖州刺史荀羡率兵救援，军至琅邪而段兰已覆没，荀羡于是退至下邳，"留将军诸葛攸、高平太守刘庄等三千人守琅邪，参军戴逯、萧辖二千人守泰山"。⑤ 时萧辖官职仅为参军。齐梁萧氏至萧儁、萧辖而分途。

萧乐子（生卒年不详），即丘令萧儁之子，萧道成之祖父。萧道

① （晋）司马彪撰，（梁）刘昭注补：《后汉书志》卷十九，中华书局1965年版，第3458页。

② 胡阿祥、孔祥军、徐成：《中国行政区划通史·三国两晋南朝卷》上册，复旦大学出版社2014年版，第355页。

③ （唐）房玄龄等撰：《晋书》卷十五《地理志下》，中华书局1974年版，第453页。

④ （唐）李延寿撰：《南史》卷六，中华书局1975年版，第167页。

⑤ （唐）房玄龄等撰：《晋书》卷七十五《荀崧传》，中华书局1974年版，第1981页。

成即位立七庙，萧乐子位"太常府君"。《南史·齐本纪上》："皇祖乐子，字闰子，位辅国参军，宋昇明中赠太常。"萧梁一系则为萧镕之子萧副子。

萧承之（384—447），字嗣伯，少有大志，才力过人，仕宋为汉中太守。平梁州，以功加龙骧将军，后为南泰山太守，封晋兴县五等男，迁右军将军。元嘉二十四年（447）殂。昇明二年（478），赠散骑常侍、金紫光禄大夫。建元元年（479）五月丙寅，追尊为宣皇帝。据《新唐书·宰相世系表》载，萧氏分皇舅房、齐梁房：

> 皇舅房：卓生源之，字君流，徐、兖二州刺史，袭封阳县侯。生思话，郢州都督，封阳穆侯。六子：惠开、惠明、惠基、惠休、惠朗、惠蒨。惠蒨，齐左户尚书。生介。
> 齐梁房：整第二子镕，济阴太守。生副子，州治中从事。生道赐，宋南台治中侍御史。三子：尚之、顺之、崇之。顺之字文纬，齐丹阳尹、临湘懿侯。十子：懿、敷、衍、畅、融、宏、伟、秀、憺、恢。衍，梁高祖武皇帝也，号齐梁房。懿字元达，长沙宣武王。七子：业、藻、象、猷、朗、轨、明。明字靖通，梁贞阳侯，曾孙文憬。①

这一记载虽云"齐梁房"，却只言梁房，未提及齐房谱系。宋史臣之修《新唐书》，所序唐宰相世系中的萧氏，或主要为齐梁房中的梁房一系的后代，故略齐房萧氏。实际上，齐梁房之发迹，正是起于萧承之、萧道成父子以自身的才干在刘宋时得到皇舅房萧源之、萧摹之、萧思话等的提携，而以军功成为齐梁房的真正开创基业者。从齐梁房之共祖萧整而言，萧整有三子：萧儁、萧镕、萧烈。萧儁之子萧乐子有二子：萧奉之、萧承之。萧承之有三子：长子衡阳元王萧道度，次子始安贞王萧道生，三子萧道成。

萧道度（生卒年不详），萧承之长子，庶生，与萧道成俱受学于大儒雷次宗。随父萧承之征战，官至安定太守，卒于宋世。建元二

---

① （宋）欧阳修、宋祁撰：《新唐书》卷七十一《宰相世系一下》，中华书局1975年版，第2279页。

年（480），追加封谥。无子，萧道成以其第十一子萧钧（473—494）继其后。萧钧，萧道成第十一子，年七岁（建元二年）出继衡阳元王，延兴元年（494）遇害，年二十二。明帝萧鸾即位，以武帝萧赜第二十子永阳王萧子珉继衡阳元王为孙，永泰元年（498）见害，年十四。萧鸾又以萧道成第五子武陵昭王萧晔第三子萧子坦奉衡阳元王之后。

萧道生（生卒年不详），字孝伯，萧承之次子，庶生，宋世为奉朝请，卒。建元元年（479），追封谥。建武元年（494），明帝萧鸾追尊其为景皇，妃江氏为后。立寝庙于御道西，名曰修安陵。三子：长子萧凤；次子萧鸾，是为明帝；三子萧缅，是为安陆昭王。

萧凤（生卒年不详），字景慈，仕宋位正员郎，卒于宋世，谥靖世子。建武元年，追封萧凤始安靖王。子萧遥光为嗣。

萧遥光（468—499），字元晖，始安靖王萧凤长子。高宗萧鸾欲即位，诛赏诸事唯萧遥光共谋议。东昏侯萧宝卷永元元年（499）被杀，时年三十二。遥光无子，以江陵公萧宝览为始安王，奉靖王后。江陵公萧宝览，萧道生三子安陆昭王萧缅之次子。

萧遥欣（469—499），字重晖，始安靖王萧凤次子，博览经史，封曲江公。萧承之兄西平太守萧奉之无后，以萧遥欣继为曾孙。明帝入辅，萧遥欣与始安王萧遥光等参预政事，凡所谈荐，皆得其人。永元元年卒，时年三十一。

萧几（生卒年不详），曲江公萧遥欣之子，字德玄，年十岁便能属文。早孤，有弟九人，并幼，萧几恩爱笃睦，闻于朝廷。好学，善草隶书。晚年专尚释教，卒于官。

萧清（生卒年不详），新安太守萧几之子，有文才，位永康令。

萧遥昌（？—498），字季晖，始安靖王萧凤三子。建武元年，封丰城县公，位豫州刺史。永泰元年卒，谥宪公。

萧鸾（452—498），字景栖，始安贞王萧道生次子，为萧道生妃（江祏姑）所生，是为齐明帝。《南史·江祏传》："祏姑为齐高帝兄始安贞王道生妃，追谥景皇后，生齐明帝。"[①]明帝十一子：敬皇后

---

① （唐）李延寿撰：《南史》卷四十七，中华书局1975年版，第1181页。

生东昏侯萧宝卷、江夏王萧宝玄、鄱阳王萧宝寅、和帝萧宝融；殷贵嫔生巴陵隐王萧宝义、晋熙王萧宝嵩；袁贵妃生庐陵王萧宝源；管淑妃生邵陵王萧宝攸；许淑媛生桂阳王萧宝贞。余皆早夭。

萧宝义（生卒年不详），字智勇，齐明帝萧鸾长子。梁受禅，封谢沐县公，寻封巴陵郡王，奉齐后。天监中薨。

萧宝卷（483—501），字智藏，齐明帝萧鸾第二子，建武元年（494）立为皇太子。永泰元年（498）七月己酉，明帝萧鸾崩，萧宝卷即位，是为东昏侯。永元三年（501）十二月丙寅，为雍州刺史王珍国、侍中张稷等率兵入殿所杀，时年十九。

萧赞（生卒年不详），字德文，东昏侯萧宝卷之子。《魏书·萧宝寅附萧赞传》："初，萧衍灭宝卷，宝卷宫人吴氏始孕，匿而不言，衍仍纳之，生赞，以为己子，封豫章王。及长，学涉，有才思。其母告之以实，赞昼则谈谑如常，夜则衔悲泣涕，结客待士，恒有来奔之志。"[1] 魏孝明帝孝昌元年（525）投魏至洛阳，封高平郡开国公、丹阳王。在北遇病而卒。

萧宝玄（480—500），字智深，齐明帝萧鸾第三子。建武元年，封为江夏郡王。永元二年（500），应崔慧景谋反为东昏侯所杀。

萧宝源（480—502），字智渊[2]，齐明帝萧鸾第五子。建武元年，封为庐陵王。中兴二年（502）薨。

萧宝寅（485—530），字智亮，齐明帝萧鸾第六子。建武初，封建安郡王。宣德太后临朝，改封萧宝寅为鄱阳王。为避萧衍之害，于魏宣武帝景明二年（501）北奔至魏寿春，时年仅十六岁。景明三年（502），魏宣武帝下诏礼待萧宝寅。宝寅在北为官，"乃起学馆于清东，朔望引见士姓子弟，接以恩颜，与论经义，勤于政治，吏民爱之。凡在三州，皆著名称"[3]。魏孝庄帝永安三年（530），赐死萧宝寅。萧宝寅有三子：长子萧烈，与其父宝寅同诛。次子萧权，与其弟萧凯射戏，为凯矢击中而死。三子萧凯，东魏孝敬帝天平中被

①（北齐）魏收撰：《魏书》卷五十九，中华书局 1974 年版，第 1325 页。
②《南史》卷四十四《明帝诸子传》谓"庐陵王宝源字智泉"。
③（北齐）魏收撰：《魏书》卷五十九《萧宝寅传》，中华书局 1974 年版，第 1318 页。

杀。家遂殄灭。

萧宝融（488—502），字智昭，齐明帝萧鸾第八子。永元三年（501），即皇帝位，是为齐和帝。中兴二年（502）四月薨，年十五。追尊为齐和帝，葬恭安陵。

萧宝攸①（？—502），字智宣，齐明帝萧鸾第九子。建武元年（494），封南平郡王。建武二年（495），改封邵陵王。中兴二年，谋反赐死。

萧宝嵩（？—502），字智靖，齐明帝萧鸾第十子。中兴二年，谋反伏诛。

萧宝贞（490—502），齐明帝萧鸾第十一子。中兴二年，谋反伏诛。

萧缅（454—491），字景业，始安贞王萧道生三子。建元元年，封安陆侯。永明九年（491），卒。谥昭侯，年三十七。建武元年，赠安陆王。萧缅三子：湘东王萧宝晊、江陵公萧宝览、汝南公萧宝宏。宝晊粗好文章，因谋反，与弟宝览、宝宏皆伏诛。

萧道成（427—482），字绍伯，萧承之三子，为宣孝皇后陈道止所生。有十九子：昭皇后生武帝萧赜、豫章文献王萧嶷；谢贵嫔生临川献王萧映、长沙威王萧晃；罗太妃生武陵昭王萧晔；任太妃生安成恭王萧暠；陆修仪生鄱阳王萧锵、晋熙王萧銶；袁修容生桂阳王萧铄；何太妃生始兴简王萧鉴、宜都王萧铿；区贵人生衡阳王萧钧；张淑妃生江夏王萧锋、河东王萧铉；李美人生南平王萧锐。第九、第十三、第十四、第十七皇子早亡。衡阳王萧钧出继衡阳元王萧道度为后。

萧赜（440—493），字宣远，萧道成长子，小讳龙儿，生于建康青溪宅，为萧道成昭皇后刘智容所生。是为齐武帝。武帝二十三子：穆皇后生文惠太子萧长懋、竟陵文宣王萧子良；张淑妃生庐陵王萧子卿、鱼复侯萧子响；周淑仪生安陆王萧子敬、建安王萧子真；阮淑媛生晋安王萧子懋、衡阳王萧子峻；王淑仪生随郡王萧子隆；蔡婕妤生西阳王萧子明；乐容华生南海王萧子罕；傅充华生巴陵王萧

---

① 《南史》卷四十四《明帝诸子传》作"宝修"。

子伦；谢昭仪生邵陵王萧子贞；江淑仪生临贺王萧子岳；庾昭容生西阳王萧子文；荀昭华生南康王萧子琳；颜婕妤生永阳王萧子珉；宫人谢氏生湘东王萧子建；何充华生南郡王萧子夏。第六、十二、十五、二十二皇子早亡。萧子珉建武中继衡阳元王萧道度之后。

萧长懋（458—493），字云乔，小字白泽，齐武帝长子。建元元年，封南郡王。建元四年（482）三月，太祖萧道成崩，萧赜即位，长懋为皇太子。善立名尚，解声律，工射。从容有风仪，音韵和辩，好释氏，引接朝士。会稽虞炎、济阳范岫、汝南周颙、陈郡袁廓等并以学行，应对左右。永明十一年（493）薨于东宫崇明殿，时年三十六。隆昌元年（494），追尊为文帝，庙号世宗。文惠太子萧长懋四子：安皇后生废帝郁林王萧昭业，宫人许氏生废帝海陵王萧昭文，陈氏生巴陵王萧昭秀，褚氏生桂阳王萧昭粲。

萧昭业（473—494），字元尚，文惠太子萧长懋长子。永明十一年正月，文惠太子薨，立萧昭业为皇太孙，居东宫。永明十一年七月戊寅，齐武帝萧赜崩，萧昭业即皇帝位，史称"郁林王"。九月，追尊文惠太子萧长懋为世宗文皇帝。萧昭业美容止，好隶书。隆昌元年七月被废为郁林王，寻被杀，时年二十二。

萧昭文（480—494），字季尚，文惠太子萧长懋第二子。隆昌元年七月，郁林王萧昭业被废，西昌侯萧鸾谋立萧昭文为帝。萧昭文于七月丁酉即皇帝位，并改元延兴。延兴元年十月辛亥，皇太后令废帝为海陵王，由宣城王萧鸾入纂皇统。《南齐书·明帝纪》云："太后令废海陵王，以上入纂太祖为第三子。"[①] 十月癸亥，萧鸾即皇帝位，改元建武。建武元年十一月，萧昭文被杀，时年十五。

萧昭秀（483—498），字怀尚，文惠太子萧长懋第三子。永泰元年被杀，年十六。

---

① （梁）萧子显撰：《南齐书》卷六，中华书局1972年版，第84页。何谓"入纂太祖为第三子"呢？太祖高帝萧道成第二子萧嶷（444—492），第三子萧映（458—489），第四子萧晃（460—490），本有第三子萧映，为使萧鸾（452—498）即帝位合法化，将本为萧道生之子的萧鸾强编入萧道成皇统内，使其成为萧道成第三子。萧鸾生年晚于萧嶷，早于萧映，故按生年排在第三。即便如此，皇统也已错乱。文惠太子早卒，其子萧昭业、萧昭文非常态登位，即帝位者理论上应是萧子良及诸弟与诸子，哪里轮得上一个旁系的萧鸾呢？

萧昭粲（491—498），文惠太子萧长懋第四子。永泰元年被杀，年八岁。

萧子良（460—494），字云英，齐武帝第二子。昇明三年（479），封闻喜公。少有清尚，礼才好士，倾意宾客，天下才学皆游集其门。于鸡笼山西邸集学士抄纂《五经》百家，依《皇览》之例为《四部要略》千卷。招致名僧，讲论佛法，造经呗新声，道俗之盛，江左未有。所著内外文笔数十卷，少文采，多劝戒。隆昌元年薨，时年三十五。

萧昭胄（？—501），字景胤，竟陵文宣王萧子良之子。泛涉书史，有父风。以应崔慧景之反，兄弟皆伏诛。

萧同（生卒年不详），萧昭胄长子，梁受禅，降封为监利侯。

萧贲（生卒年不详），字文奂，萧昭胄次子。好学，有文才，能书善画，"于扇上图山水，咫尺之内，便觉万里为遥"。[①] 好著述，尝著《西京杂记》六十卷。

萧昭颖（生卒年不详），竟陵文宣王萧子良之子。官至宁朔将军、彭城太守。与其兄萧昭胄同诛。

萧子卿（468—494），字云长，齐武帝萧赜第三子。建元元年，封临汝县公。隆昌元年被杀，时年二十七。

萧子响（469—490），字云音，齐武帝萧赜第四子。豫章王萧嶷无子，养子响。后萧嶷有子，仍上表留子响为嫡。永明八年（490），武帝萧赜遣萧衍之父丹阳尹萧顺之领兵至江津赐子响死，时年二十二。

萧子敬（472—494），字云端，齐武帝萧赜第五子。萧赜临终尝有意立子敬为太子，以代太孙。然子敬"钝"，乃息代换之意。延兴元年，萧鸾清除高、武诸王，由王广之袭杀子敬，时年二十三。

萧子懋（472—494），字云昌，齐武帝萧赜第七子。"诸子中最为清恬，有意思，廉让好学。"[②] 颇有文才，因"常以书读在心"，

---

① （唐）李延寿撰：《南史》卷四十四《齐武帝诸子传》，中华书局1975年版，第1106页。

② （唐）李延寿撰：《南史》卷四十四《齐武帝诸子传》，中华书局1975年版，第1110页。

颇得武帝欢心。由此，武帝赐子懋杜预手定《左传》及《古今善言》。永明八年，撰《春秋例苑》三十卷，得武帝赞许，并敕付秘阁。延兴元年见害，时年二十三。子懋有子萧昭基，事迹不详。

萧子隆（474—494），字云兴，齐武帝萧赜第八子。性和美，有文才。武帝以其能属文，称之"我家东阿也"①。当时有文集行世。延兴元年，萧鸾辅政，谋害诸王，与鄱阳王萧锵同时遇害，时年二十一。

萧子真（476—494），字云仙，齐武帝萧赜第九子。延兴元年见害，时年十九。

萧子明（479—495），字云光，齐武帝萧赜第十子。建武二年（495），诛萧谌，子明与弟萧子罕、萧子贞被诬同谋见害，时年十七。

萧子罕（479—495），字云华，齐武帝萧赜第十一子。颇有学。建武二年遇害，时年十七。

萧子伦（479—494），字云宗，齐武帝萧赜第十三子。延兴元年，萧鸾遣中书舍人茹法亮杀子伦，时年十六。

萧子贞（481—495），字云松，齐武帝萧赜第十四子。建武二年被杀，年十五。

萧子岳（485—498），字云峤，齐武帝萧赜第十六子。萧鸾于建武元年及建武二年诛杀武帝萧赜诸子至第十四子萧子贞，唯余第十六子萧子岳、十七子萧子文、十八子萧子峻、十九子萧子琳、二十一子萧子建、二十三子萧子夏在后，当时称为"七王"②。萧鸾见武帝诸子早晚上朝，回后宫叹息曰："我及司徒诸儿子皆不长，高、武子孙日长大。"③萧鸾此言十分真实地表达了其内心世界，对高、武的多子孙表现出强烈的妒忌，故必尽诛之而后快。永泰元年（498），尽诛子岳等七王。子岳死时，时年十四。

---

① （梁）萧子显撰：《南齐书》卷四十《随郡王子隆传》，中华书局1972年版，第710页。

② 高宗诛灭世祖诸子，在后者为第十六子萧子岳及其六个弟弟，人称"七王"。然《南齐书》《南史》未载二十子。

③ （梁）萧子显撰：《南齐书》卷四十《临贺王子岳传》，中华书局1972年版，第713页。

萧子文（485—498），字云儒，齐武帝萧赜第十七子。永泰元年被杀，时年十四。

萧子峻（485—498），字云嵩，齐武帝萧赜第十八子。永泰元年被杀，时年十四。

萧子琳（485—498），字云璋，齐武帝萧赜第十九子。永泰元年被杀，时年十四。

萧子建（486—498），字云立，齐武帝萧赜第二十一子。永泰元年被杀，时年十三。

萧子夏（492—498），字云广，齐武帝萧赜第二十三子。永泰元年被杀，时年七岁。

萧嶷（444—492），字宣俨，齐高帝萧道成第二子。宽仁弘雅，有大成之量，高帝特钟爱焉。永明十年薨，年四十九。萧嶷有十六子，并入梁世。

萧子廉（？—493），字景蔼。起初，萧嶷养鱼复侯萧子响为世子，萧子廉封为永新侯。后萧子响还本，萧子廉为世子。永明十一年（493）卒，谥哀世子。

萧子恪（478—529）①，字景冲，豫章文献王萧嶷第二子。有文才，年十二，和从兄司徒竟陵王《高松赋》。入梁，曾为梁武帝引见，梁武帝对其说了一通甚是宽心的话：

> 夫天下之宝，本是公器，苟无期运，虽有项籍之力，终亦败亡。宋孝武为性猜忌，兄弟粗有令名者，无不因事鸩毒，所遗唯景和。至朝臣之中疑有天命而致害者，枉滥相继。于时虽疑卿祖，无如之何。如宋明帝本为庸常被免，岂疑得全。又复我于时已年二岁，彼岂知我应有今日。当知有天命者非人所害，害亦不能得。我初平建康城，朝廷内外皆劝我云："时代革异，物心须一，宜行处分。"我于时依此而行，谁谓不可？政言江左以来，代谢必相诛戮，

---

① 《南史》卷四十二《齐高帝诸子上》："大通二年，出为吴郡太守，卒官。"《梁书》卷三十五《萧子恪传》："大通二年，出为宁远将军、吴郡太守。三年，卒于郡舍，时年五十二。"今采《梁书》之说。

此是伤于和气，国祚例不灵长。此是一义。二者，齐、梁虽曰革代，义异往时。我与卿兄弟宗属未远，卿勿言兄弟是亲，人家兄弟自有周旋者不周旋者，况五服之属邪？齐业之初，亦是甘苦共尝，腹心在我，卿兄弟年少，理当不悉。我与卿兄弟便是情同一家，岂当都不念此，作行路事。此是二义。且建武屠灭卿门，我起义兵，非惟自雪门耻，亦是为卿兄弟报仇。卿若能在建武、永元之时拨乱反正，我虽起樊、邓，岂得不释戈推奉。我今为卿报仇，且时代革异，望卿兄弟尽节报我耳。且我自藉丧乱，代明帝家天下，不取卿家天下。……卿是宗室，情义异他，方坦然相期，小待自当知我寸心。①

大通三年（529），子恪卒于郡舍，时年五十二。子恪兄弟十六人中有文学者，萧子恪、萧子质、萧子显、萧子云、萧子晖五人。子恪少涉学，颇属文，随弃其本，故其文集不传于世。子恪子萧瑳，亦知名，太清中避乱东阳，后为盗所害。

萧子操（？—约502），豫章文献王萧嶷第三子，封泉陵侯。永元中，为黄门郎，"义师围城，子操与弟宜阳侯子光卒于尚书都座"②。由"子恪兄弟十六人并仕梁"看，子操之卒，或在梁初。

萧子行（生卒年不详），豫章文献王萧嶷第四子。洮阳侯，早卒。子萧元琳继嗣。

萧子范（486—550），字景则，豫章文献王萧嶷第六子。梁世，南平王萧伟爱文学之士，子范偏被恩遇，称其"宗室奇才"，使制《千字文》，其辞甚美。子范居无宅，于梁武帝萧衍薨、简文帝萧纲即位之年卒于招提寺僧房，时年六十四。有前后文集三十卷。

萧滂（生卒年不详），梁秘书监萧子范长子。与其弟萧确并少有文章，先其父萧子范而卒。

---

① （唐）李延寿撰：《南史》卷四十二《萧子恪传》，中华书局1975年版，第1069页。

② （梁）萧子显撰：《南齐书》卷二十二《豫章文献王附子操传》，中华书局1972年版，第420页。

萧确（生卒年不详），梁秘书监萧子范次子。平侯景后，赴江陵。西魏陷江陵，入长安，因殁关西。

萧乾（？—567），字思惕，梁秘书监萧子范三子。萧乾容止雅正，性恬简，善隶书，颇得叔父萧子云之法。卒于陈废帝陈伯宗光大元年（567）。

萧子显（487—537），字景阳，豫章文献王萧嶷第八子。好学，工属文。著《鸿序赋》。采众家《后汉》，考正同异，为一家之书，成《后汉书》一百卷。撰《齐史》（《南齐书》）六十卷，付之秘阁。撰《高祖集》，又《普通北伐记》五卷、《贵俭传》三十卷，文集二十卷。大同三年（537）卒，时年四十九。

萧序（？—约548），国子博士萧子显长子。少知名，侯景乱，卒于建康城内。

萧恺（505—548），国子博士萧子显次子。少知名，"才学誉望，时论以方其父"，以其博学，删改顾野王所撰《玉篇》。有文集。太清二年（548）卒，时年四十四。

萧子云（487—549），字景乔，豫章文献王萧嶷第九子。有文才，善草隶书，为世楷法。著《晋书》一百一十卷，《东宫新记》二十卷。太清三年（549），馁卒于显灵寺僧房，时年六十三。

萧特（生卒年不详），字世达，国子祭酒萧子云之子。早知名，善草隶，时人比之卫恒、卫瓘。先其父萧子云而卒。

萧子晖（生卒年不详），字景光，豫章文献王萧嶷子，萧子云弟。少涉书史，亦有文才。

萧映（458—489），字宣光，齐高帝萧道成第三子。善骑射，解声律，工左右书左右射，应接宾客，风韵韶美。永明七年（489）薨，时年三十二。有九子，皆封侯。

萧子晋（生卒年不详），临川献王萧映长子。入梁为辅国将军、高平太守。因谋反伏诛。

萧子游（生卒年不详），临川献王萧映次子。好音乐，解丝竹杂艺。因其兄萧子晋谋反，并伏诛。

萧晃（460—490），字宣明，齐高帝萧道成第四子。晃便弓马，多从武容，萧道成称其"我家任城"。永明八年（490）薨，年三十一。

萧晔（467—494），字宣照，齐高帝萧道成第五子。时萧道成虽为方伯，而居处甚贫，诸子学书无纸笔，萧晔常以指画空中及画手掌学字，遂工篆法。少时又无棋局，便破获为片，纵横以为棋局，指点行势，遂至名品。其性刚颖俊出，与诸王共作短句诗，学谢灵运体，以呈父萧道成。萧道成曰："见汝二十字，诸儿作中，最为优者。但康乐放荡，作体不辨有首尾，安仁、士衡深可宗尚，颜延之抑其次也。"① 隆昌元年薨，年二十八。

萧暠（468—491），字宣曜，齐高帝萧道成第六子。性清和，多疾。永明九年（491）薨，年二十四。

萧锵（469—494），字宣韶，齐高帝萧道成第七子。锵和悌美令，性谦慎，好文章，有宠于武帝。隆昌元年，郁林王萧昭业欲仰赖萧锵收治萧鸾，萧锵未协同郁林王。后郁林王被废，至海陵王萧昭文延兴元年，萧锵反为萧鸾所害，时年二十六。

萧铄（470—494），字宣朗，齐高帝萧道成第八子。鄱阳王萧锵好文章，萧铄好名理，时人称为"鄱桂"。鄱阳王见害后数日，亦为萧鸾所害，时年二十五。

萧鉴（471—491），字宣彻，齐高帝萧道成第十子。性聪警，好学，善属文，不重华饰，器服清素，有高士之风。"与记室参军蔡仲熊登张仪楼，商略先言往行及蜀土人物。鉴言辞和辩，仲熊应对无滞，当时以为盛事。"② 永明九年遇疾，薨，时年二十一。

萧钧（473—494），字宣礼，齐高帝萧道成第十一子。过继于衡阳元王萧道度。隆昌元年，海陵王立，遇害，时年二十二。

萧锋（475—494），字宣颖，齐高帝萧道成第十二子。"母张氏有容德，宋苍梧王逼取之，又欲害锋。高帝甚惧，不敢使居旧宅，匿于张氏舍，时年四岁。性方整，好学书，张家无纸札，乃倚井栏为书，书满则洗之，已复更书，如此者累月。又晨兴不肯拂窗尘，

---

① （唐）李延寿撰：《南史》卷四十三《武陵昭王晔传》，中华书局 1975 年版，第 1081 页。

② （唐）李延寿撰：《南史》卷四十三《始兴简王鉴传》，中华书局 1975 年版，第 1087 页。

而先画尘上，学为书字。五岁，高帝使学凤尾诺，一学即工。……至十岁，便能属文。"萧锋多才多艺，好琴书，工书法，尝作《修柏赋》以见志。萧鸾杀诸王，萧锋亦遇害，时年二十。

萧锐（476—494），字宣毅，齐高帝萧道成第十五子。延兴元年，萧鸾辅政，害诸王，萧锐见害，时年十九。

萧铿（477—494），字宣严，齐高帝萧道成第十六子。清悟有学行。延兴元年，萧鸾诛高、武、文惠诸子，萧铿咏陆机《吊魏武》，遇害，年十八。

萧铄（479—494），字宣攸，齐高帝萧道成第十八子。延兴元年，见害，年十六。

萧铉（480—498），字宣胤，齐高帝萧道成第十九子。萧鸾诛高帝诸子，以萧铉为高帝所爱，亦以才弱年幼，故得保全。永泰元年遇害，时年十九。萧铉被害时，二子尚在孩抱，亦被杀。

蔡　平

2018 年 10 月于湛江龙泉湾

目　录

contents

027　宋文帝元嘉十一年・魏太武帝延和三年
　　（434）甲戌　八岁

032　宋文帝元嘉十二年・魏太武帝太延元年
　　（435）乙亥　九岁

034　宋文帝元嘉十三年・魏太武帝太延二年
　　（436）丙子　十岁

038　宋文帝元嘉十四年・魏太武帝太延三年
　　（437）丁丑　十一岁

040　宋文帝元嘉十五年・魏太武帝太延四年
　　（438）戊寅　十二岁

043　宋文帝元嘉十六年・魏太武帝太延五年
　　（439）己卯　十三岁

049　宋文帝元嘉十七年・魏太武帝太平真君元年
　　（440）庚辰　十四岁

054　宋文帝元嘉十八年・魏太武帝太平真君二年
　　（441）辛巳　十五岁

056　宋文帝元嘉十九年・魏太武帝太平真君三年
　　（442）壬午　十六岁

062　宋文帝元嘉二十年・魏太武帝太平真君四年
　　（443）癸未　十七岁

068　宋文帝元嘉二十一年・魏太武帝太平真君五年
　　（444）甲申　十八岁

136　宋孝武帝孝建三年·魏文成帝太安二年
（456）丙申　三十岁

138　宋孝武帝大明元年·魏文成帝太安三年
（457）丁酉　三十一岁

144　宋孝武帝大明二年·魏文成帝太安四年
（458）戊戌　三十二岁

153　宋孝武帝大明三年·魏文成帝太安五年
（459）己亥　三十三岁

159　宋孝武帝大明四年·魏文成帝和平元年
（460）庚子　三十四岁

163　宋孝武帝大明五年·魏文成帝和平二年
（461）辛丑　三十五岁

166　宋孝武帝大明六年·魏文成帝和平三年
（462）壬寅　三十六岁

177　宋孝武帝大明七年·魏文成帝和平四年
（463）癸卯　三十七岁

180　宋孝武帝大明八年·魏文成帝和平五年
（464）甲辰　三十八岁

190　宋明帝泰始元年·魏文成帝和平六年
（465）乙巳　三十九岁

201　宋明帝泰始二年·魏献文帝天安元年
（466）丙午　四十岁

年　谱

宋文帝元嘉四年·魏太武帝始光四年（427）
丁卯　一岁

二月，谢灵运随文帝游幸京口，登北固山，作《从游京口北固应诏》诗。（宋红《谢灵运年谱汇考》）

十一月，散骑常侍陆子真荐举隐者豫章雷次宗、寻阳陶潜、南郡刘凝之。（《建康实录》卷十二《宋太祖文皇帝纪》）

谢庄七岁，能属文，通《论语》。（《宋书》卷八十五《谢庄传》）

平按：谢庄（421—466），字希逸，陈郡阳夏人，太常谢弘微之子，谢灵运从子，是南朝刘宋政坛声望卓著的官员，又是刘宋文坛一位重要作家。他历仕文帝、孝武帝、前废帝、明帝四朝，担任较高官职，献策进言，为朝廷正常运作发挥过积极作用，因而成为当时维持陈郡谢氏家族地位的代表人物。在文学艺术方面，他兼工各体诗文创作，精通音律，才艺颇受时人及后人推重。所著文章四百余卷行于世。《隋志》称"宋金紫光禄大夫《谢庄集》十九卷，梁十五卷"，已散佚。明张溥辑为《谢光禄集》一卷。《全宋文》辑其文五十三篇。《全宋诗》辑其诗十七首，其中残篇一首。于《诗品》中居下品，钟嵘评其诗曰："希逸诗，气候清雅。不逮于王、袁，然兴属闲长，良无鄙促也。"

释智严、释宝云译出《普曜经》六卷、《四天王经》一卷、《广

博严净经》四卷。(《出三藏记集》卷二)

平按：《出三藏记集》卷二："右三部，十一卷。宋文帝时，沙门释智严，以元嘉四年共沙门宝云译出。"智严、宝云，并见于《高僧传》。《高僧传》卷三《宋京师枳园寺释智严传》亦云："元嘉四年，乃共沙门宝云译出《普曜》《广博严净》《四天王》等经。"

释智严又译《璎珞本业经》等十四部。沙门慧琳以才学得幸，受诏与颜延之同议朝政。(《佛祖统纪》卷三十七)

平按：释智严译《璎珞本业经》等十四部经，未见于《佛祖统纪》以外其他佛教文献。《佛祖统纪》卷三十七："四年，凉州沙门智严译《璎珞本业经》等十四部。沙门慧琳以才学得幸，诏与颜延之同议朝政。琳著高屐，披貂裘，孔觊戏之曰：'何用此黑衣宰相！'尝著《黑白论》，与佛理违戾，众论排之。琳后感肤肉糜烂，历年竟死，时以为叛教之报。"

造永丰寺、南林寺。(《建康实录》卷十二)

平按：《建康实录》卷十二："置永丰寺，去县七十里。按《塔寺》记：元嘉四年，谢方明造。本名长乐寺，为同郡延陵有之，改焉毕，置南林寺。建康□□三里。元嘉四年，司马梁王妃舍宅，为晋陵公主造，在中兴里，陈亡废。"

萧道成生于宋文帝刘义隆元嘉四年（427）丁卯。(《南齐书》卷一《高帝纪上》，《南史》卷四《齐本纪上》，《建康实录》卷十五《齐太祖高皇帝》)

平按：萧道成出生时相貌俊美异常，高额，声音洪亮，龙鳞般的文身遍体，非同常人。《南史·齐本纪上》："高帝以宋元嘉四年丁卯岁生，姿表英异，龙颡钟声，长七尺五寸，鳞文遍体。"

郑鲜之（364—427）卒。

平按：《宋书·郑鲜之传》："元嘉三年，王弘入为相，举鲜之为尚书右仆射。四年，卒，时年六十四。"上推生于晋哀帝司马丕兴宁二年（364）。鲜之字道子，荥阳开封人。下帷读书，绝交游。隆安末，为桓伟辅国主簿，随府转安西功曹，入为员外散骑侍郎，司徒左西属，大司马琅邪王录事参军，迁御史中丞。转司徒左长史，太尉谘议参军，进侍中，复为太尉谘议，补右长史。宋国建，转奉常。及宋受禅，迁为太常都官尚书，出为丹阳尹，加散骑常侍，封龙阳县子，出为豫章太守。其性刚直，为人通率，不阿强贵，明宪直绳，言无所隐，甚得司直之体，时人甚惮之。有文章之美，文集传于世。《隋书·经籍志四》："宋太常卿《郑鲜之集》十三卷，梁二十卷，录一卷。"《全宋诗》录其诗一首《行经张子房庙》。《全宋文》辑其文九篇，为《谏北讨表》《请立学表》《举谢绚自代》《滕羡仕宦议》《父疾去职议》《启事》《与沙门论踞食书》《神不灭论》《祭牙文》。

王华（385—427）卒。

平按：《宋书·王华传》："（元嘉）四年，卒，时年四十三。"《宋书·文帝纪》："（四年）五月壬午，中护军王华卒。"王华字子陵，琅邪临沂人，太保王弘从祖弟。宋武帝即位，以为侍中，领骁骑将军，未拜，后转右卫将军，迁护军。每闲居讽咏，常诵王粲《登楼赋》："冀王道之一平，假高衢而骋力。"以此述其志。《隋书·经籍志》不见其文集。《全宋文》录其文一篇《建议劝文帝就征》。未有诗传世。

陶渊明（352 或 365—427）卒。

平按：《宋书·隐逸传》云："（陶）潜元嘉四年卒，时年六十三。"从以往各家陶潜年谱看，对陶潜卒于元嘉四年的记载并无异议，但关于陶潜是否享年六十三，却存在不同意见。据袁行霈《陶渊明年谱汇考》，陶潜享年七十六岁①。陶渊明是魏晋南北朝时期最伟大的文学家，但在其身后的齐梁时期却没有引起足够的重视。《诗品》将其序为中品，评其诗曰："其源出于应璩，又协左思风力。文体省静，殆无长语。笃意真古，辞兴婉惬。每观其文，想其人德。世叹其质直，至如'欢言酌春酒''日暮天无云'，风华清靡，岂直为田家语耶？古今隐逸诗人之宗也。"《宋书·隐逸传》未载其文集行世与否，《隋志》谓："宋征士《陶潜集》九卷，梁五卷，录一卷。"今有多家陶集整理本。

宋文帝元嘉五年·魏太武帝神麚元年（428）戊辰 二岁

二月，北魏改始光为神麚。（《魏书》卷四上《世祖纪》）

四月己亥，以南蛮校尉萧摹之为湘州刺史。（《宋书》卷五《文帝纪》）

平按：萧摹之②，南兰陵人。萧思话之父萧源之从父弟，历任丹阳尹、益州刺史。

四月，西夏赫连氏降魏，夏灭，魏尽有关中之地。（《建康实录》卷十二，《南史》卷二《宋本纪中》，《通鉴》卷一百二十一《宋纪三》）

颜延之与谢灵运受诏拟乐府《北上篇》。（《南史》卷三十四《颜延之传》）

---

① 袁行霈：《陶渊明年谱汇考》，见范子烨编：《中古作家年谱汇考辑要》卷二，世界图书出版公司 2014 年版，第 155 - 247 页。

② 按：本谱凡涉及南兰陵萧氏人物，皆以历年大事记纪之。

平按：《南史·颜延之传》："延之与陈郡谢灵运俱以辞采齐名，而迟速悬绝。文帝尝各敕拟乐府《北上篇》，延之受诏便成，灵运久之乃就。"今存颜、谢二人诗中并无题为《北上篇》或《北上行》的乐府诗篇。唐吴兢《乐府古题要解》卷上："《苦寒行》，晋乐奏魏武帝'北上太行山'，备言冰雪溪谷之苦。或谓《北上行》，盖因武帝作此词，今人效之。"可知，《苦寒行》即《北上行》。今存谢灵运《苦寒行》残章二首。缪钺《颜延之年谱》将二人同作《北上篇》之事系于本年。其按曰："谢灵运于元嘉三年征入为秘书监，五年十一月免官东归，其后元嘉八年曾至京都，旋复出为临川内史，十年被诛，则其与延之并受诏拟乐府诗，至晚当是元嘉五年事。"[1]颜、谢二人同赋《北上篇》之事，学界普遍认为发生于谢灵运再度出仕赴京时期，宋红《天地一客——谢灵运传》谓其"再仕京城"，李雁《谢灵运研究》称之"复出"。宋、李二著皆将此事大致系于元嘉三年（426）以后，但并不明确是元嘉三年、四年、五年。《宋书·颜延之传》所载颜、谢同作《北上篇》之后，接着又有一段文字，是关于颜、谢诗歌创作风格评价的珍贵材料。其曰："延之尝问鲍照己与灵运优劣，照曰：'谢五言如初发芙蓉，自然可爱。君诗若铺锦列绣，亦雕缋满眼。'……是时议者以延之、灵运自潘岳、陆机之后，文士莫及，江右称潘、陆，江左称颜、谢焉。"同样，宋、李二人亦将此大致系于元嘉三年。

十二月，天竺国遣使朝贡。(《宋书》卷五《文帝纪》，《南史》卷二《宋本纪中》，《宋书》卷九十七《夷蛮传》)

平按：南亚次大陆在中国古籍中多被称为"天竺"或"身毒"，因其有东、南、西、北、中之分，因此天竺又有"五天竺"之称。《南史·夷貊传上》："天竺迦毗黎国，元嘉五年，国王月爱遣使奉表，献金刚指环、摩勒金环诸宝物，赤白鹦鹉各一头。"其表文曰："大王若有所须，珍奇异物悉当奉送。……愿二国信使往来不绝，此

---

① 缪钺：《颜延之年谱》，见《冰茧庵读史存稿》，河北人民出版社2004年版，第469页。

反使还，愿赐一使，具宣圣命，备敕所宜。款至之诚，望不空反。"其要求通商的迫切心情，字里行间可见。当时南北对峙，天竺各国至宋必经海道。《南史·夷貊传上》："及宋、齐至梁，其奉正朔，修贡职，航海往往至矣。"又本年，师子国国王刹利摩诃南奉表，表见《宋书·夷蛮传》。

萧思话年二十七，迁中书侍郎，督青州徐州之东莞诸军事、振武将军、青州刺史。平司马朗之兄弟之乱。(《宋书》卷七十八《萧思话传》，《南史》卷十八《萧思话传》)

道成年二岁，生母陈皇后异之。(《南齐书》卷二十《孝宣陈皇后传》，《南史》卷十一《齐孝宣陈皇后传》)

平按：萧道成生母陈道正，一作陈道止，临淮东阳人，曹魏司徒陈矫之后。据《南齐书》、《南史》之《皇后传》所载，萧道成两岁时，哺育他的乳母缺少奶水，母陈道正梦见有人送给她两瓯麻粥吃，醒来乳汁大出，陈道正因此而感到奇异。当时有个相命的人对陈道正说："夫人，你有个贵子，你还没看出来吗？"陈道正慨叹说："我有三个儿子，哪一个是呢？"相命者喊着萧道成的乳名说："正应是你啊。"日后萧道成果然大贵，成为南齐皇帝。虽然不无故事性的演绎，却也一定程度上显示了萧道成自小得到生母陈道正良好的言传身教。萧道成幼时，父萧承之长期从任在外，影响萧道成成长之大并对其直接施以教育者主要还是母亲陈道正。

范泰(355—428)卒。

平按：范泰字伯伦，顺阳山阴人，晋豫章太守范宁之子。太元初，为太学博士。兴元末，为国子博士。宋受禅，领国子祭酒。元嘉三年，进侍中、左光禄大夫、国子祭酒、领江夏王师。《宋书》本传称其"博览群籍，好为文章，爱奖后生，孜孜无倦。撰《古今善言》二十四篇及文集传于世。暮年事佛甚精，于宅西立祇洹精舍。五年，卒，时年七十四"。《隋志》："宋太常卿《范泰集》十九卷，梁二十卷，录一卷。"《全宋诗》录其诗六首，其中《咏雪》《赠袁湛谢混》为残章。《全宋文》录文二十篇，《请建国学表》是南朝官学教育的重要文献。刘宋武帝刘裕立国不久，即于永初三年（422）下诏书，兴学校，选儒官。他指出，战乱使得学校荒废的情况亟须改变，须广延胄子，振兴国学。不过武帝很快就死去，国学未能建立起来。但从范泰《请建国学表》看，当时已在拟订制度了。范泰任国子祭酒，在该表中谈到国子助教的品级可依旧制用二品，强调所贵在于得才，不应受品级限制。他认为学生到已有期而学校尚未建立是十分急迫的形势。柳诒徵谓："据范泰表，似其时已定制选集生徒，广延师儒，徒以学校未立，不获实施。盖晋之国学，久已荒废，仓卒未易兴复也。"①

宋文帝元嘉六年·魏太武帝神䴥二年（429）己巳　三岁

正月，宋文帝刘义隆作《戒江夏王义恭书》。（《通鉴》卷一百二十一《宋纪三》，《宋书》卷六十一《江夏文献王义恭传》）

平按：曹道衡、刘跃进《南北朝文学编年史》："此文对了解元嘉之治的背景颇有参考价值。"② 全文见载于《宋书·江夏文献王义恭传》。《通鉴》亦节录此文，胡三省于文末注曰："详观宋文帝此书，则江左之治称元嘉，良有以也。"《宋书》只载义恭元嘉六年出为荆州刺史，既出镇，文帝与书诫之。《通鉴》将其系于六年正月。此据《通鉴》。

三月丁巳，立皇子刘劭为皇太子。（《宋书》卷五《文帝纪》，

① 柳诒徵：《南朝太学考》，《史学杂志》1929年第1卷第5期。
② 曹道衡、刘跃进：《南北朝文学编年史》，人民文学出版社2000年版，第101页。

《南史》卷二《宋本纪中》)

四月癸亥，丹阳尹临川王刘义庆为尚书左仆射，参与朝政。（《宋书》卷五《文帝纪》，《南史》卷二《宋本纪中》）

四月，崔浩受命共参著作，叙成《国书》三十卷。（《魏书》卷三十五《崔浩传》，《北史》卷二十一《崔浩传》，《通鉴》卷一百二十一《宋纪三》）

平按：当初，北魏太祖道武帝拓跋珪诏使尚书郎邓渊著《国记》十余卷而未成，太宗明元帝拓跋嗣在位时期，仍废而不述。至世祖太武帝拓跋焘神麚二年，又下诏修撰国书，崔浩等叙成魏国史《国书》三十卷。《魏书·崔浩传》："初，太祖诏尚书郎邓渊著《国记》十余卷，编年次事，体例未成。逮于太宗，废而不述。神麚二年，诏集诸文人撰录《国书》，浩及弟览、高谠、邓颖、晁继、范亨、黄辅等共参著作，叙成《国书》三十卷。"又《北史·崔浩传》："初，道武诏秘书郎邓彦海著《国记》十余卷，编年次事，体例未成，逮于明元，废不著述。神麚二年，诏集诸文人撼录《国书》。浩及弟览、高谠、邓颖、晁继、范亨、黄辅等共参著作，叙成《国书》三十卷。"《通鉴·宋纪三》："初，魏太祖命尚书邓渊撰《国记》十余卷，未成而止。世祖更命崔浩与中书侍郎邓颖等续成之，为《国书》三十卷。"《国书》之修撰，也成为后来崔浩被杀的直接原因，详情置于崔浩被杀的元嘉二十七年（魏太平真君十一年）。

七月二十四日，裴松之作《上〈三国志〉注表》并进上。（《建康实录》卷十二《太祖文皇帝纪》）

平按：今中华书局标点本《三国志》卷尾收入裴松之《上〈三国志〉注表》全文，其篇末署曰："元嘉六年七月二十四日，中书侍郎西乡侯臣裴松之上。"由表文可知，裴松之是受诏注陈寿《三国志》的，上表之时已撰成。

七月，百济王遣使献方物。（《宋书》卷五《文帝纪》，《南史》卷二《宋本纪中》）

平按："献方物"在正史叙事中占据重要位置，足以显示威及四邻、怀柔远邦的大国气度。《尚书·旅獒》曰："明王慎德，四夷咸宾。无有远迩，毕献方物。"方物，《孔传》："方土所生之物。"嵇康《答难养生论》："九土述职，各贡方物，以效诚耳。"凡贡献方物，均为称臣之举。故《孟子·梁惠王》曰："诸侯朝于天子曰述职。述职者，述所职也。"司马相如《上林赋》："夫使诸侯纳贡者，非为财币，所以述职也。"据《尚书大传》，古之诸侯，五年一朝见天子，陈述政事方面的情况。史书中一国之朝贡方物，未必遵循此法，称臣效诚的意义却是一致的。

百济，为韩国之属。《南史·夷貊传》曰："百济者，其先东夷有三韩国：一曰马韩，二曰辰韩，三曰弁韩。弁韩、辰韩各十二国，马韩有五十四国。大国万余家，小国数千家，总十余万户，百济即其一也。后渐强大，兼诸小国。其国本与句丽俱在辽东之东千余里，晋世句丽既略有辽东，百济亦据有辽西、晋平二郡地矣，自置百济郡。"

祖冲之（429—500）生。

平按：《南齐书》本传："永元二年，冲之卒，年七十二。"由此上推，冲之生于本年。祖冲之字文远，范阳蓟人。冲之少稽古，有构思。宋元嘉中，以何承天所改定之《元嘉历》尚疏，更造新法。新历成后，作《上新历表》，逢孝武帝崩，新历未得施行。昇明中，萧道成辅政，又使冲之追修古法。至齐永明中，文惠太子见冲之历法，启齐武帝萧赜施行，待文惠太子薨，施行之事又落空。除造新历外，冲之又造千里船、水碓磨等，并著《易义》《老子义》《庄子义》，释《论语》《孝经》，注《九章》，造《缀述》数十篇。祖冲之今传世文仅《上新历表》《辩戴法兴难新历》两篇，未有诗行世。《隋志》："长水校尉《祖冲之集》五十一卷，亡。"《南齐书》将其置于《文学传》中，主要在于其学术成就，从今日而言，他更是一个科学家、发明家。

宋文帝元嘉七年·魏太武帝神䴥三年（430）
庚午　四岁

正月乙未，谢灵运与会稽太守孟颛构隙，颛告灵运谋反。灵运作《诣阙自理表》《酬从弟惠连诗》。（《建康实录》卷十二）

正月癸卯，魏太武帝拓跋焘行幸广宁，临温泉，作《温泉之歌》。（《魏书》卷四《世祖纪》，《通鉴》卷一百二十一《宋纪三》）

平按：魏晋南北朝时期，帝王对温泉甚是偏爱。北魏帝王非常热衷于温泉之游幸，曾在燕州广宁郡（今河北涿鹿）、恒州代郡（今山西浑源）等地建立温泉宫。北魏太宗拓跋嗣、世祖拓跋焘、高宗拓跋濬、高祖拓跋宏、安定王元朗、显宗元恪均多次巡幸温泉宫，《魏书》多有此记载，本年拓跋焘临温泉，作《温泉之歌》为其中之一。至于《温泉之歌》是何种性质，由于有题无辞，还难以断定。王淑梅认为《温泉之歌》为北魏乐府歌章。[①]田余庆《〈代歌〉〈代记〉和北魏国史——国史之狱的史学史考察》一文在为代歌释名时，提及拓跋焘所作的《温泉之歌》。"代歌"之"代"为地名，今雁北之地。"代歌"类似于南朝的"吴声歌"和"西曲歌"，当为代地民歌性质。然与南朝民歌不同的是，"代歌"在歌唱内容上多为拓跋先人和帝王群臣颂歌，亦具有拓跋民族史诗性质。田余庆说："拓跋爱歌的风习是历史上早已形成的，到了平城和洛阳已有汉字可供使用的年代，这种风习仍然依旧。《序纪》说拓跋先人'世事远近，人相传授，如史官之记录焉'。所谓人相传授，当是有言有歌，基本上都是口述的拓跋历史资料。一个部族，一个部落，甚至一个家庭，都有这种口述传授的资料。北魏皇帝是爱歌的。太武帝神䴥三年（430）行幸广宁温泉，作《温泉之歌》以纪其事，见《世祖纪》。他令乐府歌工历颂群臣，赞美'廉如道生，智如崔浩'，见《长孙道生传》。其他臣工当各有诗歌赞颂。"《文明冯太后传》载，冯太

---

① 王淑梅：《北朝乐府诗研究》，社会科学文献出版社2013年版，第58页。

后曾与孝文帝幸灵泉池，孝文帝率群臣上寿，"太后忻然作歌，帝亦和歌，遂命群臣各言其志，于是和歌者九十人"。① 唐张九龄有《奉和圣制温泉歌》②，是由三言、五言、七言构成的杂言体。其"温泉"指温泉宫，开元十一年置于骊山，与拓跋焘所幸之温泉宫无关，但张九龄杂言《温泉歌》，或在体制上受到拓跋焘《温泉之歌》之影响。

三月戊子，右将军到彦之北伐。(《宋书》卷五《文帝纪》，《通鉴》卷一百二十一《宋纪三》)

七月丙申，以平北谘议参军甄法护为梁、南秦二州刺史。(《宋书》卷五《文帝纪》)

十月戊午，立钱署，铸四铢钱。(《宋书》卷五《文帝纪》，《南史》卷二《宋本纪中》，《建康实录》卷十二)

平按：西汉孝文帝五年（前175）铸"四铢半两"，简称"四铢钱"，又称汉半两。后停止流通。六朝时期铸币混乱，币种繁多，四铢钱始铸于刘宋时期，即诸史所载元嘉七年十月。此次开铸铜钱，结束了西晋以来约一个半世纪朝廷未曾铸钱的不正常局面。此时的四铢钱形制仿效五铢钱，是对长期以来以"五铢钱"为名的传统钱制的突破，显示了在货币制度方面的开拓与创新。四铢钱也避免了民间的盗铸。《宋书·颜竣传》曰："先是元嘉中，铸四铢钱，轮廓形制，与五铢同，用费损，无利，故百姓不盗铸。""钱署"，即官方设立的铸钱机构。

十一月，魏兵攻济南，萧道成之父济南太守萧承之智退魏军。(《南齐书》卷一《高帝纪上》，《通鉴》卷一百二十一《宋纪三》)

平按：萧承之智退魏军，《通鉴》系于十一月。《南齐书·高帝

---

① 田余庆：《〈代歌〉〈代记〉和北魏国史——国史之狱的史学史考察》，见《拓跋史探》，生活·读书·新知三联书店2003年版，第220页。
② 熊飞：《张九龄集校注》上册，中华书局2008年版，第24页。

纪上》："七年，右将军到彦之北伐大败，虏乘胜破青部诸郡国，别帅安平公乙旃眷寇济南，皇考率数百人拒战，退之。虏众大集，皇考使偃兵开城门。众谏曰：'贼众我寡，何轻敌之甚！'皇考曰：'今日悬守穷城，事已危急，若复示弱，必为所屠，惟当见强待之耳。'虏疑有伏兵，遂引去。"下文又说宋文帝以萧承之有全城之功，手书与长沙王刘义欣，拟以承之为兖州，后事寝。所谓萧承之的"全城之功"，正是指其以空城计智退魏军而保住济南之事。

谢惠连为司徒彭城王义康辟为法曹参军。作《祭古冢》《雪赋》。(《宋书》卷五十三《谢惠连传》)

平按：《宋书》本传："尚书仆射殷景仁爱其才，因言次白太祖：'臣小儿时，便见世中有此文，而论者云是谢惠连，其实非也。'太祖曰：'若如此，便应通之。'元嘉七年，方为司徒彭城王义康法曹参军。是时义康治东府城，城堑中得古冢，为之改葬，使惠连为祭文，留信待成，其文甚美。又为《雪赋》，亦以高丽见奇。"《祭古冢文》今传于世，前有序文，从内容看类似于今天的考古发掘报告，文中有"元嘉七年九月十四日"，可知作于本年。关于《雪赋》，吴文治《中国文学史大事年表》将其系于元嘉八年，其曰："谢惠连《雪赋》约作于此年以前。"①

竺道生投迹庐山。(《出三藏记集》卷十五，《高僧传》卷七)

平按：《出三藏记集》卷十五《道生法师传》云："以元嘉七年投迹庐岳，销影岩阿，怡然自得。"《高僧传》未系年。

新兴太守陶仲祖立灵味寺，请释僧含居之。(《高僧传》卷七)

平按：封野《汉魏晋南北朝佛寺辑考》："灵味寺，在江苏南京

---

① 吴文治：《中国文学史大事年表》上册，黄山书社1993年版，第462页。

市，宋元嘉七年置。《高僧传》卷七《宋京师灵味寺释僧含传》：'元嘉七年，新兴太守陶仲祖立灵味寺，钦含风轨，请以居之。'笺曰：此寺与永初三年沙门法意所造灵味寺同名，实为两寺。"[1] 另一灵味寺为永初三年沙门法意所造。《异苑》卷五："灵味寺，在建康钟山蒋林里。永初三年，沙门法意起造。晋末有高逸沙门，莫显名迹，岩栖谷隐，常在钟山之阿。一夜忽闻怪石崩坠，声振林薄，明旦履行，惟见清泉湛然。聚徒结宇，号曰灵味。"

倭、百济、诃罗单、林邑、诃罗他、师子等国并遣使朝贡。（《南史》卷二《宋本纪中》）

平按：倭，即倭国，《北史·倭传》："在百济、新罗东南，水陆三千里，于大海中依山岛而居。魏时，译通中国三十余国，皆称子。……汉光武时，遣使入朝，自称大夫。安帝时，又遣朝贡，谓之倭奴国。……江左历晋、宋、齐、梁，朝聘不绝。"

诃罗单国，又名阇婆，在今爪哇岛，宋元嘉时，始朝中国。《宋书·夷貊传》："诃罗单国都阇婆洲，元嘉七年，遣使献金刚指环、赤鹦鹉鸟、天竺国白叠、古贝、叶波国古贝等物。"

林邑国，古国名，位于中南半岛东部，又作临邑国。约在今越南南部顺化等处，此地原系古占族居地，西汉设为日南郡象林县，称为象林邑，略去象，故称林邑。《南史·海南诸国传》："林邑国，本汉日南郡象林县，古越裳界也。伏波将军马援开南境，置此县。"

道成年数岁，常戏于武进旧宅一棵状似华盖的大桑树下。（《南史》卷四《齐本纪上》）

平按：《南史·齐本纪上》曰："旧宅在武进县，宅南有一桑树，擢本三丈，横生四枝，状似华盖。帝年数岁，好戏其下，从兄敬宗曰：'此树为汝生也。'"究竟一个人多大才算是"年数岁"，这

---

[1] 封野：《汉魏晋南北朝佛寺辑考》上册，凤凰出版社 2013 年版，第 80 页。

很难确定。照常理当为三岁至五岁左右，一二岁不能称为数岁，七八岁称数岁也不太合乎情理，故将"数岁"定位在四岁左右。

王昙首（394—430）卒。

平按：《宋书》本传只称其元嘉七年卒。《南史》本传："七年卒，时年三十七。"王昙首，琅邪临沂人，太保王弘之弟。幼有素尚，兄弟分财，昙首只取图书而已。文思敏捷，宋武帝大会彭城戏马台，令预坐者赋诗，昙首先成。《宋书》《南史》本传，均未载其文集情况，河北教育出版社标点本《全宋文》于昙首名下题解中称"有集二卷"①，是据《隋志》："光禄大夫《王昙首集》二卷，录一卷，亡。"

萧赤斧（430—485）生。

平按：《南齐书》本传："永明三年会，世祖使甲仗卫三厢，赤斧不敢辞，疾甚，数日卒，年五十六。"上推生于是年。萧赤斧，南兰陵人，萧道成从祖弟。祖萧隆子，卫军录事参军。父萧始之，冠军中兵参军。治政为百姓所安，不营产利，勤于奉公，家无储积。卒谥懿伯。

萧惠基（430—488）生。

平按：《南齐书》本传："（永明）五年，迁太常，加给事中。……明年卒，年五十九。"上推生于是年。萧惠基，南兰陵人。祖萧源之，宋前将军。萧惠基为宋征西将军、开府仪同三司萧思话第三子。惠基善隶书及弈棋，与萧道成情好相得。又解音律，尤好魏三祖曲及《相和歌》。

① 《全上古三代秦汉三国六朝文》第六册，河北教育出版社1997年版，第183页。

宋文帝元嘉八年·魏太武帝神䴥四年（431）辛未 五岁

正月庚寅，于交州复立珠崖郡。（《宋书》卷五《文帝纪》，《建康实录》卷十二）

平按：《宋书·州郡志》"交州刺史部""越州刺史部"均无珠崖郡之名，元嘉八年交州所立珠崖郡至泰始七年并入合浦郡而属越州。《宋书·明帝纪》："七年二月戊戌，置百梁、龙苏、永宁、安昌、富昌、南流郡，又分广、交州三郡，合九郡，立越州。"又《州郡志》越州"合浦太守"条："合浦太守，汉武帝立，孙权黄武七年，更名珠官，孙亮复旧。先属交州。……徐闻令，故属朱崖。晋平吴，省朱崖，属合浦。"自元嘉八年至泰始七年二月，珠崖属交州，泰始七年二月后珠崖从交州分出而属新立之越州。《宋书·州郡志》所载交州、越州政区地理格局应是泰始七年之后的状况。

正月，罽宾三藏求那跋摩受宋文帝之邀，路由广州、始兴至建康，于祇洹寺译经。（《高僧传》卷三，《佛祖统纪》卷三十七）

平按：祇洹寺，在今江苏南京市，宋永初元年置。《宋书·范泰传》："泰博览篇籍，好为文章，爱奖后生，孜孜无倦。撰《古今善言》二十四篇及文集传于世。暮年事佛甚精，于宅西立祇洹精舍。"《高僧传》卷七《宋京师祇洹寺释慧义传》："宋永初元年，车骑范泰立祇洹寺，以义德为物宗，固请经始。义以泰清信之至，因为指授仪则，时人以义方身子，泰比须达。故祇洹之称，厥号存焉。后西域名僧多投止此寺，或传译经典，或训授禅法。"

二月，青州刺史萧思话不从萧承之之谏，弃城败走。（《南齐书》卷一《高帝纪上》，《宋书》卷五《文帝纪》，《通鉴》卷一百二十二《宋纪四》）

六月闰月，刘道产迁为竟陵王刘义宣左将军谘议参军，仍为持节，都督雍州、梁州、南秦三州及荆州之南阳、竟陵、顺阳、襄阳、新野、随六郡诸军事，宁远将军，宁蛮校尉，雍州刺史，襄阳太守。（《宋书·刘道产传》《宋书·文帝纪》）

平按：雍州之名，最早见于《尚书·禹贡》，古九州之一。东至西河与冀州为界，南以秦岭与梁州为界，西至黑水界西戎，北界不明，约当今陕西中部、北部和甘肃大部。雍州古属羌地，为炎、黄部落和周族发源地。直至两汉，其辖域大体都在关中地区。"自西晋'永嘉之乱'以后，南北纷争，各对峙政权均在域内设立雍州，且有东西南北之别。"① 《宋书·州郡志》："雍州刺史，晋江左立。胡亡氐乱，雍、秦流民多南出樊、沔，晋孝武帝始于襄阳侨立雍州，并立侨郡县。"此时于襄阳侨置雍州及侨置郡县"多遥领北土，没有实域"。② 晋安帝义熙十二年（416）五月，刘裕北伐关中时，加号为北雍州刺史，至永初元年（420），刘裕称帝后即下诏："诸旧郡县以北为名者，悉除；寓立于南者，听以南为号。"此后北雍州刺史一职长期未置。侨雍州又称南雍州，但仍无实土。宋文帝元嘉六年（429）五月，于雍州置冯翊侨郡，也无实土。自宋武帝永初元年起，赵伦之（永初元年）、刘粹（元嘉元年）、刘遵考（元嘉三年）、张邵（元嘉五年）、刘道产（元嘉八年）、刘真道（元嘉十九年）、萧思话（元嘉二十年）、刘骏（元嘉二十二年）、萧思话（元嘉二十五年）历任雍州刺史，至元嘉二十六年（449），广陵王刘诞为雍州刺史时，宋文帝方割地置雍州实土。《宋书·州郡志》："宋文帝元嘉二十六年，割荆州之襄阳、南阳、新野、顺阳、随五郡为雍州，而侨郡县犹寄寓在诸郡界。"至此，解决了雍州的实土问题。此后，又历经臧质（元嘉二十八年）、柳元景（孝建元年三月）、刘浑（孝建元年六月）、刘延孙（孝建二年八月）、王玄谟（孝建二年十一月），至大明元年（457）七月"土断雍州诸侨郡县"，"分实土郡县以为侨郡县境"，雍州建置才名副其实。在历任雍州刺史中，刘道产任期长达十二年，是为时最久的。

---

① 张灿辉：《六朝区域史研究》，岳麓书社 2008 年版，第 18 页。
② 张灿辉：《六朝区域史研究》，岳麓书社 2008 年版，第 22 页。

九月壬申，魏太武帝下诏征士，至者数百人，高允在其列。（《魏书》卷四《世祖纪》，《北史》卷二《魏本纪》）

平按：《北史·魏本纪》："（九月）壬申，诏曰：'范阳卢玄、博陵崔绰、赵郡李灵、河间邢颖、勃海高允、广平游雅、太原张伟等皆贤俊之胄，冠冕州邦，有羽仪之用。……如玄之比，隐迹衡门，不曜名誉者，尽敕州郡以礼发遣。'遂征玄等。州郡所遣至者数百人，皆差次叙用。"高允（390—487），字伯恭，出身于北方大族渤海高氏，魏神麚四年特征入朝，自中书博士入仕，除短时间出任他职外，此后五十年间，基本上都在北魏中书省任职，历太武、文成、献文帝及文明太后、孝文帝五朝。最后以中书令、监终其任。献文帝时，高允"以昔岁同征，零落将尽，感逝怀人，作《征士颂》"。当时就命者三十五人，文中列卢玄等三十四人，加上高允本人，正合三十五人之数。张金龙《从高允〈征士颂〉看太武帝神麚四年征士及其意义》一文对此进行了全面考察，其《综述》一节云：

1. 神麚四年所征汉族士人皆出身于北方士族门阀，这些家族都有较长的历史传承关系，与历朝政权尤其是五胡政权之间有长期合作的历史，大多数家族又随着北魏的征服而臣服于魏。

2. 这些家族都具有经、史、文、学或阴阳术数等方面的汉族文化传统，被征士人亦具有这方面的特长。《征士颂》对此有形象描述。

3. 这些士人仕宦荣显者很少，尤其未能获得实际军政大权。……

4. 在三十五位被征士人中，史书有传或可考者有十郡、十七人、十一家族，而有九郡十六人、十五家族不可考，二人情况不详。① ……

---

① 张金龙：《北魏政治与制度论稿》，甘肃教育出版社2003年版，第25-26页。

十月，诏司徒崔浩改定律令。（《魏书》卷四《崔浩传》，《北史》卷二《魏本纪》）

十二月癸亥，罢湘州还并荆州。（《宋书》卷五《文帝纪》，《建康实录》卷十二）

萧思话除竟陵王义宣左军司马、南沛郡太守。（《宋书》卷七十八《萧思话传》）

元嘉八年，刘宋官府藏四部目录一千五百六十四帙，一万四千五百八十二卷。又有佛经五十五帙，四百三十八卷。（《广弘明集》卷三《归正篇·七录序》）

平按：《广弘明集》卷三《归正篇·七录序》："宋元嘉八年，秘阁四部目录一千五百六十四帙，一万四千五百八十二卷。五十五帙，四百三十八卷佛经。"《隋书·经籍志总序》云："宋元嘉八年，秘书监谢灵运造《四部目录》，大凡六万四千五百八十二卷。"《隋志》所记卷数恐有误，前人多有辩证，见姚名达《中国目录学史》和余嘉锡《目录学发微》有关章节。

罽宾三藏求那跋摩（367—431）卒。

平按：《出三藏记集》卷十四《求那跋摩传》："跋摩志游江东，终不肯留，以元嘉八年正月至都，即住祇洹寺，文帝引见劳问，屡设供施。……其年九月二十八日，奄然已终。春秋六十有五。"《佛祖统纪》卷三十七将跋摩至建康时间系于元嘉七年，误。

其事迹详见于《高僧传》，汤用彤仍叙其经历曰："罽宾僧求那跋摩，累世为王，弃位入道，洞明经律，妙精禅法，号为三藏法师。泛船至师子国。又至阇婆（爪哇），其王甚重之。道化之声，播于遐迩。邻国闻风，皆遣使要请。时京师名德沙门慧观、慧聪等，远挹风猷，思欲餐禀。以元嘉元年九月面启文帝，求迎请跋摩。帝即敕交州刺史令泛舶延致。观等又遣沙门法长、道冲、道儁等往彼祈请，并致书于跋摩及阇婆王婆多加等，必希顾临宋境，流行道教。跋摩以圣化宜广，不惮游方，先已随商舶至广州。文帝知跋摩已至南海，于是复敕州郡，令资发下京，路由始兴，经停岁许后，帝重敕观等敦请，乃泛舟下都。以元嘉八年（431）正月达于建业。帝引见，劳问殷勤。敕住祇洹寺，供给隆厚，王公英彦，莫不宗奉。俄而于寺开讲《法华》及《十地》。法席之日，轩盖盈衢。后祇洹慧义请出《菩萨善戒》，始得二十八品。后弟子代出二品，成三十品。或称《菩萨戒地》，即《地持经》之异译。大乘戒法，由此传于南方。先是元嘉三年，徐州刺史王仲德于彭城请外国伊叶波罗译出《杂心》，至《择品》而缘碍遂辍。至是（即元嘉八年）更请跋摩译出后品，足成十三卷。并先所出《四分羯磨优婆塞五戒略论》《优婆塞二十四戒》等，凡二十六卷，并文义详允，梵汉弗差。跋摩在宋京只九月余而迁化，年六十五。其所预造遗文颂偈三十六行，文帝令译出。"①

范述曾（431—509）生。

平按：《梁书》本传："及老，遂壁立无所资。以天监八年卒，时年七十九。"由此上推，述曾生于是年。范述曾自幼好学，拜余杭名士吕道惠为师，精研《五经》，颇通其义，成为吕之得意门生。因才学高博，深得萧道成器重，引为文惠太子和竟陵王子良师友。注《易文言》，著有杂诗赋数十篇，其诗文今不传。《隋志》有"左军长史《范述集》三卷"之说，不知范述是否就是范述曾，今置疑。

宋文帝元嘉九年·魏太武帝延和元年（432）壬申　六岁

正月，魏改元"延和"。（《魏书》卷四《世祖纪》，《北史》卷二《魏本纪》）

---

① 汤用彤：《汉魏两晋南北朝佛教史》，北京大学出版社1997年版，第281－282页。

六月壬寅，刘义庆出任使持节，都督荆、雍、益、宁、梁、南北秦七州诸军事，平西将军，荆州刺史。(《宋书》卷五《文帝纪》)

平按：《宋书》本传："元嘉元年，转散骑常侍，秘书监，徙度支尚书，迁丹阳尹，加辅国将军、常侍并如故。"义庆在丹阳尹任九年，至本年出为荆州刺史。本传曰："在京尹九年，出为使持节、都督荆雍益宁梁南北秦七州诸军事、平西将军、荆州刺史。荆州居上流之重，地广兵强，资实兵甲，居朝廷之半，故高祖使诸子居之。义庆以宗室令美，故特有此授。"又"在州八年，……十六年，改授散骑常侍、都督江州豫州之西阳晋熙新蔡三郡诸军事、卫将军、江州刺史，持节如故"。在荆州刺史任上，义庆撰《徐州先贤传》十卷，又拟班固《典引》为《典叙》，以述皇代之美。并见《宋书》本传。

冬，范晔迁宣城太守，始撰《后汉书》。(《宋书》卷六十九《范晔传》，《南史》卷三十三《范晔传》)

平按：对于范晔在哪一年始撰《后汉书》，现主要有两种说法：一是认为始于元嘉九年，时范晔三十五岁[1]；一是认为范晔二十七岁时，左迁宣城太守，始撰《后汉书》[2]。《宋书·文帝纪》："(元嘉二十二年)十二月乙未，太子詹事范晔谋反，及党与皆伏诛。"又《南史》本传："晔及党与并伏诛，晔时年四十八。"由此可推知，范晔当生于晋安帝隆安二年(398)。自晋安帝隆安二年算起，范晔

---

[1] 曹道衡、刘跃进《南北朝文学编年史》："宋文帝元嘉九年，范晔三十五岁，迁宣城太守，始撰《后汉书》。"邱敏《六朝史学》："元嘉九年义康母彭城太妃薨，他与下属及弟广渊等夜中酣饮，听挽歌为乐，义康大怒，左迁宣城太守，遂开始撰集《后汉书》。"(南京出版社2003年版，第273页)

[2] 罗宏曾《魏晋南北朝文化史》："据本传载，范晔在二十七岁时，左迁宣城太守。不得志，乃删众家《后汉书》为一家之作。"(四川人民出版社1989年版，第435页)许辉、邱敏、胡阿祥《六朝文化》："史载范晔二十七岁那年由上述吏部郎，降职魏宣城太守，不得志，乃删众家《后汉书》，为一家之作。"(江苏古籍出版社2001年版，第280页)

二十七岁为宋文帝元嘉元年（424），三十五岁则是元嘉九年（432）。《宋书》本传："元嘉九年冬，彭城太妃薨，将葬，祖夕，僚故并集东府。晔弟广渊，时为司徒祭酒，其日在直。晔与司徒左西属王深宿广渊许，夜中酣饮，开北牖听挽歌为乐。义康大怒，左迁晔宣城太守。不得志，乃删众家《后汉书》，为一家之作。"范晔元嘉九年左迁为宣城太守，始撰《后汉书》，明白无误。《六朝文化》《魏晋南北朝文化史》等著述称范晔二十七岁时始撰《后汉书》，当是沿袭了中华书局校点本《后汉书·校点说明》中的说法，其云："宋文帝元嘉元年（公元424年），因事触怒刘义康，左迁为宣城太守，《后汉书》是这时候开始写的。"

王弘（379—432）卒。

平按：王弘字休元，琅邪临沂人。曾祖王导，晋丞相，祖王洽，父王珣。王弘之前三世皆为东晋著名书法家。其父王珣擅草书，传世书迹有《伯远帖》《三月帖》等。明董其昌《画禅室随笔》说其书："潇洒古淡，东晋风流，宛然在眼。"王弘少好学，以清悟知名，与谢混友善。永初元年，弹奏谢灵运，终使灵运免官。其诗不存，其文今传世十三篇。《隋志》载其"有集二十卷"。

宋文帝元嘉十年·魏太武帝延和二年（433）癸酉　七岁

四月戊戌，封阳县侯萧思话为梁、南秦二州刺史。萧承之为横野府司马、汉中太守。九月，杨难当始犯梁州。十一月，杨难当攻取汉川，尽有汉中之地。（《宋书》卷五《文帝纪》，《南齐书》卷一《高帝纪上》，《南史》卷二《宋本纪中》）

平按：《通鉴》卷一百二十二《宋纪四》"萧思话至襄阳，遣横野司马萧承之为前驱"之下，胡注曰："思话时以横野将军镇梁州，以承之为司马。"萧承之在萧思话重被征用为梁州刺史之前，就曾随从萧思话左右，此番萧思话重得任用，萧承之亦再为其府属。萧承之为萧思话之横野司马，当是与萧思话之任梁州刺史同时，亦在是年四月。

对于萧思话为梁、南秦二州刺史的时间，以及萧承之随萧思话平氏人杨难当之乱的时间，《宋书》中相关各处记述并不统一。《宋书·萧思话传》将其系于元嘉九年。其曰："九年，仇池大饥，益、梁州丰稔，梁州刺史甄法护在任失和，氏帅杨难当因此寇汉中。乃自徒中起思话督梁南秦二州诸军事、横野将军、梁南秦二州刺史。既行，闻法护已委镇北奔西城，遣司马、建威将军、南汉中太守萧承之五百人前进，又遣西戎长史萧汪之系之。承之缘路收合士众，得精兵千人。"而《宋书·文帝纪》却是"（元嘉）十年夏四月戊戌，封阳县侯萧思话为梁、南秦二州刺史"。《南齐书·高帝纪上》亦云："（元嘉）十年，萧思话为梁州刺史，皇考为其横野府司马、汉中太守。"今从《宋书·文帝纪》《南齐书·高帝纪上》。《通鉴·宋纪四》亦从元嘉十年四月之说，"四月，帝闻梁、南秦二州刺史甄法护刑政不治，失氏、羌之和，乃自徒中起萧思话为梁、南秦二州刺史"。萧思话于四月被起用为梁、南秦二州刺史，是在一个特殊的时期，其时任梁、南秦二州刺史的甄法护为政无方，而失刘宋朝廷与氏、羌人之和，宋文帝是重新起用萧思话来接替甄法护的。此前，元嘉八年，时任青州刺史的萧思话因弃城而奔走平昌，获罪而被系尚方。

萧思话的重被征用，最初仅仅是以其替代为方镇而治理不力的甄法护，从而缓和刘宋与氏、羌人的紧张关系。《宋书·氏胡传》说得很明白，"时梁州刺史甄法护刑法不理，太祖遣刺史萧思话代任"。萧思话受任之时，杨难当并未为乱，兵袭梁州，而是在甄法护将卸任，萧思话接任尚未到任的新旧交替间隙乘机而乱的。不过，自十年四月萧思话被用为梁州刺史，至十年九月杨难当始举兵袭梁州，其间杨难当应已有准备，而且北魏的支持也起到了推波助澜的作用。《北史·魏本纪》曰："（魏延和二年、元嘉十年八月）戊午，诏兼大鸿胪卿崔赜持节拜征虏将军杨难当为征南大将军、仪同三司，封南秦王。"至此，杨难当认为从宋人手中夺取梁州的时机已经成熟，便于十年九月起兵东袭梁州。这里的梁州是指刘宋梁州政区，是一个大范围的梁州①。氐人杨难当攻取梁州，其进军方向是自西向东，即从氐人杨难当部居住的中心区域仇池②向东进入刘宋梁州西境。杨难当军分为两路，北路自汉川西北先攻取白马③，然后指向汉川；南路则从汉川西南先攻取葭萌而指向汉川。从而形成对梁州州治汉川的夹击之势。经过为时两个月左右的攻势，至十年十一月，杨难当攻至汉川，宋梁州刺史甄法护弃城向东奔洋川④。至此，杨难当尽有汉中之地。有文献为证，《宋书·氐胡传》："十年，难当举兵袭梁州，破白马，获晋昌太守张范。法护遣参军鲁安期、沈法慧等拒之，并各奔退。难当又遣建忠将军赵进攻葭萌，获晋寿太守范延朗。其年十一月，法护委镇奔洋川，难当遂有汉中之地。"又《宋书》卷五《文帝纪》："冬十一月，氐杨难当寇汉川。丁未，梁州刺史甄法护弃城走，难当据有梁州。"此时，新任梁州刺史萧思话与随从萧承之依然未至梁州境。

天竺三藏法师僧伽跋摩至建康，居于平陆寺。九月，在长干寺译《杂阿毗昙心》十四卷，释宝云传译。(《出三藏记集》卷二，《佛祖统纪》卷三十七)

平按：《出三藏记集》卷二《杂阿毗昙心》下注曰："宋元嘉十年于长干寺出，宝云传译，其年九月讫。"又据"新集条解异出经录

① 梁州，三国魏景元四年 (263) 分益州置，治所在沔阳县 (今陕西勉县东旧州铺)。西晋太康三年 (282) 移治南郑县 (今陕西汉中东)。辖境相当于今陕西秦岭以南，大巴山以西，四川青川、江油、中江、遂宁、璧山、綦江等县市以东及贵州桐梓、正安等县地。其后治所屡有迁徙，先后治西城县 (今安康市西北)、苞中县 (今汉中市西北大钟寺)、城固县 (今城固县东) 等县。南朝宋元嘉十一年 (434) 还治南郑县。

② 东晋太元中置仇池郡，治所在洛谷城 (今甘肃西和县西南洛峪乡)。北魏太平真君七年 (446) 改置镇，后复为郡。曾为梁州、益州、南秦州、成州治。

③ 白马戍，亦曰白马城，在今陕西勉县西十里老城乡。《水经·沔水注》："沔水又南径张鲁治东……东对白马城。一名阳平。"

④ 洋川郡，治所在西乡县 (今陕西西乡县)。

第二"载，《杂阿毗昙心》等《阿毗昙经》共有九人译。卷十四《僧伽跋摩传》载："僧伽跋摩，天竺人也。少而弃俗，清峻有戒德，明解律藏，尤精《杂心》。以宋元嘉十年步自流沙，至于京都。风宇宏肃，道俗敬异，咸宗而事之，号曰三藏法师。初，景平元年，平陆令许桑舍宅建刹，因名平陆寺。后道场慧观以跋摩道行纯备，请住此寺，崇其供养，以表厥德。……顷之，名德大僧慧观等以跋摩妙解《杂心》，讽诵通达，即以其年九月，乃于长干寺招集学士，更请出焉。宝云译语，观公笔受，研校精悉，周年方讫。"

僧伽罗多在钟山之阳立宋熙寺。(《高僧传》卷三)

平按：宋熙寺，在今江苏南京市玄武区。《高僧传》卷三《宋京师道林寺畺良耶舍传》："僧伽罗多，此云众济，以宋景平之末，来至京师。乞食人间，宴坐林下，养素幽闭，不涉当世。以元嘉十年，卜居钟阜之阳，剪棘开榛，造立精舍，即宋熙寺是也。"又《景定建康志》卷十九《山川志·井泉》："在蒋山宝公塔之西，有宋熙寺基。基之左有泉，因名宋熙泉。"《梁书·刘讦传》："讦善玄言，尤精释典。曾与族兄刘歊听讲于钟山诸寺，因共卜筑宋熙寺东涧，有终焉之志。"

谢弘微（392—433）卒。

平按：谢弘微，本名密，谢庄之父，谢曜之弟。《宋书》本传："是年，卒，时年四十二。"晋安帝隆安四年（400），从叔谢峻死于孙恩之乱，无后，明年弘微十岁出继为嗣，犯所继内讳，因以字行。义熙初，袭封建昌县侯，后任琅邪王大司马参军。宋初追随刘义隆除镇西谘议参军，义隆即位，为黄门侍郎，与王华、王昙首、殷景仁、刘湛并称"五臣"，深得文帝信任。升尚书吏部郎，参预机密，寻转右卫将军。元嘉六年又加侍中，八年，以疾还家，十年正月卒。

弘微虽不与灵运同年生，却与之同年而终。二人除在身体多病和讲究饮食方面颇多相近①外，较少共同之处。弘微"性严正，举止必循礼度……婢仆之前，不妄言笑，由是尊卑大小，敬之若神"。"居身清约，器服不华"，且"口不言人短长"。可谓典型的君子之风。《宋书·谢灵运传》载灵运则是"性褊激，多愆礼度"，"车服鲜丽，衣裳器物，多改旧制"，并"好臧否人物"。二人截然相反。灵运长弘微七岁，弘微又较为擅长处理人际关系，"事兄如父，兄弟友穆之至，举世莫及也"，故二人相处一直很融洽。弘微无诗文传世，《隋志》载"宋太常《谢弘微集》二卷，亡"。

王准之（378—433）卒。

平按：《宋书》本传："十年，卒，时年五十六。"准之曾祖彪之，晋世位尚书令，祖临之、父讷之并为晋御史中丞。宋台建，准之除御史中丞，坐谢灵运杀人不举免官，终于丹阳尹。由于彪之练悉朝仪，谙熟江左旧事，新创家学——"王氏青箱学"。赵静《魏晋南北朝琅邪王氏家族文化研究》一书第六章"青箱之学 礼法持家"中指出："南朝而后，琅邪王氏家族的经学传统表现得更为系统，形成了'王太保家法'和'王氏青箱学'。……王彪之将其所练悉的朝仪，世代传之临之、纳之之间。无论是王太保家法还是王氏青箱学，都说明了经学是琅邪王氏家族世代相传的家学之一。"②后世即以"青箱学"指传家的史学。宋苏舜钦《黎生下第还乡》诗："无废青箱学，穷愁古亦然。"亦作"青缃学"。宋刘弇《蒋沙庄居》诗之六："家有青缃学，儿传《急就》章。"准之曾撰《仪注》，颇见遵用。《全宋文》录其文两篇。许辉等《六朝文化·兴盛的私学》认为，"王氏青箱学的核心内容是儒学"③。

---

① 《宋书》弘微本传记慧琳曾称弘微"素既多疾"，又记其"饮食滋味，尽其丰美"，以至于"上以弘微能营膳羞，尝就求食"。谢灵运亦好饮食，尤喜海味，尝云："新溪蛎味偏甘，有过紫溪者。"（《游名山志·永嘉郡》）又云："（永嘉郡）蛎不如鄞，车螯亦不如北海。"（《答弟书》）

② 赵静：《魏晋南北朝琅邪王氏家族文化研究》，中华书局2013年版，第163页。

③ 许辉、邱敏、胡阿祥主编：《六朝文化》，江苏古籍出版社2001年版，第97页。

谢惠连（407—433）卒。

平按：谢惠连，谢方明子，谢灵运族弟。十岁能文。行止轻薄不检，不为其父谢方明所喜，但颇受谢灵运赏识，与何长瑜、荀雍、羊璿之四人在永嘉常同谢灵运一起寻幽探胜，诗文酬唱，时人称为"四友"。元嘉初，谢惠连为会稽郡吏杜德灵赋诗十余首。《宋书·刘义宗传》："德灵雅有姿色，为义宗所爱宠，本会稽郡史。谢方明为郡，方明子惠连爱幸之，为之赋诗十余首，《乘流遵归渚》篇是也。"惠连父谢方明卒于元嘉三年（426），永初三年（422）为丹阳尹，后转为会稽太守。惠连诗作于谢方明为会稽太守时，故《乘流遵归渚》诗当作于元嘉三年前。不过，该诗已散佚，不得其详。《乘流遵归渚》或为十余首组诗之总题，或为十余首中之一首。元嘉七年（430），为彭城王义康法曹参军。十年，卒，时年二十七。后人将谢灵运和他并称"大小谢"，又和南齐谢朓并称"三谢"。但由于谢朓也被称为"小谢"，而成就又远过谢惠连，所以多数情况下"小谢"还是指谢朓。谢惠连是南朝谢氏家族的重要作家，其诗文多有名篇传世。钟嵘《诗品》列其为中品，评曰："小谢才思富捷，恨其兰玉夙凋，故长辔未骋。《秋怀》《捣衣》之作，虽复灵运锐思，亦何以加焉。又工为绮丽歌谣，风人第一。"《文选》收其诗七首。《雪赋》与谢庄的《月赋》并称六朝小赋的代表之作。《隋志》载谢惠连有集六卷，今存诗三十余首，相对而言，在刘宋文坛为存诗较多者。明人张溥辑有《谢法曹集》，收入《汉魏六朝百三名家集》。

谢灵运（385—433）卒。

平按：十二月，谢灵运以谋反罪，文帝诏于广州弃市。临刑，作《临终诗》。卒时，年四十九。谢玄之孙，陈郡阳夏人，后居会稽。幼时寄养在外，族人因名其为"客儿"，世称"谢客"。晋时袭封康乐公，故又称谢康乐。入宋，降爵为侯，为权臣所忌，出为永嘉太守。居官不理民事，好山水之乐。后辞官隐居会稽，广占良田，凿山浚湖。宋文帝时，出任临川内史，放浪自若，受劾谪徙广州，被告发谋反，处死。灵运工诗文，能书画，通史学，著述丰富，然主要成就，则在于诗歌。其诗多描写会稽、永嘉、庐山等地山水名胜，善于刻画自然景物，开中国古代山水诗一派。然间有累于繁复，伤于雕琢，或夹杂玄言理语，淡而少味。梁钟嵘撰《诗品》，将其列入上品，也是南朝唯一一位列入上品者。原有集，已散佚。《隋志》谓："宋临川内史《谢灵运集》十九卷，梁二十卷，录一卷。"今传为明人辑本《谢康乐集》，如张燮《七十二家集》本、张溥《汉魏六朝百三名家集》本。此外，《隋志》总集类还著录有《诗集》五十卷、《诗集抄》十卷、《诗英》十卷、《赋集》九十二卷等。又有《四部目录》、《晋书》三十六卷及佛教论著多种。

宋文帝元嘉十一年·魏太武帝延和三年（434）甲戌 八岁

正月丙辰，杨难当已克汉中，告捷于魏，并送雍州流民七千家于长安。(《魏书》卷四《世祖纪》，《北史》卷二《魏本纪》)

平按：因十年八月杨难当受魏之封，故于十年克汉川尽有汉中之地后的十一年正月，向魏告捷，并徙雍州流民七千家于长安。

正月至三月闰月，新任梁州刺史萧思话经襄阳至梁州境，遣横野司马萧承之为前驱，收复为杨难当所占据的梁州失地。梁州平，文帝下诏褒奖。(《南齐书》卷一《高帝纪上》，《宋书》卷九十八《氐胡传》，《通鉴》卷一百二十二《宋纪四》)

平按：杨难当于十一年正月丙辰以克汉中得梁州地而向魏告捷，其后才因萧思话大军至而"焚掠汉中，引众西还"，并留部属仍守梁州境各处要隘。故萧思话之至梁州境必在杨难当向魏告捷之后，即于十一年正月率军至梁州。萧思话是经行襄阳而西入梁州境的。襄阳时属雍州，为宋雍州刺史治。由于战事紧急，萧思话至襄阳即派横野司马萧承之为前军攻杨难当梁州各处守军。萧承之攻取黄金戍，阴平太守萧坦攻取铁城戍。《南齐书·高帝纪上》："思话至襄阳不进，皇考轻军前行，攻氐伪魏兴太守薛健于黄金山，克之。黄金山，张鲁旧戍，南接汉川，北枕驿道，险固之极。健既溃散，皇考即据之。"二月，萧承之在临川王义庆所遣龙骧将军裴方明部的协助下，攻下黄金戍。待萧思话后军至，与萧承之合力屡破氐守军。三月，萧承之又在杨难当之子杨和所率军的数十重围困下，以勇力破之。至三月闰月，平定梁州。《南齐书·高帝纪上》曰："难当又遣息和领步骑万余人，夹汉水两岸，援赵温，攻逼皇考。相拒四十余日。贼皆衣犀甲，刀箭不能伤。皇考命军众断槊长数尺，以大斧捶其后，贼不能当，乃焚营退。皇考追至南城，众军自后而进，连战皆捷，梁州平。"梁州平后，文帝下诏曰："承之禀命先驱，蒙险深入，全军屡克，奋其忠果，可龙骧将军。"并随萧思话横野将军府转为宁朔司马，仍为汉中太守。萧承之此番平氐之乱大立军功，并得加官封爵。

十一年三月丙申，文帝禊饮于乐游园，诏会者赋诗，颜延之作《应诏宴曲水作诗》《三月三日曲水诗序》。（《建康实录》卷十二）

平按：《文选》卷二十有颜延年《应诏宴曲水作诗》一首，卷四十六有颜延年《三月三日曲水诗序》一首。二者题下李注并引裴子野《宋略》曰："文帝元嘉十一年三月丙申，禊饮于乐游苑，且祖道江夏王义恭、衡阳王义季，有诏会者咸作诗，诏太子中庶子颜延年作序。"颜延之此序为当时名作。《南齐书·王融传》："（永明）十一年（493），使兼主客，接房使房景高、宋弁。弁……因问：'在朝闻主客作《曲水诗序》。'景高又云：'在北闻主客此制胜于颜延年，实愿一见。'"可见《曲水诗序》已远播北朝。缪钺《颜延之年谱》将《应诏宴曲水作诗》及《三月三日曲水诗序》系于本年。①

① 缪钺：《颜延之年谱》，见《读史存稿》，生活·读书·新知三联书店1963年版，第141页。

是年，颜延之因不满刘湛、殷景仁、王昙首等"五臣"专权，言多冒犯，刘湛深恨之，言于彭城王义康，出为永嘉太守。延之作《拜永嘉太守辞东宫表》。延之遭此贬黜，甚感怨愤，乃作《五君咏》①以抒怀。湛及义康以其词不逊，大怒，遂免官。延之自此屏居里巷，不预人间者七年。

四月，氐帅杨难当奉表谢罪。汉中平，萧思话迁郡于南郑。(《宋书》卷九十八《氐胡传》，《建康实录》卷十二，《通鉴》卷一百二十二《宋纪四》)

求那跋摩于南林寺立戒坛，为僧尼受戒，为震旦戒坛之始。(《佛祖统纪》卷三十七)

平按：《佛祖统纪》卷三十七："时师子国比丘尼八人来，未几，复有尼铁索罗三人至，足为十众，乃请僧伽跋摩为师，为景福寺尼慧果等，于南林戒坛依二众重受具戒，度三百余人。"

临川公主于建康檀桥造竹园寺。(《建康实录》卷十二)

平按：竹园寺，在今江苏南京市玄武区。《建康实录》卷十二："十一年，置竹园寺，西北去县一里，在今建康东尉蒋陵里檀桥。案《寺记》：宋元嘉十一年，县城东一里，宋临川公主造。"又《比丘尼传》卷二《竹园寺慧濬尼传》："慧濬，本姓陈，山阴人也。幼而颖悟，精进迈群。旦辄烧香运想，礼敬移时；中则菜蔬一饭，鲜肥不食。虽在居家，有如出俗。父母不能割其志，及年十八，许之从道。内外坟典，经眼必诵；深禅祕观，无不必入。静而无竞，和而有节，朋游旧狎，未尝戏言。宋太宰江夏王义恭，雅相推敬，常给衣药，四时无爽。不蓄私财，悉营寺舍，竹园成立，濬之功也。"②

---

① 五君指"竹林七贤"中的阮籍、嵇康、刘伶、阮咸、向秀。
② (梁)释宝唱著，王孺童校注：《比丘尼传校注》，中华书局 2006 年版，第106 页。

释慧琳作《竺道生诔》，又作《武丘法纲法师诔》。(《广弘明集》卷二十三)

殷淳（403—434）卒。

平按：殷淳，字粹远，陈郡长平（今河南西华）人，目录学家。历任秘书郎、衡阳王文学、秘书丞、中书黄门侍郎等职。《宋书》本传：“元嘉十一年卒，时年三十二。”殷淳高雅简朴，清心寡欲，少时即有美名，好文章义理，虽居官而未曾舍弃这种爱好。其在秘书阁任职时，撰《四部书目》四十卷[①]，流传于世，现已散佚。后来，殷淳又协助谢灵运编撰《元嘉八年秘阁四部目录》。殷淳名为协助，实为主修，因谢灵运在元嘉五年（428）时，就已称病东归，没有再返回都城建康。据《隋志》载，殷淳又撰有《妇人集》三十卷，《殷淳集》二卷。据许云和所考，“所谓妇人集，就是撰录一些写妇女事迹的文章成集，而决不是集女性作家所创作的作品”[②]。

竺道生（355—434）卒。

平按：《高僧传》卷七《宋京师龙光寺竺道生传》：“以元嘉十一年冬十一月庚子，于庐山精舍升于法座。……隐几而卒。”道生，巨鹿人，俗姓魏，因拜竺法汰为师而改姓竺。他自幼聪颖过人，父亲将他送到建康瓦官寺竺法汰门下受业。出家后，一心钻研佛经，十五岁就被竺法汰允许登台讲学，“吐纳问辩，辞清珠玉，虽宿望学僧，当世名士，皆虑挫辞穷，莫敢酬抗”，深得好评。四十岁时，道生来到庐山，见到年过六十的慧远，还见到了僧伽提婆。在庐山居住七年，深入钻研佛经，以提高自己的佛学修养。东晋隆安五年（401），道生又到长安追随鸠摩罗什。在鸠摩罗什的指导下，参与了译经事业，研修般若实相理论，也讲经说法。经过多年参学，道生

---

① 《四部书目》，《南史》本传作《四部书大目》，《旧唐书·艺文志》作《四部书序录》三十九卷。

② 许云和：《南朝妇人集考论》，见《汉魏六朝文学考论》，上海古籍出版社2006年版，第77页。

熟悉了当时流行的三家佛学理论：僧伽提婆的小乘说一切有部；鸠摩罗什的大乘般若实相学；涅槃佛性论。义熙五年（409），道生学成南下，经过庐山时，将僧肇的《般若无知论》带给慧远等人。最后他回到建康，被请入晋恭帝皇后褚氏所立的青园寺作住持。刘宋时，宋文帝刘义隆与当时名士王弘、范泰、颜延之等都曾向道生问佛法，研讨义理。道生一生以很大精力注佛经，主要有《注维摩诘经》《妙法莲华经疏》《泥洹经义疏》等。他还撰写了许多佛教论文，如《佛性当有论》《法身无色论》《佛无净土论》《二谛论》《应有缘论》等。道生的涅槃佛性学说发展了魏晋以来的般若学说，对后来禅宗的顿悟成佛说有重要影响。他的出现意味着中国佛学走上了独立发展的道路，他因为在涅槃佛性说方面的独到造诣，而被后人誉为"涅槃圣"①。

刘瓛（434—489）生。

平按：《南齐书·刘瓛传》："（永明）七年，表世祖为瓛立馆，以扬烈桥故主第给之，生徒皆贺。……未及徙居，遇病。……及卒，门人受学者并吊服临送。时年五十六。"由此上推，瓛生于本年。刘瓛，字子珪，沛国相人。少笃学，博通五经。聚徒教授，常有数十人。其为人"姿状纤小"，而儒学冠于当时，京师士子多乐意其门下。刘瓛所精在礼学，史载"所著文集，皆是《礼》义"。他十分讲究个人操行，品性"谦率通美，不以高名自居"。《隋志》："《刘瓛集》三十卷，亡。"今传世文一篇《与张融王思远书》。

释慧次（434—490）生。

平按：《高僧传》卷八《齐京师谢寺释慧次传》："释慧次，姓尹，冀州人。……永明八年讲《百论》至《破尘品》，忽然从化，春秋五十七矣。"由此上推生于本年。

---

① 许抗生、赵建功、田永胜：《六朝宗教》，南京出版社2004年版，第195－200页。

宋文帝元嘉十二年·魏太武帝太延元年（435）乙亥　九岁

正月甲申，魏改元延和为太延。（《魏书》卷四《世祖纪》）

正月，天竺沙门僧伽跋摩于秣陵平乐寺译出《摩得勒伽经》十卷，至九月二十二日译讫。（《出三藏记集》卷二）

平按：《出三藏记集》卷三《僧伽跋摩传》："续出《摩得勒伽》《分别业报略》《劝发诸王要偈》及《请圣僧浴文》凡四部。"卷二《摩得勒伽经》下注曰："宋元嘉十二年乙亥岁正月于秣陵平乐寺译出，至九月二十二日讫。"又卷十一《摩得勒伽出经后记》："宋元嘉十二年，岁在乙亥，扬州聚落丹阳郡秣陵县平乐寺三藏与弟子共出此律，从正月起至九月二十二日草成，二十五日写毕。白衣优婆塞张道、孙敬信执写。"《杂阿毗昙心》十四卷、《摩得勒伽经》十卷、《分别业报略》一卷、《劝发诸王要偈》一卷、《请圣僧浴文》一卷，"凡二十七卷，宋文帝时，天竺三藏法师僧伽跋摩于京都译出"。

四月丙辰，文帝下《求贤诏》。南兖州刺史刘义恭上《举才表》，荆州刺史刘义庆上《举士表》。（《宋书》卷五《文帝纪》，《南史》卷二《宋本纪中》，《宋书》卷六十一《江夏文献王义恭传》，《宋书》卷五十一《宗室传》）

平按：曹道衡、刘跃进《南北朝文学编年史》将江夏王刘义恭作《举才表》系于元嘉九年，其依据为《宋书》本传，曰："九年，征为都督南兖徐兖青冀幽六州豫州之梁郡诸军事、征北将军、开府仪同三司、南兖州刺史，镇广陵。时诏内外百官举才，义恭上表。""时诏内外百官举才"，并非就是元嘉九年。"时"当指刘义恭元嘉九年为南兖州刺史，至十七年"解督南兖"期间。检文帝诏书，元嘉九年并无相应的"征士"或"荐举"之诏，而相应的诏书却是出现在元嘉十二年。对照文帝的《求贤诏》与刘义恭的《举才表》，两者从内容上正相合。而元嘉十二年正在刘义恭出任南兖州刺史的时间段内。故将刘义恭作《举才表》系于本年。在《举才表》中，义恭荐举了宗炳、徐森之、王天宝数人。《宋书·宗室传》："十二年，普使内外群官举士，义庆上表。"表中所荐者有新野庾寔、武陵龚祈、南郡师觉等人。

十一月，丹阳尹萧摹之言请限制铸造铜佛像及修造塔寺。诏从之。(《通鉴》卷一百二十二《宋纪四》)

平按：《宋书·夷蛮传》："元嘉十二年，丹阳尹萧摹之奏曰：'佛化被于中国，已历四代，形像塔寺，所在千数，进可以系心，退足以招劝。……请自今以后，有欲铸铜像者，悉诣台自闻；兴造塔寺精舍，皆先诣在所二千石通辞，郡依事列言本州；须许报，然后就功。其有辄造寺舍者，皆依不承用诏书律，铜宅林苑，悉没入官。'诏可。又沙汰沙门，罢道者数百人。"萧摹之，为萧思话之父萧源之从父弟，历官湘州、益州刺史，丹阳尹。

裴松之受诏作《元嘉起居注》。(《文苑英华》卷七百五十四)

平按：裴子野《宋略总论》："子野曾祖宋中大夫西乡侯，以文帝之十二年受诏撰《元嘉起居注》。"

罽宾僧昙摩蜜多造上定林寺。(《高僧传》卷三，《景定建康志》卷四十六)

平按：上定林寺在今江苏南京市玄武区，宋元嘉十二年置，一作元嘉十六年置。《高僧传》卷三《宋上定林寺昙摩蜜多传》："元嘉十年还都，止钟山定林下寺。蜜多天性凝靖，雅爱山水，以为钟山镇岳，埒美嵩华，常叹下寺基构，临涧低侧。于是乘高相地，揆卜山势，以元嘉十二年斩石刊木，营建上寺。"《景定建康志》卷四十六《祠祀志三·寺院》："定林寺有二，上定林寺，旧在蒋山应潮井后，宋元嘉十六年，禅僧竺法秀造，在下定林寺之西。下定林寺，在蒋山宝公塔西北，宋元嘉元年置，后废。"① 竺法秀，即昙摩蜜多。

王韶之（380—435）卒。

平按：《宋书》本传："十二年，又出为吴兴太守。其年卒，时年五十六。"韶之字休泰，王弘从弟。史载"好史籍，博涉多闻"，得父旧书，因私撰《晋安帝阳秋》。《隋志》载其又撰《晋纪》十卷，《旧唐志》载《崇安纪》十卷、《孝子传》十五卷。舆地之学是魏晋南北朝时期从正史中分出来的一门学问，王韶之有《南康记》《始兴记》《神境记》。有集二十四卷②，佚。今存宋初庙堂乐府十五首，均见《乐府诗集》，又有赠潘综诗（四言）六章，见《宋书·潘综传》。

宋文帝元嘉十三年·魏太武帝太延二年（436）丙子 十岁

三月乙未，彭城王义康矫诏杀江州刺史檀道济。（《宋书》卷五《文帝纪》，《通鉴》卷一百二十三《宋纪五》）

平按：檀道济为刘宋开国重臣，有佐命之功。元嘉中期，文帝寝疾累年，彭城王义康等虑及文帝一旦晏驾，道济难得控制，便矫诏杀之。道济被杀时说："乃坏汝万里长城！"魏人听说道济被杀，则说："道济死，吴子辈不足复惮。"道济以万里长城自比在刘宋王朝中的地位和作用，而魏人之言也道出了道济是其南下攻宋的最大障碍。

---

① （宋）周应合纂：《景定建康志》第四册，南京出版社 2009 年版，第 1127 页。
② 《隋志》重出，前作"十九卷"，后作"二十四卷"。

九月癸丑，立第三皇子刘骏为武陵王。(《宋书》卷五《文帝纪》，《南史》卷二《宋本纪中》)

诏太史令钱乐之造浑仪，径六尺八分，以水转之，昏明中星与天相应。(《通鉴》卷一百二十三《宋纪五》)

平按：浑仪，也称浑天仪。我国古代测定天体位置的一种仪器，在支架上固定着两个互相垂直的圈，分别代表地平和子午圈；其内还有若干个能绕一条和地轴平行的轴转动的圈，它们分别代表赤道、黄道、时圈、黄经圈等；在可转动的圈上附有可绕中心旋转的窥管，用以观测天体。《梦溪笔谈》卷七《象数一》："天文家有浑仪，测天之器，设于崇台，以候垂象者，则古玑衡是也。浑象，象天之器，以水激之，或以水银转之，置于密室，与天行相符，张衡、陆绩所为。"①

何尚之为丹阳尹，置玄学，聚生徒，谓之南学。(《宋书》卷六十六《何尚之传》)

平按：《宋书·何尚之传》："十三年，彭城王义康欲以司徒左长史刘斌为丹阳尹，上不许。乃以尚之为尹，立宅南郭外，置玄学，聚生徒。东海徐秀，庐江何昙、黄回，颍川荀子华，太原孙宗昌、王延秀，鲁郡孔惠宣，并慕道来游，谓之南学。"刘宋立国不久，即官方确立了儒学与玄学并重的文化政策，魏晋以来，虽然玄学流行已久，官方却从未设立专门讲习玄学的机构，"刘宋设立'南学'，标志着玄学正式成为官方学术"②。刘宋王朝对于玄学官员的选择是很重视的，宋文帝任命何尚之掌管玄学也是经过仔细斟酌的。何尚之出生于玄学世家，从小即接受良好的文化教育。但据史载，他青少年时期却是一个游手好闲之徒，"颇轻薄"，好赌博。成年以后，方痛改前非，循规蹈矩，"以操立见称"。他"立身简约，车服率素，妻亡不娶，又无姬妾。秉衡当朝，畏远权柄，亲戚故旧，一无

---

① 胡道静：《梦溪笔谈校证》，上海人民出版社2011年版，第234页。
② 田汉云：《六朝经学与玄学》，南京出版社2003年版，第346页。

举荐，既以致怨，亦以此见称"。何尚之兼通儒学和玄学，而以玄学为主导学术。宋文帝下令由何尚之主持建立玄学，更主要的原因是对他的信任。刘义隆即位后，先后使何尚之为临川内史、黄门侍郎、尚书吏部郎、左卫将军、太子中庶子、游击将军等职。多年的君臣之交，使宋文帝较为深入而全面地了解何尚之。何尚之执掌刘宋玄学之后，便将其玄学思想的积极因素用于刘宋王朝的政治实践中，表现为忠实地为刘宋王朝服务。有二事足以体现其以玄学为治的思想：一是，元嘉二十三年（446），宋文帝下令营造玄武湖园林，拟于湖中建方丈、蓬莱、瀛洲三神山，因何尚之坚决劝阻方作罢。当时，华林园也在加紧建造，盛夏时节，民夫苦不堪言，何尚之建议与民休息。但宋文帝并未采纳，却说"小人常自暴背，此不足为劳"。何尚之提倡的做法符合道家"无为而治"的行政方针。二是，发现范晔对刘义隆的不忠后及时报告于宋文帝，并建议免去其左卫将军之职，改派到偏远的广州任职。刘义隆答复他说："晔事迹未彰，便预相黜叱，万方将谓卿等不能容才，以我为信受谗说。但使共知如此，不忧致大变也。"文帝对何尚之的检举半信半疑，对于采取预先的防范措施尤其感到没有必要。后来，范晔"谋反伏诛"，刘义隆称赞他有先见之明。何尚之处置范晔问题的指导思想，符合《老子》所讲的"为之于未有"的原则，即防患于未然。刘义隆一方面有并不确信范晔之反意，另一方面也有故意放纵其到一定程度再收之的意味，带有阴毒的色彩。这与《左传·隐公元年》郑庄公处置共叔段的做法非常相似。设若刘义隆能听从何尚之的建议，及早对范晔有所提防，并远徙广州就职，则范晔或许终不至死。

刘宋儒学、玄学兼重之下，南朝经师发展了魏晋学风，除《诗》《三礼》采郑玄之笺外，《周易》用三国王弼之注，《尚书》用伪孔安国之传，《左传》用晋杜预之注。讲经兼采众说，又取玄学，不拘家法，随意发挥。史上"南学"之称周代就有了，即东、南、西、北四学，并太学，合称"五学"。《大戴礼记·保传》："帝入东学，上亲而贵仁，则亲疏有序，如恩相及矣。帝入南学，上齿而贵信，则长幼有差，如民不诬矣。帝入西学，上贤而贵德，则圣智在位，而功不匮矣。帝入北学，上贵而尊爵，则贵贱有等，而下不逾矣。

帝入太学，承师问道，退习而端于太傅，太傅罚其不则而达其不及，则德智长而理道得矣。"① 清黄宗羲开塾讲肄，时人称为"南学"。《郎潜纪闻初笔》卷八《北学南学关学》："国初，孙征君讲学苏门，号为北学。余姚黄梨洲先生宗羲，教授其乡，数往来明越间，开塾讲肄，为南学。关中之士，则群奉西安李二曲先生颙，为人伦楷模，世称关学。"② 《清史稿·职官志二》："九年，建南学。"原注曰："在学肄业者为南学，在外肄业赴学考试者为北学。""南学"之名，其含义历代不同，而唯以南朝之"南学"指称当时开放融通之学术。

湘宫寺成，召师居之，文帝每临幸听法。（《佛祖统纪》卷三十七）

平按：文帝刘义隆早年并不推崇佛教。后来听到侍中何尚之佛化有助于统治的观点，才开始推崇佛教。此后，他常和慧严、慧观等论究佛理，又令道猷、法瑗等申述道生的顿悟义，并常亲临湘宫寺听法。由此可见，宋文帝刘义隆元嘉时期已有湘宫寺，然又有各种史料显示，湘宫寺乃起于宋明帝之时。《南齐书·虞愿传》："帝（明帝）以故宅起湘宫寺，费极奢侈。以孝武庄严刹七层，帝欲起十层，不可立，分为两刹，各五层。新安太守巢尚之罢郡还，见帝，曰：'卿至湘宫寺未？我起此寺，是大功德。'愿在侧曰：'陛下起此寺，皆是百姓卖儿贴妇钱，佛若有知，当悲哭哀愍，罪高佛图，有何功德？'"又《湘宫寺旧序》③："旧在青溪桥中北。唐以后，徙置清化市北。《庆元志》：近有人于上元县治后军营中，掘出断石，上有'湘宫寺'三字。以此知旧寺所在，与《实录》注合。东出青溪桃花园，皆今县东地也。寺本宋明帝旧宅，备极壮丽，欲造十级

---

① （清）王聘珍撰：《大戴礼记解诂》卷三，中华书局1983年版，第51—52页。

② （清）陈康祺撰：《郎潜纪闻初笔二笔三笔》上册，中华书局1984年版，第169页。

③ （明）葛寅亮撰：《金陵梵刹志》下册，南京出版社2011年版，第667页。该文出自《至正金陵新志》卷十一下《湘宫寺》。

浮图而不能,乃分为二。"《嘉庆重修一统志》卷七十五《江宁府三·寺观》:"宋明帝初为湘东王,及即位,以旧地建寺,备极土木之胜。"宋文帝听法之湘宫寺,与宋明帝所立之湘宫寺,当为两寺?不知其详。

顾宪之(436—509)生。

平按:《梁书》本传:"(天监)八年,卒于家,年七十四。"上推生于是年。顾宪之字士思,吴郡吴人。宋镇军将军顾觊之孙。宋孝建初,举秀才,历太子舍人,尚书比部郎,抚军主簿。元徽中,为建康令。齐受禅,为衡阳内史。其后历给事黄门侍郎、太子中庶子、晋陵太守等。梁台建,授太中大夫。身历宋、齐、梁三代,性清俭,强力为政,甚得民和。临终作《敕子制》,"所著诗、赋、铭、赞并《衡阳郡记》数十篇"。今存文三篇。

宋文帝元嘉十四年·魏太武帝太延三年(437)丁丑 十一岁

萧思话迁使持节、临川王义庆平西长史、南蛮校尉。文帝赐以弓琴。(《宋书》卷七十八《萧思话传》)

河西王茂虔奉表献方物,并献图书二十种一百五十四卷。(《宋书》卷九十八《大且渠蒙逊传》)

平按:据史载,此次所献二十种图书是:《周生子》十三卷,《时务论》十二卷,《三国总略》二十卷,《俗问》十一卷,《十三州志》十卷,《文检》六卷,《四科传》四卷,《敦煌实录》十卷,《凉书》十卷,《汉皇德传》二十五卷,《亡典》七卷,《魏驳》九卷,《谢艾集》八卷,《古今字》二卷,《乘丘先生》三卷,《周髀》一卷,《皇帝王历三合纪》一卷,《赵歠传》并《甲寅元历》一卷,

《孔子赞》一卷，合一百五十四卷。茂虔又向文帝求晋、赵《起居注》等杂书数十件，并许之。

傅隆作《上礼论表》。(《宋书》卷五十五《傅隆传》)

平按：元嘉十四年，宋文帝以新撰《礼论》向傅隆征求意见，傅隆即上表阐发自己的见解。他认为，在儒家经典之中，"三礼"具有特殊的地位，《周易》《诗经》《尚书》《乐》《春秋》都以礼学为根本，家庭、社会的秩序皆须靠礼制来维系。然而礼学又是一门十分艰深的学问。就《仪礼》而言，"其体例纰缪，首尾脱落，难可详论"。考经学历史，学者"各为章句之说"，所见不同，甚至"共枝别干"。因此，必须从政权建设的需要出发，取精用宏。他所谓"国典未一于四海，家法参驳于缙绅，诚宜考详远虑，以定皇代之盛礼也"，明确地揭示了他推崇礼学的实际动机，也反映出礼学研究普遍受到重视的根本原因。

释智猛游西域还，携所得胡本《般泥洹经》二十卷、《摩诃僧祇律》一部。后在凉州译出《般泥洹经》。本年还京都。(《出三藏记集》卷二)

平按：《出三藏记集》卷二《般泥洹经》《摩诃僧祇律》下注曰："右二部，定出一部，凡二十卷。宋文帝时，沙门释智猛游西域还，以元嘉中于西凉州译出《泥洹经》一部，至十四年赍还京都。"《般泥洹经》梁时缺。又卷十五《智猛法师传》："于是便反，以甲子岁发天竺，同行四僧于路无常，唯猛与昙纂俱还于凉州。译出《泥洹》本，得二十卷。以元嘉十四年入蜀，十六年七月七日于钟山定林寺造传。"此言释智猛于元嘉十四年入蜀，后回京都于定林寺造传，回京都之时或在十四年后、十六年七月前。《高僧传·宋京兆释智猛》与此略有出入，其曰："以甲子岁发天竺，同行三伴，于路无常，唯猛与昙纂俱还。于凉州出《泥洹》本，得二十卷。以元嘉十四年入蜀，十六年七月造传，记所游历。元嘉末，卒于成都。"此所载释智猛自天竺返回,似一直在蜀地,而并未至京都。此依《出三藏记集》卷二之说,元嘉十四年返京都。

陆修静作《灵宝经目序》。(《云笈七签》卷四)
何点(437—504)生。

平按:《梁书·何点传》:"天监三年(504),卒,时年六十八。"上推,点生于是年。何点字子皙,庐江灊人,其祖父为宋司空何尚之。史载其"容貌方雅,博通群书,善谈论",历仕宋、齐、梁三朝。齐世,与陈郡谢瀹、吴国张融、会稽孔稚珪交游,亦深得竟陵王萧子良礼遇。今存残篇《〈齐书〉褚渊王俭赞》四句。

宋文帝元嘉十五年·魏太武帝太延四年(438)戊寅 十二岁

八月,诏征南郡宗炳为太子中庶子。(《建康实录》卷十二)
豫章雷次宗被征至建康,立儒学,并建儒学馆于鸡笼山,雷次宗聚众授学,置生百余人。(《宋书》卷九十三《雷次宗传》,《南史》卷二《宋本纪中》,《建康实录》卷十二,《通鉴》卷一百二十三《宋纪五》)

平按:宋元嘉中期立儒学、玄学、史学、文学四学,诸史料各有记载,然其中疑问颇多。大致有以下几点:其一,元嘉十五年仅仅是雷次宗于鸡笼山开馆,还是开馆的同时儒学也建立了?其二,无论是元嘉十五年抑或是十六年,"四学"是在某一年内同时建立的吗?这是两个主要问题。当代各家对此的看法也多有不同。王志平《中国学术史:魏晋南北朝卷·南北朝时期的经学》认为,"宋文帝元嘉十六年(439),宋立四学。……《雷次宗传》谓十五年者,征

次宗之年，非谓立四学之年"①。即四学均立于元嘉十六年。罗宏曾
《魏晋南北朝文化史·南北朝时期的教育与选士》认为：元嘉十五
年，宋文帝征召雷次宗至京师立儒学，次年又诏命丹阳尹何尚之立
玄学，太子率更令何承天立史学，司徒参军谢元立文学。此四学就
是我国学制史上的"四馆学"②。即认为四学之中儒学立于元嘉十五
年，其他三学立于元嘉十六年。张岂之《中国思想学说史·东晋南
朝的"崇儒兴学"》："元嘉十六年，立'四学'，儒学、玄学、史
学、文学四学并建，这在历史上还是首次。"③也持"四学"均立于
元嘉十六年之说。程舜英《中国古代教育制度史料·学校教育》将
"四学"之建立系于元嘉十五年，"这时玄学、史学、文学、儒学四
科并立"④。田汉云《六朝经学与玄学》则认为，元嘉十五年宋文帝
征召经学家雷次宗进京，只是在鸡笼山上"筹办学校"，而以会稽人
朱膺之、颍川人庾蔚之为助手，并诏生徒百余人，是在次年，即元
嘉十六年。"与此同时，宋文帝还令何尚之办玄学馆、何承天办史学
馆、谢元办文学馆。这样，'四学并建'，权当中央官学"⑤。然而，
细加审辨，可发现宋文帝于元嘉中期立四学，并非在同一年。玄学
之立最早，在元嘉十三年，见本谱"元嘉十三年"之述。接下来是
元嘉十五年立儒学。《宋书·雷次宗传》云："元嘉十五年，征次宗
至京师，开馆于鸡笼山，聚徒教授，置生百余人。会稽朱膺之、颍
川庾蔚之并以儒学，监总诸生。"很显然，此时雷次宗领衔，朱膺
之、庾蔚之为辅，已经形成基本的管理机构，并且已经招聚生徒百
余人。有了管理机构，有了生员，这已经可以说明儒学正式建立了。
四学中之"史学"应置于元嘉十六年。诸史对何承天立史学时的官
职记载有所不同，《宋书·雷次宗传》《南史·雷次宗传》《通鉴·
宋纪五》均称"太子率更令何承天立史学"，《南史·宋本纪中》、

①　王志平：《中国学术史：魏晋南北朝卷》上册，江西教育出版社2001年版，第
293页。

②　罗宏曾：《魏晋南北朝文化史》，四川人民出版社1989年版，第77页。

③　张岂之主编：《中国思想学说史·魏晋南北朝卷》，广西师范大学出版社2008年
版，第706页。

④　程舜英：《中国古代教育制度史料》，北京师范大学出版社2011年版，第234页。

⑤　田汉云：《六朝经学与玄学》，南京出版社2003年版，第161页。

《建康实录》卷十二则纪为"著作佐郎何承天立史学"。考《宋书·何承天传》，何氏"十六年，除著作佐郎，撰国史。……寻转太子率更令，著作如故"。何承天为著作佐郎及太子率更令同在元嘉十六年，先为著作佐郎，后为太子率更令。何承天立史学是在其为著作佐郎或太子率更令之时，即元嘉十六年。而《宋书·雷次宗传》所载，于元嘉十五年征雷次宗于鸡笼山立儒学之后，接着叙玄学、史学、文学之立，不能将其看作同在元嘉十五年之事。"时国子学未立，上留心艺术，使丹阳尹何尚之立玄学，太子率更令何承天立史学，司徒参军谢元立文学，凡四学并建"，当为元嘉十五年儒学建立之后的事情，诸史所载是将元嘉十五年与元嘉十六年发生之事杂糅起来，使后之人不辨彼此罢了。"四学"中唯文学立于何时，难知其详。据《宋书·何承天传》，谢元①为陈郡阳夏人，临川内史谢灵运从祖弟，以才学见知。其何时为司徒参军，诸史不载。据现有史料看，其立文学早则在元嘉十五年，晚则在元嘉十六年，因至元嘉十六年四学已经并立。无论谢元立文学在哪一年，都不影响刘宋元嘉中期四学建立不在同一年的结论。

释僧瑜同昙温、慧光等于庐山建招隐寺。(《高僧传》卷十二)

平按：招隐寺，在今江西九江市。《高僧传》卷十二《宋庐山招隐寺释僧瑜传》："释僧瑜，姓周，吴兴余杭人。弱冠出家，业素纯粹。元嘉十五年，与同学昙温、慧光等，于庐山南岭共建精舍，名曰招隐。"

荀伯子（378—438）卒。

平按：《宋书》本传："元嘉十五年，卒官，时年六十一。文集传于世。"荀伯子，颍川颍阴人。少好学，博览经传。晋时著作郎徐广重其才学，举其为著作佐郎，协助编撰《晋史》及桓玄等传。梁

---

① 《隋志》载"太尉谘议参军《谢元集》一卷"。

时，荀伯子文集尚存，又著有《荀氏家传》十卷，《隋志》均不载。《荀氏家传》记载了从荀淑至荀伯子，凡十世，颇有史料价值。由刘知幾《史通》可知，《后汉书》《晋书》之修，曾多取材于此书。两《唐志》史部传记类尝著录，后佚。今李贵军有《荀伯子〈荀氏家传〉辑校》①，辑得三十六条。严可均《全宋文》辑其文六篇，无诗行世。

刘虬（438—495）生。

平按：《南齐书·刘虬传》："建武二年，诏征国子博士，不就。其冬虬病，正昼有白云徘徊檐户之内，又有香气及磬声，其日卒。年五十八。"上推生于本年。刘虬，字灵预，一字德明，南阳涅阳人，晋豫州刺史刘乔七世孙。少而抗节好学，精信佛氏，礼佛长斋。尝注《法华经》，自讲佛义。《隋志》载其有集二十四卷。《全宋文》辑其文二篇。

宋文帝元嘉十六年·魏太武帝太延五年（439）己卯 十三岁

四月丁巳，平西将军临川王义庆为卫将军、江州刺史。义庆在江州，招聚文学之士，远近必至。（《宋书》卷五《文帝纪》，《宋书》卷五十一《刘义庆传》，《南史》卷十三《刘义庆传》）

平按：《宋书·刘义庆传》："（义庆）爱好文义，才词虽不多，然足为宗室之表。……招聚文学之士，近远必至。太尉袁淑，文冠当时，义庆在江州，请为卫军谘议参军；其余吴郡陆展、东海何长瑜、鲍照等，并为辞章之美，引为佐史国臣。"这就是刘宋时期刘义

---

① 见《吉林广播电视大学学报》2007 年第 4 期。

庆文学集团的文献来源。这个文学集团中的几个主要成员都是当时的名士。对于《宋书·刘义庆传》所提及的袁淑、何长瑜、陆展、鲍照等人何时依于刘义庆，历来意见不一。吴丕绩《鲍照年谱》、钱仲联《鲍照年表》① 皆以为鲍照西游干谒义庆在元嘉十六年，地点在江州。胡大雷也认为"鲍照是在刘义庆任江州刺史时跟随刘义庆的"②。而丁福林《鲍照年谱》则以为"吴谱、钱表征引理解时产生了疏忽"，并征引段熙仲《鲍照五题》的大段考证文字为证，进而得出结论："吴谱、钱表以为鲍照于元嘉十六年始仕义庆于江州之说，盖误。其初离家求仕，应以今岁（元嘉十二年）深秋，地点则在荆州为得之。"③ 据曹道衡《鲍照与何长瑜、陆展等》所考："陆展、何长瑜在刘义庆幕，当在荆州，是元嘉十六年前。时鲍照尚未入幕。……则袁淑在临川王幕，当在十七年前，而鲍照以十六年秋入幕，相遇与否不可知。"④《袁淑仕历》又说："义庆于元嘉十六年四月至十七年十月在江州，袁淑入幕必在此时。"⑤ 考诸史对几个人物的相关载录，以及综合各家之说，刘义庆之倾向文义，善招聚文学之士，乃平生所好，诸文士之聚非一朝一夕之事，而应是一个过程，大致较为集中的时期是在荆州刺史与江州刺史任内。《刘义庆传》中所提及的几个文士，当时以袁淑名位最高，能够确定是于刘义庆江州时期入幕的。据《宋书·文帝纪》，义庆元嘉九年六月壬寅出为平西将军、荆州刺史，至十六年四月丁巳转为卫将军、江州刺史，又至十七年十月戊寅离江州刺史任而转为南兖州刺史，其在江州刺史任不过一年多时间。原聚于刘义庆荆州刺史幕的文士，在义庆转江州后亦多随往，至是，江州时期当为义庆招聚文士之盛时。《宋书·刘义庆传》所言，乃借袁淑之来江州，顺带提及其他几位文士，而非均为江州之聚。

① 钱仲联：《鲍参军集注》附录《鲍照年表》，上海古籍出版社 2005 年版，第 432 页。

② 胡大雷：《中古文学集团》，广西师范大学出版社 1996 年版，第 106 页。

③ 丁福林：《鲍照年谱》，上海古籍出版社 2004 年版，第 33 - 35 页。

④ 曹道衡、沈玉成：《中古文学史料丛考》，中华书局 2003 年版，第 293 页。

⑤ 曹道衡、沈玉成：《中古文学史料丛考》，中华书局 2003 年版，第 345 页。

八月闰月戊申，武陵王刘骏为湘州刺史。(《宋书》卷五《文帝纪》)

九月，魏兵至姑臧，北凉主沮渠牧犍降，北凉亡，北方统一，西晋末年以来十六国时期结束，形成南北朝对峙局面。凉州号称多士，其文学之盛，冠绝一时。北魏文化之得力于河西者至巨。(《魏书》卷四《世祖纪》，《北史》卷二《魏本纪》，《通鉴》卷一百二十三《宋纪五》)

平按：《通鉴·宋纪五》有一段历述凉州文士之盛的文字，有着较高的北魏文学史料价值。其曰：

> 凉州自张氏以来，号为多士。(胡注：永嘉之乱，中州之人士避地河西，张氏礼而用之，子孙相承，衣冠不坠，故凉州号为多士。)沮渠牧犍尤喜文学，以敦煌阚骃为姑臧太守，张湛为兵部尚书，刘昞、索敞、阴兴为国师助教，金城宋①钦为世子洗马，赵柔为金部郎，广平程骏、骏从弟弘为世子侍讲。魏主克凉州，皆礼而用之，以阚骃、刘昞为乐平王丕从事中郎。安定胡叟，少有俊才，往从牧犍，牧犍不甚重之，叟谓程弘曰："贵主居僻陋之国而淫名僭礼，以小事大而心不纯壹，外慕仁义而实无道德，其亡可翘足待也。吾将择木，先集于魏；与子暂违，非久阔也。"遂适魏。岁余而牧犍败。魏主以叟为先识，拜虎威将军，赐爵始复男。河内常爽，世寓凉州，不受礼命，魏主以为宣威将军。河西右相宋繇从魏主至平城而卒。魏主以索敞为中书博士。时魏朝方尚武功，贵游子弟不以讲学为意。敞为博士十余年，勤于诱导，肃而有礼，贵游皆严惮之，多所成立，前后显达至尚书、牧守者数十人。常爽置馆于温水之右，教授七百余人；爽立赏罚之科，弟子事之如严君。由是魏之儒风始振。高允每称爽训厉有方，曰："文翁

---

① "宋"当为"宗"之误。《魏书·宗钦传》：钦"仕沮渠蒙逊，为中书郎、世子洗马。"

柔胜，先生刚克，立教虽殊，成人一也。"陈留江强，寓居
凉州，献经、史、诸子千余卷及书法，亦拜中书博士。魏
主命崔浩监秘书事，综理史职；以中书侍郎高允、散骑侍
郎张伟参典著作。浩启称："阴仲达、段承根，凉土美才，
请同修国史。"皆除著作郎。仲达，武威人；承根，晖之
子也。

曹道衡、刘跃进认为："此段文字，实综合《魏书》诸传而成，
其中记胡叟告程弘语，与《魏书·胡叟传》微异。《通鉴》当别有
所据。北魏文化之得力于河西者至巨，《通鉴》此文最足为证。又宗
钦、段承根诸人，后皆与崔浩同诛，疑崔浩之好用河西人，正为欲
加速北魏之汉化，故浩被杀而宗、段辈亦受株连也。"①

十二月乙亥，皇太子刘劭加冠。(《宋书》卷五《文帝纪》，《建
康实录》卷十二)

平按：《建康实录》卷十二载太子刘劭改名之事，其谓："冬十
二月乙亥，皇太子劭冠，天下大赦。劭之初生也，帝往视之，帽无
故坠地，名劭，训字以为召刀，帝甚恶之，改刀为力焉。"

何承天除著作佐郎，立史学，撰"国史"。(《宋书》卷六十四
《何承天传》，《建康实录》卷十二)

平按：前元嘉十五年已考，宋元嘉中期"四学"并建，以玄学
立于元嘉十三年，儒学立于十五年，史学和文学立于十六年。至元
嘉十六年立史学、文学后，方称"四学并建"。程舜英称此"四学"
为南朝学校教育中"国学"之外的"专科学校教育"。《南朝学校·
专科学校的建立》："南朝的专科学校萌芽于宋文帝时期。……这时
玄学、史学、文学、儒学四科并立，我国古代从汉代起国立学校都

---

① 曹道衡、刘跃进：《南北朝文学编年史》，人民文学出版社2000年版，第123页。

以经术为课程，而这时佛、老和历史也正式设为科目，这和当时佛学、玄学的发展是有联系的。虽然这些学校存在的时间并不长，但这种分科的教授制度，对于隋唐时代专科学校的发展是有直接影响的，也可以说是后代分科大学的开端。"[1]

刘宋国史的修撰，起于宋文帝元嘉十六年。当时史学馆新立，何承天草立纪传，编写了《天文志》和《律历志》。此后，又有山谦之、裴松之、苏宝生等陆续参与编撰。大明六年（462），徐爰领著作郎，参照前人旧稿，编成"国史"，上自东晋义熙元年（405）刘裕实际掌权开始，下至大明止。何承天之修"国史"，对后世刘宋国史的修撰具有草创的意义。

萧道成与长兄萧道度俱受学于儒生雷次宗，萧道成治《礼》及《左氏春秋》。（《南齐书》卷一《高帝纪上》，《南史》卷四十一《齐宗室传》）

平按：元嘉十五年雷次宗于鸡笼山立儒学馆，教授生徒，至元嘉十六年，萧道度、萧道成兄弟亦入受学者之列。雷次宗为有宋一代的儒宗，撰有《毛诗序义》二卷、《丧服义疏》一卷。他长于《礼》学和《诗》学，但他的学《礼》学《诗》，却是从佛教领袖慧远而来。《宋书》本传说他"少入庐山，事沙门释慧远，笃志好学，尤明《三礼》《毛诗》"。显然，雷次宗早年是受到佛学极大影响的。后潜心儒家经学，尤好《三礼》《毛诗》《左氏春秋》。萧道成师从雷次宗，其早期接受的教育对其学术思想，特别是其政治思想的影响，主线是儒家的，其中亦应有佛教思想的因素。萧承之使兄弟二人同时受业，亦足见萧承之对其子弟接受正统儒家思想教育的重视。《南史·齐宗室传》载萧承之曾向雷次宗问及二子的学业，雷次宗则以长子道度"外朗"、三子道成"内润"评价之，并称二子皆为"良璞"。

---

[1] 程舜英：《中国古代教育制度史料》，北京师范大学出版社 2011 年版，第 234 – 235 页。

萧道成使褚思庄与王抗斗棋。(《南齐书》卷四十六《萧惠基传》)

平按:《南齐书·萧惠基传》载:

> 自宋大明以来,声伎所尚,多郑卫淫俗,雅乐正声,鲜有好者。惠基解音律,尤好魏三祖曲及《相和歌》,每奏,辄赏悦不能已。当时能棋人琅邪王抗第一品,吴郡褚思庄、会稽夏赤松并第二品。赤松思速,善于大行;思庄思迟,巧于斗棋。宋文帝世,羊玄保为会稽太守,帝遣思庄入东与玄保戏,因制局图,还于帝前覆之。太祖使思庄与王抗交赌,自食时至日暮,一局始竟。上倦,遣还省,至五更方决。抗睡于局后,思庄达晓不寐。世或云:"思庄所以品第致高,缘其用思深久,人不能对也。"抗、思庄并至给事中。永明中,敕抗品棋,竟陵王子良使惠基掌其事。

萧道成使褚思庄与王抗斗棋事,发生于宋文帝时期,但具体时间不明。羊玄保为会稽太守时,宋文帝遣褚思庄赴会稽与羊玄保为棋戏,羊玄保何时在会稽太守任呢?《宋书·羊玄保传》:"善弈棋,棋品第三,太祖与赌郡戏,胜,以补宣城太守。……玄保在郡一年,为廷尉。数月,迁尚书吏部郎,御史中丞,衡阳王义季右军长史、南东海太守,加辅国将军。入为都官尚书、左卫将军,加给事中,丹阳尹,会稽太守。"刘义隆与羊玄保以郡守为赌,因赢棋而为宣城太守,此后逐渐累官至会稽太守。又《宋书·彭城王义康传》载:"后会稽太守羊玄保求还,义康又欲以斌代之,又启太祖曰:'羊玄保欲还,不审以谁为会稽?'上时未有所拟,仓卒曰:'我已用王鸿。'自十六年秋,不复幸东府。"彭城王义康为刘斌向宋文帝求会稽太守职之事在元嘉十六年,此时羊玄保将离会稽太守任却仍在任。元嘉十六年,萧道成仅十三岁,在京城从雷次宗受学,与褚思庄、王抗等切磋棋艺是可能的。但以十三岁之少年,让当时围棋界的两大高手斗棋似乎也不太现实。褚思庄、王抗于《宋书》中无传,

《宋书·王谌传》载："明帝好围棋，置围棋州邑，以建安王休仁为围棋州都大中正，谌与太子右率沈勃、尚书水部郎庾珪之、彭城丞王抗四人为小中正，朝请褚思庄、傅楚之为清定访问。"可知王抗、褚思庄二人在宋明帝泰始中还在，此时萧道成四十岁左右，元嘉十六年斗棋时这二人比萧道成大不了多少，当尽是当时棋苑年轻才俊。因无更确切史料佐证，姑系于本年。

释法护（439—507）生。

平按：释道宣《续高僧传》卷五《梁杨都建元寺沙门释法护传》："释法护，姓张，东平人。……以天监六年卒于住所，春秋六十有九。"上推生于本年。

宋文帝元嘉十七年·魏太武帝太平真君元年（440）庚辰 十四岁

六月丁丑，魏改号太延为太平真君。（《魏书》卷四《世祖纪》）

平按：《通鉴》卷一百二十三《宋纪五》："改元太平真君，取寇谦之《神书》云'辅佐北方太平真君'故也。"

九月，葬袁皇后于长宁陵。诏史臣颜延之作《宋文皇帝袁皇后哀策文》。（《建康实录》卷十二，《宋书》卷四十一《后妃传》）

平按：文曰："惟元嘉十七年七月二十六日，大行皇后崩于显阳殿。粤九月二十六日，将迁座于长宁陵，礼也。"策文奏上，文帝加"抚存悼亡，感今怀昔"八字，以致其意。又《宋书·文帝袁皇后传》："元嘉十七年，疾笃，上执手流涕问所欲言，后视上良久，乃引被覆面。崩于显阳殿，时年三十六。上甚相悼痛，诏前永嘉太守颜延之为哀策，文甚丽。"袁皇后生太子刘劭、东阳献公主英娥。

十月，临川王刘义庆为南兖州刺史。相传作《乌夜啼》。(《宋书》卷五《文帝纪》，《乐府诗集》卷四十七)

平按：《乐府诗集》卷四十七《乌夜啼八曲》题下引《唐书·乐志》："《乌夜啼》者，宋临川王义庆所作也。元嘉十七年，徙彭城王义康于豫章。义庆时为江州，至镇，相见而哭。文帝闻而怪之，征还，义庆大惧。伎妾夜闻乌夜啼声，扣斋阁云：'明日应有赦。'其年更为南兖州刺史，因此作歌。故其和云：'夜夜望郎来，笼窗窗不开。'今所传歌辞，似非义庆本旨。"又引《教坊记》曰："《乌夜啼》者，元嘉二十八年，彭城王义康有罪放逐，行次浔阳；江州刺史衡阳王义季，留连饮宴，历旬不去。帝闻而怒，皆囚之。会稽公主，姊也，尝与帝宴洽，中席起拜。帝未达其旨，躬止之。主流涕曰：'车子岁暮，恐不为陛下所容！'车子，义康小字也。帝指蒋山曰：'必无此，不尔，便负初宁陵。'武帝葬于蒋山，故指先帝陵为誓。因封余酒寄义康，且曰：'昨与会稽姊饮，乐，忆弟，故附所饮酒往。'遂宥之，使未达浔阳，衡阳家人扣二王所囚院曰：'昨夜乌夜啼，官当有赦。'少顷使至，二王得释，故有此曲。"[1]《乐府诗集》所收《乌夜啼八曲》均为民间情歌，王运熙《论六朝清商曲中之和送声》一文谓"《乌夜啼》系叙述男女生离的哀歌"。

十二月戊辰，湘州刺史武陵王刘骏为南豫州刺史。(《宋书》卷五《文帝纪》)
相传民间为彭城王刘义康作《读曲歌》。(《宋书》卷十九《乐志》，《乐府诗集》卷四十六)

平按：文献中对《读曲歌》的记载，始于《宋书·乐志》："《读曲歌》者，民间为彭城王义康所作也。其歌云'死罪刘领军，

---

[1] （宋）郭茂倩编：《乐府诗集》第二册，中华书局1979年版，第690页。

误杀刘第四'是也。"《古今乐录》之说却又有不同："《读曲歌》者，元嘉十七年，袁后崩，百官不敢作声歌，或因酒宴，止窃声读曲细吟而已，以此为名。"《乐府诗集》卷四十六说："按义康被徙，亦是十七年。"袁后之崩与刘义康之被徙，虽同发生于元嘉十七年，彼此却毫不相关。王运熙认为，"《读曲歌》的起源，不管是为彭城王义康抑是袁后，总之都有对死者表哀悼的意思，最初很可能是吴声中的挽歌"①。

萧承之入京为太子屯骑校尉。文帝又以其平氏之功补青州任缺。彭城王刘义康秉政，萧承之不依附之，而转为江夏王刘义恭司徒中兵参军、龙骧将军、南泰山太守，封晋兴县五等男，邑三百四十户。迁右军将军。（《南齐书》卷一《高帝纪上》）

平按：据《南齐书·高帝纪上》载，萧承之于元嘉十一年平氐杨难当后，入京为太子屯骑校尉。又据《宋书·文帝纪》，刘劭生于元嘉三年正月闰月丙戌，至六年三月丁巳立为皇太子，时年四岁②。被立为太子者只有在为太子后方置东宫官属，故萧承之为太子屯骑校尉必在元嘉六年之后。又萧承之是在平氐之后"入为太子屯骑校尉"，故其为时又应在元嘉十一年后。元嘉十二年，太子刘劭十岁。元嘉十四年，刘劭十二岁，出居东宫。至元嘉十五年，刘劭十三岁，加元服。《宋书·刘劭传》又云："东宫置兵，与羽林等。""屯骑校尉"为"武散官"，并非东宫属官，作为"武散官"的屯骑校尉职责是掌宿卫兵，非东宫专设，而应是按需而置。从《宋书·刘劭传》的叙述顺序看，刘劭是在十三岁加元服之后于东宫置兵以为禁卫的，屯骑校尉恰是宿卫之官，故萧承之为太子屯骑校尉亦应在元嘉十五年至元嘉十六年。

《南齐书·高帝纪上》说"文帝以平氏之劳，青州缺，将欲授

---

① 王运熙：《吴声西曲杂考》，见《乐府诗述论》，上海古籍出版社1996年版，第82页。

② 《宋书》卷九十九《刘劭传》："年六岁，拜为皇太子。"年六岁当为元嘉八年，《文帝纪》《刘劭传》所载立皇太子时间，二者之一必有误。

用"，此言"青州缺"，而未言青州所辖郡职如何，当指青州刺史职缺。那么在元嘉十年萧承之随萧思话平氏杨难当前后的青州刺史任的前后卸任与接续情况如何呢？据《宋书·文帝纪》所载，元嘉九年六月，左军谘议参军申宣为青州刺史；元嘉十年正月，淮南太守段宏为青州刺史，至十年四月，青州刺史段宏加冀州刺史；十五年八月，以兖州刺史王方俳为青、冀二州刺史；十七年七月，以征虏谘议参军杜骥为青州刺史。自元嘉九年至元嘉十七年，《宋书·文帝纪》所显示的青州刺史任并无间断。其中段宏任期最长，起于元嘉十年正月，元嘉十五年八月王方俳为青州刺史。所谓"青州缺"，或在这个时期，结合本年萧承之为太子屯骑校尉，文帝欲授其青州之事至早也应在元嘉十五年，至晚在元嘉十六年。此为从情理推测而已，并无实据。

元嘉六年，司徒王弘上表义康入辅，并与王弘共辅朝政。《宋书·彭城王义康传》："六年，司徒王弘表义康宜还入辅，征侍中、都督扬南徐兖三州诸军事、司徒、录尚书事，领平北将军、南徐州刺史，持节如故。二府并置佐领兵，与王弘共辅朝政。弘既多疾，且每事推谦，自是内外众务，一断之义康。"然皇考萧承之平氏定汉中却是在元嘉十一年，故萧承之在彭城王义康辅政而不归附之事亦应在元嘉十一年以后。萧承之不依附于彭城王义康，却转而为江夏王义恭之司徒中兵参军、南泰山太守。《宋书·江夏王义恭传》："十六年，进位司空。明年（十七年），大将军彭城王义康有罪出藩，征义恭为侍中、都督扬南徐兖三州诸军事、司徒、录尚书，领太子太傅，持节如故。"江夏王义恭是在彭城王义康有罪出藩之后接替而为司徒、都督扬南徐兖三州诸军事的，萧承之不附义康而入藩义恭，当在元嘉十七年。又据《宋书·州郡志》，萧承之所领南泰山太守隶南徐州，而此时江夏王义恭正都督扬南徐兖三州诸军事。

十月，彭城王刘义康改授江州刺史，出镇豫章。萧承之"领兵防守"，萧道成放弃在雷次宗儒学馆之学业，随父出京南行，从雷次宗受学仅一年。（《南齐书》卷一《高帝纪上》）

刘昞（？—440？）卒。

平按：《魏书·刘昞传》："世祖平凉州，士民东迁，昞闻其名，拜乐平王从事中郎。世祖诏诸年七十以上听留本乡，一子扶养。昞时老矣，在姑臧，岁余，思乡而返，至凉州西四百里韭谷窟，遇疾而卒。"又《魏书·世祖纪》："太延五年冬十月辛酉，徙凉州民三万余家于京师。留骠骑大将军、乐平王丕，征西将军贺多罗镇凉州。"据此，刘昞拜乐平王从事中郎在太延五年，"岁余，思乡而返，遇疾而卒"，即应是太平真君元年。刘昞曾以三史文繁，著有《略记》百三十篇、八十四卷，《凉书》十卷，《敦煌实录》二十卷，《方言》三卷，《靖恭堂铭》一卷，注《周易》《韩子》《人物志》《黄石公三略》，并行于世。

萧赜（440—493）生。

平按：《南齐书·武帝纪》未纪萧赜之生年。《南史·齐本纪上》则详载之，其曰："世祖武皇帝讳赜，字宣远，高帝长子也。以宋元嘉十七年六月己未生于建康县之青溪宫。将产之夕，孝皇后、昭皇后并梦龙据屋，故小字上为龙儿。"萧赜在位的永明时期，是南齐国力和文化最盛的时期。

贾渊（440—501）生。

平按：《南齐书》本传："中兴元年，卒，年六十二。"贾渊字希镜，平阳襄陵人。世传谱学。尝注《郭子》。竟陵王萧子良使渊撰《见客谱》。本传载："先是谱学未有名家，渊祖弼之广集百氏谱记，专心治业。晋太元中，朝廷给弼之令史书吏，撰定缮写，藏秘阁及左民曹。渊父及渊三世传学，凡十八州士族谱，合百帙七百余卷，该究精悉，当世莫比。永明中，卫军王俭抄次《百家谱》，与渊参怀撰定。"

范岫（440—514）生。

平按：《梁书》本传："（天监）十三年，卒官，时年七十五。"

上推生于是年。范岫字懋宾，济阳考城人。幼好学，为其外祖颜延之所重。齐世，与沈约、虞炎、周颙、袁廓等俱为文惠太子萧长懋所引。历仕宋、齐、梁三朝。博涉多通，尤悉前代旧事，"所著文集《礼论》《杂仪》《字训》行于世"。《全梁文》辑其文《答释法云书〈难范缜神灭论〉》一篇。

宋文帝元嘉十八年·魏太武帝太平真君二年 (441) 辛巳 十五岁

五月壬午，卫将军南兖州刺史刘义庆为开府仪同三司。(《宋书》卷五《文帝纪》，《南史》卷二《宋本纪中》)

八月，太子率更令何承天作《白鸠颂》。(《宋书》卷二十九《符瑞志下》)

平按：《宋书·符瑞志下》："宋文帝元嘉十八年八月庚午，会稽山阴商世宝获白鸠，眼足并赤，扬州刺史始兴王濬以献。太子率更令何承天上表曰：……其《白鸠颂》曰：……"又《宋书·五行志五》："宋文帝元嘉十八年秋七月，天有黄光，洞照于地。太子率更令何承天谓之荣光，太平之祥，上表称庆。"

十一月，氐杨难当又寇汉川。(《宋书》卷五《文帝纪》)

十二月癸亥，龙骧将军裴方明与梁、秦二州刺史刘真道进讨杨难当。(《宋书》卷五《文帝纪》)

颜延之撰《王球石志》。(《南齐书·礼志》)

平按：《南齐书·礼志》："宋元嘉中，颜延之作《王球石志》，素族无碑策，故以纪德。"又《宋书·王球传》："王球字倩玉，琅邪临沂人。……颇好文义，唯与琅邪颜延之相善。……十八年，卒，时年四十九。"颜文之撰当在本年。

昙摩蜜多于祇洹寺译出《禅秘要》三卷。(《出三藏记集》卷二)

平按:《出三藏记集》卷二《禅秘要》下注曰:"元嘉十八年译出。或云《禅法要》。或五卷。"同时译出的还有《观音贤菩萨行法经》一卷、《虚空藏观经》一卷、《五门禅经要用法》一卷。注:"右四部,凡六卷。宋文帝时,罽宾禅师昙摩蜜多于祇洹寺译出。"据"新集条解异出经录第二"载,《禅经》共有五人译。

戴颙(378—441)卒。

平按:戴颙,善琴书,通音律,与其兄戴勃各造新弄。著《消摇论》,注《礼记·中庸》篇。事见《宋书·戴颙传》。

谢朓(441—506)生。

平按:《梁书》本传:"(天监)五年,改授中书监、司徒、卫将军,并固让不受。遣谒者敦授,乃拜受焉。是冬薨于府,时年六十六。"上推生于本年。谢朓字敬冲,陈郡阳夏人。祖谢弘微,宋太常卿。父谢庄,右光禄大夫。谢朓年幼聪慧,深得其父谢庄的器重,十岁时即能属文,善诗赋。时人称其"神童",尝与其父谢庄从宋孝武帝游姑孰,受诏撰《洞井赞》,帝又称其"奇童"。与河南褚炫、彭城刘俣、济阳江敩入侍宋帝,号为"天子四友"。历仕宋、齐、梁三朝,以"风流自远,英华罕值"见称,"所著书及文章,并行于世"。《隋志》:"《谢朓集》十五卷,亡。"《全梁文》辑其文两篇,《与王俭书》《遗弟瀹书》。

沈约(441—513)生。

平按:《梁书》本传:"(天监)十二年,卒官,时年七十三。"上推生于本年。沈约字休文,吴兴武康人。一生经历宋、齐、梁三代，年寿既长，官位又高，为齐梁时期的文坛领袖。钟嵘《诗品》置沈约于中品，其评《梁左光禄沈约诗》云："观休文众制，五言最优。详其文体，察其余论，固知宪章鲍明远也。所以不闲于经纶，而长于清怨。永明相王爱文，王元长等皆宗附之。于时，谢朓未遒，江淹才尽，范云名级故微，故约称独步。虽文不至，其工丽，亦一时之选也。见重闾里，诵咏成音。嵘谓约所著既多，今剪除淫杂，收其精要，允为中品之第矣。故当词密于范，意浅于江也。"沈约为南朝文坛大家，传世诗文也极多，是南朝文史研究的热点人物，研究著述甚丰，包括数量可观的年谱类著述，以林家骊《沈约年谱汇考》①考证最为翔实，资料最为富赡。

庾杲之（441—491）生。

平按：《南齐书·庾杲之传》："（永明）九年，卒。……卒时年五十一。"上推生于是年。庾杲之字景行，新野人，"少而贞立，学涉文义……风范和润，善音吐"，以风器之美著称于世。《全梁文》录其文两篇，为《临终上表》《为竟陵王致书刘隐士》。

宋文帝元嘉十九年·魏太武帝太平真君三年（442）壬午　十六岁

正月乙巳，文帝刘义隆诏立国子学。四月甲戌，何尚之领国子祭酒，裴松之、何承天领国子博士。（《宋书》卷五《文帝纪》）

平按：宋武帝刘裕即位后，于永初三年（422）下诏书，兴学校，选儒官。他指出，由于战乱使得学校荒废的情况亟待改变，要

---

① 见范子烨编：《中古作家年谱汇考辑要》卷二，世界图书出版公司2014年版，第518–657页。

求广延胄子，振兴国学。但因武帝过早死去，国学并未建立起来。《宋书·礼志一》："宋高祖受命，诏有司立学，未就而崩。"然从范泰的上表看，当时已在拟定相应的制度了。范泰时任国子祭酒，于上表中论及国子助教的品级可依旧制用二品，强调所贵在于得才，不应受品级限制。当时又征裴松之为国子博士。刘宋国子学的正式恢复，是在文帝元嘉十九年。当时政局相对稳定，文帝又是博涉经史之人，懂得要使臣民合于轨度，教学之为贵，下诏书令广训胄子。《宋书·文帝纪》曰：

> 十九年正月乙巳，诏曰："夫所因者本，圣哲之远教；本立化成，教学之为贵。故诏以三德，崇以四术，用能纳诸义方，致之轨度。盛王圣世，咸必由之。永初受命，宪章弘远，将陶钧庶品，混一殊风，有诏典司，大启庠序，而频遘屯夷，未及修建。永瞻前猷，思敷鸿烈。今方隅乂宁，戎夏慕向，广训胄子，实维时务。便可式遵成规，阐扬景业。"

本年十二月又下诏，明确要求鲁郡修建学舍，选召生徒，并且指出功被百代的孔子坟茔荒芜的情况应该改变，并在孔子墓侧种松柏六百株。

> 十二月丙申，诏曰："胄子始集，学业方兴。自微言泯绝，逝将千祀，感事思人，意有慨然。奉圣之胤，可速议继袭。于先庙地，特为营造，依旧给祠置令，四时飨祀。阙里往经寇乱，黉校残毁，并下鲁郡修复学舍，采召生徒。昔之贤哲及一介之善，犹或卫其丘垄，禁其刍牧，况尼父德表生民，功被百代，而坟茔荒芜，荆棘弗剪。可蠲墓侧数户，以掌洒扫。"鲁郡上民孔景等五户居近孔子墓侧，蠲其课役，供给洒扫，并种松柏六百株。

何承天于此前的元嘉十六年立史学，撰国史，本年国子学立，又为国子博士。《宋书·何承天传》："十九年，立国子学，以本官领国子博士。皇太子讲《孝经》，承天与中庶子颜延之同为执经。"何承天立史学时官著作郎，待国子学立，则以国子博士身份掌国学。当时国子学科目以儒家经典为主，多延聘经师教授胄子。皇太子刘劭于新立国子学讲《孝经》，时年十七岁，《宋书》本传言其"好读史传"，应当也是颇有学养之人。《建康实录》对本年国子学机构之立叙述颇为详尽："四月甲戌，大赦天下。以何尚之领国子祭酒，中散大夫裴松之、太子率更令何承天领国子博士。于时朝廷硕学推裴、荀、何、傅。傅隆长于为政，承天病于疏旷，伯子通脱率易，不以镇重自居，裴西乡清简恬素，最以不竞为法，位不逾于三子，名则差焉。颜延之亦号博闻，而刚愎潜忌，时人恶之，名颜虎。"

苏宝生于国子学中，为《毛诗》助教。（《宋书》卷七十五《王僧达传》）

雍州刺史刘道产卒。道产在镇期间，以政绩为诸蛮所称颂，百姓为之作《襄阳乐歌》。（《宋书》卷六十五《刘道产传》）

平按：《宋书·夷蛮传》："荆、雍州蛮，槃瓠之后也。分建种落，布在诸郡县。荆州置南蛮，雍州置宁蛮校尉以领之。"刘道产自元嘉八年至十九年长达十二年为雍州刺史、宁蛮校尉，安辑诸蛮，政绩显著。至其卒，衡阳王义季作《伤刘道产启》，文曰："故辅国将军刘道产，患背痈，疾遂不救。道产自镇汉南，境接凶寇，政绩既著，威怀兼举。"当地民众亦由此歌之，而有《襄阳乐歌》。《宋书·刘道产传》："善于临民，在雍部政绩尤著，蛮夷前后叛戾不受化者，并皆顺服，悉出缘沔为居。百姓乐业，民户丰赡，由此有《襄阳乐歌》，自道产始也。……道产惠泽被于西土，及丧还，诸蛮皆备衰绖，号哭追送，至于沔口。"曹道衡、刘跃进《南北朝文学编年史》将襄阳民颂刘道产所作的《襄阳乐歌》系于元嘉八年，这一年仅是道产为雍州刺史之第一年，刚刚到任，政绩何从显示？故将其置于道产离任的元嘉十九年相对更为合理。

《襄阳乐》，南朝乐府《西曲歌》之一。据《乐府诗集》卷四十八引《古今乐录》以为是南朝宋随王刘诞在文帝元嘉时所作。"《古今乐录》曰：'《襄阳乐》者，宋随王诞之所作也。诞始为襄阳郡，元嘉二十六年仍为雍州刺史，夜闻诸女歌谣，因而作之，所以歌和中有"襄阳来夜乐"之语也。'旧舞十六人，梁八人。又有《大堤曲》，亦出于此。简文帝雍州十曲，有《大堤》《南湖》《北渚》等曲。《通典》曰：'裴子野《宋略》称晋安侯刘道产为襄阳太守，有善政，百姓乐业，人户丰赡，蛮夷顺服，悉缘沔而居。由此歌之，号《襄阳乐》。'盖非此也。"① 从刘诞"夜闻诸女歌谣"看，此曲声调当在元嘉前已有。《襄阳乐》的兴起，历来有两种说法：一是《通典》所引裴子野《宋略》说，晋安侯刘道产为雍州刺史、襄阳太守，有善政，百姓乐业，人口丰赡，蛮夷顺服，所以襄阳百姓为歌颂刘道产的政绩而作此歌。一是《古今乐录》所说，宋随王诞始为襄阳郡，元嘉二十六年，为雍州刺史，"夜闻诸女歌谣，因而作之"。两种说法，未知孰是。王运熙先生认为"两说二而为一，《襄阳乐》本是歌咏刘道产政化的民谣，在刘道产时代，它还不过是一种徒歌，等到随王诞来做雍州刺史，然后把它改制成为乐曲；就列于乐官的《襄阳乐曲》说，当然是随王诞的制作了。"② 尽管说法不同，但从襄阳百姓歌颂刘道产之政绩，或从随王"夜闻诸女歌谣"而作来看，此曲源于民间则无可置疑。

区惠恭约于本年前后在世。（《诗品下》）

平按：区惠恭事见于《诗品下》，生卒年不详。本系胡人。初为颜延之族子颜师伯仆。师伯为诗，常偷笔定之。后作《独乐赋》，语侵给主，被斥。大将军修北第，差充作长。时谢惠连兼记室参军，惠恭时往共嘲谑。后作《双枕诗》以示惠连，连曰："公诚能，恐人未重。"乃冒为己作，以示大将军。见之叹赏，赐锦二端。连曰："此诗公作长所制，请以锦赐之。"吴文治《中国文学史大事年表》

---

① （宋）郭茂倩编：《乐府诗集》第三册，中华书局1979年版，第703页。
② 王运熙：《吴声西曲杂考》，见《乐府诗述论》，上海古籍出版社1996年版，第85页。

系惠恭于本年。① 区惠恭诗文皆不传。诸史亦不见其事迹载录，《南朝五史人名索引》"区"姓条下无"区惠恭"其人。所见其事者唯《诗品》。曹道衡亦云："惠恭之名不见《宋书》《南齐书》，《隋志》亦不载其集，是端赖《诗品》以存也。钟嵘所记，皆惠恭轶事。"②并认为钟嵘所记遗闻轶事，乃将二事强为缀合而未加细考，所记失次也。

雍州刺史刘道产卒后，群蛮又乱，宋文帝遣萧道成领偏军征讨沔北蛮。(《南齐书·高帝纪上》，《南史·齐本纪上》)

平按：雍州刺史刘道产镇雍州的十二年里，其善政得到雍州蛮的拥护，蛮民悉沿沔水安居。至其卒后，历任雍州刺史容养蛮民不力，群蛮不时作乱。元嘉十九年，新任雍州刺史刘真道甫一临州，沔北蛮即作乱。《南史·夷貊传下》："雍州刺史刘道产善抚诸蛮，前后不附者，皆引出平土，多缘沔为居。及道产亡，蛮又反叛。至孝武出为雍州，群蛮断道。台遣军主沈庆之连年讨蛮，所向皆平。"又《通鉴·宋纪六》"文帝元嘉十九年"胡注曰："道产卒未几而群蛮作乱，后之人不能容养之也。"本年萧道成之讨沔北蛮，尚无官职和封号，为"散冗"之职。《魏书·萧道成传》曰："道成少好武事，初从散冗，每充征役，前后为讨蛮小帅，以堪勤剧见知。"

羊欣 (370—442) 卒。

平按：《宋书》本传："元嘉十九年，卒，时年七十三。"羊欣字敬元，泰山南城人，"美言笑，善容止，泛览经籍，尤长隶书"，素好黄老，兼善医术，撰《药方》十卷。《隋志》："中散大夫《羊欣集》七卷，亡。"今仅存书信一篇，为《全宋文》辑录。又著有《古来能书人名录》一卷，王僧虔采录呈上，题《条疏古来能书人

---

① 吴文治：《中国文学史大事年表》，黄山书社 1987 年版，第 472 页。
② 曹道衡：《〈诗品〉记区惠恭事序次有误》，见《中古文学史料丛考》，中华书局 2003 年版，第 354 页。

名启》。王僧虔《论书》评羊欣曰："宋文帝书，自云可比王子敬。时议者云：'天然胜羊欣，工夫少于欣。'""羊欣、丘道护，并亲受于子敬。欣书见重一时，行、草尤善，正乃不称。""……丘道护与羊欣俱面受子敬，故当在欣后。""范晔与萧思话同师羊欣。……萧思话书全法羊欣，风流趣好殆当不减，而笔力恨弱。"庾肩吾《书品》将其列为中上品，并说："羊欣早随子敬，最得王体。"可见其书法在当时的地位。

范元琰（442—511）生。

平按：《梁书·范元琰传》："（天监）十年，王拜表荐焉，竟未征。其年卒于家，时年七十。"范元琰字伯珪，吴郡钱唐人。史载元琰"好学，博通经史，兼精佛义"，尝得经师沛国刘瓛表称。

柳世隆（442—491）生。

平按：《南齐书》本传："（永明）九年，卒，时年五十。"上推生于是年。柳世隆字彦绪，河东解县人。少有风器，好读书，涉猎文史，音吐温润。曾启齐高帝萧道成，借秘阁藏书，高帝给其二千卷。《南史·柳元景传》："性清廉，唯盛事坟典。张绪问曰：'观君举措，当以清名遗子孙邪？'答曰：'一身之外，亦复何须。子孙不才，将为争府；如其才也，不如一经。'"柳元景以经书、才学、清名给子孙，而非财也，其遗产观甚为出类。世隆少立功名，晚年专以谈义自业。善弹琴，世称柳公双琐，为士品第一。常自云："马矟第一，清谈第二，弹琴第三。"在朝不干事务，垂帘鼓琴，风韵清远，甚得世誉。世隆通晓数术。所著《龟经秘要》二卷，行世。今存文两篇，其《奏省流寓民户帖》对"流寓"的解释，颇有文献价值。其曰："尚书符下土断条格，并省侨郡县。凡诸流寓，本无定憩，十家五落，各自星处，一县之民散在州境，西至淮畔，东届海隅。今专罢侨邦，不省荒邑，杂居舛止，与先不异。离为区断，无革游滥。谓应同省，随界并帖。若乡屯里聚，二三百家，井甸可修，区域易分者，别详立。"

宋文帝元嘉二十年·魏太武帝太平真君四年（443）癸未　十七岁

正月，于台城东西开万春、千秋二门。（《宋书》卷五《文帝纪》）

平按：台城，即建康宫城。东晋时期，在孙吴太初宫东北面苑城基础上建造宫城，东晋宫城又称建康宫、显阳宫，俗称台城，周围八里，筑有两重城墙，辟有五门。《建康实录》卷七引《图经》云："是月，新宫成，署曰建康宫，亦名显阳宫，开五门，南面二门，东西北各一门……周八里，有两重墙。"南朝四代宫城由两重增为三重，规模和形制基本上沿袭东晋规制。关于建康宫的位置，历代史籍多有记载，诸如唐许嵩《建康实录》、南宋张敦颐《六朝事迹编类》、南宋周应合《景定建康志》、元代张铉《至正金陵新志》、明代陈沂《金陵古今图考》、清代顾祖禹《读史方舆纪要》等。基于上述文献史料并结合实地考察和考古发现，大致形成了朱偰、蒋赞初、马伯伦、郭黎安、卢海鸣诸家之说，其中以蒋赞初之说更趋客观。其曰：

关于建康宫的具体位置，它的中心范围已可确定为南起今珠江路的浮桥至莲花桥一线，东到今珍珠河，西临今进香河，北迄今中国科学院南京分院和南京市人民政府前的断续水道，四周共长五里左右。它的外围宫墙周长计为八里。大体是南近今珠江路，北迄今鸡鸣寺前，东达今北京东路的兰园一带，西至今鱼市街和唱经楼一带。①

六朝建康宫城的宫门，各类文献记载较为混乱，按郭湖生考证，万春门在宫城东侧偏南，千秋门在宫城西侧偏南，二门东西大致在

---

① 蒋赞初：《南京史话》，江苏人民出版社 1980 年版，第 49 – 50 页。

方向上相对，由万春门向西直对云龙门可入太极殿，由千秋门向东过神兽门亦入太极殿。[1] 顾祖禹《读史方舆纪要》卷二十《南直二》以万春门为建康宫城六门之一。其曰："旧志云：吴大帝筑都城，东晋至陈皆因之。其城近覆舟山，去秦淮五里。内为宫城，周六里一百十步。有六门：南曰大司马门，东曰万春门、东华门，西曰西华门、大阳门，北曰承明门。外为都城，周二十里十九步。有门十二。"其"万春门"下注曰："吴宫东门曰苍龙门，后改为万春门，在东面南头。"其"大阳门"下注曰："在西面南头。晋太和六年，桓温废立，帝奕步下西堂，乘犊车出神虎门，或曰即大阳门也。"注引《建康实录》云："神虎门，宫墙第二重西面门，亦曰神武，对第三重宫墙之千秋门。"由顾祖禹之言看，万春门为建康宫城六门之一，且是第二重城墙之门。而千秋门则是建康宫城第三重宫墙之门，其位置与第二重宫墙之西南门神虎门（大阳门）相对。这又与郭湖生之宫城图中各门的位置并不相合。顾祖禹说东吴筑建康宫城时已立苍龙门，后改名万春门，这后改是指什么时候？莫非是指刘宋元嘉二十年正月？然《宋书·文帝纪》却说是"于台城东西开万春、千秋二门"，那么，万春、千秋二门是元嘉二十年新开，还是改名？建康宫城自东吴始筑，至南朝，历代均有增筑或改建，未必尽是依原城址而为。如依原城址而为，则可称改名，如仅是依吴宫城旧制而建，宫门乃沿旧名，此即为开新门。限于史料，今无法明之。

七月，南蛮校尉萧思话迁持节、监雍州梁南北秦四州荆州之南阳竟陵顺阳襄阳新野随六郡诸军事、宁蛮校尉、雍州刺史、襄阳太守。(《宋书》卷五《文帝纪》，《宋书》卷七十八《萧思话传》)

何承天撰定《仪注》。作《上元嘉历表》。(《宋书》卷十四《礼志一》，《宋书》卷十二《律历志中》)

平按：《宋书·礼志一》："元嘉二十年，太祖将亲耕，以其久废，使何承天撰定《仪注》。"《上元嘉历表》见于《宋书·律历志

---

[1] 郭湖生：《六朝建康》，《建筑师》1993 年第 54 期。

中》。其曰："宋太祖颇好历数，太子率更令何承天私撰新法。元嘉二十年上表。"其时太史令钱乐之、严粲又作《奏详何承天元嘉历》，员外散骑郎皮延宗又作《难何承天新历》。均见《宋书·律历志中》。

萧道成随新任雍州刺史萧思话出镇襄阳，戍守沔北，讨伐樊、邓山蛮。（《南齐书·高帝纪上》《南史·齐本纪上》《魏书·萧道成传》）

平按：萧道成随雍州刺史萧思话镇襄阳之事，《南齐书》《南史》均系于元嘉二十三年。《南齐书·高帝纪上》："二十三年，雍州刺史萧思话镇襄阳，启太祖自随，戍沔北，讨樊、邓诸山蛮，破其聚落。"《南史·齐本纪上》："二十三年，雍州刺史萧思话镇襄阳，启帝自随，初为左军中兵参军。"《通鉴·宋纪六》"元嘉二十三年"未纪此事。然细考诸史，萧思话于元嘉二十三年并未在镇襄阳。

《宋书·文帝纪》："八年六月闰月丙午，以左军谘议参军刘道产为雍州刺史。"

《宋书·刘道产传》："十九年卒，追赠征虏将军，谥曰襄侯。"

《宋书·文帝纪》："十九年秋七月，以梁、秦二州刺史刘真道为雍州刺史。"

《宋书·文帝纪》："二十年秋七月辛酉，以南蛮校尉萧思话为雍州刺史。甲子，前雍州刺史刘真道、梁南秦二州刺史裴方明有罪，下狱死。"

《宋书·文帝纪》："二十二年春正月壬辰，抚军将军、南豫州刺史武陵王骏改为雍州刺史。"

《宋书·文帝纪》："二十五年夏四月乙卯，以抚军将军、雍州刺史武陵王骏为安北将军、徐州刺史。癸亥，以右卫将军萧思话为雍州刺史。"

《宋书·文帝纪》："二十六年秋七月辛未，以广陵王诞为雍州刺史。"

《宋书·孝武帝纪》："明年（二十二年），徙都督雍梁南北秦四州荆州之襄阳竟陵南阳顺阳新野随六郡诸军事、宁蛮校尉、雍州刺史，持节、将军如故。自晋氏江左以来，襄阳未有皇子重镇，时太祖欲经略关、河，故有此授。二十五年，改授都督南兖徐兖青冀幽六州豫州之梁郡诸军事、安北将军、徐州刺史，持节如故，北镇彭城。"

以上自元嘉八年至元嘉二十六年，历任雍州刺史更替脉络清晰：元嘉八年六月至十九年，刘道产任；元嘉十九年七月至二十年六月，刘真道任；元嘉二十年七月至二十一年十二月，萧思话任；元嘉二十二年正月至二十五年四月乙卯，刘骏任；元嘉二十五年四月癸亥至二十六年六月，萧思话任；元嘉二十六年七月始，刘诞任。萧思话先后两任雍州刺史，镇襄阳。元嘉二十三年雍州刺史为武陵王刘骏。《宋书·萧思话传》曰："二十四年，改领左卫将军。"萧道成"初为左军中兵参军"，当为萧思话左卫将军之属官，而且应在萧思话于二十四年领左卫将军之后。"左军中兵参军"是萧道成最初的正式官职，而随萧思话镇襄阳时仅为统成这样的"散冗"之职。故萧道成之随萧思话镇襄阳，便不可能在萧思话第二次出镇襄阳的元嘉二十五年，而只能是萧思话首镇襄阳的元嘉二十年七月至二十一年十二月。因萧道成在萧思话镇襄阳之初即启帝自随，将萧道成此行随镇系于元嘉二十年是合理的。

萧道成梦见己乘飞龙上天，西行逐日。（《南史》卷四《齐本纪上》）

平按：《南史·齐本纪上》曰："始帝年十七时，尝梦乘青龙上天，西行逐日。帝旧茔在武进彭山，冈阜相属，数百里不绝，其上常有五色云，又有龙出焉。"

何长瑜（？—443）卒。

平按：何长瑜诸史无专传，其事迹见于《宋书·谢灵运传》。传曰："庐陵王绍镇寻阳，以长瑜为南中郎行参军，掌书记之任。行至板桥，遇暴风溺死。"庐陵王绍为刘义隆第五子，元嘉五年（428）袭封庐陵王，至元嘉二十年为江州刺史，出镇寻阳。《宋书·刘绍传》："（元嘉）二十年，出为南中郎将、江州刺史，时年十二。"由此，长瑜当卒于本年。对此，曹道衡持不同看法："至长瑜卒年，据《谢灵运传》载义庆卒后，何勖谓袁淑宜召还长瑜，淑以义庆新丧不便，未之允。'庐陵王绍镇寻阳，以长瑜为南中郎行参军，掌书记之任。行至板桥，遇暴风溺死'，是未及返抵江州而卒。据《武三王传》，绍以元嘉二十年出镇江州，在任七年。义庆卒于元嘉二十一年，则长瑜之返江州溺死，或当在元嘉二十三、四年。"① 何长瑜尝与谢惠连、颍川荀雍、泰山羊璿之共为"四友"，与谢灵运为山泽之游，谢灵运赞其为"当今仲宣"。至"临川王义庆招集文士，长瑜自国侍郎至平西记室参军"，因以韵语嘲义庆僚佐，触怒义庆，被贬为广州曾城令。《隋志》载"《何长瑜集》八卷"，今存诗二首，《全宋文》辑其文一篇。《诗品》列何长瑜于下品，评曰："才难，信矣！以康乐与羊、何若此，而二人文辞，殆不足奇。"

宗炳（375—443）卒。

平按：《宋书》本传："元嘉二十年，炳卒，时年六十九。"宗炳字少文，南阳涅阳人。史载其"妙善琴书，精于言理，每游山水，往辄忘归"，入庐山，师从释慧远考寻文义。其足迹几遍江南、荆楚，"好山水，爱远游，西陟荆、巫，南登衡岳，因而结宇衡山，欲怀尚平之志"。宗炳为刘宋著名书画家，庾肩吾《书品》将其列入下上品。《隋书·经籍志》著录别集十六卷。《全宋文》收其作品有《评何承天通裴难旬大功嫁女议》《答何衡阳书》《又答何衡阳书》《寄雷次宗书》《师子击象图序》《画山水序》《明佛论》。何衡阳即何承天，有《与宗居士书论释慧琳白黑论》《答宗居士书》二篇。在六朝思想界，发生过多次所谓神灭论与神不灭论的争论，在该争

① 曹道衡、沈玉成：《中古文学史料丛考》，中华书局2003年版，第227页。

论中，站在神灭论立场的主要是信奉中国传统思想的人，神不灭论的创立者则是佛教信奉者。宗炳作为在家的佛教信徒，主张神不灭论，与主张神灭论的何承天进行的论战，是其中比较著名的一次。宗炳的神不灭思想被看作庐山慧远神不灭论的继承，其《明佛论》即来自慧远的思想。

释慧严（363—443）卒。

平按：《高僧传》卷七《京师东安寺释慧严传》："严以宋元嘉二十年卒于东安寺，春秋八十有一矣。"慧严与京师诸名士及皇室多有来往。传载："《大涅槃经》初至宋土，文言致善，而品数疏简，初学难以措怀。严乃与慧观、谢灵运等依《泥洹》本加之品目，文有过质，颇亦治改，始有数本流行。"东安寺，在今江苏南京市，晋哀帝时已存。《全晋文》卷一五七《支遁传》："遁字道林，姓关，陈留人，或云河东林虑人。年二十五为僧，居吴之支山，后居剡之沃州。哀帝征讲于东安寺，寻归。"《世说新语·文学》："支道林初从东出，住东安寺中。王长史宿构精理，并撰其才藻，往与支语，不大当对。王叙致作数百语，自谓是名理奇藻。支徐徐谓曰：'身与君别多年，君义言了不长进。'王大惭而退。"《南齐书·五行志》："建武初，始安王遥光治庙，截东安寺屋以直庙垣。截梁，水出如泪。"

明山宾（443—527）生。

平按：《梁书·明山宾传》："大通元年，卒，时年八十五。"上推生于本年。明山宾字孝若，平原鬲人，宋末明僧绍之子。史载，明山宾"七岁能言名理，十三博通经传"。梁初建，置五经博士，山宾首膺其选。后东宫新置学士，山宾为国子祭酒。山宾累居学官，对朝廷颇有训导之益，其性通达宽疏，对于诸生多能平和相待，为诸生所爱。其著述主要有《吉礼仪注》二百二十四卷、《礼仪》二十卷、《孝经丧礼服义》十五卷。《全梁文》录其文九篇。

宋文帝元嘉二十一年·魏太武帝太平真君五年（444）甲申 十八岁

正月己亥，南徐、南兖、南豫州、扬州之浙江西，并禁酒。（《宋书》卷五《文帝纪》，《南史》卷二《宋本纪中》）

平按：《建康实录》卷十二"元嘉二十年"曰："自去秋迄乎是秋，水旱伤稼，民多饥，诏郡国开仓赐粮种。"即自元嘉十九年秋至二十年秋，因水旱之灾，造成大量饥民，至本年正月，为恤民之饥，在南徐、南兖、南豫、扬州之浙江西地区行禁酒。《建康实录》卷十二："二十一年春正月，复禁酒，恤饥也。"至元嘉二十二年九月，开酒禁。

正月戊申，魏太武帝诏禁私养师巫，挟藏谶记、阴阳、图纬、方伎之书。……又诏令王公已下至于卿士，其子息皆诣太学。其百工伎巧、驺卒子息，当习其父兄所业，不听私立学校。（《魏书》卷四《世祖纪》）

二月庚寅，左卫将军范晔为太子詹事。（《通鉴》卷一百二十四《宋纪六》）

平按：太子詹事，掌太子宫中事务。《通典》卷三十《职官十二》："詹事，秦官，汉因之，掌皇后、太子家。皇后、太子，各置詹事，随其所在以名官。……后汉省詹事，而太子官悉属少傅。魏复置詹事，领东宫众务。晋不置，至咸宁元年，复置以掌宫事。及永康中，复不置。自太安以来，又置，终孝怀之代。其职拟尚书令，掌三令、四率、中庶子、庶子、洗马、舍人等官。宋与晋同。"

七月丁酉，南豫州刺史武陵王刘骏加督秦州、进号抚军将军。（《宋书》卷五《文帝纪》，《宋书》卷六《孝武帝纪》）

鲍照为临川王义庆服丧三月，而后上书临川世子烨，自求解职。

作《通世子自解启》《重与世子启》二文。(吴丕绩《鲍照年谱》，钱仲联《通世子自解启》注)

平按：鲍照此文原题作《通世子自解》，钱仲联《鲍参军集注》，丁福林、丛玲玲《鲍照集校注》均题作《通世子自解启》，从之。吴丕绩《鲍照年谱》系此启于元嘉二十一年临川王义庆卒后，并以为乃上义庆世子烨者。钱仲联认为"此世子不知何人"，《鲍参军集注》云："自解，谓自解临川王国侍郎也。按临川王义庆于元嘉十六年为江州刺史，以照为国侍郎。至二十一年春正月，临川王薨，照服三月之丧，服竟上书世子，自解侍郎还乡。本集有《临川王服竟还田里》诗可证。照为临川王国侍郎凡六年，此启有'今请解所职，愿蒙矜许。自奉清尘，于兹六祀，坠辰永往，遗恩在心'等句，明谓义庆已薨，六祀之数亦相合。"① 丁福林、丛玲玲《鲍照集校注》："吴谱、钱表以为启乃元嘉二十一年（444）义庆薨后，鲍照上义庆世子烨以自解者，是也。"诸家皆以为鲍照此启作于元嘉二十一年临川王义庆薨后。今从之。鲍照又有《重与世子启》，《鲍照集校注》解题曰："此启应是前启之续启，盖因前启通临川世子自请解职，未被获准而重陈前志者。故启有'奉还诲，深承殷勤笃眷之重'以及'今者之请，必愿鉴许'等语。是亦元嘉二十一年（444）所作。"②

萧道成伐索虏，至丘槛山，并破走。(《南齐书》卷一《高帝纪上》)

平按："索虏"，《宋书》有《索虏传》，《南齐书》有《魏虏传》，均指拓跋魏。《南齐书·魏虏传》："魏虏，匈奴种也，姓拓跋氏。晋永嘉六年，并州刺史刘琨为屠各胡刘聪所攻，索头猗卢遣子曰利孙将兵救琨于太原，猗卢入居代郡，亦谓鲜卑。被发左衽，故呼为索头。"萧道成所伐"索虏"，即拓跋魏也。然萧道成于元嘉二

---

① 钱仲联：《鲍参军集注》，上海古籍出版社 2005 年版，第 78 页。
② 丁福林、丛玲玲：《鲍照集校注》下册，中华书局 2012 年版，第 831 页。

十年七月启宋文帝随萧思话出镇襄阳，此行目的是讨伐诸山蛮，至元嘉二十二年正月萧思话即除侍中、领太子右率赴京，雍州刺史任为武陵王刘骏所代，萧思话之镇襄阳为时一年半，其间萧道成一直为其僚属。即自元嘉二十年七月至元嘉二十二年正月，萧道成乃随萧思话外镇襄阳。故《南齐书·高帝纪上》所言"二十一年，伐索虏，至丘槛山，并破走"，当为讨伐诸山蛮，"索虏"当指山蛮。尽管"虏""索虏"之称，后世可泛指北方少数民族，以"索虏"指称荆、梁、雍诸州山蛮者却不曾见。刘宋元嘉时期先后有两次大举北伐，一次是元嘉七年（430），另一次是元嘉二十七年（450），两次北伐的目的是把"河南"大片失地收复回来。假如萧道成此番在雍州讨伐的是北魏，也是与这两次大规模的北伐无关。魏、宋是毗邻之国，边境兵民之间的冲突、摩擦时有发生，但非重要的、大规模的双方交兵，史籍通常是不会予以记载的。如果《宋书》所记无误，萧道成确于本年"伐索虏"，最大的可能是因仇池不断叛离与归附于魏、宋之间，双方为争夺仇池而起战事。《宋书·索虏传》载元嘉十九年，魏镇东将军武昌王使库莫提移书宋梁、益二州，欲讨伐仇池，从而引起刘宋对仇池的援助，双方由此而兴兵。然元嘉二十一年宋伐魏之事，《魏书》《宋书》《南史》《北史》《通鉴》均不见载。故仍以萧道成于本年征讨对象为诸山蛮为是。

刘义庆（403—444）卒。

平按：《宋书》本传："二十一年，薨于京邑，时年四十二。"又《宋书·文帝纪》："（二十一年正月）戊午，卫将军临川王义庆薨。"刘义庆，彭城人，长沙景王刘道怜第二子。生平事迹主要见于《宋书》卷五十一《刘道规传》附《刘义庆传》。《隋志》著录"宋《临川王义庆集》八卷"。今存诗二首，文六篇。又有《江左名士传》一卷、《宣验记》十三卷、《幽明录》二十卷、《徐州先贤传》一卷、《世说》八卷、《小说》十卷、《集林》二百卷等，并见《隋志》、新旧《唐志》著录。《宣验记》《幽明录》，后人并有辑本。今有范子烨《临川王刘义庆年谱》，其序曰："义庆享年仅有四十二岁，其作品数量如此之多，诚为不可思议之事。可以断定，其中多数作品并非出自己手，而是其幕府文士为之捉刀的结果。然临川王一世龙门，终究是元嘉时代具有影响力的文章家，其平生致力于文学人才之招集与文化事业之建设，与当日之文士交游甚多，与世族清流更多往还，今人研究元嘉时期之文章与学术，义庆显然是一位不可忽视的人物。"[1]

释慧义（372—444）卒。

平按：《高僧传》卷七《宋京师祇洹寺释慧义传》："宋元嘉二十一年，终于乌衣寺，春秋七十三矣。"祇洹寺为范泰于永初元年所立。乌衣寺，在今江苏南京市，存于宋齐间。

萧嶷（444—492）生。

平按：《南齐书》本传："（永明）十年，上封嶷诸子……其年疾笃，表解职，不许，赐钱百万营功德。嶷又启曰：'臣自婴今患，亟降天临，医徒术官，泉开藏府……长辞明世，伏涕呜咽。'薨，年四十九。"上推生于本年。齐豫章文献王萧嶷，字宣俨，萧道成第二子，于朝中享有极高威望。萧子显《传论》曰："宰相（指萧嶷）之器，诚有天真，因心无矫，率由远度，故能光赞二祖，内和九族，实同周氏之初，周公以来，则未知所匹也。"今存文十一篇。

江淹（444—505）生。

平按：《梁书·江淹传》："（天监）四年卒，时年六十二。"上推，则江淹生于本年。江淹字文通，济阳考城人。史载"淹少以文章显，晚节才思微退，时人皆谓之才尽"，此即"江郎才尽"之由来。淹历仕宋、齐、梁三代，为南朝著名文学家。其著述，《梁书》

① 范子烨：《临川王刘义庆年谱》，见刘跃进、范子烨编：《六朝作家年谱辑要》上册，黑龙江教育出版社1999年版，第325页。

本传载："凡所著述百余篇，自撰为前后集，并《齐史》十志，并行于世。"《南史》本传又说："尝欲为《赤县经》以补《山海》之阙，竟不成。"《隋志》载："梁金紫光禄大夫《江淹集》九卷，梁二十卷。"又"《江淹后集》十卷"。明张溥辑有《江醴陵集》二卷，编入《汉魏六朝百三家集》。旧注本有明万历胡之骥《江文通集汇注》，新注本有俞绍初《江淹集校注》。年谱类著作有吴丕绩《江淹年谱》（商务印书馆 1938 年版）、俞绍初《江淹年谱》（《江淹集校注》附录，中州古籍出版社 1994 年版）、丁福林《江淹年谱》（凤凰出版社 2007 年版）等。南朝作家中，江淹研究著述的数量是极大的，历来文学史著作叙至南朝文学发展历程时，涉及江淹的内容都是重要的章节。

张融（444—497）生。

平按：《南齐书》本传："建武四年，病卒，年五十四。"张融字思光，吴郡吴（今江苏苏州）人。历仕宋、齐两代，官至司徒左长史。个性少拘束，颇有怪癖之举，史称他"风止诡越，坐常危膝，行则曳步，翘身仰首，意制甚多"。属文崇尚奇变，"文辞诡激，独与众异"。齐高帝萧道成爱之曰："此人不可无一，不可有二。"自名集为《玉海》，有文集数十卷行于世，已散佚。《隋志》："齐司徒左长史《张融集》二十七卷，梁十卷。又有张融《玉海集》十卷，《大泽集》十卷，《金波集》六十卷。"《全梁文》辑其文十三篇，其最有名者为《门律自序》《海赋》。《门律自序》可看作他文学思想的集中体现，《海赋》则是其传世不多的文学名篇。《海赋》为其早年浮海至交州，于海中所作，见载于《南齐书》。张融对这篇赋作颇为得意。现在看来，该赋在艺术上不及西晋木华的《海赋》，却也颇有值得称道的特色。今存诗 5 首，题曰《白日歌》《萧史曲》《忧且吟》《别诗》《赠何点诗》。钟嵘《诗品》置之下品，评曰："思光诗缓诞放纵，有乖文体。然亦捷疾丰饶，差不局促。"

李彪（444—501）生。

平按：《魏书》本传："景明二年秋，卒于洛阳，年五十八。"

魏宣武帝元恪景明二年（501），即齐和帝萧宝融中兴元年。上推，李彪生于本年。李彪，字道固，顿丘卫国人，少有大志，笃志不倦。他是北魏著名史学家。魏自成帝以来至于太和，崔浩、高允著述《国书》，编年序录，为《春秋》之体，却遗漏时事，三无一存。李彪与秘书令高祐采司马迁、班固之修史体例，创为纪传表志之目。其述《春秋》三传，合成十卷，所著诗颂赋诔章奏杂笔百余篇，别有集。其文今存三篇，残章一篇。

宋文帝元嘉二十二年·魏太武帝太平真君六年（445）乙酉 十九岁

正月辛卯，宋改用御史中丞何承天《元嘉新历》。（《宋书》卷五《文帝纪》，《南史》卷二《宋本纪中》，《建康实录》卷十二）

平按：元嘉二十年，何承天作《上元嘉历表》，至本年正月新历始行，《通鉴》于此有胡三省详注。

正月，帝南郊，始设登歌，诏御史中丞颜延之造歌诗。（《宋书》卷十九《乐志》）

平按：《宋书·乐志》："元嘉二十二年，南郊，始设登歌，诏御史中丞颜延之造歌诗，庙舞犹阙。"又据《宋书·礼志》，江左以来，郊祀用正月，故系此。此时颜延之尚为御史中丞，不久即迁国子祭酒。《乐府诗集》卷一载延之《宋南郊登歌》三篇、《夕牲歌》、《迎送神歌》。

正月壬辰，抚军将军、南豫州刺史武陵王刘骏改为雍州刺史。至七月至镇，骏遣沈庆之、柳元景平缘沔诸蛮。（《宋书》卷五《文帝纪》，《建康实录》卷十二）

平按：此前，元嘉二十年，萧思话为雍州刺史，萧道成随萧思话至镇讨伐樊、邓山蛮。刘骏此任雍州刺史，是接任萧思话的。刘宋自开国至本年，历任雍州刺史无皇族子弟，武陵王刘骏之前任分别是：赵伦之，永初元年（420）在任；刘粹，元嘉元年（424）始任；刘遵考，元嘉三年（426）始任；张邵，元嘉五年（428）始任；刘道产，元嘉八年（431）始任；刘真道，元嘉十九年（442）始任；萧思话，元嘉二十年（443）始任；刘骏，元嘉二十二年（445）始任。宋文帝之所以用皇子出镇雍州，究其原因，《通鉴·宋纪六》以为"帝欲经略关、河，故以骏镇襄阳"。自刘骏始，刘宋雍州刺史便由皇子与朝廷重臣间任之。刘骏之后，又有广陵王刘诞（元嘉二十六年始任）、武昌王刘浑（孝建元年始任）、海陵王刘休茂（大明二年始任）、晋安王刘子勋（大明八年始任）等。南豫州刺史武陵王刘骏正月接雍州刺史任，至七月方至镇，即遣抚军中兵参军沈庆之与随郡太守柳元景击缘沔诸蛮。沈庆之时为刘骏僚属，其抚军中兵参军为刘骏抚军将军属职，刘骏于元嘉二十一年七月进号为抚军将军。柳元景所任职之随郡，宋初本为荆州所领，后一度属司州，《宋书·州郡志三》云："宋文帝元嘉二十六年（449），割荆州之襄阳、南阳、新野、顺阳、随五郡为雍州，而侨郡县犹寄寓在诸郡界。"故柳元景时为雍州镇属郡守。是年七月平诸蛮后，曾将部分蛮民移至京师，所迁数量，《宋书·文帝纪》记为"一万四千余口"，《建康实录》卷十二记为"四万一千口"，《通鉴·宋纪六》载为"万余口"，当以《宋书》之记为确。

雍州刺史萧思话，除侍中，领太子右率。（《宋书》卷七十八《萧思话传》）

平按：本年正月壬辰，刘骏为雍州刺史，萧思话之回京为太子右率，亦当在此时。诸史未载萧思话离雍州刺史任赴京任职时，萧道成是否随返，从刘骏至镇用沈庆之、柳元景平诸蛮看，萧道成当已不在雍州任，随萧思话至京的可能性最大。

四月，皇太子刘劭释奠国学，颜延之作《皇太子释奠会诗》。本年又作《为皇太子侍宴饯衡阳南平二王应诏诗》。(《宋书》卷十四《礼志》，《宋书》卷五《文帝纪》)

平按：《文选》卷二十有颜延年《皇太子释奠会诗》。李注引裴子野《宋略》曰："文帝元嘉二十年三月，皇太子劭释奠于国学。"《宋书》卷十四《礼志》："元嘉二十二年，太子释奠。"又卷十七《礼志》："宋文帝元嘉二十二年四月，皇太子讲《孝经》通，释奠国子学，如晋故事。"《宋书·礼志》两记太子刘劭释奠国学之事，均在元嘉二十二年，与《宋略》所言在元嘉二十年不同。《建康实录》亦载："二十二年三月乙未，皇太子劭释奠于国学。"在月份上与《宋书·礼志》不同。缪钺《颜延之年谱》系于元嘉二十二年四月，从之。《宋书·文帝纪》："(二十二年)夏六月辛亥，以南豫州刺史南平王铄为豫州刺史。……(秋七月)乙酉，征北大将军、南兖州刺史衡阳王义季改为徐州刺史。"《宋书·范晔传》："二十二年九月，征北将军衡阳王义季、右将军南平王铄出镇，上于武帐冈祖道。"衡阳、南平二王于本年不同月改授，同于九月应诏出镇，则延之诗盖作于本年。

六月，宋文帝谋伐魏，罢南豫州入豫州，以南豫州刺史南平王铄为豫州刺史。(《通鉴》卷一百二十四《宋纪六》)

张永除建康令，所居皆有称绩。(《宋书》卷五十三《张永传》)

置延寿寺，西北去县八十里。(《建康实录》卷十二)

平按：延寿寺，在今江苏南京市江宁区，宋元徽二年置。《建康实录》卷十二："延寿寺，西北去县八十里。"《寺记》："元嘉二年，义阳王昶母谢太妃造。隋末废，上元二年重置。又名延熙寺。"

范晔（398—445）卒。

平按：《宋书·文帝纪》："(元嘉二十二年)十二月乙未，太子詹事范晔谋反，及党与皆伏诛。"范晔死，祇洹寺沙门昙迁卖衣盂为其营构葬具，魏世祖闻而叹赏，谓徐爰曰："卿著《宋书》，无遗此事。"① 范晔字蔚宗，顺阳人，生于晋安帝隆安二年（398）。他是晋豫章太守范宁的孙子，宋侍中范泰的庶子，因为出继给堂伯范弘之，袭爵武兴县侯。元嘉九年始撰《后汉书》。在范晔之前，编撰后汉一朝的史书已有十八家之多了。除属于官史性质的《东观汉记》外，私人编撰而著录于《隋书·经籍志》的，有三国吴谢承的《后汉书》，晋薛莹的《后汉记》，晋司马彪的《续汉书》，晋华峤的《后汉书》，晋谢沈的《后汉书》，晋张莹的《后汉南记》，晋袁山松的《后汉书》。但范晔遍览诸家《后汉书》后很不满意，决计要新编一部《后汉书》来发挥他的历史见解，并超过班固的《汉书》。于是便以《东观汉记》为主要依据，参考各家的著作，自定体例，订伪考异，删繁补略，写成《后汉书》。由于他能够撷取众家之长，故各家关于后汉的史书后来逐渐被淘汰，而他的《后汉书》却作为"正史"，与《史记》《汉书》《三国志》合称"四史"。范晔编撰《后汉书》，原定十纪、十志、八十列传，合为百卷，跟《汉书》相应，但十志还没有写成，他就被杀了。现在《后汉书》里的《律历》《礼仪》《祭祀》《天文》《五行》《郡国》《百官》《舆服》八志，是后人从司马彪《续汉书》里取出来补进去的。范晔来不及像《史记》有《太史公自序》和《汉书》有《叙传》那样，给《后汉书》写一篇《自序》。他在狱中写过一封信给甥侄们，详细叙述自己的治学态度，并对未完成的《后汉书》表示自己的看法。这封信带有自序的性质，殿本《后汉书》就用《自序》作标题，附刊在全书之末，中华书局校点本则改用《狱中与诸甥侄书》的标题，亦附在全书之末。范本《后汉书》在体例上吸收了《史记》《汉书》的优点，又有所创新。如在列传中补充了《党锢传》《宦者传》《文苑传》《独行传》《方术传》《逸民传》《列女传》，拓宽了历史叙述的范围，更为详尽具体地反映了东汉时期的社会面貌，有利于后人对东汉史的研究。在人物与事件记述内容的选择上，该书也有可取之处。例

---

① 释道法：《佛祖统纪校注》中册，上海古籍出版社 2012 年版，第 843 页。

如它记述人物时，对于他们的主要著作、奏章与文章，或整卷附载，或全文引述，从而保存了大量的原始材料，具有极高的文献价值。

范晔多才多艺，学术和创作俱精，《宋书》本传称其"博涉经史，善为文章，能隶书，晓音律"。据史载，除《后汉书》外，尚有集十五卷，《和香方》一卷，《杂香膏方》一卷，《百官阶次》一卷，《齐职仪》五十卷，皆佚。《全宋文》录其文五篇：《探时旨上言》《作彭城王义康与徐湛之书宣示同党》《狱中与诸甥侄书》《双鹤诗序》《和香方序》。今存诗二首：《乐游应诏诗》《临终诗》。《狱中与诸甥侄书》《临终诗》均作于本年。

释僧祐（445—518）生。

平按：《高僧传》卷十一《齐京师建初寺释僧祐传》："释僧祐，本姓俞氏，其先彭城下邳人，父世居于建业。祐年数岁，入建初寺礼拜。因踊跃乐道，不肯还家。父母怜其志，且许入道，师事僧范道人。……以天监十七年五月二十六日卒于建初寺，春秋七十有四。"上推生于是年。建初寺，在今江苏南京市秦淮区中华门外雨花路东侧，吴赤乌十年（247）置。《高僧传》卷一《魏吴建业建初寺康僧会传》："赤乌十年初达建业，营立茅茨，设像行道。……乃置舍利于铁砧磓上，使力者击之，于是砧磓俱陷，舍利无损。权大叹服，即为建塔，以始有佛寺，故号建初寺，因名其地为佛陀里。由是江左大法遂兴。"

宋文帝元嘉二十三年·魏太武帝太平真君七年（446）丙戌　二十岁

三月，魏太武帝诏令灭佛。（《通鉴》卷一百二十四《宋纪六》）

平按：北魏太武帝灭佛，是经历了一个过程的。太延五年

（439），太武帝诣道坛受符箓而信奉道教，并于次年改年号为太平真君。"太武帝尊崇道教，这是他下令灭佛的前奏。"① 早在太延四年（438），太武帝曾"以沙门众多"为由，下诏罢沙门年五十以下者还俗为民。太平真君五年（444）正月，又诏令：

> 愚民无识，信惑妖邪，私养师巫，挟藏谶记、阴阳、图纬、方伎之书；又沙门之徒，假西戎虚诞，生致妖孽。非所以一齐政化，布淳德于天下也。自王公已下至于庶人，有私养沙门、师巫及金银工巧之人在其家者，皆遣诣官曹，不得容匿。限今年二月十五日，过期不出，师巫、沙门身死，主人门诛。明相宣告，咸使闻知。

太平真君六年（445），卢水胡人盖吴在杏城（今陕西黄陵新安）起义，关中骚动，太武帝亲率军西伐，于第二年至长安，在一所寺院里发现"大有弓矢矛盾"，便大怒，认为沙门与盖吴通谋，他说："此非沙门所用，当与盖吴通谋，规害人耳！"遂下令尽杀全寺沙门。在查抄该寺财产时，不但查出州郡官吏和富人寄存于寺院的大批财物和酿酒用具，还发现僧侣"与贵室女私行淫乱"的窟室。太武帝对寺院沙门的非法行为十分愤怒。当时崔浩从行，便乘机进言，劝帝灭佛。太武帝采纳了崔浩的建议，"诏诛长安沙门，焚破佛像"，并敕留守平城的太子下令四方，"一依长安行事"，坑杀沙门，焚毁寺院与造像。这就是史称的太武帝灭佛事件。太武帝灭佛是北朝佛教发展过程中的一个重大事件。由于崇佛的太子晃频频上表请求减缓施行，又缓宣诏书，使在诏令颁布以前，不少僧徒已预先获得消息而南逃刘宋或远适西域而得免杀戮；京城僧徒，"亦蒙全济"。佛经佛像，也多因藏匿而保全下来。而寺院和佛塔，则几乎全被焚毁。太武帝灭佛后四年，崔浩被诛，禁佛事有所放松。至正平二年（452），太武帝被宦官所杀，长孙文成帝拓跋濬继位，便下诏恢复佛教。

---

① 罗宏曾：《魏晋南北朝文化史》，四川人民出版社1989年版，第235页。

九月己卯，文帝刘义隆临试诸生于国学，答问者凡五十九人。（《宋书》卷五《文帝纪》，《建康实录》卷十二）

平按：元嘉二十二年（445），皇太子到国学行释奠礼，文帝亲临宴会。《宋书·礼志一》："元嘉二十二年，太子释奠，采晋故事，官有其注。祭毕，太祖亲临学宴会，太子以下悉豫。"本年九月文帝便亲临国学，策问生徒。答问者共五十九人。十月下诏对于生徒的回答表示满意，因而给他们和教授以奖励。《宋书·文帝纪》："冬十月戊子，诏曰：'庠序兴立累载，胄子肄业有成。近亲策试，睹济济之美，缅想洙、泗，永怀在昔。诸生答问，多可采览。教授之官，并宜沾赏。'赐帛各有差。"当时苏宝任《毛诗》助教，五经课程正常进行。史家认为久已不被重视的儒教，元嘉以来天子亲临学，礼先师，实前所未闻，堪称一代之盛事。

疏浚乐游苑北之玄武湖，增修华林园，于园中立三神山，又于园内立景阳、武壮二山以及建造景阳楼等，文帝使张永监统。文帝作《登景阳楼诗》。（《南史》卷二《宋本纪中》，《建康实录》卷十二，《宋书》卷五十三《张永传》，《通鉴》卷一百二十四《宋纪六》）

平按：玄武湖，在今江苏南京城东北玄武门外。《南史·宋本纪二》所谓"筑北堤，立玄武湖于乐游苑北"，并非新置玄武湖，而是重新疏浚并改为"玄武湖"之名。《读史方舆纪要》卷二十《江南二》："玄武湖，在府城北太平门外。旧志：在上元县北十里。一名蒋陵湖，一名秣陵湖，亦曰后湖，以在故台城后也。湖周四十里，东西有沟流入秦淮，春夏水深七尺，秋冬四尺，灌田百余顷。湖故桑泊也，三国吴谓之后湖，后废。晋元帝太兴二年创为北湖，以肄舟师。明年筑长堤以壅北山之水，东自覆舟山，西至宣武城，凡六里余。……宋元嘉二十二年，复筑北堤，南抵城东七里之白塘，以肄舟师。二十三年黑龙见，乃立三神山于湖上，改名玄武，大阅水军，号昆明池，俗呼为饮马塘。时又于湖侧作大窦通水入华林园天渊池，复贯串宫掖注城南堑。元徽四年建平王景素举兵京口，萧道成屯于玄武湖以备之。"

华林园，是建康规模最大、历时最久也最为著名的园林。华林之名来自洛阳。东汉原有芳林园，曹魏因避齐王曹芳之讳，改称华林园。建康华林园的位置同于洛京，位于宫城之北，原是东吴苑城的一部分，当时称建平园。东晋建立以后，将苑城南部建为宫室，北部以鸡笼山为主，则辟为苑囿，并设华林省专司管理。吴宝鼎中，孙皓在修筑昭明宫时，特将玄武湖水引入苑城，使清流萦绕殿堂，昼夜不息。东晋孝武帝又在吴的基础上仿照洛阳开凿天渊池，并于太元二十一年（396）起清暑殿、延贤堂等。清暑殿系天子起居的内殿，孝武帝便暴崩于此。延贤堂后改为听讼堂，东晋南朝皇帝皆临此听讼。宋元嘉二十三年（446），"造华林园、玄武湖，并使张永监统，凡诸制置，皆受则于永"。对华林园进行大规模扩建。穿池凿山，广建殿宇，有蔬圃、景阳山、武壮山、花薴池以及听讼堂、光华殿、灵耀殿、凤光殿、竹林堂、射埒、醴泉堂、一柱台、层城观等。园内改扩建的建筑物，或为处理政务之所，如听讼堂，宋文帝、宋孝武帝等常在此召见大臣，处理政务；或为讲武骑射之所，如阅武堂，堂前建有射埒，专供帝王骑射之用；或为皇帝起居之所，如竹林堂、凤光殿，宋废帝刘子业曾居住其间；或为皇帝拜佛之所，如灵耀殿，刘宋皇帝屡在其中求佛。[①] 南齐时，园中又增建一些景致和建筑，妙绝古今。梁武帝又造重阁，上名重云殿，下名兴光殿及朝日、夕月二楼。[②] 梁末侯景之乱，华林园遭毁坏。

乐游苑，位于建康宫城东北的覆舟山南麓，又名北苑。《丹阳郡图经》载："乐游苑，宫城北三里，晋时药园也。"[③] 孙吴时期，宣明太子在其地凿有西池。东晋时，初为北郊坛（即地坛），后为药圃。卢循、徐道覆率军进逼建康城时，刘裕于其地筑药园垒拒之。晋明帝司马昭为太子时于其中疏浚西池（又称太子西池），并在其中

---

① 卢海鸣：《六朝都城》，南京出版社 2002 年版，第 212 页。

② （宋）周应合纂：《景定建康志》卷二十一，南京出版社 2009 年版。

③ 范晔《乐游应诏诗》题下注引，见萧统编：《文选》卷二十，上海古籍出版社 1986 年版，第 958 页。

筑土为台，蓄养武士。刘宋元嘉年间，宋文帝刘义隆以其地为北苑，在覆舟山上兴建亭台楼阁，后改名乐游苑。元嘉十一年（434），宋文帝于苑中禊饮，令与会者即兴赋诗，由颜延之作序。宋孝武帝时，以其北邻玄武湖，地势凉爽，于其山中"立凌室藏冰"。萧道成辅政，令祖冲之与北人索驭驎各造指南车于乐游苑比试，结果祖冲之技高一筹。侯景之乱时，乐游苑"焚毁略尽"。

景阳楼，据《舆地志》，"宋元嘉二十二年，修广华林园，筑景阳山，始造景阳楼"。孝武大明元年（457），紫云出景阳楼，状如烟，回薄久之。诏改为庆云楼。齐武帝时，置钟景阳楼上，应宫人闻钟声并起妆饰。《景定建康志》卷二十一《城阙之二》："景阳楼，今法宝寺西南，精锐中军寨内，遗址尚存，里俗称为'景阳台'。"宋文帝刘义隆有《登景阳楼诗》，此诗或成于景阳楼建成之时，姑系于本年。关于增修华林园、疏浚玄武湖、增筑景阳楼等的时间，文献记载不一，今依《宋书·张永传》，系于本年。

文帝作《诏群臣》《北伐诗》。（《宋书》卷九十五《索虏传》）

平按：《宋书·索虏传》："太祖思弘经略，诏群臣曰：吾少览篇籍，颇爱文义，游玄玩采，未能息卷。自缨绂世务，情兼家国，徒存日昃，终有惭德。而区宇未一，师馑代有，永言斯瘼，弥干其虑。加疲疾稍增，志随时往，属思之功，与事而废。残虐游魂，齐民涂炭，乃眷北顾，无忘弘拯。思总群谋，扫清逋逆，感慨之来，遂成短韵。卿等体国情深，亦当义笃其怀也。诗曰：季父鉴祸先，辛生识机始。崇替非无征，兴废要有以。自昔沦中畿，倏焉盈百祀。不睹南云阴，但见胡风起。乱极治必形，涂泰由积否。方欲涤遗氛，矧乃秽边鄙。眷言悼斯民，纳隍良在己。逝将振宏罗，一麾同文轨。时乎岂再来？河清难久俟。驵驽安局步，骐骥志千里。梁傅畜义心，伊相抱深耻。赏契将谁寄，要之二三子。无令齐晋朝，取愧邹鲁士。"曹道衡、刘跃进《南北朝文学编年史》以为这篇诏文及诗有两点值得注意："其一，文帝元嘉末玄风复振，与文帝本人'游玄玩采'的倡导有必然联系。宋末文风之变，当始于这时。其二，文帝元嘉末年政坛亦有较大变化。……元嘉之衰，当始于是年前后。"

何胤（446—531）生。

平按：《梁书·何胤传》："中大通三年，卒，年八十六。"上推生于是年。何胤字子季，庐江灊人，何点之弟。尝从沛国刘瓛学《易》《礼记》《毛诗》，又入钟山定林寺习内典，所受业尽通。何胤著述颇丰，有《百法论注》一卷、《十二门论注》一卷、《周易注》十卷、《毛诗总集》六卷、《毛诗隐义》十卷、《礼记隐义》二十卷、《礼答问》五十五卷。今存《皇太子释奠诗》九首。

宋文帝元嘉二十四年·魏太武帝太平真君八年（447）丁亥 二十一岁

二月，河、济俱清，当时以为美满，鲍照作《河清颂》以赞。（《宋书》卷二十九《符瑞志下》，《宋书》卷五十一《鲍照传》）

平按：《宋书·符瑞志下》："宋文帝元嘉二十四年二月戊戌，河、济俱清，龙骧将军、青冀二州刺史杜坦以闻。"《宋书·鲍照传》："元嘉中，河、济俱清，当时以为美瑞，照为《河清颂》，其序甚工。"《河清颂》见载于《宋书》本传，文中又有"圣上天飞践极，迄兹二十四载"之句。丁福林《鲍照年谱》以为"沈约《宋书》载《河清颂》序之全文，盖爱其文之工丽也"。张畅亦有同题之作，见于《初学记》卷六，仅数句而已，盖为残篇。

六月，宋以货贵，制大钱，以一当二。（《宋书》卷五《文帝纪》，《建康实录》卷十二）

平按：《宋书·文帝纪》："六月，以货贵，制大钱一当两。"又

《建康实录》卷十二："六月，初行大钱，一当细钱二。是时民或盗铸始剪古钱，议其禁。沈演之议：'龟贝行于上古，泉刀兴于周世，所以丰财通利，实国富民。若以大当两，则国用难朽之货，家赢一倍之利，不俟加宪，巧源自绝。'既而钱形不一，民不之便。是时，刘秀之为梁州刺史，初令民用钱而遂行之，而江湖之南，多以布米为货，钱之所行，未皆普也。"言大钱并未普遍通行。无论是古钱，还是新铸大钱，刘宋疆域内也并非每个区域都使用的，仍有地方用绢等物。《南史·刘秀之传》曰："先是汉川悉以绢为货，秀之限令用钱，百姓利之。"

萧思话改领左卫将军。从文帝登钟山，领南徐州大中正。（《宋书》卷七十八《萧思话传》）

平按：萧思话于元嘉二十二年领太子右率，今岁则改领左卫将军。《通典·职官十》："魏末，晋文王又置中卫将军。武帝受禅，分中卫为左右卫将军。……并置佐史，皆掌宿卫营兵，……宋、齐谓之二卫，各领营兵，每暮一人宿直。后增二卫仪从为九十人。"萧思话于元嘉二十二年至二十五年四月癸亥为雍州刺史，镇襄阳，其间一直在京城为太子右、左卫将军的宿卫之职。

萧道成为左军中兵参军。（《南史》卷四《齐本纪上》）

平按：《南史·齐本纪上》："二十三年，雍州刺史萧思话镇襄阳，启帝自随，初为左军中兵参军。"《魏书·岛夷萧道成传》："稍迁左军中兵参军。"前"元嘉二十年"已述及元嘉二十三年、二十四年萧思话不在雍州刺史任，雍州刺史任为武陵王刘骏。萧道成初为左军中兵参军亦不在元嘉二十三年，也不在元嘉二十年随萧思话初赴雍州讨伐诸山蛮之时。左军中兵参军为左卫将军萧思话的"佐史"，而萧思话于元嘉二十四年方改领左卫将军，故萧道成初为左军中兵参军至早应在元嘉二十四年。又《宋书·萧思话传》："二十四年，改领左卫将军。……明年，复监雍梁南北秦四州荆州之竟陵随二郡诸军事、右将军、宁蛮校尉、雍州刺史如故。"萧思话于元嘉二十五年即由左卫将军改为右将军，故萧道成作为萧思话左卫将军之佐吏应在萧思话为右将军之前的元嘉二十四年。《南史》所载，是将萧思话元嘉二十年初为雍州刺史、镇襄阳窜为二十三年，且标点本的点校者误将"初为左军中兵参军"之前的标点点作逗号，实应为句号，以表示思话镇襄阳，启帝自随，与初为左卫中兵参军并非在一年。《南史》《魏书》之误当沿《南齐书》之误。

何承天（370—447）卒。

平按：《宋书·何承天传》："二十四年，承天迁廷尉，未拜，上欲以为吏部，已受密旨，承天宣漏之，坐免官，卒于家，年七十八。"《建康实录》言其卒于本年八月。何承天，东海郯人。聪明博学，儒史百家，莫不该览。宋台建，为尚书祠部郎，与傅亮共撰朝仪。谢晦将杀益州刺史萧摹之、巴西太守刘道产，何承天倾力救之得免。承天性情刚愎，时以己所长凌侮同列，故亦为荀伯子等年少者所嘲。好弈棋，常以之废事，又善弹筝。尝删《礼论》八百卷为三百卷，又有《前传》《杂语》《纂文》等，改定《元嘉历》。《隋志》著录"宋御史中丞《何承天集》二十卷，梁三十二卷，亡"。又《礼论》三百卷，《注孝经》一卷，《春秋前传》十卷，《春秋前传杂语》九卷，《合皇览》一百二十三卷，《宋元嘉历》二卷，《历术》一卷，《验日食法》三卷，《漏刻经》一卷，《陆机连珠注》一卷。《全宋文》辑文三十六篇。逯钦立《全宋诗》辑其诗十五首，即《鼓吹铙歌》十五首，诗本见于《宋书·乐志四》篇末，其曰："《鼓吹铙歌》十五篇，何承天义熙中私造。"《南北朝文学编年史》谓其"诗十六首"，误也。

萧承之（384—447）卒。

平按：《南齐书·高帝纪上》："元嘉二十四年殂，年六十四。梁土民思之，于峨公山立庙祭祀。"又《南史·齐本纪上》："皇考承之……元嘉二十四年殂。梁土思之，于峨公山立庙祭祀。"所谓"梁土"，是指梁州地，元嘉十年（433）萧承之随萧思话赴梁州平氏杨难当之乱，为收复汉中立有大功。《宋书·萧思话传》："十年三月，承之率众军进据峨公固。"峨公固在峨公山上，与黄金成、铁城戍一样，都是梁州险要的屯兵据守之所。以其功，梁州民为其立庙峨公山。萧承之卒后，葬休安陵。《元和志·江南道一》："南齐宣帝休安陵，在县北二十八里。高帝父也，追尊为宣皇帝。"

刘义季（415—447）卒。

平按：《宋书·衡阳文王义季传》："二十四年，义季病笃，上遣中书令徐湛之省疾，召还京师。未及发，薨于彭城，时年三十三。"刘义季，小字师护，刘裕第七子。特为文帝所爱，文帝即位，封衡阳王。素嗜酒，自彭城王义康废后，遂为长夜之饮，略少醒日。《隋志》："宋《衡阳王义季集》十卷，亡。"《全宋文》辑其残文两篇。

孔稚珪（447—501）生。

平按：《南齐书·孔稚珪传》："（永元）三年，稚珪疾，东昏屏除，以床舆走，因此疾甚，遂卒。年五十五。"上推生于是年。孔稚珪字德璋，会稽山阴人。史载"稚珪少好学，有美誉。……风韵清疏，好文咏"，与文士张融、王思远、何点、何胤等交游。《隋志》："齐金紫光禄大夫《孔稚珪集》十卷。"《全宋文》辑其文十三篇。存诗五首（含残篇）。

袁彖（447—494）生。

平按：《南齐书·袁彖传》："隆昌元年，卒。年四十八。"上推生于是年。袁彖字伟才，陈郡阳夏人。史载其少有风气，好属文及玄言。《隋志》："齐侍中《袁彖集》五卷。"《全宋文》辑其文三篇。

诗传世者三首。

刘怀慰（447—491）生。

平按：《南齐书·刘怀慰传》："永明九年，卒。年四十五。"刘怀慰字彦泰，平原平原人。尝著《廉吏论》，甚得太祖萧道成褒赏。史载"怀慰与济阳江淹、陈郡袁彖善，亦著文翰"。永明初，著《皇德论》。《隋志》："正员郎《刘怀慰集》十卷。"今其诗文均不传。

释僧韶（447—504）生。

平按：释道宣《续高僧传》卷五《梁杨都建元寺沙门释僧韶传》："释僧韶，姓王，齐国高安人。"卒于梁天监三年（504），五十八岁，上推生于本年。建元寺，在今江苏常州市武进区，南齐高帝时置。《咸淳毗陵志》卷二十五"寺院"："太平兴国禅寺，在州东南四里。齐高祖创，名建元。唐乾元中，僧法称始大之，穹堂伟殿，甲于诸刹。太平兴国中改今额。"《康熙常州府志》卷十八"寺观"："建炎初烬于兵，仅存三教殿与甘露戒坛。元初分创为三院，至正兵毁，惟存浮屠七级。明洪武二十年改讲寺。"

宋文帝元嘉二十五年·魏太武帝太平真君九年（448）戊子　二十二岁

二月，宣武场建成，宋文帝作《厉兵诏》，并讲武于宣武场，为元嘉二十七年大举北伐作准备。（《宋书》卷五《文帝纪》）

四月乙巳，新作阊阖、广莫二门，改先广莫门曰承明，开阳门曰津阳。（《南史》卷二《宋本纪中》，《建康实录》卷十二）

平按：阊阖门。据《宫苑记》载，"西面，最南阊阖门，门直对东阳门"。又《建康实录》卷二："潮沟……东发青溪，西行……西极都城墙，南出经阊阖、西明二门，接运渎。"由此，阊阖门当为都城西门。据《宋书·文帝纪》可知，此门开于元嘉二十五年四月。阊阖门"最初是战国吴西郭门，夫差所作。三国魏明帝改洛阳上西门为阊阖门。建康承绪洛阳，亦名都城西门曰阊阖。至其方位，阊阖门在南，西明门在北"①。

广莫门、承明门。《宋书·文帝纪》："夏四月乙巳，新作阊阖、广莫二门，改先广莫门曰承明，开阳曰津阳。"按六朝建康城为宫城、都城、外郭三重，元嘉二十五年所新作之广莫门当为都城门，"先广莫门"为宫城门。据《宫苑记》，刘宋永初中改宫城北面平昌门为广莫门，至元嘉二十五年又改称承明门。洛阳北面东头有广莫门。《史记·律书》："广莫风居北方。广莫者，言阳气在下，阴莫阳广大也，故言广莫。"故广莫门必在城北面。元嘉二十五年，此门由宫城北改置于都城北，与洛阳故城门制相契。于城北新作之广莫门，只是沿用旧广莫门之名，且方位新旧一致。故广莫门便改曰承明门了。郭黎安《六朝建康》说："建康以宫城北门为承明门，亦是魏晋洛阳旧制。"南齐时因避高帝萧道成父萧承之讳，改曰北掖门。

开阳门、津阳门。开阳一名起于东汉，原为洛阳城南面东头第一门。《洛阳伽蓝记》云："初，汉光武迁都洛阳，作此门始成，而未有名，忽夜中有柱自来在楼上。后琅琊郡开阳县上言南门一柱飞去，便来视之，则是也。遂以开阳为名。自魏及晋因而不改。"东晋修建康城，亦置开阳门于都城南面东头。《建康实录》卷七"显宗成皇帝咸和五年九月，作新宫，始缮苑城，修六门"注曰："南面三门，最西曰陵阳门……次正中宣阳门……次最东开阳门。"开阳门为都城门，《建康实录》卷七"显宗七年"："南直兰宫西大路，出都城开阳门。"元嘉二十五年此门改名津阳门。

---

① 郭黎安：《六朝建康》，香港天马图书有限公司2002年版，第42页。

四月乙卯，抚军将军、雍州刺史武陵王刘骏为安北将军、徐州刺史。四月癸亥，以右卫将军萧思话为雍州刺史。（《宋书》卷五《文帝纪》）

平按：元嘉二十二年正月，抚军将军、南豫州刺史武陵王刘骏改为雍州刺史，时任雍州刺史的萧思话回京除侍中，领太子右率。武陵王刘骏在雍州刺史任至元嘉二十五年四月，又为安北将军、徐州刺史，而萧思话续接刘骏历任的雍州刺史空缺。思话于元嘉二十四年领左卫将军，至二十五年则改为右将军，出镇雍州。《宋书·萧思话传》：二十五年，"复监雍梁南北秦四州荆州之竟陵随二郡诸军事、右将军、宁蛮校尉、雍州刺史如故"。又《宋书·文帝纪》："二十五年夏四月癸亥，以右卫将军萧思话为雍州刺史。"《萧思话传》《文帝纪》称萧思话将军之名不同，一谓"右将军"，一谓"右卫将军"，二者当为同一名号之两说。故可以推知，萧思话于元嘉二十四年改领的左卫将军，亦可简省而称作"左将军"，萧道成初为"左军中兵参军"，正是在萧思话为左卫将军的元嘉二十四年至元嘉二十五年四月以右卫将军身份出任雍州刺史期间。

五月己卯，罢当两大钱。（《南史》卷二《宋本纪中》，《宋书》卷五《文帝纪》，《宋书》卷六十六《何尚之传》）

平按：宋"当两大钱"始行于元嘉二十四年六月，当时是因为民间多剪凿古钱以取铜，进行盗铸，而造成钱币之混乱。于是，废止四铢钱以杜绝民间盗铸，而以新铸之当两大钱代之。最初是江夏王义恭认为"以一大钱当两，以防剪凿"，大臣们多认可。而尚书右仆射何尚之则提出异议，认为当两大钱有五个方面的不利：其一，钱少物贱，钱多物贵，增加钱币流通总量并无意义；其二，大钱当两，是扩大虚币性质，违背民情，不可持久，结果会将钱币制度搞乱，伤害百姓利益；其三，大钱当两，富人资财加倍，穷人更穷，不利于均贫富的基本国策；其四，钱币品种甚多，大钱与小钱定义不清楚，容易发生混淆，引发诉讼；其五，如果江夏王义恭担心盗铸问题，可以直接捉查盗铸者，无须采取大钱当两之法。吏部尚书庾炳之、侍中太子左卫率萧思话、中护军赵伯符、御史中丞何承天、太常郗敬叔等皆认为何尚之言之有理。中领军沈演之又认为：大钱当两，国家不用耗费铜材，就能够扩大铜钱流通总量。铜钱流通量扩大了，盗铸之事也就杜绝了。宋文帝平衡诸大臣之议，最终还是接受义恭和沈演之的建议，实行当两大钱。然此后当两大钱实行中仍有问题，民间虽然不再盗铸四铢钱，却又开始盗铸大钱了，故"行之经时，公私非便，乃罢"。

魏著作令史太原闵湛、赵郡郗标素谄事崔浩，乃请立石铭，刊载《国书》，并勒所注五经。浩赞成之。太子晃善焉，遂营于天郊东三里，方百三十步，用功三百万乃讫。（《魏书》卷二十三《崔浩传》）

雷次宗（386—448）卒。

平按：《宋书·雷次宗传》："二十五年，卒于钟山，时年六十三。"雷次宗字仲伦，豫章南昌人。史载其"少入庐山，事沙门释慧远，笃志好学，尤明《三礼》《毛诗》"。元嘉十五年（438）被征至京师，于鸡笼山开馆，聚众授徒，置生百余人。后又筑室于钟山西岩下，称为招隐馆，并为皇太子及诸王讲《丧服经》。他是刘宋时代极富影响的硕学大儒，门生众多，萧道成于十三岁即从之受学。鸡笼山在南朝时期俨然成了一个文化符号，这里经历过诸多有影响的文化事件。《六朝事迹编类》卷六《山冈门》：

《寰宇记》云：在城西北九里，西接落星涧，北临栖玄塘。《舆地志》云：鸡笼山，在覆舟山之西二百余步，其状如鸡笼，因以为名。按《南史》宋文帝元嘉十五年，立儒馆于北郊，命雷次宗居之。次宗因开馆于鸡笼山，齐高帝尝就次宗受《礼》及《左氏春秋》。又竟陵王子良尝移居鸡笼山下，集四学士钞《五经》、百家为《四部要略》千卷。又按，宋文帝元嘉中改为龙山，以黑龙尝见玄武湖，此山正临湖上，因以为名。今去县六里。晋元帝、明帝、成帝、哀帝四陵，皆在山南，中有佛寺五所。①

《读史方舆纪要》卷二十《江南二》名之"鸡鸣山"。《隋志》："宋征士《雷次宗集》十六卷，梁二十九卷。"今传世文四篇。

寇谦之（365—448）卒。

平按：《魏书·释老传》："（太平真君）九年，谦之卒，葬以道士之礼。"《魏书》《北史》《通鉴》诸史皆未载其享年，今论者皆以生于东晋哀帝兴宁三年，其依据为宋代贾善翔所撰《高道传·寇谦之传》所载，其曰："识者谓之尸解，降年八十四。"上推生于晋哀帝兴宁三年。寇谦之，字辅真，冯翊万年人。他是十六国北魏之际北方天师道的首领，适应当时北方鲜卑拓跋魏统治者和汉族门阀世族的需要，吸收儒家的思想学说和佛教的仪轨戒律，对天师道的教义进行改造，清理组织，创立了新天师道，并实现了道教与封建皇权的结合。据汤用彤之考证，寇谦之的著作主要有《老君音诵诫经》《太上老君戒经》《太上老君经律》《太上经戒》《三洞法服科戒文》《正一法文天师教诫科经》《女青鬼律》七种，这些著作现均收入《道藏》洞神部戒律类。

范缜（448？—511？）生。

平按：范缜字子真，南阳舞阴（今河南泌阳）人，一生历仕宋、齐、梁三朝。他早年丧父，家境贫寒，侍母孝谨。青年时代拜大儒刘瓛为师，"博通经术，尤精三礼"，"性质直，好危言高论"。范缜生卒年，诸史均阙载。《梁书》本传曰："永明年中，与魏氏和亲，岁通聘好，特简才学之士，以为行人，缜及从弟云、萧琛、琅邪颜幼明、河东裴昭明相继将命，皆著名邻国。"又《梁书·范云传》：

---

① （宋）张敦颐著，张忱石点校：《六朝事迹编类》，上海古籍出版社1995年版，第74－75页。

"（天监）二年，卒，时年五十三。"由此推知范云生于元嘉二十八年（451）。则范缜之生至晚当不会在元嘉二十八年之后，诸家论者皆以此将范缜生年姑系于元嘉二十七年（450）。曹道衡《范缜生卒年》："范云为其从弟，云生于宋文帝元嘉二十八年，则缜之生自不得晚于此年。"《梁书·范缜传》："年未弱冠，闻沛国刘瓛聚众讲说，始往从之，卓越不群而勤学，瓛甚奇之，亲为之冠。在瓛门下积年，去来归家，恒芒履布衣，徒行于路。瓛门多车马贵游，缜在其门，聊无耻愧。"范缜是在刘瓛门下加冠的，且刘瓛亲为之。那么，刘瓛始聚众讲说，贵游填门，是在何时呢?《南齐书·刘瓛传》载："（瓛）少笃学，博通《五经》。聚徒教授，常有数十人。丹阳尹袁粲于后堂夜集，瓛在座，粲指庭中柳树谓瓛曰：'人谓此是刘尹时树，每想高风；今复见卿清德，可谓不衰矣。'荐为秘书郎，不见用。"丹阳尹袁粲于后堂夜集时，刘瓛预座，袁粲盛赞刘瓛德高硕学，这是在刘瓛声名远播之后。此前刘瓛已经聚徒教授有年。刘瓛预丹阳尹袁粲夜集之事是在何时呢? 袁粲为丹阳尹是在泰始五年（469），《宋书·袁粲传》："（泰始）五年，加中书令，又领丹阳尹。"至泰始七年（471），仍为丹阳尹，"七年，领太子詹事，仆射如故，未拜，迁尚书令，丹阳尹如故"。此后，因事降为守尚书令，元徽元年丁母忧，直至昇明元年被杀，未曾再任丹阳尹之职。故袁粲于后堂夜集时刘瓛在座之事，亦必在泰始五年至七年间，即刘瓛时年36—38岁。"刘尹"，指刘瓛六世祖晋丹阳尹刘惔（约345年在世）。刘瓛于大明四年（460）举秀才，时年二十七岁。刘瓛聚徒教授时，生徒达数十人，已颇成规模，且门下多车马贵游，便不应是方举秀才便有如此大的影响力，而应是又有数年的为学经历。自大明四年至泰始六年（470），正是刘瓛从举秀才至预袁粲后堂夜集之时。如取其折中，则刘瓛聚徒授学应在泰始元年（465）左右。按古代男子以年二十行冠礼之常例，范缜初闻刘瓛聚众讲说并从之学，亦当在泰始元年前后。因范缜是在刘瓛门下受学了一个过程之后才至加冠之年的，故范缜加冠之年当再推后几年，设为泰始三年或四年，范缜二十岁。由此，范缜大致生于元嘉二十五年（448）前后。距离从弟范云之生年（451）相差三年左右，年岁上仍为范云从兄。

至于范缜卒年，曹道衡推测为天监十年（511）左右。据刘志安考推，其卒年约为天监十四年："范缜任国子博士时是在梁天监十三年，认为他约卒于天监十四年是有一定道理的。"[1] 又据顿嵩元所考，"天监十四年（515）范缜卒于官，年六十六岁"[2]。二者皆认为范缜卒年在天监十四年。今从曹道衡之说。

范缜是南朝最为突出的反佛无神论者，永明年间，他不满竟陵王萧子良大力弘佛的行为，撰写了《神灭论》予以批驳。该文震动了萧齐朝野，萧子良召集很多佛教徒予以反驳，却都难以驳倒他。至梁天监六年（507），梁武帝萧衍专作《敕答臣下神灭论》，以儒家经典来反对神灭论。大僧正法云以梁武帝此文示于王公朝贵，邀其反驳神灭论。法云收到六十二帖回复，尽为指责范缜神灭论是"异端""曲学"，认为这种观点会伤政乱俗。其中萧琛、曹思文、沈约等人各作《难神灭论》，力图从理论上反驳范缜。

宋文帝元嘉二十六年·魏太武帝太平真君十年（449）己丑　二十三岁

二月乙亥，帝陆道幸丹徒，谒京陵。颜延之侍从，作《车驾幸京口侍游蒜山作》《车驾幸京口三月三日侍游曲阿后湖作》二诗。（《宋书》卷五《文帝纪》，《文选》卷二十二）

平按：宋文帝此行，由京城建康出发，向东至丹徒，谒京陵，顺游蒜山和曲阿后湖。"京陵"，并非帝陵实名，而当是指刘氏在丹徒的祖陵。《六朝事迹编类》卷十三"坟陵门"："《建康实录》宋高祖永初三年葬初宁陵，隶丹阳建康县蒋山。《图经》云：在县东北二

---

① 刘志安：《范缜任国子博士的年代兼及裴子野的生年》，《江汉论坛》1989年第5期。

② 顿嵩元：《范缜祖系生平考辨》，《天中学刊》1995年第3期。

十里，政和间，有人于蒋庙侧得一石柱，题云'初宁陵西北隅'，以此考之，其坟当去蒋庙不远。"南朝四代皇帝陵墓的分布颇有规律，宋、陈皇帝陵墓均分布在南京周围地区，齐、梁皇帝陵墓则分布在丹阳。据卢海明所考，刘宋诸帝除了少帝刘义符、顺帝刘准葬地不明外，"其他诸帝陵墓大致可以分为建康城东、城南和城北三大陵区：城东陵区有宋武帝刘裕初宁陵、宋文帝刘义隆长宁陵，城南陵区有孝武帝刘骏景宁陵、前废帝刘子业墓、后废帝刘昱墓，城北陵区有明帝刘彧高宁陵"①。刘义隆之前，刘宋故帝只有武帝刘裕和少帝刘义符，其谒陵，既非武帝之陵，亦非少帝之陵，而是刘氏祖陵。宋武帝刘裕先世南渡后居于京口，"宋初帝后亦多有葬于京口者，故刘宋之帝王往往有之京口谒陵之举"②。鲍照有《从拜陵登京岘》诗，《鲍参军集注》"补注"：

> 《元和志》："永宁陵在丹徒县东南三十五里，宋武帝父翘追尊曰孝皇帝陵也。"《宋书·后妃传》："孝穆赵皇后生高祖，殂于丹徒官舍，葬县东乡练璧里雩山。宋初，追崇号谥，陵曰兴宁。孝懿萧皇后与兴宁陵合坟。武帝胡婕妤生文帝葬丹徒，陵曰熙宁。"以上诸陵皆在丹徒，当时拜陵之礼，见之《文帝纪》者，元嘉四年二月，行幸丹徒，谒京陵。则其举复举。

由此可知，文帝之"谒京陵"，即谒刘氏丹徒祖陵。丹徒，《读史方舆纪要》卷二十五《南直七》载："本吴之朱方邑，汉置丹徒县，属会稽郡。后汉属吴郡。三国吴嘉禾三年改曰武进县。晋太康二年复曰丹徒，为毗陵郡治，寻迁治毗陵县。永嘉末又为晋陵郡治，义熙中复还晋陵县，以丹徒属南东海郡，亦为南徐州治。宋、齐、梁、陈因之。"至于"京""京城""丹徒"之关系，《元和郡县图志》卷二十五《江南道一》似可以给出答案，其曰：

---

① 卢海鸣：《六朝都城》，南京出版社 2002 年版，第 290 页。
② 丁福林、丛玲玲：《鲍照集校注》上册，中华书局 2012 年版，第 471 页。

后汉献帝建安十四年，孙权自吴理丹徒，号曰"京城"，今州是也。十六年迁都建业，以此为京口镇。按州理或古名京城，说者以为荆王刘贾尝都之，或曰孙权居之，故名京城。今按"荆"字既不同，又孙权未称尊号已名为"京"，则两说皆非也。按京者，人力所为，绝高丘也。亦有非人力所为者。人力所为者，若公孙瓒所筑易京是也；非人力所为者，荥阳京索是也。今地名徐陵，即此京非人力所为也。京上郡城，城前浦口，即是京口。……吴时或称京城，或称徐陵，或称丹徒，其实一也。

此言可称为丹徒，或徐陵，或京城的，是因建于非人力所为的江边绝高之处而得名，与京都之义没有关系，又因京城之前是江浦之口，故又曰京口。宋文帝所幸丹徒，即京口也。因而也就有颜延之《车驾幸京口侍游蒜山作》《车驾幸京口三月三日侍游曲阿后湖作》二诗之"驾幸京口"一说。由京口之得名，亦可知宋文帝所谒之"京陵"，可作两种解释：一是取人力所为之高丘义；二是取因在京城（丹徒）之义。

关于颜延之二诗所作的时间，《文选》卷二十二有《车驾幸京口侍游蒜山作》，李善于其题下注曰："刘桢《京口记》曰：蒜山无峰，岭北临江。集曰：元嘉二十六年也。蒜山在润州西二里，京口在润州。"又《车驾幸京口三月三日侍游曲阿后湖作》题下注曰："《水经注》曰：竟陵郡之曲阿县下，陈敏引水为湖，水周四十里，号曰曲阿后湖。集曰：元嘉二十六年也。"

十月，鲍照随始兴王濬至京口，作《从拜陵登京岘》《代白纻舞歌辞》《蒜山被始兴王命作》等诗。（钱仲联《鲍参军集注》，丁福林《鲍照年谱》）

萧思话被征为吏部尚书。（《宋书》卷七十八《萧思话传》）

沈演之（397—449）卒。

平按：《宋书》本传："二十六年，车驾拜京陵，演之以疾不从。上还宫，召见，自勉到坐，出至尚书下省，暴卒，时年五十三。"沈演之字台真，吴兴武康人。好学，日读《老子》百遍，以义理业尚知名。《全宋文》辑其文四篇。

释宝云（376—449）卒。

平按：《出三藏记集》卷十五《宝云法师传》："云性好幽居，以保闲寂，遂适六合山寺，译出《佛所行赞经》。……顷之，道场慧观临卒，请云还都，总理寺任。云不得已而还。居岁余，复还六合。以元嘉二十六年卒，春秋七十余。其所造外国，别有记传。征士豫章雷次宗为其传序。"《高僧传》卷三《宋六合山释宝云》作"春秋七十四"。汤用彤注曰："按《名僧传钞》谓，晋太元十四年（389）为十八岁，至宋元嘉二十六年应为七十八岁。"本谱仍从《高僧传》之说。

宋文帝元嘉二十七年·魏太武帝太平真君十一年（450）庚寅 二十四岁

二月甲午，魏主拓跋焘声言欲南下攻梁州，在宋上下不明真情之际，亲率步骑十万对豫州予以突袭，宋之陈、南顿、汝阳、颍川诸郡守将弃城而逃。又围攻汝南郡治悬瓠城，宋右军行参军陈宪婴城固守。（《宋书》卷九十五《索虏传》，《魏书》卷四《世祖纪》）

平按：《宋书·索虏传》："二十七年，焘自率步骑十万寇汝南。初，焘欲为边寇，声云猎于梁川。"《魏书·世祖纪》作"搜于梁川"，当更为准确，意思是往梁川调兵为兴战事作准备，或直接进取梁川。那么，"梁川"是哪里呢？各种地名类工具书均不见此地名，疑当为"州"之误，或本来拓跋焘声言即用此字，用以隐指"梁州"。唐诗人韦应物有《淮上喜会梁川故人》诗，陶敏先生于题下注曰："梁川，未详，疑当从《唐诗品汇》作'梁州'。梁州治所在今陕西汉中，德宗兴元元年改为兴元府。"① 梁州为宋西北境，北与魏境相接，向东依次为秦州、雍州、豫州、徐州、兖州、青州。拓跋焘声言攻梁州，直接进攻的却是豫州，乃声东击西之术。南平王刘铄时为豫州刺史，治寿阳。元嘉二十七年二月辛亥，拓跋焘率大军首先攻取的陈郡、南顿郡、汝阳郡、颍川郡，均为豫州所领，在毫无防备的魏军来袭之下，宋郡守郑琨、郭道隐弃城仓皇逃走，二人未及接战即奔逃。魏军以力攻者，唯汝南郡治悬瓠城。悬瓠城，在今河南汝南县，《通鉴地理通释校注》曰：

> 《郡县志》：蔡州治城，古悬瓠城也。汝水屈曲，形若垂瓠，故城取名焉。（注：宋文帝于悬瓠城置司州，隋为豫州，移入悬瓠城。）《水经注》：汝水东经悬瓠城北，汝南太守周矜起义于悬瓠者是矣。今豫州刺史汝南郡治城之西北，汝水支别左出，西北流，又屈西，东转，又西南会汝，形若垂瓠。唐李祐为李愬谋曰："若直捣悬瓠，贼成擒矣。"（注：愬夜半至悬瓠城。宋元嘉二十六年，后魏攻围汝南，太守陈宪等拒四十余日，不拔而退。宋明帝失淮北地，乃侨立新蔡郡，领固始一县。）②

又《大清一统志》卷一六八《汝宁府·古迹》："古悬瓠城，即今府治，本汉上蔡县地，晋时谓之悬瓠城，东晋移汝南郡治此，兴宁二年燕李洪等攻汝南，败晋兵于悬瓠是也，为南北朝相争要地，屯兵置戍。宋泰始三年入于魏，为豫州刺史治。梁天监七年降梁，寻复为魏取。太清初仍入于梁，寻又没于东魏。""《寰宇记》亦名悬壶城。"拓跋焘围攻悬瓠城时，城内战士不满千人，而汝南、新蔡二郡太守徐遵之又不在镇，南平王刘铄即遣右军行参军陈宪临时代行郡事。《宋书·索虏传》载："宪婴城固守，焘尽锐以攻之，宪自

---

① 陶敏、王友胜：《韦应物集校注》，上海古籍出版社1998年版，第38页。
② （宋）王应麟撰，张保见校注：《通鉴地理通释校注》，四川大学出版社2009年版，第437—438页。

登郭城督战。起楼临城，飞矢雨集，冲车攻破南城，宪于内更筑扞城，立栅以补之。虏肉薄攻城，死者甚众，宪将士死伤亦过半。"宋文帝遣坐镇彭城的徐州刺史刘骏集合兵力南下救汝阳之急，众举别驾刘延孙为救兵元帅，可刘延孙不肯，便又举参军刘泰之代之。于是，将救兵分为五军，刘泰之、安北骑兵行参军垣谦之、田曹行参军臧肇之、集曹行参军尹定、武陵国左常侍杜幼文各领一军，直奔汝阳。魏军未料到宋军从北而来，立于汝阳之北的大营被宋军所攻，一时四处奔散。刘泰之所领宋军欲还汝南，城中魏军见宋军孤军深入无后继，便出城反击泰之军，结果宋军大败，主将兵败被魏军所杀。因此役之败，徐州刺史武陵王刘骏被降号为镇军将军。《宋书·孝武帝纪》云："二十七年，坐汝阳战败，降号镇军将军。"又《宋书·文帝纪》："二十七年夏四月壬子，安北将军、徐兖二州刺史武陵王骏降号镇军将军。"可知，刘骏救汝阳之败时已至四月。至此，悬瓠城已为拓跋焘围攻达四十二日之久，而城始终未破。宋文帝又遣南平内史臧质会同安蛮司马刘康祖共将兵救悬瓠城。《宋书·臧质传》载："二十七春，迁南谯王义宣司空司马、宁朔将军、南平内史。未之职，会虏大帅拓跋焘围汝南，汝南戍主陈宪固守告急。太祖遣质轻往寿阳，即统彼军，与安蛮司马刘康祖等救宪。"又《宋书·刘康祖传》："元嘉二十七年春，索虏拓跋焘亲率大众攻围汝南，太祖遣诸军救援，康祖总统为前驱。军次新蔡，与虏战，俱前百余里，济融水。虏众大至，奋击破之，斩伪殿中尚书任城公乞地真，去悬瓠四十里，焘烧营退走。"此时亦应在四月。拓跋焘则遣其殿中尚书任城公乞地真拒战，臧质、刘康祖军击破魏军，并斩杀魏任城公。拓跋焘知魏军败，宋军逼近悬瓠城，便引军而走。至此，悬瓠城之围得解，宋文帝下诏褒赏守城主将右军行参军陈宪等。

三月乙丑，宋因战事起，减内外百官俸禄。戊寅，亦因战事，罢国子学。乙酉，新除吏部尚书萧思话为护军将军。（《宋书》卷五《文帝纪》）

平按：《宋书·文帝纪》："二月辛亥，以军兴减百官俸三分之一。"又"三月乙丑，淮南太守诸葛阐求减俸禄同内百官，于是州及郡县丞尉并悉同减。"二月，初减百官俸禄，当只减京城官员之俸，外任各级官吏俸禄之减，乃自淮南太守诸葛阐之请减俸禄始。自元嘉十九年（442）国子学之立，至本年因用兵而废止，刘宋元嘉时代的国子学延续了九年。

四月，魏主拓跋焘围攻悬瓠城未拔，引兵还平城。（《通鉴》卷一百二十五《宋纪七》）

四月，宋文帝欲大举北伐，罢江州军府，悉配雍州，湘州入台税租杂物，悉给襄阳。（《宋书》卷七十九《竟陵王诞传》）

平按：《通鉴》将此系于元嘉二十六年七月。宋文帝虽早有北伐之意，但决意北伐并进行全方位部署，还应在元嘉二十七年受到拓跋焘先手攻击之后。这些部署包括军事调配、减官员俸禄以济军、以国之税租充实边镇、罢国子学等，显示了文帝伐魏的决心。大规模的北伐，需要战事之前长久的准备，但至元嘉二十七年大举兴师北伐之时，显然还没有做好充分准备，是拓跋魏的突然先手出击打乱了宋的北伐军事行动准备，促使文帝在时机尚未成熟之时即草草北伐。文帝迅速做出大举北伐决定的动因，很大程度上是出于以牙还牙式的战争报复心理，并非一个理性决定，预示了这次北伐最后的结局。这也就是辛弃疾词《永遇乐·京口北固亭怀古》中"元嘉草草，封狼居胥，赢得仓皇北顾"所揭示的旧事。[1]

六月，刘宋朝中于文帝北伐之事，形成极力推进和认为时机尚不成熟两种不同意见。文帝执意北伐。（《宋书》卷七十八《萧思话传》，《宋书》卷七十六《王玄谟传》，《宋书》卷五十《刘康祖传》，《宋书》卷七十七《沈庆之传》）

平按：元嘉二十七年大举北伐之前，刘宋朝中附和刘义隆北伐

---

[1] 见辛更儒《辛弃疾集编年笺注》"永遇乐·京口北固亭怀古"注，中华书局2015年版，第1820页。

的占大多数，"朝士佥同，莫或异议"。其中极力怂恿文帝北伐的是王玄谟，刘义隆曾说他大有"狼居胥意"；另有徐湛之、江湛是作为文士的主北伐者，沈庆之指其"白面书生辈"不足与谋。也有持不同意见者：萧思话"固谏，不从"；刘康祖"以为岁月已晚，请待明年"；沈庆之认为："（宋）马步不敌，为日已久矣。请舍远事，且以檀、到言之，道济再行无功，彦之失利而返。今料王玄谟等未逾两将，六军之盛，不过往时。将恐重辱王师，难以得志。"然而，沈庆之的理性分析并没有引起文帝的重视，文帝自相解读北伐战事利害，言语中流露出的是对拓跋魏的轻视和对将起战事流程的简单化。力主北伐者或为居朝中高位而不懂战事的文人，或为缺乏远见、刚愎自用的中层武将，而坐镇边镇之重的刘氏诸王则无一参与意见，似乎刘宋朝中实在找不出可以运筹帷幄的北伐主将。刘义隆战意已决，任何意见也听不进了。

七月，宋大举北伐，使北部缘魏诸镇各出军。（《宋书》卷七十九《竟陵王诞传》，《宋书》卷七十七《柳元景传》，《宋书》卷七十二《南平穆王铄传》）

平按：所谓"大举北伐"，只是战线长，涉及地域广。《宋书·柳元景传》："及朝廷大举北讨，使诸镇各出军。"《宋书·南平穆王铄传》："二十七年，大举北伐，诸蕃并出师。"刘宋北部边镇自东而西分别为：青、冀二州刺史萧斌（元嘉二十七年六月新任），徐、兖二州刺史武陵王刘骏（文帝三子，元嘉二十五年四月始任），豫州刺史南平王刘铄（文帝四子，元嘉二十二年六月始任），雍州刺史随王刘诞（文帝六子，元嘉二十六年七月始任）。本年七月，宋文帝以其五弟太尉江夏王义恭为北伐统帅，离京次彭城。《宋书·文帝纪》："秋七月庚午，太尉江夏王义恭出次彭城，总统诸军。"刘宋所谓大举北伐的开始，是以派出太尉刘义恭赴彭城为标志的，既然是"总统诸军"，节度诸镇，统一协调，是必不可少的，然而现实的情况是诸镇各自为伐，北伐统帅没有起到丝毫的运筹作用，刘义恭也未必具备这个能力。北伐就这样乱糟糟地开始了。

七月，宋始大举北伐，青冀二州刺史萧斌节度徐、兖、青、冀诸军，辅国将军臧质节度豫州诸军，后军中兵参军柳元景节度雍州诸军，梁、南秦二州刺史刘秀之节度梁、秦诸军，四线相继北进。众军均败，唯雍州战区攻入关中。(《宋书》卷六十一《江夏文献王义恭传》，《宋书》卷七十四《臧质传》，《宋书》卷七十七《柳元景传》，《宋书》卷七十六《王玄谟传》，《宋书》卷八十一《刘秀之传》)

平按：元嘉二十七年七月庚午，宋文帝下诏，对北伐做了大致的部署。诏曰："可遣宁朔将军王玄谟帅太子步兵校尉沈庆之、镇军谘议参军申坦水军入河，受督于青、冀二州刺史萧斌；太子左卫率臧质、骁骑将军王方回径造许、洛；徐、兖二州刺史武陵王骏，豫州刺史南平王铄各勒所部，东西齐举；梁、南北秦三州刺史刘秀之震荡汧、陇；太尉、江夏王义恭出次彭城，为众军节度。"此为宋北伐诸军。魏亦"南伐"，拓跋焘亲征。《魏书·世祖纪》："九月辛卯，魏主拓跋焘亲征南伐。"并将南伐军分为四路，《魏书·世祖纪》："乃命诸将分道并进：使征西大将军、永昌王仁自洛阳出寿春，尚书长孙真趋马头，楚王建趋钟离，高凉王那自青州趋下邳。车驾自中道，十有一月辛卯，至于邹山，刘义隆鲁郡太守崔邪利率属城降。使使者以太牢祀孔子。壬子，次于彭城，遂趋盱眙。"同样是四路军，宋的四路军基本上是各自为战，且势单力薄，缺乏呼应，而魏军虽为四路，彼此却临近，进攻目标相对集中，主要是通过宋之徐、兖一线和豫州一线南下，直指宋之京城建康。

十二月，魏主拓跋焘率军进至沿江，并于瓜步山起行宫。永昌王仁自历阳至于江西，高凉王那自山阳至于广陵，诸军皆于同日临江。魏军所过之处，宋军皆奔散，降者不可胜数。刘义隆纳贡并以女进于皇孙求和，魏主许和而不许婚。(《魏书》卷四《世祖纪》)

平按：自七月至十二月，魏主拓跋焘御驾亲征，旌麾南指，所向披靡；宋之北伐，刘义隆坐定京城，被动地遥控部署，所委北伐军统帅刘义恭胆小缩首，庸碌无为，诸军主将大都破敌乏术，所战皆败，本为伐魏，终为魏所伐，本可保江淮之地相安无事，却招致魏军兵陈江北，威胁建康。本欲收复中原，拓展河、洛，却落得个江南根基亦岌岌可危。试看宋北伐将帅的作为，即可知刘宋元嘉之末国势之衰，朝中无人，庸碌之辈当道，岂有不败之理？

徐、兖、青、冀战线帅者江夏王刘义恭，又为战事全局统帅，与其侄徐州刺史、武陵王刘骏坐镇彭城，由萧斌节度众军，败绩连连。

北伐中的江夏王义恭：元嘉二十七年秋，宋文帝以江夏王义恭统帅诸军兴师北伐，出镇彭城。不过，刘义恭至彭城时，拓跋焘已率军进至临江的瓜步，向南渡江即是刘宋京城建康了。当时坐镇彭城的是徐州刺史武陵王刘骏，待江夏王义恭至，二人只是闭城自守。这刘宋北伐迈出的第一步，便显出文帝缺乏战事的充分准备，又用人不当，消息不灵，本为派出北伐之军，到头来都成了分散于各地但求自保的守军了。武陵王刘骏已经于本年年初救悬瓠城时用兵不利而致大败，为文帝所降号，今派出一个江夏王刘义恭，又是一副怎样的状态呢？至元嘉二十八年，魏军自临江一带北撤，途经彭城，身为北伐众军统帅的刘义恭，因惧怕而不敢追袭魏军。魏军自南而来，掠广陵民万余口，距彭城仅数十里，诸将皆劝义恭追击魏军进而解救广陵民，可义恭仍不许。还是文帝自京城遣使至，命悉力急追，不得已之下，义恭遣镇军司马檀和之前往。而魏军先得消息，尽杀所驱广陵民而去。宋之北伐，总是消息不灵，处处被动，事先完全没有周密计划与方略。刘义恭之在彭城，文帝多有顾虑，多行叮嘱，可刘义恭却说："臣未能临瀚海，济居延，庶免刘仲奔逃之耻。"以未曾带兵征战为由，即便奔逃亦不以为耻。以这样一个完全没有征战经验，又胆小怕事，只顾自保的人为众军统帅而行北伐，亦是宋文帝的荒唐。以北伐众军统帅身份坐镇彭城，待疲惫的魏军自南而北行经彭城，便欲奔逃，所幸因众议而免逃。宋文帝对他的处置，与之前对刘骏的处置一样，仅予降封号而已。刘骏虽亦在交战前线，年初救悬瓠城兵败后，再无作为。宋武帝子孙尽是些养尊处优之辈，只知宫中争权夺利，既无治国方略，更无军功之建。

东线北伐战地主帅萧斌：萧斌为丹阳尹萧摹之之子，萧摹之为萧思话之父萧源之从父弟。文帝北伐之时，萧斌为辅国将军、青冀二州刺史，是北伐东路军实实在在的主帅，而彭城太守王玄谟仅为其北伐前军而已。元嘉二十七年，统王玄谟等众军北伐。萧斌遣参军傅融先攻取碻磝，再使傅融与将军崔猛攻取乐安。之后又进而攻滑台，不克，萧斌令其还历城。《宋书·萧思话传》所载宋军进军轨迹，与《王玄谟传》同，但《王玄谟传》称为玄谟，而《萧思话传》则称是萧斌遣崔猛与傅融二人攻碻磝、滑台。

东线北伐先锋王玄谟：刘宋在北伐之事上，王玄谟是一个极力主战者，数次向文帝陈北伐之策。文帝曾说："闻王玄谟陈说，使人有封狼居胥意。"文帝使武陵王刘骏为徐州刺史，出镇彭城，便是因其上表之故。元嘉二十七年七月，宋大举北伐之时，王玄谟受辅国将军萧斌节度，以前锋入河。时王玄谟为彭城太守，以北伐先锋向北攻取魏济州治碻磝城，并进而围攻魏滑台城。因其刚愎自用，不听诸将建议，又贪财营利，而尽失人心。待拓跋焘引大军至，王玄谟奔逃。战事节度萧斌欲斩之，因沈庆之谏而得免。使其代守碻磝城，江夏王义恭以为城不可守，令其放城而还，却为魏军追击而大败，至二十八年正月退还历城。

颇有智谋并不为用的沈庆之：元嘉二十七年，文帝欲北伐，沈庆之很理性地为文帝分析了当时的时局，以及敌我双方的势力对比，劝文帝放弃北伐。然文帝言语中流露出轻敌、对形势估计不足的倾向。沈庆之言辞不可谓不激烈，但文帝北伐之意已决，一切言语都听不进了。至七月大军北伐，沈庆之以萧斌辅国司马的身份为王玄谟前军之副，待攻取魏碻磝，王玄谟再攻滑台，而沈庆之与萧斌则留守碻磝。王玄谟攻滑台不拔，时拓跋焘率大军南进，萧斌遣沈庆之率五千人救玄谟。沈庆之认为以区区小股人马面对魏大军无济于事，各军应分遣万人进击，却没有得到萧斌的采纳，并坚持令其前往。此时王玄谟已大败而退碻磝，萧斌欲杀之，沈庆之劝止得免。萧斌所帅东线军因先锋王玄谟之败而均退军碻磝，并欲死守碻磝，沈庆之以为孤城难守，文帝又下诏不得放弃碻磝。王玄谟因兵败，自请守碻磝，后魏军进逼，江夏王义恭又遣沈庆之往救王玄谟。沈庆之以魏军兵强，往必见擒，而不肯行。

仅为助镇的萧思话：文帝欲大举北伐时，萧思话是朝中不多的提出异议者之一。《宋书·萧思话传》："是年春，虏攻悬瓠，太祖将大举北讨，朝士金同，莫或异议。思话固谏，不从。"北伐之兴，萧思话领精兵三千，助镇彭城。魏军退，于元嘉二十八年三月甲寅，代武陵王骏为抚军将军、徐兖二州刺史，稍前的三月戊申，徐州刺史武陵王骏转为南兖州刺史。

北伐豫州一线，为帅者是南平王、文帝第四子刘铄。

南平王刘铄：元嘉二十二年正月壬辰，湘州刺史南平王铄为南豫州刺史。二十二年六月辛亥，以南豫州刺史南平王铄为豫州刺史。元嘉二十二年，宋文帝因方事外略，乃罢南豫州并入豫州，即以南平王刘铄为豫州刺史，又领安蛮校尉。豫州刺史治在寿阳，刘铄镇寿阳。元嘉二十七年二月，拓跋焘围攻悬瓠城至四十余日，刘铄遣安蛮司马刘康祖与宁朔将军臧质救之，魏军退走，悬瓠城解围。至二十七年七月大举北伐之时，因文帝令诸蕃皆出师，刘铄即遣中兵参军胡盛之出汝南，到坦之出上蔡，向北攻颍川郡治长社，取长社后又遣军向北攻取大索、小索，宋军在进一步向虎牢进军时，遭遇魏虎牢救兵而败走。在到坦之等前军北进之时，刘铄又遣安蛮司马刘康祖为到坦之后继，因到坦之等败于虎牢，魏军乘胜南进时遇作为后继军的刘康祖，康祖战败被杀。魏军继续南进，并与拓跋焘会师于沿江。

豫州军实战主帅臧质：元嘉二十七年二月，拓跋焘围攻悬瓠城，武陵王刘骏所遣救兵为魏军击败，文帝又遣臧质轻往豫州刺史治寿阳，统其军与安蛮司马刘康祖急救悬瓠城守将陈宪，遂以解围。二十七年七月，宋大举北伐，臧质与骠骑司马王方回等率军出许、洛，东路军前锋王玄谟攻滑台久攻不下，臧质请代之为将，文帝不许。拓跋焘大军败王玄谟之后，继续南下过淮，文帝又遣臧质率万人北救盱眙。臧质将北救盱眙宋军分为三营，却均在盱眙城周围覆灭。

颇有军功的刘康祖：元嘉二十七年春，拓跋焘率大军围攻悬瓠城，时任南平王铄安蛮司马的刘康祖，受遣紧急驰救汝南，奋力击破魏任城公乞地真，并斩之，遂解悬瓠之围。宋文帝欲大举北伐，康祖以为岁月已晚，可待明年再行讨伐，文帝不许。二十七年秋，在萧斌、王玄谟、沈庆之东路徐兖军北进之时，康祖亦率中路豫州军北进许、洛。东路王玄谟军大败南归，魏军向南，文帝虑及南平王铄寿阳危急，便急召北进的康祖回军保寿阳，距寿阳数十里遭遇魏八万大军，康祖中箭而死，宋军几全军覆没。

北伐雍州一线众军统帅为文帝第六子竟陵王刘诞：元嘉二十六年，刘诞出为都督雍梁南北秦四州荆州之竟陵随二郡诸军事、后将军、雍州刺史。二十七年大举北伐，文帝命诸蕃并出师，竟陵王诞坐镇雍州，亦委将派兵北讨。雍州军由刘诞中兵参军柳元景所率，一路向北攻克弘农、关、陕诸城，使关、洛震动。然除了柳元景一支军外，其他各路军均告败，故元景不得不引兵还。雍州军北伐，作为雍州刺史的刘诞与刘姓诸王刘义恭、刘骏、刘铄一样，亦仅坐镇，并不亲征，北伐之事尽委部将而已。至元嘉二十七年十月，刘诞又遣长流行参军姚范领三千人向弘农，受柳元景节度。刘诞与其叔父义恭，其兄刘骏、刘铄一样，虽掌边镇，却不能亲率军北伐，军中诸事皆委时任后军中兵参军的柳元景。也正是这位名位甚低的柳元景率雍州军北进河、洛，使关中震动，算是为刘宋的大举北伐挽回了一点面子。但最终还是因诸军皆败，孤军深入难持长久而亦退保故地。对整体战局而言，也没有太大的积极作用。

由主帅刘秀之节度的梁、秦一线，并非北伐主战场。《宋书·刘秀之传》："二十七年，大举北侵，遣辅国将军杨文德、巴西梓潼二郡太守刘弘宗受秀之节度，震荡沔陇。"其作用主要在于分散魏的注意力，但实际上也没有对东部战局起到应有的作用。

刘宋国势转衰。(《宋书》卷九十二《良吏传》)

平按：宋室之衰，二十七年北伐之前迹象已显，竭尽国力与民力的北伐昭显了宋文帝的专断与昏聩，庇护皇系子孙、用人不当亦显示刘宋最高权力层的堕落。一朝北伐，使刘宋衰象尽显。《宋书·良吏传》谓："元嘉二十七年，北狄南侵，戎役大起，倾资扫蓄，犹有未供，于是深赋厚敛，天下骚动。自兹至于孝建，兵连不息，以区区之江东，地方不至数千里，户不盈百万，荐之以师旅，因之以凶荒，宋氏之盛，自此衰矣。"

萧道成为宋文帝所遣，自京赴寿阳宣旨，授宁朔将军臧质节度众军，以解悬瓠之围。（《南齐书》卷一《高帝纪上》）

平按：本年，萧道成被文帝所遣，宣旨授宁朔将军臧质节度众军解悬瓠城围之事，除《南齐书·高帝纪》之外，诸史均不见记载。《通鉴》"元嘉二十九年八月"胡注谓"萧道成始见于此"，即胡注认为萧道成之始见于《通鉴》，在元嘉二十九年八月。或许是指萧道成之名始见于此，而其事迹早见于诸史中，不过是以其他称谓出之而已。元嘉二十六年时，臧质为建威将军、义兴太守，文帝谒京陵，臧质前去丹徒朝觐。至二十七年春，臧质迁南谯王义宣司空司马、宁朔将军、南平内史，未及到任，即为文帝所遣轻往寿阳，与时任南平王铄安蛮府司马的刘康祖共将兵救悬瓠城。此时是在文帝遣徐州刺史武陵王骏救悬瓠城兵败之后，即应在本年四月。文帝此番再遣将救悬瓠，应是吸取了此前的教训，遣刘骏去解悬瓠之围，而刘骏只是派僚属赴之，并未亲身带兵前往，这也许是文帝动怒而降刘骏之封号的真正原因。在臧质轻便前往寿阳之后，便又遣萧道成宣旨，授臧质以节度，文帝意在使臧质凡事亲力亲为，带兵解围，萧道成虽表面上为文帝宣旨特使，实际上文帝也有使其监军的用意。故此后萧道成便随从臧质军旅。及七月宋大举北伐，王玄谟军败绩，魏军南下，危及彭城（时刘义恭、刘骏皆在彭城），时在豫州境的臧质回军救援彭城，但行至盱眙时，魏军已过淮。臧质令冗从仆射胡崇之、积弩将军臧澄之建营东山，建威将军毛熙祚据前浦，臧质自己扎营城南。围绕盱眙城，形成鼎足之势。在魏军的猛攻之下，三营皆败，臧质按兵不敢动。此时萧道成应在胡崇之等军中，胡崇之等战败被杀，萧道成侥幸得脱。此时臧质亦败，投盱眙城，萧道成败后亦就臧质投盱眙城。《南齐书·高帝纪》载："太祖与质别军主胡宗之等五军，步骑数千人前驱，虏已潜过淮，卒相遇于莞山下，合战败绩，缘淮奔退，宗之等皆陷没。太祖还就质固守。""胡宗之等五军"之说于诸史之"三营"不合，且诸史均未提及萧道成。

沈亮（404—450）卒。

平按：《宋书·自序》："随王诞镇襄阳，复为后军中兵，领义成太守。亮莅官清约，为太祖所嘉，赐以车马服玩，前后累积。每远方贡献绝国勋器，辄班赉焉。又赐书二千卷。二十七年，卒官，时年四十七。所著诗、赋、颂、赞、三言、诔、哀辞、祭告请雨文、乐府、挽歌、连珠、教记、白事、笺、表、签、议一百八十九首。"唐燮军《六朝吴兴沈氏宗人行迹考》认为"四十七"当为"三十七"之误。①《中国文学编年史·两晋南北朝卷》系沈亮卒于是年，从之。

崔浩（？—450）卒。

平按：《魏书·崔浩传》："真君十一年六月诛浩，清河崔氏无远近，范阳卢氏、太原郭氏、河东柳氏，皆浩之姻亲，尽夷其族。"崔浩字伯渊，清河郡人，出身于北方著名的世家大族，崔宏之子。清河崔氏是汉晋以来北方士族第一高门，崔浩一支又为清河崔氏门中最显赫之房。崔浩智谋无双，身经道武、明元、太武三朝，位至司徒，备受宠任，群臣莫得相比。然晚年却惨遭杀身灭族之祸，其姻亲范阳卢氏、太原郭氏、河东柳氏也受到株连。崔浩之遭灭族，其直接原因是所谓的"国史案"。据《魏书·崔浩传》载，太武帝拓跋焘事功有成，于神䴥二年"诏集诸文人撰录国书，浩及弟览、高谠、邓颖、晁继、范亨、黄辅等共参著作，叙成《国书》三十卷"。至太延五年（439）太武帝平凉州，成大功业，又诏崔浩监修国史，大意是说神䴥后戎旗仍举，而"史阙其职，篇籍不著，每惧斯事之坠焉"。故采取特别措施，"命公留台综理史务，述成此书，务从实录"。很明显，前此下诏所撰成《国书》三十卷，"或是预期之词，实际上当时未曾完成而完成于后诏之后"②，"二诏"之最关

---

① 唐燮军：《六朝吴兴沈氏及其宗族文化探究》，中国社会科学出版社 2007 年版，第 72 页。

② 田余庆：《拓跋史探》，生活·读书·新知三联书店 2003 年版，第 239 页。

键处在于强调"务从实录"。崔浩不负所托，受命十年，一切唯"务从实录"，国史告成。也正因其"实录"，尽述拓跋氏的历史，详备而无所避讳，其中直书了拓跋氏一些不愿人知的早期历史，从而招致灭族之祸。虽然崔浩之死原因十分复杂，仅从"国史案"看，太武帝一方面令撰史者"务从实录"，而"实录"之后则又因"实录"而杀之，莫非崔浩乃因腐儒致祸？然而，崔浩作为依附于拓跋魏的中原著姓士族，能身历三朝，身居高位，甚得帝之恩信，亦是靠其超强的智慧与政治敏感力的，崔浩之死是北魏政权内部各种矛盾发展的必然，"国史案"只是直接诱因而已。换言之，无论是否有"国史案"发生，崔浩都难免一死，早晚之别罢了。北魏中期鲜卑族快速汉化以及由崔浩主导的力图在北魏推行世族政治，是崔浩致死的深层原因。关于"国史案"、崔浩之死因等相关问题，史家多有论述，《魏书·崔浩传》的含糊其词给后世学者以巨大的阐释空间。由此也给人们以更多的思索，扬雄赞誉太史公"其言直，其事核，不虚美，不隐恶"是史家之首要，后世得见天日的正史究竟在多大程度上是据实而录的，史家对史事的书写哪些是实录，哪些是曲词，是需要读史者深加鉴别的。历史研究更需要揭示曲词背后的真相。

史载崔浩"少好文学，博览经史，玄象阴阳，百家之言，无不关综，研精义理，时人莫及"。有着强烈世族情结的崔浩，未能有文集传世，《全宋文》仅辑录其文九篇，其诗不传，使其致祸的《国史》，后世亦不详其面目。

宋文帝元嘉二十八年·魏太武帝正平元年（451）辛卯　二十五岁

正月，拓跋焘自瓜步北返，围攻盱眙城。（《宋书》卷五《文帝纪》，《宋书》卷七十四《臧质传》，《南史》卷二《宋本纪中》）

平按：二十七年，魏主拓跋焘初南下时尝围攻盱眙，未下而向南进至瓜步。本年正月，魏军北返再途经盱眙，围攻盱眙以求补给。兵败之后的臧质同盱眙太守沈璞合力守城，城不破。瓜步，在今江苏六合区东南二十里。《述异记》卷下："瓜步在吴中，吴人卖瓜于江畔，因以名焉。"为南北朝时的军事要地。《宋书·索虏传》：元嘉二十七年（450），北魏大举南侵，"焘至瓜步，坏民屋宇，及伐苇荻，于滁口造草筏，声欲渡江。……焘凿瓜步山为盘道，于其顶设毡屋"。又《魏书·世祖纪》：太平真君十一年（450），"车驾临江，起行宫于瓜步山"。

二月，魏主拓跋焘率军退走，盱眙城围解。因北伐失利，江夏王义恭降号骠骑将军，武陵王骏降号北中郎将。（《宋书》卷五《文帝纪》）

平按：魏军于正月会瓜步山后不久即北退，北还路上先围攻盱眙未果，又向北过彭城。此时北伐军统帅江夏王义恭与武陵王徐州刺史刘骏均在彭城。面对往来征战、疲惫已极的北返魏军，江夏王义恭不敢出击，听任魏军尽杀自广陵所驱之民。如此的败军无用之辈，刘义隆对他们的惩罚仅仅是降号而已。在关系战局及国之运命走向上，刘义隆对皇系子弟可谓百般宽宥，而对可能危及自身皇位的哪怕是不能坐实的空穴来风，则是毫不留情。在对待刘义恭、刘骏与刘义康的态度上，充分显示了这一点。

三月丙申，文帝拜初宁陵。甲寅，护军将军萧思话为抚军将军、徐兖二州刺史。（《建康实录》卷十二，《宋书》卷五《文帝纪》）

平按：初宁陵，为宋孝武帝陵。《六朝事迹编类》卷十三《坟陵门》："《建康实录》宋高祖永初三年葬初宁陵，隶丹阳建康县蒋山。《图经》云：在县东北二十里。政和间，有人于蒋庙侧得一石柱，题云'初宁陵西北隅'，以此考之，其坟当去蒋庙不远。"

六月，魏改元"正平元年"。魏太子少傅游雅、中书侍郎胡方回

等更定律令,凡三百九十一条。(《魏书》卷四《世祖纪》,《通鉴》卷一百二十六《宋纪八》)

十一月,徙彭城流民于瓜步,徙淮西流民于姑孰。(《宋书》卷五《文帝纪》)

平按:元嘉末之北伐,宋军未能如预期北取关、洛,反倒使魏军长驱直入,直捣瓜步。名义上的北伐宋军,全程几乎都是在艰难困守,毫无主动出击之力,致使魏军南下、北上沿线之民流离失所。"北伐"造成的大量流民以彭城、淮西为巨。彭城即北伐徐、兖、青、冀一线,淮西主要指豫州一线。《通鉴·宋纪八》将徙民之事系于十二月,其曰:"帝使沈庆之徙彭城流民数千家于瓜步,征北参军程天祚徙江西流民数千家于姑孰。"

萧道成于本年正月归盱眙城,与臧质及盱眙太守沈璞共守城。至二月拓跋魏军退走,还京师。(《南齐书》卷一《高帝纪上》)

平按:元嘉二十八年正月,拓跋焘率魏军自瓜步北返,途经盱眙并围攻之。此时萧道成作为臧质所遣前军之一,败后归依臧质于盱眙城,亦参与守城,保城不破。《南齐书·高帝纪上》:"太祖还就质固守,为虏所围攻,甚危急。事宁,还京师。"然此事除《南齐书·高帝纪》外,诸史皆不书。

傅隆(369—451)卒。

平按:《宋书》本传:"二十八年,卒,时年八十三。"傅隆是身仕东晋、刘宋两朝的经学家,"少好学,善'三礼'",为刘宋初期的礼学权威。元嘉以后任御史中丞、义兴太守等职。他的经学思想要点,是把礼学作为儒家学说的核心,强调礼的精神即纲常伦理。元嘉十四年,宋文帝以新撰《礼论》征求他的意见,他上表阐发自己的见解。他认为,在经传之中,"三礼"具有特殊的地位,《周易》《诗经》《尚书》《乐》《春秋》都以礼学为根本,家庭、社会的秩序靠礼制来维系。但是，礼学又是一门十分艰深的学问。就《仪礼》而言，“其体例纰缪，首尾脱落，难可详论”。考经学历史，学者“各为章句之说”，所见不同，甚至“共枝别干”。因此，必须从政权建设的需要出发，取精用宏。他所谓“国典未一于四海，家法参驳于缙绅，诚宜考详远虑，以定皇代之盛礼也”，明确地揭示了他推崇礼学的实际动机，也反映出礼学研究普遍受到重视的根本原因。

南朝刘宋时期礼学之得到重视，大多与解决皇族内部婚、嗣、丧、祭礼仪的疑难问题相结合。《宋书·礼志》中提到一些太学博士或国子助教，元嘉时期主要有顾雅、周野王、庾蔚之、颜测、殷明、王渊之、何惔、王罗云、陆澄、徐宏、苏玮生等，大明时期主要有庾和、孙豁之、孙武、傅郁、司马兴之、程彦、王温之、江长、傅休、王燮之、颜僧道等，泰始时期主要有博士王庆绪、王略，元徽年间主要有周山文、颜燮、殷灵祚等。这些人都是当时著名的礼学学者，他们的目标是弄清儒家所倡导的礼制，进而建立当代社会的礼仪规范。这些人中的大多数通常是顺应皇帝的意图立论，煞费苦心地代为从经典中寻找根据。

裴松之（372—451）卒。

平按：《宋书·裴松之传》：“续何承天国史，未及撰述，二十八年，卒，时年八十。”陈健梅《裴松之生卒年考》认为，松之卒于宋元嘉二十六年（449），生于晋太和五年（370）。[①] 裴松之字世期，河东闻喜人。年八岁即学通《论语》《毛诗》，博览群籍，立身简素。年二十拜殿中将军，直卫左右。历任员外散骑侍郎，吴兴、故鄣令，曾随刘裕北伐。召为太子洗马。除零陵内史，征为国子博士。又任永嘉太守、南琅邪太守，官至太中大夫。元嘉间，奉诏撰成《三国志注》。破传统旧法，不重训诂，而重史实增补与考订，博采众书一百四十余种，注文内容超出陈寿原书数倍，开创了作注新

① 陈健梅：《裴松之生卒年考》，《中国史研究》2001 年第 2 期。

例，保存了大量珍贵资料。另撰《晋纪》《宋元嘉起居注》《裴氏家传》《集注丧服经传》等。除《三国志注》外，余皆散佚。《隋志》："宋太中大夫《裴松之集》十三卷，梁二十一卷。"《全梁文》辑其文七篇，其中《请禁私碑表》是文体学的重要文献。

彭城王刘义康（408—451）卒。

平按：《宋书·彭城王义康传》："二十八年正月，遣中书舍人严龙赍药赐死。义康不肯服药，曰：'佛教自杀不复得人身，便随宜见处分。'乃以被掩杀之，时年四十三。"刘义康，宋武帝刘裕第四子，在武帝诸子中最为通达，不善计谋，凡事随意行之，违大体而不觉。史载其"率心而行，曾无猜防"。他本无尊位之想，却因在文帝病时属官幕僚私谋使之预继尊位，从而埋下了祸端。《通鉴·宋纪八》："江夏王义恭等奏彭城王义康数有怨言，摇动民听，故不逞之族因以生心。……上虑不逞之人复奉义康为乱，太子劭及武陵王骏、尚书左仆射何尚之屡启宜早为之所，上乃遣中书舍人严龙赍药赐义康死。"义康职任自强不息，无有懈倦，好引接才士，不以阶级视人。在诸王中也是品行值得称道者，其落得被赐死的结局，令人唏嘘。义康素乏学术，至死方悟。《南史·彭城王义康传》载："义康素无术学，待文义者甚薄。袁淑尝诣义康，义康问其年，答曰：'邓仲华拜衮之岁。'义康曰：'身不识也。'淑又曰：'陆机入洛之年。'义康曰：'身不读书，君无为作才语见向。'其浅陋若此。"至其被黜豫章，临行前沙门慧琳以"恨公不读数百卷书"语赠之，其言义康至此，不读书使然。

范云（451—503）生。

平按：《梁书》本传："（天监）二年，卒，时年五十三。"范云字彦隆，南乡舞阴（今河南泌阳）人。"少机警，有识具，善属文，便尺牍，下笔辄成"，八岁即能当众赋诗。刘宋元徽四年（476），萧赜主持郢州军政，范云随父范抗在郢府。沈约与范抗同府，与比他年轻十岁的范云相识结交。宋、齐易代之际，萧子良为会稽太守，范云始进入子良幕下，由于能识读石刻篆文，受到赏识。之后萧子良为丹阳尹，召范云为主簿。齐明帝建武初，外放为零陵内史，不久召还，授散骑侍郎，又出为始兴内史，在任均有政绩。不久迁广州刺史，以事召还建康下狱，旋又赦免，授于国子博士。齐梁嬗代之际，萧衍率兵攻建康，范云与沈约积极响应，并为萧衍出谋划策。萧衍代齐称帝，以范云为吏部尚书、尚书右仆射。范云尝为"竟陵八友"之一，是南齐永明新体诗的代表诗人之一。与沈约类似，身居高位，笃于友情，善奖掖后进。除竟陵八友之外，他与周颙、王筠、孔休源、到沆等当时著名文士皆相友善，对后进如刘孝绰、裴子野等多方鼓励，待何逊尤为亲厚。本传称"有集三十卷"。《隋志》："梁尚书仆射《范云集》十一卷。"其文今传三篇，诗四十二首。与多数齐梁诗作一样，范云之诗亦"缺乏具有较大社会意义的题材，内容仍以抒写朋友之情和男女之情为主"①。《诗品》中，范云入于中品，钟嵘评曰："范诗清便宛转，如流风回雪。"

崔光（451—523）生。

平按：《魏书》本传："（正光）四年十一月，疾甚，敕子侄等曰：'谛听吾言……'气力虽微，神明不乱。至第而薨，年七十三。"崔光，本名孝伯，字长仁，高祖赐名，东清河鄃人。史载其"家贫好学，昼耕夜诵，佣书以养父母"。太和六年（482），拜中书博士，转著作郎，与秘书丞李彪参撰国书，太和末，李彪解著作郎，而由崔光专任修史之事。太和中，依宫商角徵羽本音而作五韵诗赠李彪，李彪则作十二次韵诗回赠崔光，崔光又作百三郡国诗答之，以国别为卷，共一百零三卷。魏高祖孝文帝拓跋宏赞其"孝伯之才，浩浩如黄河东注，固今日之文宗也"。尝为使巡察地方，叙所经之地古事，赋诗三十八篇。又撰《维摩经义疏》《十地经义疏》三十余卷。其所作诗、赋、铭、赞、咏、颂、表、启数百篇，五十余卷，

---

① 曹道衡、沈玉成：《南北朝文学史》，人民文学出版社1991年版，第179页。

别有文集。《全后魏文》辑其文二十五篇,诗不传。

释道慧(451—481)生。

平按:《高僧传》卷八《齐京师庄严寺释道慧传》:"慧以齐建元三年卒,春秋三十有一。"上推生于是年。释道慧,姓王,余姚人,寓居建业。十一岁出家,为僧远弟子,栖灵耀寺。后读庐山《慧远集》,始赴庐山遍观慧远遗迹,憩于庐山西寺。回京后移至庄严寺。其卒时,陈郡谢超宗为其作碑文,今不传。庄严寺,在今江苏南京市玄武区,宋大明年置。《建康实录》卷八:"宋大明中,路太后于宣阳门外大社西药园造庄严寺。"

宋文帝元嘉二十九年·魏文成帝兴安元年(452)壬辰 二十六岁

正月,天竺摩诃乘法师求那跋陀罗于荆州辛寺译出《八吉祥经》一卷。沙门释宝云及弟子法勇传译。(《高僧传》卷三,《出三藏记集》卷二)

平按:《出三藏记集》卷二:"《八吉祥经》一卷,元嘉二十九年正月十三日于荆州译出。"天竺沙门求那跋陀罗自元嘉十二年至东土,便着手译经,至孝武帝时共译经七十六卷。"宋文帝时,天竺摩诃乘法师求那跋陀罗,以元嘉中及孝武时宣出诸经,沙门释宝云及弟子菩提法勇传译。"卷九无名氏《八吉祥经后记》云:"《八吉祥经》,宋元嘉二十九年,太岁壬辰,正月三日,天竺国大乘比丘释求那跋陀罗于荆州城内译出此经,至其月六日竟。使持节、侍中、都督荆湘雍益梁宁南北秦八州诸军事、司空、荆州刺史、领南蛮校尉南谯王优婆塞刘义宣为檀越。"又《高僧传》卷三《宋京师中兴寺求那跋陀罗传》:"后谯王镇荆州,请与俱行,安止辛寺,更创房殿。

即于辛寺出《无忧王》、《过去现在因果》及一卷,《无量寿》一卷,《泥洹》、《央掘魔罗》、《相续解脱波罗蜜了义》、《现在佛名经》三卷,《第一义五相略》《八吉祥》等诸经,并前所出凡百余卷,常令弟子法勇传译度语。"辛寺,在湖北荆州市荆州区,东晋已存,不知立于何时。《高僧传》卷一《晋江陵辛寺昙摩耶舍传》:"以晋隆安中,初达广州,住白沙寺,耶舍善诵《毗婆沙律》,人咸号为大毗婆沙。……耶舍后南游江陵,止于辛寺,大弘禅法,其有味靖之宾,披榛而至者,三百余人。凡士庶造者,虽先无信心,见皆敬悦。"

二月甲寅,魏太武帝拓跋焘薨。中常侍宗爱矫皇后令立南安王拓跋余,改元永平。(《宋书》卷五《文帝纪》)

平按:《宋书·文帝纪》作"二月庚申,虏帅拓跋焘死"。《魏书·世祖纪》《北史·魏本纪》均作"三月甲寅",《通鉴·宋纪八》作"二月甲寅",今从《通鉴》。魏正平二年二月,魏主拓跋焘为中常侍宗爱所弑,宗爱又矫赫连皇后令杀东平王拓跋翰而立南安王拓跋余,改号"正平"为"永平"。

三月,宋文帝闻魏主拓跋焘死,又谋北伐。众谏不从,并于五月下《北伐诏》,以江夏王义恭、南谯王义宣统众军。(《通鉴》卷一百二十六《宋纪八》)

平按:元嘉二十七年的大举北伐,已经造成生灵涂炭、国库虚空,宋军几乎是全线败退。好大喜功的宋文帝刘义隆不顾国家难以再承受战争消耗,也并不去总结失败的经验教训,当闻说魏太武帝拓跋焘被弑后,立即动议再行北伐。《通鉴·宋纪八》:"夏五月,丙申,诏曰:'虐虏穷凶,著于自昔;未劳资斧,已伏天诛。拯溺荡秽,今其会也。可符骠骑、司空二府,各部分所统,东西应接。归义建绩者,随劳酬奖。'"由此可知,本年的北伐,又一次以江夏王义恭为统帅,主东线战事;西线战事由南谯王义宣所统。《通鉴》于"骠骑、司空"下注曰:"时江夏王义恭降号骠骑将军,镇盱眙;南谯王义宣镇江陵，进为司空。"刘义隆再用其弟刘义恭为统帅，一方面显示出刘宋已无人可用，另一方面也是刘义隆对刘氏皇族子弟以外之人的不信任。然而，即便是将北伐重任委予刘氏子弟，在前线与敌争锋者却尽是异姓他族，赴疆场白白送死者却无一刘氏子弟。刘氏子弟既不能身先士卒，诸将又多怀狐疑之心，胜则刘氏子弟得以封赏晋爵，败则他姓将官顶罪诛戮。如此看来，宋文帝的北伐，还能有几分胜算呢？据《宋书·何偃传》载，本年刘义隆欲更北伐，访之于群臣，当时何偃即议曰：如再兴北伐，将"亏根本以殉边患，宜动必不克"，其结果正如其所言。

五月至八月，抚军将军、徐兖二州刺史萧思话统新任冀州刺史张永向碻磝，鲁爽、鲁秀、程天祚将荆州甲士四万出许、洛，雍州刺史臧质率军趋潼关。(《宋书》卷七十八《萧思话传》，《宋书》卷七十四《臧质传》《鲁爽传》，《通鉴》卷一百二十六《宋纪八》)

平按：此轮北伐，依然是以徐、兖、青、冀一线为主，萧思话以冀州刺史张永为前军围攻碻磝，当时宋文帝刘义隆又使员外散骑侍郎徐爰为监军，亦随军向碻磝。张永等久攻碻磝不下，至七月，萧思话引军亦至，分三路攻城，城仍不克。八月，萧思话命诸军弃围碻磝，而退屯历城。九月，加萧思话冀州刺史，镇历城，不久即为江夏王义恭所奏而免官。刘义隆本年的北伐，与二十七年的进军布局如出一辙，由东而西的第二路军是时为征虏将军、司州刺史的鲁爽。文帝于二十八年下诏："爽可督司州豫州之陈留东郡济阴濮阳五郡诸军事、征虏将军、司州刺史。"刘宋时期的司州实土，久已没入北魏，司州刺史任有名而无实，自东晋以来业已如此。《宋书·州郡志》："晋江左以来，沦没戎寇，虽永和、太元王化暂及，太和、隆安还复湮陷。牧司之任，示举大纲而已。"二十九年五月率军出许、洛，至八月入长社，又攻取大索，在进军虎牢之时，因无王玄谟水军之助而南还。第三路军由冠军将军、雍州刺史臧质节度。《宋书·臧质传》载："明年(二十九年)，太祖又北伐，使质率所统见力向潼关，质顿兵近郊，不肯时发，独遣司马柳元景屯兵境上，不时进军。质又顾恋嬖妾，弃营单马还城，散用台库见钱六七百万，为有司所纠，上不问也。"仅时为臧质冠军司马的柳元景进至洪关，又欲攻蒲阪，因鲁爽军已退，亦引兵还。至此，元嘉二十九年趁魏主拓跋焘之死而兴起的北伐偃旗息鼓。

五月甲午，罢湘州并荆州。以始兴、临贺、始安三郡属广州。（《宋书》卷五《文帝纪》）

平按：自晋怀帝永嘉元年（307）始置湘州，东晋南朝时立时省。《宋书·州郡志》："湘州刺史，晋怀帝永嘉元年，分荆州之长沙、衡阳、湘东、邵陵、零陵、营阳、建昌，江州之桂阳八郡立，治临湘。成帝咸和三年省。安帝义熙八年复立，十二年又省。宋武帝永初三年又立，文帝元嘉八年省。十六年又立，二十九年又省。孝武孝建元年又立。"始兴，今广东韶关有始兴县，即此地。《宋书·州郡志》："吴孙皓甘露元年，分桂阳南部都尉，立为始兴郡。晋武帝平吴，以属广州，成帝度荆州，宋文帝元嘉二十九年，又度广州，三十年，复度湘州。"始兴县为其属。临贺，今广西东部有贺州市，即此地。《州郡志》："临贺内史，吴分苍梧立为临贺郡，属广州，晋成帝度荆州，宋文帝元嘉二十九年，度广州，三十年，复度湘州。"始安，其地在今广西桂林。《州郡志》："始建内史，吴孙皓甘露元年，分零陵南部都尉立始安郡，属广州，晋成帝度荆州，宋文帝元嘉二十九年，度广州，三十年，复度湘州。"

七月壬辰，淮阳王彧改封湘东王。（《宋书》卷五《文帝纪》，《宋书》卷八《明帝纪》）

平按：《宋书·明帝纪》："太宗明皇帝讳彧，字休炳，小字荣期，文帝第十一子也。元嘉十六年十月戊寅生。二十五年，封淮阳王，食邑二千户。二十九年，改封湘东王。"是年，刘彧十四岁。

十月戊申，拓跋濬于永安前殿即帝位，改年"兴安"。（《魏书》

卷五《高宗纪》)

十二月乙卯，魏初复佛法。(《魏书》卷五《高宗纪》，《魏书》卷一百一十四《释老志》，《通鉴》卷一百二十六《宋纪八》)

平按：元嘉二十三年（446）魏太武帝诏令灭佛，直延续至二十九年太武帝之死，其间民间暗有私习。《通鉴·宋纪八》曰："魏世祖晚年，佛禁稍弛，民间往往有私习者。"精神之法，永难禁绝，何况禁期仅数年之久。佛之本义趋于向善，然俗道为佛更多有背离佛之本义，致使僧俗勾结，贻害天下，故史上时有灭佛、崇佛之抑扬。魏高宗拓跋濬以太平真君年间之"一切禁断"视为有司失旨，从佛可"助王政之禁律，益仁智之善性，排斥群邪，开眼正觉"上，再倡佛法。《魏书·释老志》载，高宗践极，下诏曰：

> ……是以先朝因其瑕衅，戮其有罪。有司失旨，一切禁断。景穆皇帝每为慨然，值军国多事，未遑修复。朕承洪绪，君临万邦，思述先志，以隆斯道。今制诸州郡县，于众居之所，各听建佛图一区，任其财用，不制会限。其好乐道法，欲为沙门，不问长幼，出于良家，性行素笃，无诸嫌秽，乡里所明者，听其出家。率大州五十，小州四十人，其郡遥远台者十人。各当局分，皆足以化恶就善，播扬道教也。

自此，之前所毁佛寺，均得修复，佛像经纶，陆续见于世。

颜延之上《自陈表》。(《宋书·颜延之传》)

何尚之作《退居赋》，以明所守。袁淑作《与尚之书》讥之。(《宋书》卷六十六《何尚之传》)

平按：《宋书》本传："（元嘉）二十九年，致仕，于方山著《退居赋》以明所守，而议者咸谓尚之不能固志。"《退居赋》今不传。太子左卫率袁淑作《与何尚之书》，书曰："丈人徽明未耗，誉业方籍，傥能屈事康道，降节殉务，舍南澥之操，淑此行永决矣。"
江夏王义恭即以为尚之"虽年在悬车，而体独充壮"，不应许其解职
退隐。果然不出袁淑所料，何尚之仍出摄职。

萧道成率军西征仇池，克魏谈堤城。(《南齐书》卷一《高帝纪
上》，《南史》卷四《齐本纪上》，《魏书》卷九十八《萧道成传》，
《资治通鉴》卷一百二十六《宋纪八》)

平按：元嘉十九年，宋龙骧将军裴方明、太子左积弩将军刘康
祖、后军参军梁坦等伐杨难当，克仇池，氐帅杨难当奔魏，不久死
于魏，后仇池国灭。其兄子杨文德又聚众茄芦，自号仇池公，宋授
以爵位。《宋书·氐胡传》："可使持节、散骑常侍、都督北秦雍二
州诸军事、征西大将军、平羌校尉、北秦州刺史，封武都王。"此
后，仇池陷于魏，魏河间公拓跋齐居之。又元嘉二十七年，"王师北
讨，起文德为辅国将军，率军自汉中西入，摇动汧、陇。文德宗人
杨高率阴平、平武群氐，据唐鲁桥以距文德，文德水陆俱攻，大破
之，众并奔散。高遁走奔羌，文德追之至黎印岭，高单身投羌仇阿
弱家，追斩之，阴平、平武悉平。又遣文德伐啖提氐，不克，梁州
刺史刘秀之执送荆州，使文德从祖兄头成茄芦。"这里《氐胡传》
所载主要是述元嘉二十九年前后杨文德平杨高之事，又提及杨文德
伐啖提氐不果。《南齐书·高帝纪上》有"梁州刺史刘秀之遣司马
马注助太祖攻谈堤城"之语。"谈堤"，《南史·齐本纪上》作"谈
提"，应是同一地名，其具体地点在哪里，无法查实，各种地名类工
具书无一收录。《氐胡传》中杨文德所伐之"啖提氐"，与萧道成所
攻之"谈堤城"中的"谈堤"，当是同一地名。然而，从《南齐
书·高帝纪上》所载"遂从谷口入关，未至长安八十里，梁州刺史
刘秀之遣司马马注助太祖攻谈堤城"的语序看，谈堤城似距长安不
远，至长安须先攻取谈堤城，并且攻取谈堤城是在从谷口入关之后。
那么，"谷口"又在哪里呢？《魏书·河间公齐传》载："刘义隆将
裴方明陷仇池，世祖复授齐前将军，与建兴公古弼讨之，遂克仇池，
威振羌氐。复赐爵河间公，与武都王杨保宗对镇骆谷。"萧道成入关

所经之"谷口",当是一条关道,是自梁州所在的汉中北上长安的必经之路。《河间公齐传》中提及的"骆谷",即"骆谷道",亦名傥骆道,是古代关中与汉中之间的交通通道。自今陕西周至县西南,沿骆谷水、傥水河谷,南至洋县。《三国志·魏书·曹爽传》:正始五年(244),"爽乃西至长安,大发卒六七万人,从骆谷入"。萧道成是由南而北,经谷口,趋长安,曹爽则是反向由长安南下经骆谷至关中。由此看来,萧道成所经之"谷口",当就是指"骆谷"。萧道成过骆谷入关后即在马注协助下攻下谈堤城,不久魏救兵至,萧道成军力疲少,便烧掉谈堤城而退还梁州刺史治南郑。这一线路的梳理颇为顺畅,但经骆谷入关而攻取谈堤城之说又与征仇池相矛盾。骆谷、谈堤城、长安一线不是仇池氏的活动区域,而且《南齐书·高帝纪上》中所提到的"武兴""兰皋"又与"骆谷"相距遥远,也没有先由南郑而西,破武兴、兰皋,再长途跋涉经骆谷入关中。

武兴:即今陕西略阳县。南北朝时为氏王杨文弘之都。《宋书·氏胡传》:"顺帝昇明元年……以文弘督北秦州诸军,平羌校尉,北秦州刺史,袭封武都王,将军如故。退治武兴。"

兰皋成:在今甘肃康县东北大南峪乡。《宋书·氏胡传》:元嘉十九年,裴方明等伐氏胡杨难当,"方明至兰皋,难当镇北将军苻义德、建节将军苻弘祖万余人,列阵拒战,方明击破之,斩弘祖,杀二千余人,义德遁去"。即此,后改为皋兰镇。

仇池城:在今甘肃西和县南洛峪。《宋书·氏胡传》:"汉献帝建安中,有杨腾者,为部落大帅。腾子驹,勇健多计略,始徙仇池。仇池地方百顷,因以百顷为号,四面斗绝,高平地方二十余里,羊肠蟠道,三十六回。山上丰水泉,煮土成盐。驹后有名千万者,魏拜为百顷氏王。"

萧道成西征仇池,须先破武兴、兰皋二成,所破的对象是魏军,而不是啖提氏,而且是魏军主帅拓跋齐。据前《拓跋齐传》,拓跋齐从裴方明手中夺得仇池地后一直据守骆谷,这也正合了《南齐书·高帝纪上》所载"虏伪河间公奔走"之语。要么,萧道成破武兴、兰皋之后所经之"谷口"便另有其地。据《中国历史地名大辞典》,"骆谷城,西晋永嘉末仇池氏杨茂搜置,即今甘肃西和县西南洛峪

乡"。此骆谷城正是仇池腹地。如此看来，萧道成元嘉二十九年征仇
池的路线是：由梁州治南郑出发，向西攻下武兴戍、兰皋戍，通过
骆谷城而攻下距仇池城不远的谈堤城，使魏戍主拓跋齐败走。之后
魏援军至，萧道成回师南郑。如此，"未至长安八十里"就无法坐实
了，这是一个十分矛盾的地方，或许诸史所载有错乱。

释僧彻（383—452）卒。

平按：《高僧传》卷七《宋江陵琵琶寺释僧彻传》："宋元嘉二
十九年卒，春秋七十。刺史南谯王刘义宣为造坟圹。"释僧彻，姓
王，本太原晋阳人。少时即寓居襄阳，年十六入庐山从慧远受业。
遍学众经，尤精于《波若》。于问道之暇，亦多为诗文，一赋一咏，
落笔成章。慧远亡后，南游荆州，止于江陵城内之五层寺，晚年移
止琵琶寺。彭城王义康、仪同萧思话等，并从受戒法。五层寺，在
湖北武汉市武昌区，宋时存，不知置于何时。琵琶寺，在湖北荆州
市荆州区，宋时存，不知置于何时。《法苑珠林》卷三十一："宋江
陵琵琶寺有释慧安，未详何许人。年十八出家，止江陵琵琶寺。"宋
时又有枇杷寺，据封野所考，"琵琶寺，或即枇杷寺"①。

陶弘景（452—536）生。

平按：《梁书·陶弘景传》："大同二年，卒，时年八十五。颜
色不变，屈申如恒。诏赠中散大夫，谥曰贞白先生。"陶弘景字通
明，丹阳秣陵人。十岁时，得葛洪《神仙传》，昼夜研读，从此便有
养生之志。读书万余卷，善琴棋，工草隶。性好著述，尚奇异，顾
惜光景，老而弥笃。尤明阴阳五行、风角星算、山川地理、方图产
物、医术本草。著《帝代年历》，又尝造浑天象。张溥辑有《陶隐
居集》，编入《百三家集》。今存诗六首，文三十篇。王京州《陶弘
景集校注》是非常详尽的整理本，对陶弘景更为全面而细致的研究

---

① 封野：《汉魏晋南北朝佛寺辑考》下册，凤凰出版社 2013 年版，第 493 页。

著作有王家葵的《陶弘景丛考》。

江敩（452—495）生。

平按：《南齐书》本传："建武二年，卒，年四十四。"上推生于是年。江敩字叔文，济阳考城人。祖江湛，宋左光禄大夫、仪同三司。敩母为宋文帝女淮阳公主。少有美誉，尚宋孝武帝女临汝公主，拜驸马都尉。袁粲为丹阳尹，称其"风流不坠，政在江郎"。敩好文辞，围棋第五品，为朝贵中最。子江蒨。

王俭（452—489）生。

平按：《南史》本传："俭启求解选，上不许。七年，乃上表固请，见许，改领中书监，参掌选事。其年疾，上亲临视。薨，年三十八。"上推生于是年。王俭，字仲宝，琅邪临沂人（今山东临沂）。祖昙首，宋右光禄，父僧绰，金紫光禄大夫。幼有神彩，事心笃学，手不释卷。上表求校坟籍，依《七略》撰《七志》十卷，表辞甚典。又撰定《元徽四部书目》。少有宰相之志，宋时官至吏部郎。因助齐高帝萧道成建齐有功，封南昌县公。齐武帝时，为国子祭酒、太子少傅。卒赠太尉，谥文宪。俭寡嗜欲，唯以经国为务。车服尘素，家无遗财，手笔典裁，为当时所重。少撰《古今丧服集记》，并文集行于世。《隋志》载有"太尉《王俭集》五十一卷，梁六十卷"，已散佚，明张溥辑有《王文宪集》一卷。今其文存五十三篇，诗存八首。齐永明年间，钟嵘为国子生，王俭为国子祭酒，钟嵘颇受王俭赏识，有师生之谊，故《诗品》尊称"文宪"谥号，不直呼其名，而文中以"师"称之。《诗品》列王俭于下品，评曰："至如王师文宪，既经国图远，或忽是雕虫。"

王思远（452—500）生。

平按：《南齐书》本传："永元二年，迁度支尚书。未拜，卒。

年四十九。"王思远，琅邪临沂人。文惠太子与竟陵王好士，思远并蒙赏接。永明间，出为广州刺史。思远清修，立身简洁。

游肇（452—520）生。

平按：《魏书》本传："正光元年八月卒，年六十九。"游肇字伯始，魏高祖赐名。北魏作家，游明根之子。幼为中书学生，历任通直郎、散骑侍郎、中大夫、太子中庶子、魏郡太守、黄门侍郎、御史中丞、侍中、中书令、尚书右仆射等职。肇耽好经传，手不释卷，博通经史及《苍》《雅》《林》说，治《周易》《毛诗》，尤精于《三礼》。撰《易集解》《冠婚仪》《白珪论》等，有诗、赋、表、启凡七十五篇，皆传于世。今仅存文三篇，其他皆不传。

宋文帝元嘉三十年·魏文成帝兴安二年（453）癸巳　二十七岁

正月，江州刺史武陵王骏统众军次西阳之五洲，讨伐西阳蛮。（《宋书》卷六《孝武帝纪》，《宋书》卷五《文帝纪》，《南史》卷二《宋本纪中》）

平按：西阳，有西阳县、西阳国、西阳郡之别。西阳县，西汉置，属江夏郡。治所在今河南光山县西二十里。三国魏为弋阳郡治。西晋末徙治今湖北黄州区东，为西阳郡治。西阳国，西晋元康初分弋阳郡置，属豫州。治所在西阳县（今河南光山县西南）。永嘉后与县同移治今湖北黄州区东。东晋改为西阳郡。① 刘宋世，西阳或属豫州，或属郢州，南齐属郢州。《宋书·州郡志》："孝武帝孝建元年，

---

① 史为乐主编：《中国历史地名大辞典》上册，中国社会科学出版社2005年版，第925页。

分荆州之江夏、竟陵、随、武陵、天门，湘州之巴陵，江州之武昌，豫州之西阳，又以南郡之州陵、监利二县度属巴陵，立郢州。"又："西阳太守，本县名，二汉属江夏，魏立弋阳郡，又属焉。晋惠帝又分弋阳为西阳国，属豫州，宋孝武帝孝建元年，度郢州，明帝泰始五年，又度豫，后又还郢。"刘宋时期，西阳为蛮民聚居之地。《宋书·州郡志》"西阳太守蕲水左县长"条曰："文帝元嘉二十五年，以豫部蛮民立建昌、南川、长风、赤亭、鲁亭、阳城、彭波、迁溪、东丘、东安、西安、南安、房田、希水、高坡、直水、蕲水、清石十八县，属西阳。"

二月二十二日晨，元凶刘劭为逆，弑文帝刘义隆而自立。(《宋书》卷九十九《元凶劭传》，《南史》卷十四《元凶劭传》，《宋书》卷五《文帝纪》，《通鉴》卷一百二十七《宋纪九》)

平按：元凶刘劭为宋文帝刘义隆长子。对于刘义隆的死，《宋书·文帝纪》曰："(三十年)二月甲子，上崩于含章殿，时年四十七。"《南史·宋本纪中》曰："(三十年)二月甲子，元凶劭构逆，帝崩于合殿，时年四十七。"然《宋书》《南史》之《元凶劭传》于刘义隆之死均记述较详：因巫蛊事件，刘义隆欲废太子刘劭，但在立四子南平王刘铄还是七子建平王刘宏上犹豫不定。元嘉三十年二月二十一日夜，刘劭诈作皇上诏书称"鲁秀谋反，拟可在天刚亮之时率众入朝"，使张超之等人集合平时所蓄养二千余武士披甲入殿。二十二日晨，张超之等数十人通过云龙门、东中华门，进入合殿。当日夜里，文帝刘义隆正与尚书仆射徐湛之通夜密谋废立之事，周围并无侍卫。张超之入合殿举刀挥向正在夜谈的刘义隆，刘义隆以几案迎挡来剑，终究还是被杀，五个手指齐被斩落。尚书仆射徐湛之同时被杀。随后刘劭进入合殿时，文帝刘义隆已经被杀。刘义隆被弑的精确时间是元嘉三十年二月二十二日凌晨天将亮时。

"合殿"，为帝之寝宫。《宋书·良吏传序》云："晋世诸帝，多处内房，朝宴所临，东西二堂而已。孝武末年，清暑方构，高祖受命，无所改作，所居惟称西殿，不制嘉名，太祖因之，亦有合殿之称。"刘义隆被弑，张超之是通过云龙门和东中华门进入合殿的。建康宫城有东、西中华门，亦简称东、西华门。《宋书·礼志》："凡遣大使拜皇后、三公，及冠皇太子，及拜蕃王，帝皆临轩。其仪，太乐令宿设金石四厢之乐于殿前。漏上二刻，侍中、侍臣、冗从仆射、中谒者、节骑郎、虎贲，旄头遮列，五牛旗皆入。虎贲中郎将、羽林监分陛端门内。侍御史、谒者各一人监端门。廷尉监平分陛东、西中华门。"又"元嘉二十五年闰二月，大搜于宣武场……校猎日平旦，正值侍中奏严。上水一刻，奏：'挝一鼓。'为一严。上水二刻，奏：'挝二鼓。'为再严。殿中侍御史奏开东中华、云龙门，引仗为小驾卤簿。……上水五刻，皇帝出"。凡逢大典，则置卫兵于二门阶下为仪仗，皇帝校猎，亦出此门，可见，"东、西中华门应为宫城东、西正门"。① 建康宫又有云龙门、神虎二门，前人以为建康宫有三重宫墙，云龙门、神虎门是第二重宫墙的东西门。《建康实录》卷二十引《宫殿簿》曰："云龙是二重宫墙东面门，晋本名东华门，东出东掖门，梁改之，西对第三重墙万春门。神虎门是第二重宫墙西面门，晋本名中华门，西出西华门，晋本西掖门，宋改名西华门，东入对第三重宫墙千秋门。"② 据郭黎安所考，"云龙、神虎二门当是建康宫内皇帝所居正殿的东西门"。③ 张超之之弑文帝，由外而内，先过东中华门，再入云龙门，而非如《南史·元凶劭传》所言"驰入云龙、东中华门"之语序。

二月，元凶刘劭弑帝后即伪位，改元嘉三十年为太初元年。（《宋书》卷九十九《元凶劭传》，《南史》卷四十四《元凶劭传》）

三月癸巳，葬文帝于长宁陵。乙未，武陵王刘骏兵发西阳，命颜延之子颜竣移檄四方，共讨刘劭。（《通鉴》卷一百二十七《宋纪九》）

平按：宋文帝刘义隆葬长宁陵，有多种文献予以记载。《宋书·

---

① 郭黎安：《六朝建康》，香港天马图书有限公司 2002 年版，第 43 页。

② （唐）许嵩撰，张忱石点校：《建康实录》下册，中华书局 1986 年版，第 788 页。

③ 郭黎安：《六朝建康》，香港天马图书有限公司 2002 年版，第 44 页。

文帝纪》：元嘉三十年甲子，帝崩，三月癸巳，葬长宁陵。《南史》同。《建康实录》卷十二："（长宁）陵在今县东北二十里，周回三十五步，高一丈八尺。""元嘉十七年（440）秋七月壬子，皇后袁氏崩，……八月辛亥，葬元皇后于长宁陵。"《元和郡县图志》卷二十五："长宁陵在县东北二十二里蒋山东南。"宋张敦颐《六朝事迹编类》卷十三："宋文帝陵，《建康实录》：宋文帝元嘉三十年，葬长宁陵。《图经》云：隶县东北二十五里，与武帝陵相近。今未详所在。""宋文帝袁后陵，《南史》：宋元嘉十七年，葬皇后袁氏于长宁陵。长宁即文帝陵也。"由上述记载可知，宋文帝陵系夫妇合葬墓（皇后袁氏较刘义隆早死十三年），其葬地近宋武帝刘裕初宁陵，在上元县东北。其距离有距县二十里、二十二里、二十五里三种说法，《元和郡县志》称在蒋山（今钟山）东南，由此来看，宋文帝长宁陵的确切地点，在史志书上是不一致的，有的志书甚至认为"未详所在"。由《六朝事迹编类》可知，早在南宋时，宋文帝长宁陵葬址已不知明确地点。

三月，萧思话作《奉世祖笺》。（《宋书》卷七十八《萧思话传》）

平按：刘劭弑立后，以思话为徐兖二州刺史，思话率部曲还彭城起义师，以应世祖，遣使奉笺。《南北朝文学编年史》以为该文"颇为通俗素朴，近于王微风格，值得注意"。

四月己巳，武陵王刘骏于新亭即皇帝位。（《宋书》卷六《孝武帝纪》，《通鉴》卷一百二十七《宋纪九》）

平按：元嘉三十年，文帝刘义隆仅在位近两月即被其子元凶刘劭所杀，其后刘劭改元嘉三十年为太初元年，《中国历史纪年表》仍沿元嘉年号，而不列伪太初年号。武陵王刘骏义兵起，自西阳沿江向东，过寻阳至新亭而即皇帝位，后乃定京城建康。本年虽称元嘉三十年，实自四月起刘骏已履政。

五月丙子，二凶刘劭、刘濬并伏诛。(《宋书》卷九十九《元凶劭传》，《宋书》卷六《孝武帝纪》，《南史》卷十四《元凶劭传》)

二月，萧道成自仇池谈堤城退军南郑。(《南齐书》卷一《高帝纪上》，《通鉴》卷一百二十七《宋纪九》)

平按：萧道成于元嘉二十九年率军西向仇池，并非征讨氐杨，而是魏军，是宋文帝元嘉二十九年北伐的一部分。其所领偏军于二十九年末攻取魏之谈堤城，至三十年二月退军南郑。萧道成之退军，《魏书·萧道成传》称之为败走，其曰："每在疆场，扰动边民，曾至谈堤，大败而走。"诸史所载萧道成退离谈堤城，主要是出于两个方面考虑：一是魏救兵至，自身军力疲少，无以长久据守；二是得知宋文帝崩，无心恋战。《通鉴·宋纪九》对当时魏救兵之至记述较为具体："元嘉三十年春正月，萧道成等帅氐、羌攻魏武都，魏高平镇将苟莫于将突骑二千救之。道成等引还南郑。"认为萧道成攻魏武都郡，遇魏救兵至而还南郑，且将退回时间系于三十年正月，与诸史所载不合。武都郡，治所在武都县（今甘肃西和县南仇池山东麓），辖境相当于今甘肃武都、成县、徽县、西和、两当、康县及陕西凤县、略阳等县地，正是前仇池国区域。谈堤城当在武都郡辖境之内。《通鉴》胡注曰："南郑，宋梁、南秦二州刺史治所。"并引《兵志》所谓"知难而退"，认为萧道成正是如此。实际上，即便此时无魏救兵至，宋文帝也还在，深入魏之腹地也是无法长久坚持的。本年徐兖方向、司州方向、雍州方向的北伐均以再败而告终，萧道成退军，势之必然也。因萧道成是在听说文帝崩才回南郑的，故应系于二月。

由梁州至京，袭爵晋兴县五等男。(《南齐书》卷一《高帝纪上》，《南史》卷四《齐本纪上》)

平按：萧道成袭爵晋兴县五等男，在征仇池退军南郑后、为建康令前。因其孝建初为建康令，故袭爵之事应在宋孝武帝刘骏改元孝建之前，即在元嘉三十年。此时，萧道成已回京。"晋兴县五等男"为其父萧承之封号，至此萧道成袭之。

袁淑（408—453）卒。

平按：《宋书》本传："元凶将为弑逆，其夜淑在直……见杀于奉化门外，时年四十六。"袁淑字阳源，陈郡阳（今河南太康）人。仕途历临川王刘义庆谘议参军、宣城太守、尚书吏部郎、太子左卫率。因劝阻刘劭谋反被杀。宋孝武帝刘骏即位，追赠侍中、太尉，谥忠宪。袁淑少有风气，不为章句之学，博学多通，好属文，辞采遒艳，纵横有才辩。《隋志》载"宋太尉《袁淑集》十一卷，并目录，梁十卷。录一卷"。已散佚。明张溥辑有《袁忠宪集》，编入《百三家集》。今存文十五篇，为《全宋文》所辑。存诗七首。入列《诗品》中品，钟嵘将其与谢瞻、谢混、王微、王僧达同品，评曰："其源出于张华。才力苦弱，故务其清浅。殊得风流媚趣。课其实录，则豫章、仆射，宜分庭抗礼。征君、太尉，可托乘后车。征虏卓卓，殆欲度骅骝前。"曹旭注谓："太尉袁淑，自逞才辩，辞采遒艳。"①

江湛（408—453）卒。

平按：《宋书》本传："上将废劭，使湛具诏草。劭之入弑也，湛直上省，闻叫噪之声，乃匿傍小屋中。劭遣收之……乃得湛。湛据窗受害，意色不挠。时年四十六。"江湛字徽渊，济阳考城人。爱好文义，喜弹棋鼓琴，兼明算术。元嘉二十七年大举北伐，江湛为主战者，曾为沈庆之所讥。《隋志》辑有"宋光禄大夫《江湛集》四卷，录一卷，亡"。

徐湛之（410—453）卒。

平按：《宋书》本传："劭入弑之旦，其夕，上与湛之屏人语，至晓犹未灭烛。湛之惊起趋北户，未及开，见害。时年四十四。"徐湛之字孝源，东海郯（今山东郯城）人。颇涉文义，善于尺牍，音

---

① 曹旭：《诗品笺注》，人民文学出版社 2009 年版，第 169 页。

辞流畅。尝为南兖州刺史，修整广陵城楼，起风亭、月观、吹台、琴室，招集文士，尽游玩之适，为一时之盛。元嘉末，与宋文帝密谋废太子事，为劭所杀。今存文两篇，皆为上表陈范晔谋逆之事，范晔之死，与其谗言有极大关系。

王微（415—453）卒。

平按：《宋书》本传："元嘉三十年，卒，时年三十九。"王微字景玄，琅邪临沂（今山东临沂）人。少好学，遍通览。工于诗文，通晓音律，擅长书画，又博通医方、阴阳、术数。其为文古甚，文多抑扬，太尉袁淑以其诉屈，在《与弟王僧绰书》中对文之抑扬作了解释："文词不怨思抑扬，则流澹无味；文好古，贵能连类可悲。"体现了他的文学观。曾为始兴王刘濬后军功曹记室参军、太子中舍人等职。微素无宦情，以父忧去官，后屡征，皆称疾不就。卒赠秘书监。《隋志》谓有"宋秘书监《王微集》十卷。梁有录一卷"。已散佚。今存文九篇、诗五首。钟嵘《诗品》列于中品，谓其出张华，才力苦弱。

王僧绰（423—453）卒。

平按：《宋书》本传："劭既立，转为吏部尚书，委以事任。……顷之，劭料检太祖巾箱及江湛家书疏，得僧绰所启飨士并废诸王事，乃收害焉，时年三十一。"王僧绰，琅邪临沂人，左光禄大夫王昙首之子。好学有理思，练悉朝典。历任江夏王义恭司徒参军，始兴王文学、秘书丞、司徒左长史、太子中庶子、尚书吏部郎等职。谙悉人物，拔才举能，咸得其分。因其熟悉朝典，宋文帝在废立太子事上使其撰汉魏以来废诸王故事。刘劭弑逆，事泄被杀。《隋志》辑有"金紫光禄大夫《王僧绰集》一卷。"已散佚。

南平王刘铄（431—453）卒。

平按：《宋书·南平穆王铄传》："铄素不推事世祖，又为元凶所任，上乃以药内食中毒杀之，时年二十三。"元嘉三十年二月刘劭弑文帝，至四月己巳，刘骏即皇帝位，即赐药毒杀刘铄。铄字休玄，为文帝第四子。少好学，有文才，未弱冠，即作《拟古》三十余首，时人以为亚迹陆机。又工书，笔力机构老成。《隋志》载其有集五卷。今存文一篇，存诗十首。其诗多为拟古，却能独创意境，有新变之趋势。《拟行行重行行》《拟明月何皎皎》《代收泪就长路》《过历山湛长史草堂》等诗都写得清新宛转，在刘宋帝王及皇族中是不多见的。《诗品》合孝武帝、南平王铄、建平王宏于下品，论曰："孝武诗，雕文织彩，过为精密，为二藩希慕，见称轻巧矣。"

刘芳（453—513）生。

平按：《魏书》本传："延昌二年卒，年六十一。"上推生于是年。刘芳，字伯文，彭城人，汉楚元王之后。北魏著名学者、作家。史载其"笃学有志行，……才思深敏，特精经义，博闻强记，兼览《苍》《雅》，尤长音训"。其著述甚丰，撰有郑玄所注《周官仪礼音》、干宝所注《周官音》、王肃所注《尚书音》、何休所注《公羊音》、范宁所注《谷梁音》、韦昭所注《国语音》、范晔《后汉书音》各一卷，《辨类》三卷，《徐州人地录》四十卷，《急救篇续注音义证》三卷，《毛诗笺音义证》十卷，《礼记义证》十卷，《周官》《仪礼义证》各五卷。《全后魏文》辑其文十篇。

宋孝武帝孝建元年·魏文成帝兴光元年（454）甲午　二十八岁

正月己亥，刘骏改元孝建。壬戌，复铸四铢钱。丙寅，立皇子刘子业为皇太子。（《宋书》卷六《孝武帝纪》，《南史》卷二《宋本纪中》）

平按：刘骏于元嘉三十年四月己巳即帝位，至本年正月始改元"孝建"。《通鉴·宋纪十》胡注曰："上既平元凶之乱，依故事即位逾年而后改元。孝建者，盖欲以孝建平祸乱安宗庙之功。"刘宋铸四铢钱始在元嘉七年（430），京师建康设钱署铸四铢钱，通常称为"元嘉四铢"。至元嘉二十年六月铸当两大钱，仅行一年，于元嘉二十五年五月罢当两大钱。本年恢复旧制，重铸四铢钱，为区别于元嘉四铢而称之为"孝建四铢"。《宋书·颜竣传》载："及世祖即位，又铸孝建四铢。"

正月壬寅，冠军将军湘东王刘彧征为中护军，丹阳尹萧思话出为安北将军、徐州刺史。三月辛丑，转为安南将军、江州刺史。九月丙午，再转为镇西将军、新置郢州刺史。（《宋书》卷八《明帝纪》，《宋书》卷六《孝武帝纪》，《宋书》卷七十八《萧思话传》）

平按：湘东王刘彧为宋文帝刘义隆第十一子，生于元嘉十六年十月戊寅。元嘉二十五年，封淮阳王。二十九年，改封湘东王。刘劭弑立，为骁骑将军，加给事中。刘骏即位，为秘书监，迁冠军将军，领石头戍事。《宋书·孝武帝纪》将其为中护军系于孝建二年，"二年正月壬寅，以冠军将军湘东王彧为中护军"，《明帝纪》则谓"孝建元年，徙为南彭城、东海二郡太守，将军如故，镇京口。其年，征为中护军"。此从《明帝纪》。萧思话于元嘉三十年四月由抚军将军、兖冀二州刺史任为尚书左仆射，因其固辞而改为中书令、丹阳尹。由于在丹阳尹任内京邑多发劫掠之事，引咎请求解职。于本年正月"出为使持节、都督徐兖青冀幽五州豫州之梁郡诸军事、安北将军、徐州刺史"。二月庚午，因江州刺史臧质举兵反，萧思话未及彭城赴任，"复以为使持节、都督江州豫州之西阳晋熙新蔡三郡诸军事、江州刺史"。至六月，陆续平定鲁爽、臧质、刘义宣之反，荆、湘、江、豫四州政区重做调整，"分荆、湘、江、豫州立郢州"，《萧思话传》谓"分荆、江、豫三州置郢州"。九月，思话"复都督郢湘二州诸军事、镇西将军、郢州刺史，持节、常侍如故，镇夏口"。

二月庚午，豫州刺史鲁爽、江州刺史臧质、荆州刺史刘义宣、兖州刺史徐遗宝举兵反。（《宋书》卷六《孝武帝纪》）

平按：元嘉三十年平元凶刘劭之乱，首功者当为南郡王义宣、江州刺史臧质，臧质早有异心，义宣居功不平，屡为帝之左右所谗。世祖刘骏多有恶行，《宋书·南郡王义宣传》谓"世祖闺庭无礼，与义宣诸女淫乱，义宣因此发怒，密治舟甲"，这当是促成义宣反的一个直接原因。文帝时期，义宣已多有怨气，只是未敢显露。高祖刘裕临终时，因荆州"上流形胜，地广兵强"，遗诏使诸子居之。于是文帝时期先后有彭城王义康、江夏王义恭、临川王义庆为荆州刺史，接下来应是义宣。但文帝以为"义宣人才素短，不堪居上流"，而以衡阳王义季代之。此事对义宣是一个极大的刺激，只是当时资质不足，未现异心。至刘骏即位，借平元凶之功，更兼臧质等人的怂恿，便走上反途。

七月辛丑，魏高宗文成帝拓跋濬改"兴安三年"为"兴光元年"。（《魏书》卷五《高宗纪》）

十月戊寅，下诏建孔子庙，制同诸侯之礼。（《宋书》卷六《孝武帝纪》，《建康实录》卷十二）

平按：《宋书·孝武帝纪》："冬十月戊寅，诏曰：'仲尼体天降德，维周兴汉，经纬三极，冠冕百王。爰自前代，咸加褒述。典司失人，用阙宗祀。先朝远存遗范，有诏缮立，世故妨道，事未克就。国难频深，忠勇奋厉，实凭圣义，大教所敦。永惟兼怀，无忘待旦。可开建庙制，同诸侯之礼。详择爽垲，厚给祭秩。'"大凡史上的尊孔崇儒，通常有两个节点，一是王朝建立之初，一是帝王登基之始。以儒立国，以儒兴业，以儒齐思，盖以立庙祭孔为用儒之表征。

萧道成除江夏王大司马参军。（《南齐书》卷一《高帝纪上》）

平按:《宋书·孝武帝纪》:"(元嘉)三十年五月壬辰,以太尉江夏王义恭为太傅,领大司马。……(孝建)二年冬十月壬午,太傅江夏王义恭领扬州刺史。……(孝建)三年秋七月,太傅江夏王义恭解扬州。……(孝建)三年冬十月丙午,太傅江夏王义恭进位太宰,领司徒。……(大明)三年三月癸巳,太宰江夏王义恭加中书监。……(大明)六年壬寅,太宰江夏王义恭解领司徒。……(大明)七年十二月己未,太宰江夏王义恭加尚书令。……(大明)八年夏闰五月壬寅,太宰江夏王义恭领太尉。"这是江夏王义恭自元嘉三十年至大明八年的仕历,其领大司马起于元嘉三十年五月,至孝建二年十月以太傅领扬州刺史止。又《南齐书·高帝纪上》称萧道成于孝建初除江夏王大司马参军,故萧道成为江夏王大司马参军,应始于孝建元年。大司马,掌武事,置官属,位在三司上。历代置赠有变,刘宋只有彭城王义康为之。《通典·职官二》:"大司马,古官也,掌武事。……晋定令,位在三司上。武冠,绛朝服,金章紫绶,佩山玄玉,与大将军同。宋时唯元嘉中用彭城王义康为之,冠玉与晋同。"宋元嘉时所置大司马掾属不详,萧道成所任之大司马参军当为其属官之一。萧道成于元嘉二十四年始为左卫将军萧思话左军中兵参军,至本年得迁职大司马参军,一直为武职。

朱百年(368—454)卒。

平按:《宋书》本传:"百年孝建元年卒山中,时年八十七。"朱百年,会稽山阴人。少有高情,与妻隐会稽南山,以伐樵采箸为业。"每以樵箸置道头,辄为行人所取,明旦亦复如此,人稍怪之,积久方知是朱隐士所卖,须者随其所堪多少,留钱取樵箸而去。或遇寒雪,樵箸不售,无以自资,辄自搒船送妻还孔氏,天晴复迎之。"此可视为古之无人看守的自助购物。"颇能言理,时为诗咏,往往有高胜之言",官府屡征不就。《隋志》有"太子舍人《朱百年集》二卷",或其所作。

谢瀹（454—498）生。

平按：《南齐书》本传："永泰元年，转散骑常侍，太子詹事。其年卒，年四十五。"谢瀹字义洁，陈郡阳夏人。祖谢弘微，宋太常。父谢庄，金紫光禄大夫。历仕车骑行参军、秘书郎、司徒祭酒、丹阳丞、太子中舍人、侍中、吴郡太守、吏部尚书等职。能五言诗。齐武帝起禅灵寺，使谢瀹撰碑文。《隋志》有"《谢瀹集》十卷"，已散佚。其诗文今均不传。

宋孝武帝孝建二年·魏文成帝太安元年（455）乙未 二十九岁

六月壬戌，魏下诏，名皇子曰弘。改"兴光二年"为"太安元年"。（《魏书》卷五《高宗纪》，《通鉴》卷一百二十八《宋纪十》）

平按：拓跋弘，魏高宗文成皇帝拓跋濬长子。兴光元年（454）六月拓跋濬行幸阴山，七月皇子拓跋弘即生。其生母为李贵人，拓跋濬此番幸阴山，当与皇子将生有关。亦可知，拓跋弘生母李贵人并非生活于宫中，拓跋弘为庶出。

九月八日，河西王从弟沮渠安阳侯于京都竹园寺译出《禅要秘密治病经》二卷，于钟山定林寺译出《佛母般泥洹经》一卷。（《出三藏记集》卷九）

平按：《出三藏记集》卷二："《观弥勒菩萨上生兜率天经》一卷，或云《观弥勒菩萨经》，或云《观弥勒经》。《观世音观经》一卷。《禅要秘密治病经》二卷，宋孝建二年于竹园寺译出。《佛母般泥洹经》一卷，孝建二年于钟山定林寺译出。一名《大爱道般泥洹经》。右四部，凡五卷。宋孝武帝时，伪河西王从弟沮渠安阳侯于京都译出。前二观先在高昌郡久已译出，于彼赍来京都。"又卷九《禅要秘密治病经记》："河西王从弟优婆塞大沮渠安阳侯于于阗国衢摩帝大寺金刚阿练若住处，从天竺比丘大乘沙门佛陀斯那。其人天才特拔，诸国中独步。日诵半亿偈，兼明禅法，内外综博，无籍不练，故世人咸曰人中师子。沮渠亲面禀受，忆诵无滞。以宋孝建二年九月八日，于竹园精舍书出此经，至其月二十五日讫。"

江夏王刘义恭撰《要记》五卷。(《宋书》卷六十一《江夏文献王义恭传》)

平按：《宋书·江夏文献王义恭传》："义恭撰《要记》五卷，起前汉讫晋太元，表上之，诏付秘阁。"义恭于本年十月领扬州刺史，于孝建三年七月解扬州刺史任，《要记》当撰成于在扬州刺史任期间，姑系于本年。

萧惠开为其父萧思话起禅冈、禅乡、禅亭、禅封四寺。(《宋书》卷八十七《萧惠开传》)

平按：《宋书·萧惠开传》："丁父艰，居丧有孝性，家素事佛，凡为父起四寺：南岸南冈下，名曰禅冈寺；曲阿旧乡宅，名曰禅乡寺；京口墓亭，名曰禅亭寺；所封封阳县，名曰禅封寺。谓国僚曰：'封秩盖鲜，而兄弟甚多，若使全关一人，则在我所让。若使人人等分，又事可悲耻。寺众既立，自宜悉供僧众。'"四寺建于不同地方，因自其父丧而起造，故系于本年。

萧思话（406—455）卒。

平按：《宋书》本传："孝建二年卒，时年五十。追赠征西将军、开府仪同三司，持节、常侍、都督、刺史如故，谥曰穆侯。"萧思话，南兰陵人，宋高祖武皇帝刘裕之父刘翘孝懿萧皇后弟子也。孝懿萧皇后，名文寿。皇后祖萧亮，字保祚，侍御史；父萧卓，字子略，洮阳令。刘翘赵皇后为高祖刘裕生母，赵皇后死后，萧皇后为继室，生长沙王刘道怜、临川王刘道规。萧皇后于少帝刘义符景平元年（423）崩于显阳殿，时年八十一。其父萧卓追封封阳县侯，萧思话之父萧源之袭爵。萧思话少时不知书，及长，好书史，善弹琴，能骑射，为宋高祖刘裕所器许。其父卒后，亦袭封封阳县侯。自十八岁为琅邪王大司马行参军，至其卒，几乎参与了元嘉、孝建间所有的内外军事行动，坐镇北部重要州郡，履职中规中矩，颇有令望。本传载："思话宗戚令望，早见任待，凡历州十二，杖节监都督九焉。所至虽无皦皦清节，亦无秽黩之累。爱才好士，人多归之。"萧承之、萧道成父子之起家，均与萧思话有密切关系。萧承之早年即得宗人萧摹之、萧源之的器重。《南齐书·高帝纪上》载：萧承之"少有大志，才力过人，宗人丹阳尹摹之、北兖州刺史源之并见知重"。后随时任梁州刺史的萧思话平氐杨难当有功，回京为太子屯骑校尉，并逐步封迁终得以加官封爵为"晋兴县五等男"。萧道成于萧承之死后，亦随萧思话东西征战，元嘉二十年自请随萧思话镇襄阳，二十四年首任职萧思话左军中兵参军。不能不说萧道成父子之起势，萧思话父子是有提携之功的，尤其是萧思话。《全宋文》辑有其文两篇。

庾诜（455—532）生。

平按：《梁书·庾诜传》："中大通四年，因昼寝，忽惊觉曰：'愿公复来，不可久住。'颜色不变，言终而卒，时年七十八。"庾诜字彦宝，新野人。幼即聪警笃学，经史百家无不该综，梁武帝下诏称其"止足栖退，自事却扫，经史文艺，多所贯习"。晚年尤遵释教，于宅内立道场，每日诵《法华经》一遍。其著作有《帝历》二十卷、《续江陵记》一卷、《晋朝杂事》五卷、《总抄》八十卷，本传称其"行于世"。

宋孝武帝孝建三年·魏文成帝太安二年（456）丙申　三十岁

二月丁巳，魏立皇子拓跋弘为皇太子。（《魏书》卷五《高宗纪》）

十月丙午，太傅江夏王义恭进位太宰，领司徒。（《宋书》卷六《孝武帝纪》）

颜延之作《赠王太常》诗。王僧达作《答颜延年》诗。（《文选》卷二十六）

平按：《文选》卷二十六有颜延年《赠王太常》诗。《宋书·王僧达传》："孝建三年，除太常。"王僧达本年除太常，而颜延之又卒于本年，故此诗必为本年所作。《文选》又有王僧达《答颜延年》诗。诗云："聿来岁序暄，轻云出东岑。麦垄多秀色，杨园流好音。"由王诗可知，颜、王赠答诗盖作于春日。

王僧达作《祭颜光禄文》《上解职表》。（《文选》卷六十，《宋书》卷七十五《王僧达传》）

平按：《文选》卷六十有王僧达《祭颜光禄文》，其曰："维宋孝建三年九月癸丑朔，十九日辛未，王君以山羞野酌敬祭颜君之灵。"又曰："春风首时，爰谈爰赋。秋露未凝，归神太素。"由文来看，颜延之之殁，盖在秋日。缪钺《颜延之年谱》认为"《南史》谓冬日者误也"。《南史·颜延之传》所谓"以冬日临哭，忽见妾排屏风以压延之，延之惧坠地，因病"，并非说病即死，二者并非时间上的直承关系。王僧达《上解职表》为《宋书》本传全文收录，其曰："孝建三年，除太常，意尤不悦。顷之，上表解职。……僧达文旨抑扬，诏付门下。侍中何偃以其词不逊，启付南台，又坐免官。"

徐爰、沈庆之、刘义恭、颜竣等共议铸钱之事。（《宋书》卷七

十五《颜竣传》)

平按：元嘉中，先后铸四铢钱、当两大钱，至孝建元年复铸"孝建四铢"。至本年，孝建四铢已经行有日，朝中大臣并议其得失。

萧道成因江夏王义恭进位太宰而随转太宰府。(《南齐书》卷一《高帝纪上》)

平按：元嘉三十年五月，江夏王义恭为太傅，领大司马，萧道成于孝建元年为大司马参军。至孝建三年十月，义恭进位太宰，领司徒，萧道成亦随之转江夏王义恭太宰府。其间萧道成一直为江夏王义恭僚属。从《高帝纪》"随府转太宰"看，容易理解成萧道成转官为太宰。实际上，是江夏王由大司马转为太宰，萧道成随府而已。至于萧道成在江夏王为太宰后是否亦转官，诸史不载。《通典·职官二》："宋有太傅、太保、太宰、太尉、司徒、司空、大司马，诸府皆有长史一人，将军一人。又各置司马一人，而太傅不置。自江左以来，诸公置长史、仓曹掾、户曹属、东西阁祭酒各一人，主簿、舍人二人、御属二人、令史无定员。领兵者置司马一人，从事中郎二人，参军无定员，加崇者置左右长史、司马、从事中郎四人，掾属四人，则仓曹赠置属，户曹置掾。加崇极于此也。"彭城王义恭本年进位太宰，兼领司徒，可算是"加崇者"了，其僚属中有"参军"一职，萧道成此时随府而转，或仍为参军。

颜延之（384—456）卒。

平按：《宋书》本传："孝建三年，卒，时年七十三。"颜延之，字延年，琅邪临沂（今山东临沂）人。少孤贫，室巷甚陋；好读书，无所不览。文章之美，冠绝当时，与陈郡谢灵运俱以词彩齐名，自潘岳、陆机之后，文士莫及也，江左称"颜谢"焉。诗风凝练规整，错彩镂金。东晋末年，官江州刺史刘柳后军功曹。与陶渊明友善，陶渊明卒后，曾作《陶征士诔》以纪念之。入宋，为太子舍人。少帝时，出为始安太守；文帝时，官至金紫光禄大夫，故世称"颜光禄"，卒谥宪子。《隋志》载有"宋特进《颜延之集》二十五卷，梁三十卷，又有《颜延之逸集》一卷"，并散佚。明人张溥辑有《颜光禄集》。《全宋文》辑其文三十八篇，今存诗五十七首，其中含多首残篇。钟嵘《诗品》置颜延之于中品，其评曰："其源出于陆机。故尚巧似。体裁绮密。然情喻渊深，动无虚发；一句一字，皆致意焉。又喜用古事，弥见拘束。虽乖秀逸，固是经纶文雅；才减若人，则陷于困踬矣。汤惠休曰：'谢诗如芙蓉出水，颜诗如错彩镂金。'颜终身病之。"颜延之为刘宋元嘉三大家之一，但历来对其研究远不及谢灵运、鲍照之热，至今仍无《颜延之集》的整理本，2012年黄山书社出版了一本李佳的《颜延之诗文选注》，虽不是全面整理，却也是开先的。另外又有黄水云的《颜延之及其诗文研究》、谌东飚的《颜延之研究》等较为全面的专著。

宗夬（456—504）生。

平按：《梁书》本传："（天监）三年，卒，时年四十九。"宗夬字明敭，南阳涅阳人。少勤学，竟陵王萧子良于西邸招集学士，夬预焉。今存诗五首，均为五言诗。

宋孝武帝大明元年·魏文成帝太安三年（457）丁酉　三十一岁

正月辛亥，宋孝武帝改元"大明元年"。右军将军湘东王刘彧再转为中护军。（《宋书》卷六《孝武帝纪》）

平按：《宋书·明帝纪》："大明元年，转中护军，卫尉如故。"此前孝建元年"征为中护军"，至孝建二年为游击将军，三年徙卫尉，至本年又转为中护军，此二次为中护军。

五月，改景阳楼为庆云楼、清暑殿为嘉禾殿、芳香琴堂为连理堂。(《南史》卷二《宋本纪中》，《建康实录》卷十三，《晋书》卷九《孝武帝纪》)

平按：《南史·宋本纪中》谓："五月丙寅，芳香琴堂东西有双橘连理，景阳楼上层西南梁栱间有紫气，清暑殿西薨鸱尾中央生嘉禾，一株五茎。改景阳楼为庆云楼，清暑殿为嘉禾殿，芳香琴堂为连理堂。"又《建康实录》卷十三："五月壬子，紫气出景阳楼，状如烟，回薄久之。诏改景阳为庆云楼。戊午，嘉禾一株五茎生清暑殿鸱吻中。"清暑殿，起于晋太元二十一年，《晋书·孝武帝纪》云："二十一年春正月，造清暑殿。"何尚之有《华林园清暑殿赋》，其云："其西则堂皇博敞，正鹄是施，带以绿流，树以清椅。"[1] "却倚危石，前临浚谷，终始萧森，激清引浊。涌泉灌于阶阢，远风生于楹曲。暑虽殷而不炎，气方清而含育。"[2] 宋孝武帝亦有《华林清暑殿赋》，其云："起北皋而置悬河，沿西原而殿清暑。编茅树基，采橡成宇，转流环堂，浮清浃室。"[3]《景定建康录》卷二十一《城阙志》引《宋书》云："晋太元中立内殿，名'清暑'，少时而崩。时人曰：'清暑，反言楚声也。'果有哀楚之声。谶云'代晋者楚'，其在兹乎？及桓元篡逆，自号曰楚。"《景定建康志》据旧志将改"清暑"为"嘉禾殿"系于宋孝武帝大明五年。[4]《景定建康志》卷二十一《城阙志》又云："景阳楼，今法宝寺西南，精锐中军寨内，遗址尚存，里俗称为'景阳台'。《舆地志》：'宋元嘉二十二年，修广华林园，筑景阳山，始造景阳楼。'孝武大明元年，紫云出景阳楼，状如烟，回薄久之。诏改为庆云楼。齐武帝时，置钟景阳楼上，应宫人闻钟声并起妆饰。"景阳楼、清暑殿、芳香琴堂皆为华林园建筑景观，起初东晋时园内陈设简单，至宋文帝时才按将作大匠张永的规划加以扩建，保留景阳山、天渊池、流杯渠等山水地貌并整治

---

① 《初学记》卷二十四《堂七》。
② 《艺文类聚》卷六十二。
③ 《艺文类聚》卷六十二。
④ (宋)周应合纂：《景定建康志》第二册，南京出版社 2009 年版，第 506 页。

水系，利用玄武湖的水位高差"作大窦，通入华林园天渊池"，然后再流入台城南部的宫城之中，绕以太极殿及其他诸殿，由东西掖门注入宫城的南护城河。园内建筑物除保留前代的仪贤堂、祓禊堂、景阳楼之外，又先后兴建琴室、芳香琴堂、清暑殿、华光殿、兴光殿、凤光殿、射埛、层城观、醴泉殿、朝日明月楼、竹林堂等，开凿花萼池，堆筑景阳东岭。宋孝武帝常"听讼于华林园，自是，非巡狩军役，则车驾岁三临讯"。

七月辛未，土断雍州诸侨郡县。（《宋书》卷六《孝武帝纪》，《南史》卷二《宋本纪中》）

平按："土断"之说最早出现在《晋书·卫瓘传》与《李重传》中。卫、李二人提出"以土断定"，即自公卿以下的客寓他乡人士，皆依其现居地断入当地户籍，即以客籍作为本贯，使侨寓成为"土著"，以参预当地选举。西晋的所谓"土断"，是与选举制度直接相关的，它是试图解决当时流移、侨寓人士及其子弟参预选举的一项特殊政策。① 其土断之法"皆以所居为正"，自西晋以迄南朝，一直相沿不废。如《宋书·文帝纪》元嘉二十八年（451）二月癸酉即下诏："流寓江淮者，并听即属，并蠲复税调。"然这种土断之法，于东晋南朝时已不占主导地位。从东晋南朝明确见载于史籍的十次土断看，其目的、方法和内容都与西晋之土断区别甚大，而产生这种区别的最大原因，则莫过于侨州郡县的设置与侨籍制度的建立。据胡阿祥所考，十次土断为：

第一次东晋成帝咸和土断。这次土断的背景是咸和年间的流民问题与户籍问题。咸和土断，应该与重建户籍有关，而部分侨流人口在土断中按其居住地认定了新的籍贯。只是这次土断的规模不大。第二次东晋成帝咸康土断。成帝咸康七年（341）四月下诏，"实编户，王公已下皆正，土断白籍"。对作为白籍的北来侨流人口都以现居地为正，进行土断。第三次东晋哀帝兴宁二年（364）三月庚戌所

① 胡阿祥：《东晋南朝侨州郡县与侨流人口研究》，江苏教育出版社 2008 年版，第90 页。

推行的"庚戌土断"。《宋书·武帝纪》刘裕有言:"及至大司马桓温,以民无定本,伤治为深,庚戌土断,以一其业。于时财阜国丰,实由于此。"第四次东晋安帝义熙土断。本次土断,乃为刘裕所推,《宋书·武帝纪》曰:"请准庚戌土断之科。……于是依界土断,惟徐、兖、青三州居晋陵者,不在断例,诸流寓郡县,多被并省。"第五次宋初文帝元嘉土断。《南齐书·丘巨源传》:"丘巨源,兰陵兰陵人也。宋初土断属丹阳,后属兰陵。"宋初土断具体年份不详,胡考约为元嘉八年(431)或稍后。兰陵郡兰陵县本侨属南徐州,经土断后,丘巨源被断属扬州丹阳郡。第六次宋孝武帝大明土断。即《宋书·孝武帝纪》所言"秋七月辛未,土断雍州诸侨郡县"。《通鉴·宋纪十》:"雍州所统多侨郡县,刺史王玄谟上言:'侨郡县无有境土,新旧错乱,租课不时,请皆土断。'秋七月,辛未,诏并雍州三郡十六县为一郡。郡县流民不愿属籍,讹言玄谟欲反。"又《宋书·王玄谟传》:"迁宁蛮校尉、雍州刺史,加都督。雍土多侨寓,玄谟请土断流民,当时百姓不愿属籍,罢之。"所谓"罢之",当是因百姓反对而暂时停歇,从《宋书·武帝纪》《南史·宋本纪》所载可知,当时雍州土断为实。由《宋书·州郡志》"雍州刺史"条看,大明元年七月土断雍州,京兆、始平、扶风、河南、广平、冯翊、华山等侨郡增领当地实县,分得实土;京兆之池阳改隶新野,始平之槐里、清水及京兆之郑改隶顺阳,冯翊之高陆则为大明元年新立;又北上洛、北京兆、义阳及所领十侨县,以及卢氏、兰田、霸城、魏昌、阳城、曲周、邯郸、冀、下蔡等侨县及当地县朝阳,皆于大明土断中省并。第七次宋后废帝元徽土断。《南齐书·周盘龙传》:"周盘龙,……北兰陵兰陵人也,宋世土断,属东平郡。"据钱大昕所考,北兰陵,"徐州之兰陵也,……宋泰始以后,淮北陷没,侨立淮南,土断改属东平",刘宋泰始之后土断,可考者仅元徽元年一次。第八次南齐高帝建元二年(480)土断。见本谱"建元二年"。第九次梁武帝天监土断。梁天监元年(502)四月"土断南徐州诸侨郡县"。临淮、淮陵、南东莞、南清河、南高平、南济阴、南濮阳诸侨郡及其领县,疑被省并。[1] 第十次陈文帝天嘉土断。这是史

---

[1] 胡阿祥:《东晋南朝侨州郡县与侨流人口研究》,江苏教育出版社2008年版,第93页。

籍可考的最后一次土断。据《陈书·世祖纪》，天嘉元年（560）七月乙卯诏："自顷丧乱，编户播迁，言念余黎，良可哀惕。其亡乡失土、逐食流移者，今年内随其乐适，来岁不问侨旧，悉令著籍，同土断之例。"

八月甲辰，司空、南徐州刺史竟陵王刘诞改为南兖州刺史，以太子詹事刘延孙为镇军将军、南徐州刺史。（《宋书》卷六《孝武帝纪》）

平按：《宋书·州郡志》："南徐州刺史，晋永嘉大乱，幽、冀、青、并、兖及徐州之淮北流民，相率过淮，亦有过江在晋陵郡界者。晋成帝咸和四年，司空郗鉴又徙流民之在淮南者于晋陵诸县，其徙过江南及留在江北者，并立侨郡县以司牧之。徐、兖二州或治江北，江北又侨立幽、冀、青、并四州。安帝义熙七年，始分淮北为北徐，淮南犹为徐州。后又以幽、冀合徐，青、并合兖。武帝永初二年，加徐州曰南徐，而淮北但曰徐。文帝元嘉八年，更以江北为南兖州，江南为南徐州，治京口，割扬州之晋陵、兖州之九郡侨在江南者属焉，故南徐州备有徐、兖、幽、冀、青、并、扬七州郡邑。"宋武帝刘裕遗诏，以南徐州治京口为战略要地，距离京城建康太近，故非宗室近戚不可居之为镇。刘延孙与宋帝本非同宗，本不应有此授却授之，孝武帝刘骏意在以之防范竟陵王诞。为防亲弟刘诞而不惜打破高祖定下的通例，而用彭城刘氏远支刘延孙。《宋书·刘延孙传》："延孙与帝室虽同是彭城人，别属吕县。刘氏居彭城县者，又分为三里，帝室居绥舆里，左将军刘怀肃居安上里，豫州刺史刘怀武居丛亭里，及吕县凡四刘。虽同出楚元王，由来不序昭穆。延孙与帝室本非同宗，不应有此授。时司空竟陵王诞为徐州，上深相畏忌，不欲使居京口，迁之于广陵。广陵与京口对岸，欲使腹心为徐州，据京口以防诞，故以南徐授延孙，而与之合族，使诸王序亲。"

王俭六岁，袭封豫宁侯。（任昉《王文宪集序》）

平按：《文选》有任昉《王文宪集序》，其曰："年六岁，袭封豫宁侯。拜日，家人以公尚幼，弗之先告。"《南齐书·王俭传》："（永明）七年，乃上表固请，见许。改领中书监，参掌选事。其年疾，上亲临视，薨，年三十八。"上推生于元嘉二十九年（452），至本年正是六岁。

裴景仁撰《秦记》十卷。(《南史·沈昙庆传》)

平按：《宋书·沈昙庆传》："大明元年，为徐州刺史。时殿中员外将军裴景仁助戍彭城，景仁本北人，多悉关中事。昙庆使撰《秦记》十卷，叙苻氏事，其书传于世。"又《隋志》："《秦记》十一卷，宋殿中将军裴景仁撰，梁雍州主簿席惠明注。"校记曰："席惠明，《旧唐志》上、《新唐志》二作'杜惠明'"。

魏攻宋兖州，败宋东平太守刘胡。宋濮阳太守姜龙驹、新平太守杨伯伦降魏。(《通鉴》卷一百二十八《宋纪十》)

萧道成迁员外郎、直阁中书舍人。直阁将军刘怀珍假还青州，萧道成以啮人马相赠。(《南齐书》卷一《高帝纪上》)

平按：据《宋书·孝武帝纪》，大明二年十一月，西阳王子尚加抚军将军，萧道成为西阳王抚军参军之前迁为员外郎、直阁中书舍人，故萧道成至早在大明二年十一月为西阳王抚军参军。其迁为员外郎、直阁中书舍人的时间应在江夏王义恭于孝建三年十月进位太宰之后，大明二年十一月西阳王子尚加抚军将军之前。这期间，萧道成先后为太宰府参军、员外郎、直阁中书舍人。孝建三年十月转太宰府，至大明二年十一月为西阳王抚军参军，是否一直在太宰府，不得其详。员外郎、直阁中书舍人均非太宰或司徒僚属，萧道成于大明元年至二年十一月前之迁官，或已离开太宰府。自孝武帝孝建元年起，刘怀珍、萧道成同为江夏王义恭僚属。于孝建元年同为大司马参军，并于孝建三年同随转太宰府。《宋书·刘怀珍传》："孝建初，为义恭大司马参军、直阁将军，随府转太宰参军。"故称二人"相遇早旧"，当即指此期间。又《刘怀珍传》："初，孝武世，太祖为舍人，怀珍为直阁，相遇早旧。怀珍假还青州，上有白骢马，啮人，不可骑，送与怀珍别。怀珍报上百匹绢。或谓怀珍曰：'萧君此马不中骑，是以与君耳。君报百匹，不亦多乎？'怀珍曰：'萧君局量堂堂，宁应负人此绢。吾方欲以身名托之，岂计钱物多少。"赠马之事发生于萧道成为直阁中书舍人、刘怀珍为直阁将军之时。

严植之（457—508）生。

平按：《梁书》本传："（天监）七年，卒于馆，时年五十二。"上推生于本年。严植之字孝源，建平秭归（今湖北秭归）人。齐、梁时期著名学者。少善《老》《庄》，能玄言，精解《丧服》《孝经》《论语》。及长，遍治《郑氏礼》《周易》《毛诗》《左氏春秋》。齐武帝永明间，为庐陵王侍郎。梁武帝天监四年（505），梁置五经博士，各开馆教授，时以严植之兼五经博士。曾撰《凶礼仪注》四百七十九卷。今存文一篇，题曰《答臣下审神灭论》，为梁僧祐《弘明集》所录。

宋孝武帝大明二年·魏文成帝太安四年（458）戊戌　三十二岁

正月辛亥，祀南郊。壬戌，拜初宁陵。（《南史》卷二《宋本纪中》）

平按：《宋书·礼志三》载，大明二年正月有司对郊祀之时间展开讨论。古代表示祭祀的"郊"，至少有三层意思：其一，在城郊举行的各种祭祀，包括祭天地、祭日月、祭山川等。其二，泛指郊天之礼。宋人李焘曾做过说明："郊天之礼。唐制：每岁冬至圜丘、正月上辛祈谷、孟夏雩祀、季秋大享，凡四祭昊天上帝。"① 《礼记·郊特牲》："郊之祭也，迎长日之至也，大报天而主日也。兆于南郊，就阳位也。……于郊，故谓之郊。……郊之用辛也，周之始郊，日以至。"郊祭天是在冬至举行的，冬至是一年中白天最短的一天，此后白天便逐日变长，故云"迎长日之至"。举行郊祭天之礼，迎接白天逐日变长的日子到来，通过祭礼郑重地报答天上的众神，而以日为祭祀的主要对象。在国都的南郊确定行祭天礼的区域，是体现就阳位而祭。祭天礼在国郊举行，所以称为"郊"。周代于冬至日之郊祀即为圜丘之祭。但这段话中又有"郊之用辛"，是指每年正月上辛日祈谷之祭。《礼记·月令》："天子，乃以元日，祈谷于上帝。"郑玄注："谓以上辛郊祭天地。"由此，郊祀天地，以冬至日还是以正月上辛日，历代争讼不已，《宋书·礼志三》所载大明二年正月有司之议正在于此。以为"郊"即冬至"圜丘"之祭者，以王肃为代表；以为"郊"为正月南郊，"圜丘"另称"禘"，"郊"与"圜丘"不同者，以郑玄为代表。实际上，"圜丘"之祭和正月祈谷之祭都称为"郊"，并且都在南郊进行。按周礼，原本只有周天子才有祭天的特权，于每年的冬至日举行圜丘大典。但鲁国以周公之勋劳被成王特许可行"天子之礼"以祭天。《礼记·明堂位》曰："成王以周公为有勋劳于天下，是以封周公于曲阜……命鲁公世世祀周公以天子之礼乐。是以鲁君孟春乘大路……祀帝于郊，配以后稷，天子之礼也。"不过，鲁国以天子礼祭天只限于孟春正月祈谷，于是便有了郊祀以冬至日还是正月上辛日的争论。由于经书记载的歧义，历代郊天在时间、地点和配享者方面很不一致。时间或在冬至日，或在正月上辛日，或在冬至月的上辛日，或在正月、二月、三月之上辛日。地点或在京之南郊，或另择他处。配享者，或是后稷，或以开国君主。刘宋的郊祀之礼，郊祭的对象是昊天上帝，天子亲郊，郊不必在上辛日，隔年一郊，以高祖刘裕配天郊。② 《宋书·少帝纪》："永初三年秋九月丁未，有司奏武皇帝配南郊，武敬皇后配北郊。"至于何以用开国君主配享，《通典》谓："大祭其先祖所由出，

---

① 《续文献通考》卷六《郊社考四》。

② 陈戍国：《中国礼制史·魏晋南北朝卷》，湖南教育出版社1995年版，第256页。

谓郊祭天也。王者先祖皆感太微五帝之精以生……皆用正岁之正月郊祭之，盖特尊焉。"①

正月丙午，魏初设酒禁，凡酿、沽饮者皆斩。(《魏书》卷五《高宗纪》,《魏书·刑罚志》)

平按：刘宋于元嘉二十一年行禁酒令，当时只是在部分遭受水旱灾害的州郡禁酒，后不久即解禁。本年北魏之禁酒，乃因年谷丰稔，士民酗酒多引事端，或因酒而妄议朝政起禁。《魏书·刑罚志》曰："太安四年，始设酒禁。是时年谷屡登，士民多因酒致酗讼，或议主政。帝恶其若此，故一切禁之，酿、沽饮皆斩之。"

十一月壬子，扬州刺史西阳王子尚加抚军将军。(《宋书》卷六《孝武帝纪》)

孝武帝不信任大臣，以戴法兴、巢尚之、戴明宝三典签为心腹，三人权重当时。(《宋书》卷九十四《戴法兴传》)

平按：《宋书·戴法兴传》："大明二年，三典签并以南下预密谋，封法兴吴昌县男，明宝湘乡县男，闲高昌县男，食邑三百户。……世祖亲览朝政，不任大臣，而腹心耳目，不得无所委寄。法兴颇知古今，素见亲待，虽出侍东宫，而意任隆密。鲁郡巢尚之，人士之末，元嘉中，侍始兴王濬读书，亦涉猎文史，为上所知，孝建初，补东海国侍郎，仍兼中书通事舍人。凡选授迁转诛赏大处分，上皆与法兴、尚之参怀，内外诸杂事，多委明宝。"沈约撰《宋书》，将三人尽列入《恩幸传》。孝武帝性多猜忌，为强化皇权，派"台使"到各州催督租税，把地方财政控制于中央，又另派自己的亲信，出任"典签"，对出任方镇的诸王及功臣严加监视。"典签"本为小吏，名义上主管文书案卷，实际是替皇帝监视镇将行动，拥有

---

① (唐)杜佑：《通典》第二册，中华书局1988年版，第1163页。

实权，故又有"签帅"之称。①

谢庄为吏部尚书。作《舞马赋应诏》及《舞马歌》。(《通鉴》卷一百二十八《宋纪十》)

平按：是年，孝武帝不欲权在臣下，六月，分吏部尚书置二人，以都官尚书谢庄、度支尚书吴郡顾觊之为之。《宋书》本传："时河南献舞马，诏群臣为赋，庄所上其词曰：'天子驭三光……。'又使庄作《舞马歌》，令乐府歌之。"河南王遣使献方物，在本年八月，《孝武帝纪》有"(大明二年)八月乙酉，河南王遣使献方物"。而《宋书·鲜卑吐谷浑传》载："世祖大明五年，拾寅遣使献善舞马，四角羊。皇太子、王公以下上《舞马歌》者二十七首。"又《南史·宋本纪中》："(三年)西域献舞马。"据曹道衡、刘跃进《南北朝文学编年史》所考，当以大明二年八月为确。此从之。

孝武帝作《沙汰沙门诏》。(《宋书》卷九十七《夷蛮传》)

平按：《宋书·天竺迦毗黎国传》："世祖大明二年，有昙标道人与羌人高阇谋反，上因是下诏曰：'佛法讹替，沙门混杂，未足扶济鸿教，而专成逋薮。加奸心频发，凶状屡闻，败乱风俗，人神交怨。可付所在，精加沙汰，后有违犯，严加诛坐。'于是设诸条禁，自非戒行精苦，并使还俗。而诸寺尼出入宫掖，交关妃后，此制竟不能行。"

释弘充在法言精舍为太宰江夏王义恭注释鸠摩罗什《首楞严经》。(《出三藏记集》卷七)

平按：《出三藏记集》卷七《新出首楞严经序》："罗什法师弱龄言道，思通法门。昔纡步关右，译出此经。自云布已来，竞辰而

① 张承宗、田泽滨、何荣昌主编：《六朝史》，江苏古籍出版社1991年版，第41页。

衍。中兴启运，世道载昌，宣传之盛，日月弥懋。太宰江夏王该综群籍，讨论渊敏，每览兹卷，特深远情。充以管昧，尝厕玄肆，预遭先匠，启训音轨，参听儒纬，仿佛文意。以皇宋大明二年，岁次奄茂，于法言精舍略为注解，庶勉不习之传，敢慕我闻之义。如必纰缪，以俟君子。"《高僧传》卷八《齐京师湘宫寺释弘充传》："释弘充，凉州人。少有志力，通《庄》《老》，解经律。……每讲《法华》《十地》，听者盈堂，宋太宰江夏文献王义恭雅重之。明帝践祚，起湘宫寺，请充位纲领，于是移居焉。"

萧道成长孙萧长懋出生，甚爱之。(《南齐书》卷二十一《文惠太子长懋传》)

平按：《南齐书·文惠太子长懋传》："文惠太子长懋字云乔，世祖长子也。世祖年未弱冠而生太子，为太祖所爱。"萧赜生于宋文帝元嘉十七年（440），萧长懋出生的宋孝武帝大明二年，萧赜十九岁，故称"世祖未弱冠而生太子"。《礼记·曲礼上》："人生十年曰幼学，二十曰弱冠。"孙希旦《礼记集解》："孔氏曰：幼者，自始生至十九时。……是十九以前为幼。……二十成人，始加冠，体犹未壮，故曰弱也。至二十九，通得名弱。"萧赜年十九生萧长懋，故称"未弱冠"。

萧道成为西阳王抚军参军。(《南齐书》卷一《高帝纪上》)

平按：《宋书·孝武帝纪》："（大明）二年十一月壬子，扬州刺史西阳王子尚加抚军将军。"萧道成为西阳王子尚抚军参军，至早应在本年十一月。子尚，孝武帝二子，孝建三年，年六岁，封为西阳王。大明二年，加抚军将军。大明三年，仍为抚军将军。至大明五年，子尚改封豫章王。萧道成为西阳王抚军参军，必在大明二年十一月至大明五年四月之间。

何偃（413—458）卒。

平按：《宋书》本传："大明二年，卒官，时年四十六。"何偃字仲弘，庐江灊人，司空何尚之中子。州辟议曹从事，举秀才。除中军参军，临川王义庆平西府主簿。出为丹阳丞，除庐陵王友，太子中舍人，中书郎，太子中庶子。迁始兴王濬征北长史，南东海太守。元凶弑立，以为侍中，掌铭诰。孝武即位，除大司马长史，迁侍中，领太子中庶子，改领骁骑将军，转吏部尚书。素好谈玄，注《庄子·消摇篇》传于世，今已散佚。《隋志》："宋吏部尚书《何偃集》十九卷，梁十六卷。"《全宋文》辑其文六篇，多为残篇。其诗今仅存一首《冉冉孤生竹》。

王僧达（423—458）卒。

平按：《宋书》本传："（大明）二年，……因高阇事陷之，收付廷尉，于狱赐死。时年三十六。"王僧达，琅邪临沂（今山东临沂）人，太保王弘之子。少好学，善属文，尝陈书满席，与沙门慧观论文义，慧观酬答不暇，深相称美。年未二十为始兴王濬后军参军，迁太子舍人。孝武帝刘骏时，历任征虏将军、吴郡太守、中书令。然性好游猎，自负才器，以不得为宰相感恨，因屡经犯忤，赐死狱中。《隋志》谓"宋护军将军《王僧达集》十卷，梁有录一卷"。已散佚。今其文传世七篇，诗五首。钟嵘《诗品》将其列入中品，评曰："征虏卓卓，殆欲度骅骝前。"

建平王刘宏（434—458）卒。

平按：《宋书》本传："宏少而多病，大明二年疾动，求解尚书令，以本号开府仪同三司，加散骑常侍，中书监如故。未拜，其年薨，时年二十五。"建平王刘宏，字休度，文帝第七子。元嘉二十一年，年十一，封为建平王。本传载：休度"少而闲素，笃好文籍。太祖宠爱殊常，为立第于鸡笼山，尽山水之美"。为人谦俭周慎，礼贤接士，明晓政事。本年薨时二十五岁，帝刘骏自为墓志铭并序。《隋志》有"建平王《休度集》十卷"。今存文五篇，诗不传。休度入列《诗品》下品。

苏宝生（？—458）卒。

平按：《宋书·王僧达传》："苏宝者，名宝生，本寒门，有文义之美。元嘉中立国子学，为《毛诗》助教，为太祖所知，官至南台侍御史，江宁令。坐知高阇反不即启闻，与阇共伏诛。"高阇等伏诛于大明二年，故宝生之卒系于本年。著作郎何承天草创国史，苏宝生与奉朝请山谦之踵而成之。《隋志》："梁有江宁令《苏宝生集》四卷，亡。"入《诗品》为下品，钟嵘合苏宝生、陵修之、任昙绪、戴法兴四人评之，曰："苏、陵、任、戴，并著篇章，亦为缙绅之所嗟咏。人非文是，愈有可嘉焉。"

释僧饶（373—458）卒。

平按：《高僧传》卷十三《宋京师白马寺释僧饶传》："释僧饶，建康人。出家，止白马寺。善尺牍及杂技，偏以音声著称，擅名于宋武文之世。……宋大明二年卒，年八十六。"白马寺，在今江苏南京市，晋大兴二年（319）置。《法苑珠林》卷三十九："晋白马寺，在建康中黄里。大兴二年，晋中宗元皇帝起造。昔外国王欲灭佛法，宣令四远，毁坏塔寺。次招提寺，忽有一白马从西方来，绕塔悲鸣，腾跃空中，或复下地，一日一夜，鸣声不绝。以事白王，王潸泪，深自愧责，即敕普停。已毁之塔，并更修复。由此白马，大法更兴，因改招提为白马。此寺之号，亦取是名焉。"

释慧询（375—458）卒。

平按：《高僧传》卷十一《宋京师长乐寺释慧询传》："释慧询，姓赵，赵郡人。……经游长安，受学什公。研精经论，尤善《十诵》《僧祇》。……大明二年卒于所住，春秋八十有四矣。"长乐寺，在江苏南京市玄武区，梁绍泰年存。《嘉庆重修一统志》卷七十五《江宁府三·寺观》："长乐寺，在上元县故台城南。梁绍泰二年，齐兵趋倪塘，游骑至台城门外，陈霸先总禁兵，出顿长乐寺。"

释道慧（408—458）卒。

平按：《高僧传》卷十三《宋安乐寺释道慧传》："释道慧，姓张，寻阳柴桑人。年二十四出家，止庐山寺。素行清贞，博涉经典。特禀自然之声，故偏好转读。发响含奇，制无定准，条章折句，绮丽分明。转读之名，大盛京邑。……宋大明二年卒，年五十一。""转读"为佛教传入东土之后，僧人之诵咏佛教之法。《高僧传·经师传论》："天竺方俗，凡是歌咏法言，皆称为呗。至于此土，咏经则称为转读，歌赞则号为梵呗。"安乐寺，在今江苏南京市，晋咸安元年置。《建康实录》卷八："安乐寺，在今县南二里半，南门临秦淮水也。"又《至正金陵新志》卷三："咸安元年，王坦之造临秦、安乐二寺。"

齐临川王萧映（458—489）生。

平按：《南齐书》本传："（永明）七年，薨。时年三十二。"上推生于是年。萧映字宣光，萧道成第三子，谢贵嫔所生。宋世，历仕著作佐郎、抚军行参军、南阳王文学、宁朔将军、给事黄门侍郎、南兖州刺史等职。齐世，封临川王，历仕荆州刺史、侍中、开府仪同三司。史载萧映"善骑射，解声律，工左右书左右射，应接宾客，风韵韶美"。

齐文惠太子萧长懋（458—493）生。

平按：《南齐书》本传："（永明）十一年春正月，太子有疾，上自临视，有忧色。疾笃，上表……时年三十六。"未言其薨。《南史》本传："十一年春正月，太子有疾，上自临视，有忧色。疾笃，上表告辞，薨于东宫崇明殿，时年三十六。"《南齐书·武帝纪》记载得更详尽："十一年春正月丙子，皇太子长懋薨。"上推生于是年。文惠太子萧长懋字云乔，齐武帝萧赜长子。早在宋元徽年间，祖父萧道成便有意培养长孙待客习气，至其"正位东储"，更是"善立名尚"，广结天下文武士。《南史》本传载："（文惠太子）引接朝士，人人自以为得意。文武士多所招集，会稽虞炎、济阳范岫、汝南周颙、陈郡袁廓，并以学行才能，应对左右。而武人略阳垣历生、襄阳蔡道贵，拳勇秀出，当时以比关羽、张飞。其余安定梁天惠、平原刘孝庆、河东王世兴、赵郡李居士、襄阳黄嗣祖、鱼文、康绚之徒，并为后来名将。"这些文武士中的几位文士，形成后来所谓文惠太子文学集团的基本成员。另有王思远、沈约、王僧孺、许懋、范述曾、何昌寓、谢瀹、任昉、陆杲、王融、谢朓、张融、刘绘等，均先后入预东宫文士集团，几乎囊括了南齐时代所有的知名文士。萧长懋喜好游乐，曾"开拓玄圃园"，于钟山下立"东田"等，二者均为其宴集宾客之所，南齐许多文人在此留下了不少诗文。文惠太子一生的重要文事活动主要有三次，皆发生在永明年间。一是永明三年（485）于崇正殿讲《孝经》，并亲临释奠。王公以下观礼者纷纷为此作《释奠诗》，如王俭、萧子良、王思远、阮彦、王僧令、袁浮丘、任昉、沈约、何胤等。二是永明五年（487）"临国学，亲临策试诸生"，与在座诸人论"礼"。当时在座发言者有少傅王俭、金紫光禄大夫张绪、竟陵王萧子良、临川王萧映等。三是整理编辑鲍照诗文，并使虞炎为所编成的《鲍照集》作序。萧长懋解声律，有风仪，音韵和辩，好释氏。今存文一篇，诗仅有《拟古》残句。

刘绘（458—502）生。

平按：《南齐书》本传："中兴二年，卒。年四十五。"刘绘字士章，彭城（今江苏徐州）人。仕宋为著作郎。行高帝太尉参军，豫章王嶷左军主簿，镇西外兵曹参军。齐受禅，随府转骠骑主簿，司空记室录事，转太子洗马。永明中，复为豫章王嶷大司马谘议，领录事。出为南康相。征还，为安陆王护军司马，转中书郎。隆昌中，为明帝镇军长史，转黄门郎，复为明帝骠骑谘议，领录事。及即位，迁太子中庶子。出为宁朔将军、抚军长史，迁安陆王宝晊冠军长史、长沙内史，行湘州事。又为晋安王征北长史、南东海太守，行南徐州事。永元末，转建安车骑长史。中兴初，转大司马从事中郎。聪警有文义，工隶书，撰《能书人名》；善辞辩，撰《语辞》。为永明重要作家，史载"永明末，京邑人士盛为文章谈义，皆凑竟陵王西邸。绘为后进领袖，机悟多能。时张融、周颙并有言工，融音旨缓韵，颙辞致绮捷，绘之言吐，又顿挫有风气"。《隋志》载有"梁国从事中郎《刘绘集》十卷，亡"。今存文三篇，其中《难何佟之南北郊牲色议》《与始安王遥光笺》均为片段。诗存九首。钟嵘《诗品》列其入下品，评曰："元长、士章，并有盛才，词美英净。至于五言之作，几乎尺有所短。譬应变将略，非武侯所长，未足以贬卧龙。"

释智藏（458—522）生。

平按：释道宣《续高僧传》卷五《梁钟山上定林寺沙门释智藏传》："释智藏，姓顾氏，本名净藏。吴郡吴人也。吴少傅曜之八世也。高祖彭年司农卿，曾祖淳钱唐令。祖瑶之员外郎。"其卒于梁普通三年，六十五岁，上推生于本年。

宋孝武帝大明三年·魏文成帝太安五年（459）己亥 三十三岁

四月乙卯，竟陵王刘诞据广陵城反，至七月被杀。（《宋书》卷六《孝武帝纪》，《南史》卷二《宋本纪中》）

平按：竟陵王诞为刘骏六弟，元嘉二十七年北伐，时为雍州刺史，以中兵参军柳元景节度众军，元景率军直进至关中，关、洛为之震动，这固然是柳元景的智勇之功，然与刘诞的善于用人不无关系。当时北伐各路军皆败，为统帅者有江夏王义恭、南平王铄，唯独刘诞这一线颇有战绩。至元凶刘劭弑立，始为所用，后则及时应刘骏义军之起，且在讨刘劭行动中亦颇建功。然孝武帝刘骏心胸狭窄，既无军功，又乏善名，性多猜忌，不容有功宗王，虽刘诞亦多有违制之行，却也不至于被逼谋反。刘骏之诛灭刘诞，如同刘义隆晚年之诛刘义康，并为同根兄弟，均因在位者之猜忌不容，致使奉承小人尽其谗言。刘义隆兄弟中，相对以义康为能，刘骏兄弟中以诞为能，能者不见容，本无反意，所谓反者，皆在位者逼之使然。刘诞之反被平，广陵城五尺以上男子尽被杀，女子皆为军赏，对被俘者的处置用刑无所不用其极，其残酷无以复加。

谢庄作《黄门侍郎刘琨之诔》。又作《江都平解严诗》。(《艺文类聚》卷四十八、卷五十九)

平按：《宋书·刘遵考传》："澄之弟琨之，为竟陵王诞司空主簿，诞作乱，以为中兵参军，不就，縶系数十日，终不受，乃杀之。追赠黄门侍郎。诏吏部尚书谢庄为之诔。"该文为《艺文类聚》卷四十八所收。广陵又名江都，故《江都平解严诗》为平竟陵王诞事而作，当在本年七八月间。

九月壬辰，于玄武湖北立上林苑。移南郊坛于牛头山。(《宋书》卷六《孝武帝纪》，《南史》卷二《宋本纪中》)

平按：上林苑，又名西苑，位处玄武湖北。苑中有古池，俗呼饮马塘或饮马池，池的西侧有望宫台。上林苑内还有大量百姓坟墓。梁简文帝《春日想上林》诗有"……荇间鱼共乐，桃上鸟相窥。香车云母幌，驶马黄金羁"。肖占鹏注曰："上林，苑名。有三。一是秦时旧苑，汉武帝增而广之。司马相如《上林赋》极言其侈。故址在今陕西。二为东汉时置，明帝尝校猎于此。桓帝亦多幸于此。故址在今河南省洛阳东。三为《宋书·孝武纪》：'(大明三年九月)壬辰，于玄武湖北立上林苑。'"[1] 因其名仿自中原，故北宋诗人杨修之《金陵览古诗》谓："秦甸荒凉汉苑深，当时白虎毙千金。江

---

[1] 肖占鹏、董志广：《梁简文帝集校注》第一册，南开大学出版社2012年版，第292页。

南地窄分茅少，也学中原有上林。"

孝武帝刘骏奢淫自恣，无礼闺门。(《通鉴》卷一百二十八《宋纪十》)

平按：《通鉴·宋纪十》："上自即吉之后，奢淫自恣，多所兴造。丹阳尹颜竣以藩朝旧臣，数恳切谏争，无所回避，上浸不悦。"又"上闺门无礼，不择亲疏、尊卑，流闻民间，无所不至"。孝武帝的奢淫，当亦指其与南郡王义宣诸女淫乱之事，故称其无礼于闺门。

是时，舞乐宴歌盛行。(《乐府诗集》卷三十)

平按：《乐府诗集》卷三十引《古今乐录》："王僧虔《大明三年宴乐技录》，平调有七曲：一曰长歌行，二曰短歌行，三曰猛虎行，四曰君子行，五曰燕歌行，六曰从军行，七曰鞠歌行。"

徐爰领著作郎，续撰《宋书》。作《议国史断限表》。(《宋书》卷九十四《徐爰传》)

平按：《宋书·徐爰传》："先是元嘉中，使著作郎何承天草创国史，世祖初，又使奉朝请山谦之、南台御史苏宝生踵成之。六年，又以爰领著作郎，使终其业。爰虽因前作，而专为一家之书。上表曰：……于是内外博议，太宰江夏王义恭等三十五人同爰议，宜以义熙元年为断。散骑常侍巴陵王休若、尚书金部郎檀道鸾二人谓宜以元兴三年为始。太学博士虞和谓宜以开国为宋公元年。诏曰：'项籍、圣公，编录二汉，前史已有成例。桓玄传宜在宋典，余如爰议。'"对于《宋书》中这段话所载徐爰续撰《宋书》的时间问题，历来意见颇有不同。大致有二者，一谓续撰于大明三年，曹道衡、刘跃进《南北朝文学编年史》持此意见。其谓：

《宋书》所说六年，是指孝武帝即位后第六年。其例史书多有。《梁书·谢朓传》载其卒年仅云"后五年"，这是指梁武帝即位后第五年，即天监五年。据《宋书·自序》，何承天发凡起例，始撰《宋书》，徐爰乃接替苏宝生续作。《宋书·苏宝生传》载，苏宝生因高闇谋反叛乱而不启闻，结果被杀，时在大明二年。徐爰本年继之而撰《宋书》。

二谓续撰于大明六年。《南朝宋会要》是抄撰史书而成，却也是经过了朱铭盘的甄别，其《文学·国史》云："大明六年，又以左丞徐爰领著作郎，使终其业。爰虽因前作，而专为一家之书。"① 中华书局校点本《宋书》"出版说明"："大明六年，徐爰领著作郎，他参照前人旧稿，编成'国史'，上自东晋义熙元年（405）刘裕实际掌权开始，下讫大明时止。"王志平《中国学术史·三国两晋南北朝卷》引《宋书·徐爰传》时则直接于"六年"前加上了"大明"②。按照《南北朝文学编年史》的说法，也是颇有道理的。纪传体史书的叙事习惯通常是每一体例单元分别按时间顺序载录人物或事件。又往往在按照时间顺序进行历史叙述过程中，遇到正常载述某一对象需要追叙（补叙）该对象此前状况时，常用"先是"领起。由"先是"领起的内容叙述结束，会自然复归原本的时间顺序上。且接续下去的时间词语，是对正常顺序内容和插叙内容的双向衔接。《徐爰传》关于叙述徐爰续撰国史之事正是如此。"六年"之前是"孝建三年"，之后是"七年"，《南史·徐爰传》即称"孝建六年"，按照《宋书》叙述的语言逻辑，应是"孝武六年"，即孝武称帝之后六年，正合《南北朝文学编年史》的说法。《宋书·徐爰传》"六年"前未加"孝建"或"大明"，显然有承前"世祖初"而省的意思，即省了"世祖"而直书"六年"。然而，如果将"六年"看作孝武帝孝建元年改号之后六年，即大明三年，便又出现矛盾之处。依照《宋书·徐爰传》所载，六年，徐爰领著作郎，始续撰国史，并在开始编撰之前作一《国史断限表》，引起朝廷内外的广泛热议。

① （清）朱铭盘：《南朝宋会要》，上海古籍出版社 2006 年版，第 230 页。
② 王志平：《中国学术史·三国两晋南北朝卷》，江西教育出版社 2001 年版，第562 页。

当时与议者有太宰江夏王义恭、散骑常侍巴陵王休若、尚书金部郎檀道鸾、太学博士虞和等。江夏王义恭于孝建三年十月进位太宰，至前废帝永光元年被诛，一直为太宰，与议国史断限是在大明三年或六年，都不矛盾。但巴陵王休若于大明五年才被征为散骑常侍。《宋书·巴陵哀王休若传》："（大明）四年，出为都督徐州诸军事、徐州刺史，将军如故，增督豫州之梁郡，增邑千户。明年，征为散骑常侍、左中郎将、吴兴太守。复征为散骑常侍、太常。"巴陵王刘休若与议时已为散骑常侍，故其时至早在大明五年。这样来看，徐爰始续撰《宋书》在大明六年似乎更显合理。但还有一条材料便又可将"大明六年"之说推翻，即《南齐书·丘巨源传》所载"大明五年，敕助徐爰撰国史"。徐爰此时尚未始撰国史，何言助撰？权衡大明三年与大明六年，仍以孝武帝孝建元年始往后六年，即大明三年为是。

据《隋书·经籍志》，徐爰所撰《宋书》六十五卷，今不传。至齐武帝永明五年（487），沈约奉命修撰《宋书》，起于宋武帝刘裕建国的永初元年（420），至宋顺帝昇明三年（479）齐高帝萧道成代宋。沈约在很大程度上利用了徐爰的成果，"其自撰部分只是前废帝永光元年至禅让十四年事，徐爰之书已包含刘宋七十年历史的大半"[1]。在徐爰续撰《宋书》的历史下限上，论者亦有不同说法。郝润华认为，"沈约的工作主要是续补从孝武帝大明六年（462）到宋顺帝昇明三年（479）十几年时间的史事，并删定徐爰旧著中与晋史相重复的部分，其他内容均与前相同"[2]。意思是，徐爰所修《宋书》的下限仅至大明六年。大明六年是始撰时间，并非完成时间。自大明六年徐爰始撰《宋书》，直至泰始三年（467）被徙付交州，为著作郎未变。可知，徐爰在此期间一直以著作郎身份主持编撰《宋书》，至死也未能全部完成。故徐爰《宋书》六十五卷，仅是一个未完稿，后来沈约所承担的工作跟徐爰颇为一致，也是在续前人未竟之事业。

① 邱敏：《六朝史学》，南京出版社 2003 年版，第 89 页。
② 郝润华：《六朝史籍与史学》，中华书局 2005 年版，第 78 页。

羊璿之（？—459）卒。

平按：《宋书·谢灵运传》："璿之字曜璠，临川内史，为司空竟陵王诞所遇，诞败坐诛。"羊璿之，太山（今山东泰安）人，与谢灵运、荀雍、何长瑜以诗文赏会，同为山泽之游，时人谓之"四友"。

颜竣（？—459）卒。

平按：《宋书》本传："及竟陵王诞为逆，因此陷之，召御史中丞庾徽之于前为奏，奏成，诏曰：'竣孤负恩养，乃可至此。于狱赐死，妻息宥之以远。'子辟强徙送交州，又于道杀之。"颜竣，颜延之长子。尝与谢庄交替为吏部尚书，领选举事，时人比较二人在选官时的风格，颜竣严肃，谢庄平和，所谓"颜竣嗔而与人官，谢庄笑而不与人官"。颜竣在经济问题上颇具见识。元嘉二十八年，北魏求与宋互通贸易，竣与议；孝建三年，又针对孝建元年重铸"孝建四铢钱"与议。王僧达被诛，认为是颜竣的谗言所致，死前具陈颜竣怨望诽谤之语。至本年借竟陵王刘诞谋反之机，诬陷颜竣与刘诞通谋而赐死。颜竣受其父颜延之影响，亦颇有文笔，颜延之曾答宋文帝之问，评其诸子谓"竣得臣笔，测得臣文，㷀得臣义，跃得臣酒"。《隋志》："宋东扬州刺史《颜竣集》十四卷，并目录。"又编纂诗集一百卷，并另编《妇人诗集》二卷，今并散佚，仅存文九篇、诗四首。

陆杲（459—532）生。

平按：《梁书》本传："中大通元年，加特进，中正如故。四年，卒，时年七十四。"陆杲字明霞，吴郡吴人。少好学，工书画，风韵举动颇类其舅张融。信佛法，持戒甚精，著《沙门传》三十卷。今仅存文两篇。

宋孝武帝大明四年·魏文成帝和平元年（460）庚子 三十四岁

正月甲子，魏改元和平。（《魏书》卷五《高宗纪》）

正月，谢庄侍孝武帝东耕藉田，作《侍东耕诗》。（《宋书》卷六《孝武帝纪》，《艺文类聚》卷三十九）

平按：《宋书·孝武帝纪》："四年春正月乙亥，车驾躬耕藉田。"谢庄《侍东耕诗》，见载《艺文类聚》卷三十九，诗云："肃镳奉晨发，恭带侧朝闻。仙乡降朱霭，神郊起青云。阴台承寒彩，阳树近初熏。观德欣临藉，瞻道乐游汾。"是知诗当作于正月。

六月，魏复置史官。（《魏书》卷五《高宗纪》）

平按：《魏书·高宗纪》："六月，……崔浩之诛也，史官遂废，至是复置。"崔浩于元嘉二十七年（450）被杀，至此魏史官之废已达十年之久。

七月，谢庄为何尚之卒作《司空何尚之墓志铭》。（《宋书》卷六十六《何尚之传》，《艺文类聚》卷四十七）

沈约年二十，有撰述《晋史》之意。（《宋书》卷一百《自序》）

平按：《宋书·自序》曰："常以晋氏一代，竟无全书，年二十许，便有撰述之意。"此时，沈约立下志向撰《晋书》，但尚未开启。撰述始于泰始初。

释昙曜始凿石窟于平城西武州塞。（《魏书》卷一百一十四《释老志》）

平按：释昙曜于平城武州塞所开石窟，即今山西大同云冈石窟。

《释老志》云："和平初……昙曜白帝，于京城西武州塞，凿山石壁，开窟五所，镌建佛像各一。高者七十尺，次六十尺，雕饰奇伟，冠于一世。"

萧道成为建康令。在任，有能名，为少府萧惠开称赞。(《南齐书》卷一《高帝纪上》，《南史》卷四《齐本纪上》，《魏书》卷九十八《萧道成传》)

平按：《南齐书·高帝纪上》："新安王子鸾有盛宠，简选僚佐，为北中郎中兵参军。"又《始平孝敬王子鸾传》："大明四年，年五岁，封襄阳王，食邑二千户。仍为东中郎将、吴郡太守。其年，改封新安王，户邑如先。五年，迁北中郎将、南徐州刺史，领南琅邪太守。"《宋书·孝武帝纪》："（五年）冬十月乙卯，以东中郎将新安王子鸾为南徐州刺史。"可知，萧道成为新安王子鸾北中郎中兵参军，至早起于大明五年十月乙卯，而其为建康令在此之前。萧道成于大明二年十一月至五年十月，先后为西阳王子尚抚军参军、建康令。而西阳王子尚于大明五年四月改封豫章王，仍为抚军将军，故萧道成为西阳王抚军参军至晚在大明五年四月。然萧道成是否于此时随子尚终西阳王封号而终抚军参军，不可确考。萧道成为建康令亦不知起于何时，只知大致终于大明五年十月。其为建康令时，颇有能名，还得到少府萧惠开的称赞，故其为时不应只有数月之短，姑将萧道成为建康令之时间置于本年。《南史·齐本纪上》："为建康令，有能名，少府萧惠开雅有知人鉴，谓人曰：'昔魏武为洛阳北部时，人服其英，今看萧建康，但当过之耳。'"萧惠开为少府在泰始六年。《宋书·萧惠开传》："（泰始）六年，除少府，加给事中。"《南齐书》所称"少府萧惠开"，并非指萧惠开除少府之后萧道成为建康令，这是史家以萧惠开"少府"之官名相称而已。泰始六年，萧道成已身至显贵，岂一个建康令限之？《魏书·萧道成传》仅载萧道成"刘骏时间关伪职，至建业令"，时间更为笼统。

萧道成为建康令时，时为卫尉的刘骏对其母陈道正奉膳甚厚。

（《南齐书》卷二十《孝宣陈皇后道正传》）

平按：《南史·后妃传》："宣帝殂后，后亲执勤，婢使有过，皆恕而不问。高帝虽从宦，而家业本贫，为建康令时，明帝等冬月犹无缣纩，而奉膳甚厚，后每撤去兼肉，曰：'于我过足矣。'殂于县舍。"萧道成"为建康令时，明帝等冬月犹无缣纩"，表面上看萧道成为建康令当在宋明帝在位时，然《南史·齐本纪上》又称"宋明帝即位，为右军将军"，萧道成之为建康令必在为右军将军之前，即在宋明帝即位之前，故萧道成为建康令亦应在宋明帝即位之前。《南史》于诸帝即位之前叙述其史事时，仍以帝相称，是其通例。建康令官位低微，俸禄既少，道成又为官清廉，不蓄家业，故其母孝宣陈皇后在家日子也拮据，刘骏给其奉膳，亦称难得。不过，萧道成任建康令时，刘骏官位也不是很高，且在为官上与萧道成并无领属关系，奉膳道成母甚厚似乎不是太合情理。萧道成于孝武帝时先后两任建康令，此事姑系于本年。

何尚之（382—460）卒。

平按：《宋书》本传；"（大明）四年，疾笃，诏遣侍中沈怀文、黄门侍郎王钊问疾。薨于位，时年七十九。"何尚之字彦德，庐江灊人。元嘉十三年为丹阳尹，立宅于郭外，置玄学，聚生徒。十九年国子学建，领国子祭酒。元嘉、孝建间刘宋的一些重要事件，何尚之多与议，亦多得采纳。如元嘉二十二年于玄武湖中立方丈、蓬莱、瀛洲三神山事，二十四年议当两大钱事，孝建元年择新置郢州治地事等。二十九年著《退居赋》示退居之意，不许，仍复摄职。尚之身居高位，立身简约，爱尚文义，老而不休。卒赠司空，谥简穆公。《隋志》载有"宋司空《何尚之集》十卷，亡"。今存文十四篇。

齐长沙王萧晃（460—490）生。

平按：《南齐书》本传："（永明）八年，薨，年三十一。"上推生于是年。萧晃字宣明，萧道成第四子。

萧子良（460—494）生。

平按：《南齐书》本传："隆昌元年，加殊礼……进督南徐州。其年疾笃，……寻薨，时年三十五。"竟陵王子良字云英，齐武帝萧赜第二子。仕宋，历宁朔将军、邵陵王左军行参军、南安记室参军、辅国将军、会稽太守。萧道成登帝位，封闻喜县公。建元二年为征虏将军、丹阳尹。萧赜即位，封竟陵郡王，为镇北将军、南徐州刺史。永明元年，徙为侍中、征北将军、南兖州刺史。二年，为护军将军，兼司徒，镇西州。四年，进号车骑将军。五年，正位司徒，移居鸡笼山邸，集学士抄五经、百家，依《皇览》例为《四部要略》千卷。招致名僧，讲语佛法，造经呗新声，道俗之盛，江左未有。与文惠太子同好释氏，子良敬信尤笃，数于邸园营斋戒，大集朝臣众僧。十年，领尚书令、扬州刺史，加中书监。世祖萧赜临终使子良辅政，子良推与萧鸾。隆昌元年督南徐州，其年薨。本传称其一生"所著内外文笔数十卷"，又称他"敦义爱古"并召集文学之士。他在文学史上的地位，"就在于召集了诸多文学之士到自己门下，组织开展文学活动，齐代文学的'新变'与繁荣就是在这个文学集团的倡导下才得以实现的"①。竟陵王文学集团的成员，以号称"竟陵八友"的八位文人为最有名，《梁书·武帝纪》载："竟陵王子良开西邸，招文学，高祖（梁武帝萧衍）与沈约、谢朓、王融、萧琛、范云、任昉、陆倕等并游焉，号曰八友。"这些人都是当时著名的文学家，"八友"以外尚有何昌寓、谢𤅢、刘绘、张融、周颙、柳恽、孔休源、江革、范缜、谢璟、何胤、释宝月、王摛、陆慧晓、贾渊、王亮、宗夬、张充、范岫、王僧孺、虞羲、丘国宾、萧文琰、江洪、刘孝孙、陆杲等。这些文人撑起了南齐永明文坛，是永明文学理论和创作实践者。其中相当一部分人曾为文惠太子萧长懋文人集团中人，萧长懋死后，转子良门下。子良在永明年间，虽然自身

----

① 胡大雷：《中古文学集团》，广西师范大学出版社1996年版，第119页。

并无创作之功，其所组织的文学活动却是永明文学繁荣的最大助力。《隋志》："齐《竟陵王子良集》四十卷。"今存文二十七篇，存诗六首。

任昉（460—508）生。

平按：《梁书》本传："（天监）六年春，出为宁朔将军、新安太守。在郡不事边幅，率然曳杖，徒行邑郭，民通辞讼者，就路决焉。为政清省，吏民便之。视事期岁，卒于官舍，时年四十九。"任昉字彦昇，乐安博昌人。幼而好学，历仕宋齐梁三朝。仕宋为奉朝请、太常博士、征北行参军。仕齐历任司徒刑狱参军、尚书殿中郎、太子步兵校尉、中书侍郎、司徒右长史。梁台建，为骠骑谘议参军、黄门侍郎、吏部郎中、义兴太守、宁朔将军、新安太守。卒追赠太常，谥敬子。任昉善属文，尤长载笔，才思无穷，当时王公表奏，皆请为作，深为一代词宗沈约所推挹。又好交结，奖掖后进。《本传》称其"所著文章数十万言，盛行于世"，又撰《杂传》二百四十七卷，《地记》二百五十二卷，文章三十三卷。《隋志》："梁太常卿《任昉集》三十四卷。"明张溥辑有《任中丞集》，编入《汉魏六朝百三名家集》。今存文六十四篇，其数量在南朝作家中是很大的。存诗二十三首。任昉诗入列《诗品》之中品，钟嵘评曰："彦昇少年为诗不工，故世称'沈诗任笔'，昉深恨之。晚节爱好既笃，文亦遒变。善铨事理，拓体渊雅，得国士之风，故擢居中品。但昉既博学，动辄用事，所以诗不得奇。少年士子，效其如此，弊矣！"

宋孝武帝大明五年·魏文成帝和平二年（461）辛丑　三十五岁

正月戊午元日，花雪降殿庭，孝武帝以为祥瑞，诏公卿作花雪诗。谢庄作《和元日花雪应诏诗》。（《宋书》卷二十九《符瑞下》）

平按:《宋书·符瑞下》:"大明五年正月戊午元日,花雪降殿庭。时右卫将军谢庄下殿,雪集衣。还白,上以为瑞。于是公卿并作花雪诗。"《唐会要》卷二十曰:"又宋孝武帝大明五年,元日降雪,以为嘉瑞,上曰:'朕御万方,心存百姓,如得年登岁稔,此即为瑞,虽获麟凤,亦何用焉。'"沈约按曰:"《诗》云:'先集为霰。'《韩诗》曰:'霰,英也。'花叶谓之英。《离骚》云:'秋菊之落英。'左思云'落英飘摇'是也。然则霰为花雪矣。草木花多五出,花雪独六出。"逯钦立《先秦汉魏晋南北朝诗》谢庄诗题作《和元日雪花应诏诗》,实应作《和元日花雪应诏诗》。花雪降时,公卿并作花雪诗,应有一组群臣同咏的花雪组诗,但今存花雪诗仅谢庄一首,余皆不传。时值朝贺,《通鉴·宋纪十一》:"五年春正月,戊午朔,朝贺。雪落太宰义恭衣,有六出,义恭奏以为瑞,上悦。"王坤、曹旭《宋孝武帝刘骏年谱汇考》以为"这又是刘骏主导的又一次宫廷文学活动。刘骏现存诗歌中,没有此次文学活动的相关作品存在,但这并不意味着刘骏没有作诗。刘骏是一个极具诗人气质的帝王,在如此场合之下,他的诗情不可能无动于衷"。

四月丙午,雍州刺史海陵王刘休茂举兵反,义成太守薛继考斩之。(《宋书》卷六《孝武帝纪》)

平按:海陵王休茂,文帝刘义隆第十四子。孝建二年,年十一,封为海陵王。大明二年,为北中郎将、宁蛮校尉、雍州刺史。死时年十七。

八月己丑,刘骏下诏来岁修葺庠序,旌延国胄。(《宋书》卷六《孝武帝纪》)

平按:《宋书·孝武帝纪》:"今息警夷嶂,恬波河渚,栈山航海,向风慕义,化民成俗,兹焉时矣。来岁可修葺庠序,旌延国胄。"

闰九月丙申，宋初立驰道。(《宋书》卷六《孝武帝纪》)

平按：《宋书·孝武帝纪》："(九月)闰月丙申，初立驰道，自阊阖门至于朱雀门，又自承明门至于玄武湖。"阊阖门、承明门，前已述。《景定建康志》卷二十《城阙》：

> 古朱雀门，案：《宫苑记》："吴立，初名大航门，南临淮水，北直宣阳门，去台城可七里。"又按地图，去宣阳门六里，名为御道，夹开御沟植柳，南渡淮出国门，去园门五里。晋成帝咸康二年，更作"朱雀门"，对朱雀浮航，南渡淮水。宋大明五年，立驰道，自阊阖门至于朱雀门。六年，又新作大航门。至孝武太元三年，又起朱雀门，重楼皆绣栭藻井，门开三道。上重曰"朱雀观"，观下门上有两铜雀，悬楣上刻木为龙虎，对立左右。宋大明五年，改为右皋门。梁大同三年，复改为"朱雀门"。以《金陵图》考之，当在今镇淮桥北左南厢。

又《六朝事迹编类》卷三《城阙门》："朱雀门，晋都城南门也。按《晋书》：新宫立三门于南面，正中曰宣阳，与朱雀门相对。王导尝出宣阳门，望牛首山两峰相向，导指为天阙。牛首山在今城南门近东面，势正与桐树湾相对，以此地考之，在今上元南厢也。"

十月乙卯，东中郎将、新安王子鸾迁北中郎将、南徐州刺史，领南琅邪太守。(《宋书》卷八十《始平孝敬王子鸾传》，《宋书》卷六《孝武帝纪》)

丘巨源奉敕助徐爰撰《宋书》。(《南齐书》卷五十二《丘巨源传》)

平按：徐爰于大明三年始撰《宋书》。《南齐书·丘巨源传》："大明五年，敕助徐爰撰国史。"可见，国史为徐爰主持撰述，仍有如丘巨源等陆续被征召入撰述者之列。

萧道成为新安王子鸾北中郎中兵参军。(《南齐书》卷一《高帝纪上》)

平按:据《宋书·始平孝敬王子鸾传》,子鸾于本年十月迁北中郎将、南徐州刺史,领南琅邪太守;大明七年九月庚寅,子鸾以南徐州刺史兼司徒;八年正月戊子,子鸾又以南徐州刺史为抚军将军,领司徒,仍为南徐州刺史。子鸾为北中郎将时间在大明五年十月至八年正月,萧道成为北中郎中兵参军亦应在此时段内。姑系于本年。

游雅(?—461)卒。

平按:《魏书》本传:"和平二年卒。赠相州刺史,谥曰宣侯。"游雅,字伯度,广平任人。少好学,有高才。魏世祖拓跋焘时,与高允俱知名,征拜中书博士、东宫内侍长,迁著作郎。后历任散骑侍郎、太子少傅、东雍州刺史。曾出使宋,受诏撰《太华殿赋》。今存文两篇。

宋孝武帝大明六年·魏文成帝和平三年(462)壬寅 三十六岁

四月庚申,新作大航门。(《宋书》卷六《孝武帝纪》,《南史》卷二《宋本纪中》)

平按:吴始立建康宫城大航门。晋成帝咸康二年,更名为"朱雀门",对朱雀航,南渡秦淮水。宋大明六年又新作大航门。《景定建康志》卷十六"桥梁":

按:《世说叙录》及《舆地志》《丹阳记》皆云:吴时南津桥也,名曰"朱雀航"。大宁二年,王含军至,丹阳尹温峤烧绝之，以遏南众。定后，京师乏良材，无以复之，故为浮航。至咸康三年，侍中孔坦议复桥，于是，税航之行者具材，乃值苑宫初创，材转以治城，故浮航相仍。至太元中，骠骑府立东航，改朱雀为大航。《晋起居注》曰："白舟为航，都水使者王逊立之，谢安于桥上起重楼，上置两铜雀，又以'朱雀观'名之。"《实录》云："咸康二年，新立朱雀航，对朱雀门，南渡淮水，亦名朱雀桥，本吴南津大航桥也。王敦作乱，温峤烧绝之，权以浮航往来。至是，始议用杜预河桥法，长九十步，广六丈，冬夏随水高下。浮航相仍。至陈，每有不虞之事，则剔之。"齐高祖讨袁粲，黄回与粲通谋，萧顺之率家兵据朱雀桥，回遣觇之，遂不敢出。梁高祖以义师伐东昏。东昏使江道林率兵出战，退保朱雀航，凭淮自固。东昏又遣王珍国等列阵于航南，开航背水，以绝归路，与王茂等战，败，一时投淮死者积尸与航等，后至者乘之以济。

四月壬子，刘骏宠妃殷淑仪卒，痛悼不已，作《伤宣贵妃拟汉武帝李夫人赋》。谢庄作《宋孝武宣贵妃诔》。丘灵鞠作《挽歌诗》三首。谢超宗作《殷淑仪诔》。殷琰作《宣贵妃诔》。江智渊作《宣贵妃挽歌》。(《南史》卷十一《殷淑仪传》，《通鉴》卷一百二十九《宋纪十一》)

平按：《宋书·始平孝敬王子鸾传》：母殷淑仪，宠倾后宫，子鸾爱冠诸子。……六年，丁母忧。追进淑仪为贵妃，班亚皇后，谥曰宣。葬给辒辌车、虎贲、班剑，銮辂九旒，黄屋左纛，前后部羽葆、鼓吹。上自临南掖门，临过丧车，悲不自胜，左右莫不感动。上痛爱不已，拟汉武《李夫人赋》，其词曰：

朕以亡事弃日，阅览前王词苑，见《李夫人赋》，凄其有怀，亦以嗟咏久之，因感而会焉。巡灵周之残册，略鸿汉之遗篆。吊新宫之奄映，嗟璧台之芜践。赋流波以谣思，诏河济以崇典。虽媛德之有载，竟滞悲其何遣。访物运之荣落，讯云霞之舒卷。念桂枝之秋殒，惜瑶华之春翦。桂枝折兮沿岁倾，瑶华碎兮思联情。彤殿闭兮素尘积，翠屺芜兮紫苔生。宝罗暍兮春幌垂，珍簟空兮夏帱局。秋台恻兮碧烟凝，冬宫冽兮朱火清。流律有终，深心无歇。徙倚云日，裴回风月。思玉步于凤墀，想金声于鸾阙。竭方池而飞伤，损圆渊而流咽。端蚕朝之晨罢，泛辇路之晚清。辒南陆，跸闾阎，轹北津，警承明。面缡馆之酸素，造松帐之葱青。俯众胤而怃兴，抚藐女而悲生。虽哀终其已切，将何慰于尔灵。存飞荣于景路，没申藻于服车。垂葆旒于昭术，竦鸾剑于清都。朝有俪于征准，礼无替于粹图。闶瑶光之密陛，宫虚梁之余阴。俟玉羊之晨照，正金鸡之夕临。升云蘂以引思，锵鸿钟以节音。文七星于霜野，旗二耀于寒林。中云枝之夭秀，寓坎泉之曾岑。屈封嬴之自古，申反周乎在今。遣双灵兮达孝思，附孤魂兮展慈心。伊鞠报之必至，谅显晦之同深。予弃西楚之齐化，略东门之遥裣。沦涟两拍之伤，奄抑七萃之箴。

《南史·后妃传》："殷淑仪，南郡王义宣女也。丽色巧笑。义宣败后，帝密取之，宠冠后宫。假姓殷氏，左右宣泄者多死，故当时莫知所出。及薨，帝常思见之，遂为通替棺，欲见辄引替睹尸，如此积日，形色不异。追赠贵妃，谥曰宣。及葬，给辒辌车、虎贲、班剑。銮辂九旒，黄屋左纛，前后部羽葆、鼓吹，上自于南掖门临，过丧车，悲不自胜，左右莫不掩泣。上痛爱不已，精神罔罔，颇废政事。每寝，先于灵床酌奠酒饮之，既而恸哭不能自反。又讽有司奏曰：'据《春秋》，仲子非鲁惠公元嫡，尚得考别宫。今贵妃盖天秩之崇班，理应创新。'乃立别庙于都下。时有巫者能见鬼，说帝言贵妃可致。帝大喜，令召之。有少顷，果于帷中见形如平生。帝欲与之言，默然不对。将执手，奄然便歇，帝尤哽恨，于是拟《李夫人赋》以寄意焉。谢庄作哀策文奏之，帝卧览读，起坐流涕曰：'不谓当今复有此才。'都下传写，纸墨为之贵。或云，贵妃是殷琰家人入义宣家，义宣败入宫云。"据《宋书·南郡王义宣传》，"世祖闺庭无礼，与义宣诸女淫乱，义宣因此发怒，密治舟甲"，刘骏与义宣诸女淫乱，当指与义宣家中女子淫乱，亦应包括家中侍女等，在义宣因作乱而被诛之前，殷淑仪当亦为淫乱诸女之一。待义宣死，刘骏择殷淑仪纳之，并隐其真实身份，改从殷姓。从《效李夫人赋》看，刘骏对殷淑仪之情至真，无所谓淫乱。但从家族辈分关系看，指其淫乱亦不为过。

谢庄《宋孝武宣贵妃诔并序》："惟大明六年夏四月壬子，宣贵妃薨。"又谢庄《殷贵妃谥策文》："维年月日，皇帝曰：咨！故淑仪殷氏，惟尔含徽挺懋，爰光素里，友琴流荐，实华紫掖。奉轩景以柔明登誉，处椒风以婉娈升名。……今遣某官册告谥曰宣，魂而有灵，尚兹宠渥。呜呼哀哉！"诔、哀策文、墓志铭是谢庄文学的重要成就。除上述两篇外，今存仍有《孝武帝哀策文》《皇太子妃哀策文》《黄门侍郎刘琨之诔》《豫章长公主墓志铭》《司空何尚之墓志》等。《南齐书·文学传论》评其诔文曰："谢庄之诔，起安仁之尘。"

殷贵妃之亡，丘灵鞠亦作挽歌三首，诗今仅存两句，《先秦汉魏晋南北朝诗》未收。《南齐书·丘灵鞠传》："宋孝武殷贵妃亡，灵鞠献挽歌诗三首，云'云横广阶暗，霜深高殿寒'。帝摘句嗟赏。"丘灵鞠，吴兴乌程人，生卒年不详，梁文学家丘迟之父。少好学，善属文。新安王子鸾于大明五年十月为北中郎将，时萧道成为北中郎中兵参军，灵鞠除新安王北中郎参军亦当在大明五年或六年，二人同为新安王子鸾僚属。褚渊认为灵鞠为当时吴兴文士之冠，"此郡才士，唯有丘灵鞠及沈勃耳"。本传载其"宋世文名甚盛，入齐颇减"。宋世，为明帝作《大驾南讨纪论》。其一生著述主要为《江左文章录序》，起于太兴，终于元熙。梁时文集尚行世，后散佚。殷贵妃之亡，又有谢超宗为之作诔。《南史·谢超宗传》："好学有文辞，盛得名誉。选补新安王子鸾国常侍。王母殷淑仪卒，超宗作诔奏之，帝大嗟赏，谓谢庄曰：'超宗殊有凤毛，灵运复出。'"诔文不传。殷琰有《宣贵妃诔》。江智渊有《宣贵妃挽歌》。

四月，孝武帝刘骏为殷贵妃起新安寺，建斋灌佛，僚佐多僜万钱，张融独注僜百钱，帝不悦，遂出为封溪令。（《南史》卷三十二《张融传》，《南齐书》卷四十一《张融传》，《宋书》卷九十七《夷蛮传》）

平按：新安寺，在今江苏南京市，宋孝武帝为宠妃殷淑仪置。《宋书·夷蛮传》："世祖宠姬殷贵妃薨，为之立寺，贵妃子子鸾封新安王，故以新安为寺号。"《南史·张融传》："解褐为宋新安王子鸾行参军。王母殷淑仪薨，后四月八日建斋并灌佛，僚佐僜者多至一万，少不减五千，融独注僜百钱。帝不悦曰：'融殊贫，当序以佳禄。'出为封溪令。"《南齐书·张融传》："宋孝武闻融有早誉，解褐为新安王北中郎参军。孝武起新安寺，僚佐多僜钱帛，融独僜百钱。帝曰：'融殊贫，当序以佳禄。'出为封溪令。"《佛祖统纪》卷三十七："六年四月八日，帝于内殿灌佛斋僧。"从这些相关记载看，本年殷淑仪薨，有这样几个事件发生：一是，刘骏专为殷贵妃起新安寺，其命名乃因贵妃子子鸾新安王号；二是，四月八日，刘骏建斋灌佛；三是，起新安寺或建斋灌佛时，僚佐纷纷僜钱，且大都数量较大；四是，张融时为新安王子鸾北中郎参军，僜百钱，刘骏以其少，不悦，而出其为岭南交州封溪令。其中尚有几个疑问：第一，刘骏建斋灌佛的地点，是在内殿还是新建的新安寺；第二，众僚佐之僜钱，是为灌佛斋僧还是募集钱财起造新安寺；第三，刘骏是否因为张融僜钱太少便出其为封溪令。总体来看，《南史》《佛祖统纪》明确记载刘骏建斋灌佛在大明六年四月八日，距离殷贵妃之薨仅短短几日，新安寺不可能这么快建成，故建斋灌佛事必在内殿，《佛祖统纪》所载地点为实。相应地，诸僚佐于建斋灌佛时僜钱，如同今之丧礼钱，必在死者殡葬期。张融僜百钱，刘骏确以其太少，然未必因钱少就将其远放岭南封溪地，或当有其他原因，诸史所载不明。张融为新安王子鸾北中郎参军，其职衔与萧道成同，亦当是大明五年事，其与萧道成、丘灵鞠等同为一府幕僚，彼此或有往来。

五月丙戌，置凌室，修藏冰之礼。（《宋书》卷六《孝武帝纪》，

《南史》卷二《宋本纪中》）

平按：覆舟山，《六朝事迹编类》卷六"山冈门"："《寰宇记》云：在城北五里，周回三里，高三十一丈，东接青溪，北临玄武湖，状如覆舟，因以为名。《舆地志》云：宋元嘉中，改名玄武山，以其临玄武湖，山复有玄武观故也。晋北郊坛、宋药园垒、乐游苑、冰井、甘露亭，皆在此山。"① 又《景定建康志》卷十七《山川志》："覆舟山，亦名龙山，又名龙舟山，在城北七里，周回三里，高三十一丈。东际青溪，北临真武湖。状如覆舟，因以为名。……《舆地志》：'山在乐游苑内。'此山与钟山形若断而脉相连，两山之间，土中有石，垦者不入，知其为山之骨也。宋武帝举义兵讨桓玄。玄将桓谦屯于东陵，卞范之屯覆舟山西，以拒之。"

关于"藏冰"，《诗·豳风·七月》有"二之日凿冰冲冲，三之日纳于凌阴"的诗句，夏历十二月凿取冰块，正月将冰块藏入冰窖。说明早在先秦时期，就有凿冰、藏冰，待来年暑热天气供皇宫贵族使用的做法。六朝时期，南京也出现了开辟冰室，储藏冰块，以备来年应对炎热夏日的做法。六朝时期的皇家"冷库"（冰室、冰窖）称为"凌室"。《南史·宋本纪中》："（大明六年）五月丙戌，置凌室于覆舟山，修藏冰之礼。"这是古代南京地区藏冰的最早记载。宋孝武帝命人在覆舟山，即今玄武湖畔的九华山设置"凌室"，当时覆舟山上有皇家园林乐游苑。乐游苑是避暑胜地，玄武湖水质清冽，冬季取冰也方便，是非常适宜的置"凌室"地点。古人在冬天取冰藏冰，一般是在初冬时节，要举行祭祀"司寒"仪式。相传"司寒"是掌管寒冬的天神，祭祀"司寒"的仪式早在汉代以前就有，一般都要由天子或公侯主持。大明六年五月修藏冰之礼，孝武帝也当参与并主持。《通典》卷五十五《礼》十五曰：

> 宋孝武帝大明六年，立凌室藏冰。有司奏：季冬之月，冰壮之时，凌室长率山虞及舆隶取冰于深山穷谷固阴冱寒

---

① （宋）张敦颐著，张忱石点校：《六朝事迹编类》，上海古籍出版社1995年版，第74页。

之处，以纳于凌阴。务令周密，无泄其气。先以黑牡秬黍祭司寒于凌室之北。仲春之月，春分之日，以黑羔秬黍祭司寒。启冰室，先荐寝庙。夏祠用鉴盛冰，室一鉴，以御温气蝇蚋。王御殿及太官膳羞，并以鉴供冰。自春分至立秋，不限称数以周丧事。缯制夷槃，随冰供给。凌室在乐游苑内，置长一人，吏一人，保举吏二人。[1]

刘骏有《游覆舟山诗》，鲍照亦有《覆舟山侍宴》二首，其所游之覆舟山即置凌室藏冰之地。

八月乙亥，宋置清台令官，以考词赋之清浊。(《宋书》卷六《孝武帝纪》，《建康实录》卷十三)

平按：《宋书·孝武帝纪》："八月乙亥，置清台令。"《南史·宋本纪中》："八月乙丑，置清台令官。"二者所载清台令设置的具体时间不一。《建康实录》卷十三："八月乙亥，置清台令。初，武帝自永初迄于元嘉，多为经史之学，自大明之代，好作词赋，故置此官，考其清浊。"当以八月乙亥为是。孝武帝置清台令事，《通鉴》不载，《宋书》《南史》仅称本年"置清台令"，倒是《建康实录》的记述给出了两个方面的信息：一是置清台令的缘由；二是清台令的功能。就前者而言，刘宋自建立至元嘉世，颇重经史之学，虽元嘉十五年立"四学"，文学得到一定程度的重视，但实际上仍以儒学、史学为主。宋武帝刘裕起于军功，颇不识文义，更兼享国日短，国之草创期，无暇顾及文化建设，词赋之事为东晋以来王、谢等世家大族所承续，文学发展少体制之功。元嘉时期，刘义隆重学术，从其存世诗文看，可称"文"者极少，仅有一首《登景阳楼诗》有些诗情画意，其创作仍为帝王本位的礼仪典章之制。至宋大明之始，孝武帝刘骏亲力亲为，既不失时机地在政事活动期间登临游览，集文士创作诗赋，又置诸如清台令之官以规范与推动文学创

---

① (唐)杜佑撰：《通典》第二册，中华书局1988年版，第1548页。

作活动。其诗赋多饱含情感，又注重艺术上的精雕细刻。刘骏在治国理政与宫廷之事上固然有不少瑕疵甚至是劣迹，而在文学上却颇有作为，可称得上一位文人帝王。六朝文学最突出的一个特点是家族传统，文学的发展主要靠世族文人群体支撑，自东晋至陈代，文人结构并没有发生实质性变化，所变者乃出于帝系，几个时代文学的繁荣都是由帝王支持和推动的。帝王的喜好与口味很大程度上决定了这个时代文学发展的方向。刘宋自孝建之始至大明之末，距离元嘉时代已有十年之久，文学的氛围已经形成，清台令官之置完全是基于"好作词赋"时代的新状况。这一官署，比起元嘉时代文学馆的设置更有针对性了，纯因文学而起。就清台令的功能看，是考评诗赋之清浊。"清浊"，当是从"形文""声文""情文"三者予以观照的。何谓"清"，何谓"浊"，刘骏并没有留下相应的理论性阐释，但可从其诗文所显露的倾向上知其大概。出于性情、工于辞藻、音韵和谐，是刘骏诗文的美学取向，他以自身的创作和如清台令官的设置等制度化的文学管理，极大推动和引导了刘宋大明以后的文学发展走向，是齐梁文学新变的先声。

祖冲之奏所造新历（《大明历》），以纠正何承天《元嘉历》之误。（《宋书》卷十三《律历志下》）

平按：《南史·祖冲之传》："始元嘉中，用何承天所制历，比古十一家为密。冲之以为尚疏，乃更造新法，上表言之。"冲之历法见载于《宋书·律历志下》，大明六年上表当为新历成时，"大明六年，南徐州从事史祖冲之上表曰：古历疏舛，颇不精密，群氏纠纷，莫审其要。……历法……世祖下之有司，使内外博议，时人少解历数，竟无异同之辩。唯太子旅贲中郎将戴法兴议"。今论者亦将《大明历》之编成系于大明六年。周翰光、戴洪才《六朝科技》"祖冲之与《大明历》"一节谓："祖冲之在天文学上的贡献，集中体现在他的《大明历》中。《大明历》编成于祖冲之33岁（大明六年），但当他把新历献上以后，却遭到了当时的宠臣戴法兴的无端反对，还在朝廷上进行了一场激烈的辩论。虽然祖冲之把戴法兴驳得体无完肤，但刘宋孝武帝碍于戴法兴的面子，将新历搁置未用。一直到将近50年后的梁武帝天监九年（510），在经过又一次检验而被证明其确实精密于《元嘉历》后，《大明历》才正式被采纳使用。"①《六朝文化》亦曰："大明六年，三十三岁的祖冲之上书宋孝武帝刘骏，请对新历法进行讨论，予以颁行。但新历法遭到了皇帝宠臣戴法兴的反对。……由于种种原因，《大明历》在宋齐两朝没有得到采用，直到梁天监九年，才在祖冲之之子祖暅的请求之下由梁武帝正式颁行。"② 林家骊《沈约年谱汇考》将祖冲之作《上新历表》系于大明七年。考《南齐书·祖冲之传》《宋书·律历志》，应为大明六年。

西域沙门功德直在荆州译出《念佛三昧经》六卷、《破魔陀罗尼经》一卷。（《出三藏记集》卷二）

平按：《出三藏记集》卷二："《念佛三昧经》六卷，宋大明六年译出，或云《菩萨念佛三昧经》。《破魔陀罗尼经》一卷，或云《无量门破魔陀罗尼经》，大明六年译出。右二部，凡七卷。宋孝武帝时，西域沙门功德直至荆州，沙门释玄畅请于禅房译出。"该经梁时尚存。卷十四《沮渠安阳侯传》："时有外国沙门功德直者，不知何国人。以宋大明中游方至荆州，寓禅房寺。沙门玄畅请其译出《念佛三昧经》六卷，及《破魔陀罗尼》。停荆历年，后不知所终。"又《高僧传》卷八《齐蜀齐后山释玄畅传》："自尔迁憩荆州，止长沙寺。时沙门功德直出《念佛三昧经》等，畅刊正文字，辞旨婉切。"

萧道成引范述曾为文惠太子萧长懋、竟陵文宣王萧子良师友。（《梁书》卷五十三《范述曾传》）

平按：《梁书·范述曾传》云："齐文惠太子、竟陵文宣王幼

① 周翰光、戴洪才：《六朝科技》，南京出版社2003年版，第90页。
② 许辉、邱敏、胡阿祥：《六朝文化》，江苏古籍出版社2001年版，第396—397页。

时，高帝引述曾为之师友。"文惠太子萧长懋（458—493），竟陵文宣王萧子良（460—494）为年辈相同之人，分别是高帝萧道成之长孙和次孙，高帝在其幼时引范述曾为其师友。这里关键是如何理解"幼时"。按照《礼记·曲礼上》"人生十年曰幼，学"之说，文惠太子、竟陵文宣王以范述曾为师友当在宋孝武帝大明二年（458）至宋明帝泰始五年（469）之间。从文意看，范述曾为萧长懋和萧子良同时之师友，故又应在宋孝武帝大明四年（460）至宋明帝泰始三年（467）之间。既然范述曾为二人之师友，按常理说，童子从师学习并且又可以师为友，当应在其稍为知事之后，故范述曾被萧道成引为萧长懋和萧子良之师友，当在宋孝武帝大明六年（462）至宋明帝泰始三年（467）之间，故将范述曾为高帝所引之时间确定在宋孝武帝大明六年为较合理。

沈怀文（409—462）卒。

平按：《宋书》本传："（大明）六年，坐朝正，事毕被遣还北，以女病求申。临辞，又乞停三日，讫犹不去。为有司所纠，免官，禁锢十年。既被免，卖宅欲还东。上大怒，收付廷尉，赐死，时年五十四。"沈怀文字思明，吴兴武康人。少好玄理，善为文章，曾作楚昭王二妃诗，见称于世。隐士雷次宗被征居钟山，后南返庐山，何尚之设祖道，文义之士咸集，作连句诗，怀文所作尤美，辞高一座。《隋志》有"宋侍中《沈怀文集》十二卷，残缺。梁十六卷"。今存文五篇，诗不传。

刘峻（462—521）生。

平按：《梁书》本传："普通二年，卒，时年六十。"上推生于本年。刘峻字孝标，平原平原（今属山东）人。《梁书》将其列入《文学传》，称"峻好学，家贫，寄人庑下，自课读书，常燎麻炬，从夕达旦，时或昏睡，爇其发，既觉复读，终夜不寐，其精力如此"。他有极强的读书求知欲望，曾被时人称为"书淫"，虽谓博学，仕途却颇多不顺，为此曾著《辨命篇》以寄托己意。刘孝标的著作，《梁书》本传除述及《辨命篇》外，还载有他的《自序》，又抄录事类名曰《类苑》，作《山栖志》，其文甚美。但未提及注《世说新语》。《隋书·经籍志三》载刘孝标注《世说》十卷，《经籍志二》又说他注《汉书》一百四十卷，但至唐时已不存。唐刘知幾对其注《世说》评价甚低，认为："孝标善于攻缪，博而且精，固以察及泉鱼，辨穷河豕。嗟乎！以峻之才识，足堪远大，而不能探赜彪、峤，网罗班、马，方复留情于委巷小说，锐思于流俗短书。可谓劳而无功，费而无当者矣。"[1] 刘知幾因贬抑小说家而有此议。实际上，《世说新语》既是小说，也是史书，具有极高的文学和史学双重价值。高似孙《纬略》曰："宋临川王义庆采撷汉、晋以来佳事佳话为《世说新语》，极为精绝，而犹未为奇也。梁刘孝标注此书，引援详确，有不言之妙。如引汉、魏、吴诸史及子传地理之书皆不必言，只如晋氏一朝史及晋诸公列传谱录文章，凡一百六十六家，皆出于正史之外。记载特详，闻见未接，实为注书之法。"[2] 《四库全书总目提要》亦云："孝标所注特为典赡，高似孙《纬略》亟推之。其纠正义庆之纰缪，尤为精核。所引诸书，今已佚其十之九，惟赖是注以传。故与裴松之《三国志注》、郦道元《水经注》、李善《文选注》，同为考证家所引据焉。"[3] 《隋志》载"梁平西刑狱参军《刘孝标集》六卷"。今存文十三篇，存诗四首。

柳恽（462—507）生。

平按：《梁书》本传："（天监）六年十月，卒于州，时年四十六。"上推生于是年。柳恽字文通，河东解人。父柳世隆，齐司空。好学，工于作文，尤晓音律。齐武帝萧赜称"恽非徒风韵清爽，亦

---

① （唐）刘知幾著，（清）浦起龙通释，王煦华整理：《史通通释》，上海古籍出版社 2009 年版，第 123 页。

② 余嘉锡：《世说新语笺疏》附录二《世说旧题一首旧跋二首》，上海古籍出版社 1993 年版，第 933 页。

③ （清）永瑢等撰：《四库全书总目》下册，中华书局 1965 年版，第 1182 页。

属文遒丽"。著《仁政传》及诸诗赋，粗有辞义。《隋志》有"抚军将军《柳惔集》二十卷"。

宋孝武帝大明七年·魏文成帝和平四年（463）癸卯 三十七岁

四月丙辰，以尚书湘东王刘彧为领军将军。(《宋书》卷六《孝武帝纪》)

九月，南徐州刺史新安王子鸾兼司徒。谢庄作《为北中郎谢兼司徒章》。(《宋书》卷六《孝武帝纪》)

平按：《宋书·孝武帝纪》："（大明七年）九月庚寅，南徐州刺史新安王子鸾兼司徒。"谢庄《为北中郎谢兼司徒章》当作于是年。

十月壬寅，太子冠。(《宋书》卷六《孝武帝纪》，《南史》卷二《宋本纪中》，《宋书》卷七《前废帝纪》)

平按：《宋书·前废帝纪》："七年，加元服。"皇太子刘子业，孝武帝长子，元嘉二十六年正月甲申生，至本年刚好十五岁。《宋书·礼志一》："宋冠皇太子及蕃王，亦一加也。官有其注。晋武帝泰始十年，南宫王承年十五，依旧应冠。有司议奏：'礼十五成童。国君十五而生子，以明可冠之宜。又汉、魏遣使冠诸王，非古典。'于是制诸王十五冠，不复加命。"太子冠，举国皆以为大事，朝廷于此日普施恩惠。本年以帛赐王公以下。这种做法汉以来多有之。本年，谢庄为太子元服作《庆皇太子元服上至尊表》，其曰冠日"率天馨世，莫不载跃"。又有《皇太子元服上皇太后表》。当日，孝武帝刘骏驾临东宫。《宋书·袁粲传》："其年（七年），皇太子冠，上临宴东宫。"

十月己巳，刘骏至姑孰围猎。诏令谢朏作《洞井赞》。(《宋书》卷六《孝武帝纪》)

平按：《梁书·谢朏传》："谢朏字敬冲，陈郡阳夏人也。祖弘微，宋太常卿，父庄，右光禄大夫，并有名前代。朏幼聪慧，庄器之，常置左右。年十岁，能属文。庄游土山赋诗，使朏命篇，朏揽笔便就。……孝武帝游姑孰，敕庄携朏从驾。诏使为《洞井赞》，于坐奏之。帝曰：'虽小，奇童也。'"《洞井赞》今不传。刘骏今存《洞井赞》数句，或亦作于此时。王琳《谢庄年谱汇考》系此事于二月。

宋豫章王子尚立左学。(《宋书》卷八十《豫章王子尚传》)

平按：《宋书·豫章王子尚传》："(大明) 七年，加使持节，进号车骑将军。其年，又加散骑常侍，以本号开府仪同三司。时东土大旱……又立左学，召生徒，置儒林祭酒一人，学生师敬，位比州治中；文学祭酒一人，比西曹；劝学从事二人，比祭酒从事。"据林家骊《沈约年谱汇考》，"左学，相传殷代的小学，西周为国学之一种。一说右学、左学皆太学，同在城郊，实为一学，但有楹东、楹西之分"。《礼记·王制》："殷人养国老于右学，养庶老于左学。"郑玄注："右学为太学，在王城西郊；左学为小学，在城内王宫之东。"

孝武帝宴群臣，命赋诗。沈庆之有口辩，然不知书。帝令庆之口授，颜师伯笔录，庆之乃作《侍宴诗》。(《宋书》卷七十七《沈庆之传》)

平按：《宋书·沈庆之传》："上尝欢饮，普令群臣赋诗，庆之手不知书，眼不识字，上逼令作诗，庆之曰：'臣不知书，请口授师伯。'上即令颜师伯执笔，庆之口授之曰：'微薄值多幸，得逢时运昌。朽老筋力尽，徒步还南岗。辞荣此圣世，何愧张子房。'上甚悦，众坐称其辞意之美。"此事《宋书》不见系年，此从吴文治《中国文学史大事年表》。

孝武帝刘骏学问博洽，文章华敏。大修宫室，起玉烛殿。(《通鉴》卷一百二十九《宋纪十一》)

平按：《通鉴·宋纪十一》置此说于大明七年六月之后，今从之。其曰："上为人，机警勇决，学问博洽，文章华敏；省读书奏，能七行俱下。又善骑射，而奢欲无度。自晋氏渡江以来，宫室草创，朝宴所临，东、西二堂而已。晋孝武末，始作清暑殿。宋兴，无所增改。上始大修宫室，土木被锦绣，嬖妾幸臣，赏赐倾府藏。坏高祖所居阴室，于其处起玉烛殿。"《景定建康志》卷二十一《城阙志二》："宋玉烛殿，宋孝武帝所造，在宫中。"

江淹以五经授始安王刘子真，并为新安王子鸾从事。作《侍始安王石头》《奏记诣南徐州新安王》等。(《宋书》卷八十《始安王子真传》，江淹《自序》)

平按：《宋书·始安王子真传》："(大明)七年，迁征虏将军、南彭城太守，领石头戍事。"又江淹《自序传》："弱冠以五经授宋始安王刘子真。"考《梁书·江淹传》，江淹卒于梁武帝天监四年，年六十二，则大明七年刚好二十岁。曹道衡《江淹作品写作年代考》[①] 将此诗写作时间系于本年。丁福林《江淹年谱》将《奏记诣南徐州新安王》系于本年[②]，从之。

萧道成为武烈将军，复为建康令。仍为新安王子鸾北中郎参军。(《南齐书》卷一《高帝纪上》)

平按：《南齐书·高帝纪上》："陈太后忧，起为武烈将军，复为建康令。中兵如故。"此迁职，诸史未系年。《南齐书·宣孝陈皇后传》仅言"殂于县舍，年七十三"，亦不载卒年。《高帝纪上》于

---

① 曹道衡：《江淹作品写作年代考》，见《汉魏六朝文学论文集》，广西师范大学出版社1999年版，第411页。

② 丁福林：《江淹年谱》，凤凰出版社2007年版，第22页。

其后有"景和世，除后军将军"，故萧道成为武烈将军，复为建康令、北中郎参军的时间必在此之前。景和世为前废帝元年（465），孝武帝崩于大明八年（464）五月。所谓"中兵如故"，即为新安王子鸾北中郎参军如故。子鸾于大明五年（461）迁北中郎将，至七年（463）九月庚寅，以本官兼司徒。至八年正月戊子，进号抚军将军，领司徒，南徐州刺史如故。如此看来，新安王子鸾为北中郎将至大明七年止，萧道成为北中郎参军亦至此时，为威烈将军，复为建康令，当在此之前，故系于本年。武烈将军，系杂号将军。《通典》卷二十九《职官十一》注曰："历代杂号将军凡有数百，不可俱载，今录其著者。"其杂号将军内无武烈将军。《宋书·百官上》有武烈将军，其曰："凌江将军，魏置。自凌江以下，则有宣威、明威、襄威、厉威、威厉、威寇、威虏、威戎、威武、武烈、武毅……凡四十号。"

江智渊（418—463）卒。

平按：《宋书》本传："大明七年，以忧卒，时年四十六。"江智渊，一作智深，济阳考城人。与谢庄、沈怀文友善。历任尚书库部郎、宁朔将军等。孝武帝深相知待，恩礼冠朝。后以议殷妃谥为帝所恨，以忧卒。智渊爱好文雅，词采清赡。《隋志》："宋北中郎长史《江智深集》九卷，并目一卷。"今存诗一首，题曰《宣贵妃挽歌》。

宋孝武帝大明八年·魏文成帝和平五年（464）甲辰　三十八岁

正月，南徐州刺史新安王子鸾为抚军将军，领司徒。谢庄作《为北中郎将新安王拜司徒章》。（《宋书》卷六《孝武帝纪》）

平按：《宋书·孝武帝纪》："（八年）正月戊子，南徐州刺史新安王子鸾为抚军将军，领司徒，刺史如故。"谢庄《为北中郎新安王拜司徒章》当作于本年。

二月乙巳，湘东王刘彧为镇北将军、徐州刺史。七月己亥，镇北将军、徐州刺史湘东王刘彧为护军将军。九月辛丑，护军将军湘东王刘彧为领军将军。（《宋书》卷六《孝武帝纪》，《宋书》卷七《前废帝纪》）

闰五月辛丑，御史中丞萧惠开为青、冀二州刺史。八月己巳，青、冀二州刺史萧惠开为益州刺史。周颙随萧惠开入蜀。（《宋书》卷六《孝武帝纪》，《宋书》卷其《前废帝纪》）

平按：《宋书·萧惠开传》："八年，入为侍中。诏曰：'惠开前在宪司，奉法直绳，不阿权戚，朕甚嘉之。可更授御史中丞。'母忧去职。"萧惠开为侍中、御史中丞当在本年五月为青、冀二州刺史之前。未拜青、冀二州刺史而于八月为益、宁二州刺史。至蜀后，由于为治多任刑诛，蜀土咸怀猜怨，蜀人及蛮、濮多有反者。在蜀五年，至泰始四年（468）还至京师。周颙为萧惠开赏识，被带入蜀，后亦随萧惠开还京。《南齐书·周颙传》："益州刺史萧惠开赏异颙，携入蜀，为厉锋将军，带肥乡、成都二县令。转惠开辅国府参军，将军、令如故。仍为府主簿。常谓惠开性太险峻，每致谏，惠开不悦，答颙曰：'天险地险，王公设险，但问用险何如耳。'随惠开还都。"

闰五月庚申，孝武帝刘骏崩于玉烛殿，时年三十五。太子刘子业即皇帝位，是为前废帝。（《宋书》卷六《孝武帝纪》，《宋书》卷七《前废帝纪》）

平按：《宋书·孝武帝纪》："世祖孝武皇帝讳骏，字休龙，小字道民，文帝第三子也。元嘉七年秋八月庚午生。"于大明八年闰五月庚申崩于玉烛殿，享年三十五岁。刘骏于元嘉三十年（453）三月起兵讨元凶刘劭，四月己巳率军至新亭，并于新亭即皇帝位。刘骏之得帝位实属意外，其两位兄长刘劭、刘濬因为篡逆拱手将帝位让给了他，刘义隆在位时谁人都难以想到有这样的结果。刘义隆晚年曾与尚书仆射徐湛之等谋划废立太子事时，在立四子南平王刘铄还是七子建平王刘宏上犹豫不定，太子之立，刘骏是从未被作为考虑对象的。太子未及废立，刘义隆即被弑，按照以长子得立的惯例，除二凶外，帝位自然得落刘骏头上。更兼二凶弑立时，刘骏先起而讨逆，集聚了登帝位的资本。故元嘉之末，刘骏即帝位，既非太子，又无遗诏，依然显得四平八稳。

玉烛殿为孝武帝所在，并亦死于其中。刘骏登基之初，为政尚俭。元嘉三十年六月即下诏"诸可薄己厚民、去烦从简者，悉宜施行，以称朕意"，然其宫廷陈设颇尚奢华，又大起殿宇，玉烛殿为其一。《宋书·良吏传》载："晋世诸帝，多处内房，朝宴所临，东西二堂而已。孝武末年，清暑方构，高祖受命，无所改作，所居唯称西殿，不制嘉名，太祖因之，亦有合殿之称。及世祖承统，制度奢广，犬马余菽粟，土木衣绨绣，追陋前规，更造正光、玉烛、紫极诸殿，雕栾绮节，珠窗网户，嬖女幸臣，赐倾府藏，竭四海不供其欲，单民命未快其心。"刘骏好酒色，尝与南郡王义宣诸女淫乱，晚年嗜酒成性，饮酒通宵达旦。《南史·宋本纪中》曰："帝末年为长夜之饮，每旦寝兴，盥漱毕，仍复命饮，俄顷数斗，凭几昏睡，若大醉者。或外有奏事，便肃然整容，无复酒色。外内服其神明，莫敢弛惰。"虽不误奏事，亦当伤及龙体，害于国政。刘骏倒是一位性情之君，《与庐陵王绍别诗》《拜衡阳文王义季墓诗》《伤宣贵妃拟汉武帝李夫人赋》均写得情真意切，哀婉动人。《隋志》："《宋孝武帝集》二十五卷，梁三十一卷，录一卷。"《全宋文》辑其文一百一十四篇，除《华林清暑殿赋》《拟李夫人赋》外，多为诏文。今存诗二十七首，从其诗之体制及书写内容看，完全可以称得上刘宋时代的顶尖诗人。钟嵘《诗品》将刘骏诗置于下品，评曰："孝武诗，雕文织彩，过为精密。"《南史·王俭传》谓"宋孝武好文章，天下悉以文采相尚，莫以专经为业"，道出了刘宋孝武帝时代重文学而轻五经的状况。

七月丙午，葬刘骏于丹阳秣陵县岩山景宁陵。（《宋书》卷六《孝武帝纪》）

平按：《建康实录》卷十三：“秋七月丙午，葬景宁陵，在今上元县南四十里岩山之阳。帝年二十五即位，立十一年，年三十五，谥曰孝武皇帝，庙号世祖。”1960年，南京博物院、南京市文物保管委员会考古工作者在南京西善桥宫山发掘一处大型墓葬，“可能为南朝宋孝武帝刘骏景宁陵，与文献记载地理位置符合，无地面遗迹”①。墓穴中有“竹林七贤”壁画和人字栱建筑。

七月乙卯，罢南北驰道，改孝建以来所变制度，还依元嘉。（《宋书》卷七《前废帝纪》）

平按：孝武大明五年（461）闰九月丙申，初立驰道，自阊阖门至于朱雀门，又自承明门至于玄武湖。太子刘子业于本年五月即帝位，七月乙卯即罢南北二驰道。《南史·宋本纪中》：“秋七月乙卯，罢南北二驰道，改孝建以来所变制度，还依元嘉。”孝武帝刘骏即帝位，多改元嘉制度，后废帝子业即位，则多废孝建、大明新制，复从元嘉制。前废帝子业景和元年（465）八月己丑，复立南北二驰道。

八月己丑，皇太后崩。九月乙卯，文穆皇后葬于景宁陵。（《宋书》卷七《前废帝纪》）

平按：《宋书·孝武文穆王皇后宪嫄传》：“孝武文穆王皇后讳宪嫄，琅邪临沂人。元嘉二十年，拜武陵王妃。生废帝、豫章王子尚、山阴公主楚玉、临淮康哀公主楚佩、皇女楚琇、康乐公主修明。……废帝即位，尊曰皇太后，宫曰永训。其年，崩于含章殿，时年三十八。祔葬景宁陵。”孝武帝刘骏于本年闰五月庚申卒，七月

---

① 罗宗真：《六朝考古》，南京大学出版社1994年版，第69页。

丙午葬丹阳秣陵县岩山（上元县南四十里），九月乙卯王皇后与之合葬。大明六年（462）四月殷贵妃卒，十月壬申葬于龙山（上元县南四十里），近于景宁陵。

豫章长公主卒，谢庄为作《豫章长公主墓志铭》。（《宋书》卷四十一《后妃传》）

平按：豫章长公主，宋武帝刘裕小女，名欣男。先嫁徐乔，后改嫁何瑀。何瑀为前废帝何皇后令婉之父。自高祖刘裕至前废帝刘子业，已是第四代；前废帝刘子业何皇后令婉为何瑀之女，高祖刘裕小女豫章康长公主刘欣男又为何瑀之妻，从辈分而言，何瑀为高祖刘裕女婿，与前废帝刘子业祖父刘义隆为同辈。何瑀女何令婉即与前废帝刘子业之父刘骏同辈，前废帝刘子业乃取长辈为妻。不知何令婉是否为何瑀与高祖小女豫章康长公主刘欣男所生，如果是二者之女，等于说是娶了自己的姑祖母之女为皇后。在宗亲关系上，有些错乱。《宋书·后妃传》："瑀尚高祖少女豫章康长公主讳欣男。公主先适徐乔，美容色，聪敏有智数，太祖世，礼待特隆。瑀豪竞于时，与平昌孟灵休、东海何勖等，并以舆马骄奢相尚。公主与瑀情爱隆密，何氏外姻疏戚，莫不沾被恩纪。瑀历位清显，至卫将军。大明八年，公主薨，瑀墓开，世祖追赠金紫光禄大夫，加散骑常侍。"谢庄所作《豫章长公主墓志铭》，见于《艺文类聚》卷十三。

鲍令晖大约卒于宋孝武帝时，生卒年不可考。（《诗品》下）

平按：鲍令晖，生卒年不详。东海郯（今山东郯城）人。鲍照妹。有才思，曾著《香茗赋》，有集行世，已散佚。今存诗七首。令晖事迹，诸史皆不见载。其名仅见于钟嵘《诗品》下，评曰："令晖歌诗，往往崭绝清巧，拟古尤胜。唯《百韵》淫杂矣。照常答孝武云：'臣妹才自亚于左芬，臣才不及太冲尔。'"从鲍照对宋孝武帝的话语中可知，孝武时令晖尚在世。《玉台新咏笺注》卷四"鲍令晖"名下注曰："照之妹。《小名录》：鲍照，字明远，妹字令晖，

有才思，亚于明远，著《香茗赋集》，行于世。"① 钟嵘《诗品》将
她列为南齐诗人，恐不可信。因鲍照《请假启》有"天伦同气，实
惟一妹，存没永诀。不获计见，封瘗泉壤临送。私怀感恨，情痛兼
深"之语，可知鲍照作此启时鲍令晖已卒。曹道衡《鲍照几篇诗文
的写作时间》一文认为鲍令晖的卒年"以鲍照任中书舍人之职时的
可能性为最大"。丁福林《鲍照集校注》认为："曹先生所认为的鲍
令晖卒于鲍照任中书舍人时，颇为有据。寻鲍照担任中书舍人的时
间在孝建三年（456），因此此启后一首的写作时间也约在孝建三年
鲍令晖卒后。"② 曹道衡、沈玉成《南北朝文学史》专设"鲍令晖"
一节，认为"鲍令晖似卒于宋孝武帝时③。吴文治《中国文学史大
事年表》于"宋大明八年"下系"鲍令晖约于此年前后在世"。今
从之。

汤惠休于孝武帝时在世，生卒年不可考。（《宋书》卷七十一
《徐湛之传》，《南齐书》卷三十六《谢超宗传》）

平按：汤惠休，生卒年不详。本姓汤，字茂远。宋南兖州刺史
徐湛之招集文士，待之甚厚。曾入沙门，法名惠休。宋孝武帝刘骏
命使还俗。官至扬州从事史。惠休善属文，辞采绮艳。诸史均无传，
有赖《宋书·徐湛之传》载其与湛之关系而略得生平片段。《徐湛
之传》曰：

> 二十四年，服阕，转中书令，领太子詹事。出为前军
将军、南兖州刺史。善于为政，威惠并行。广陵城旧有高
楼，湛之更加修整，南望钟山。城北有陂泽，水物丰盛。
湛之更起风亭、月观、吹台、琴室，果竹繁茂，花药成行，
招集学士，尽游玩之适，一时之盛也。时有沙门释惠休，
善属文，辞采绮艳，湛之与之甚厚。世祖命使还俗。本姓

① （清）吴兆宜：《玉台新咏笺注》上册，中华书局1985年版，第152页。
② 丁福林、丛玲玲：《鲍照集校注》下册，中华书局2012年版，第834页。
③ 曹道衡、沈玉成：《南北朝文学史》，人民文学出版社1991年版，第98页。

汤，位至扬州从事史。二十六年，复入为丹阳尹，领太子
詹事，将军如故。

惠休又与谢超宗有交往。《南齐书·谢超宗传》："谢超宗，陈
郡阳夏人也。……超宗元嘉末得还。与慧休道人来往，好学，有文
辞，盛得名誉。"由上两条材料可知惠休主要活动于元嘉末及孝武帝
时，与鲍照大致相近。钟嵘《诗品》把他列为南齐诗人，不详所据。
李白《赠僧行融》诗则称惠休为梁代人，"梁有汤惠休，常从鲍照
游"[1]，《南北朝文学史》以其为"记忆之误"[2]。《诗品下》评惠休
云："惠休淫靡，情过其才。世遂匹之鲍照，恐商、周矣。羊曜璠
云：'是颜公忌照之文，故立休、鲍之论。'"逯钦立《先秦汉魏晋
南北朝诗》将汤惠休置于"宋诗"卷内，录其诗十一首。其小传
曰："惠休，字茂远，初入沙门，名惠休。孝武命使还俗，位至扬州
刺史。……有集四卷。"严可均《全上古三代秦汉三国六朝文》不
见汤惠休文。汤惠休之名，仅一见于《宋书》，无传，其简单事迹附
于《宋书·徐湛之传》。《南史》中汤惠休之名凡二见。其一大致同
于《宋书·徐湛之传》所载。其二见于《南史·颜延之传》："延之
每薄汤惠休诗，谓人曰：'惠休制作，委巷中歌谣耳，方当误后
生。'"陈祚明《采菽堂古诗选》卷之十九录惠休诗三首，前有诗人
小传，[3] 大致融《徐湛之传》及《诗品》评语而成。明人冯惟讷
《古诗纪》卷六十四录惠休诗十一首，名下亦有小传，略同于《采
菽堂古诗选》："汤惠休，字茂远，初入沙门，名惠休。孝武命使还
俗。本姓汤，位至扬州刺史。《诗品》曰：惠休淫靡，情过其才，世
遂匹之鲍照，恐商、周矣。羊曜璠云：'是颜公忌照之文，故立休、
鲍之论。'"[4] 王闿运《八代诗选》录其诗三首，谓《怨诗行》《江

---

① 瞿蜕园、朱金城：《李白集校注》上册，上海古籍出版社 1980 年版，第 807 页。

② 注曰：江淹《杂体诗三十首》中最后一首即拟汤惠休诗。江氏所拟皆属当时已故
诗人。《杂体诗三十首》写作年代虽难确考，至晚当亦在永明中江淹"才尽"之前。故汤
惠休似不当至梁代尚存。

③ （清）陈祚明评选：《采菽堂古诗选》上册，上海古籍出版社 2008 年版，第
610 页。

④ 《钦定四库全书》集部《古诗纪》卷六十四。

南思》《杨花曲》，名下无传。汤惠休在钟嵘所品南齐诗人中，传世诗作算是比较多的，但其生平事迹材料太少，曹道衡、刘跃进《南北朝文学编年史》未纪惠休之事，汪春泓《中国文学编年史·两晋南北朝卷》文末的《人名索引》中也未编入惠休，只在宋文帝元嘉二十四年（447）中抄录了《宋书·徐湛之传》里的一段材料，名之曰"徐湛之与释惠休交往"。

羊玄保（371—464）卒。

平按：《宋书》本传："（大明）八年，卒，时年九十四。"羊玄保，太山南城人。晋安帝时，为楚台太常博士，遭母忧，服阕，何无忌、诸葛长民俱板为参军，不就。除临安令。寻为宋武帝镇军参军，库部郎，永世令。武帝为太尉，复以为参军，转主簿，丹阳丞。少帝时，入为尚书右丞，转左丞，司徒长史，黄门侍郎。文帝即位，出为宣城太守，寻为廷尉，迁尚书吏部郎，御史中丞，衡阳王义季右军长史、南东海太守，加辅国将军。入为都官尚书、左卫将军，加给事中，丹阳尹，会稽太守。徙吴郡太守。元凶弑立，以为吏部尚书，领国子祭酒，加光禄大夫。孝武帝即位，以为散骑常侍，领崇宪卫尉，迁金紫光禄大夫，进位光禄大夫，迁散骑常侍，特进。玄保与何尚之并善弈棋，玄保棋品第三，宋文帝与之以郡相赌，因胜而为宣城太守。今存文一篇，题曰《陈吏民亡叛制》。

谢朓（464—499）生。

平按：《南齐书》本传："东昏失德，江祏欲立江夏王宝玄，末更回惑，与弟祀密谓朓曰：'江夏年少轻脱，不堪负荷神器，不可复行废立。始安年长入纂，不乖物望。非以此要富贵，政是求安国家耳。'遥光又遣亲人刘沨密致意于朓，欲以为肺腑。朓自以受恩高宗，非沨所言，不肯答。少日，遥光以朓兼知卫尉事，朓惧见引，即以祏等谋告左兴盛，兴盛不敢发言。祏闻，以告遥光，遥光大怒，乃称敕召朓，仍回车付廷尉，与徐孝嗣、祏、暄等连名启诛朓曰：……又使御史中丞范岫奏收朓，下狱死。时年三十六。"又《南齐书·江祏传》："永元元年……帝失德既彰，祏议欲立江夏王宝玄。……事觉，暄告祏谋，帝处分收祏兄弟。……祏、祀同日见杀。"江祏兄弟密谋废立之事时，拉谢朓与谋，谢朓因顾念高宗之恩，惧而不同其议，并予告发，于是江祏兄弟等人启诛谢朓。谢朓之死，在江祏兄弟被杀之前。江氏兄弟被杀后，萧遥光于八月十二日反，十六日夜被杀。故谢朓之死当在永元元年八月初。由此上推，朓生于本年。

谢朓字玄晖，陈郡阳夏（今河南太康）人。与谢灵运同族。少好学，有美名，文章清丽。解褐豫章王太尉行参军、历随王东中郎府，转王俭卫军东阁祭酒、太子舍人。高宗辅政，为骠骑谘议，领记室，出为宣城太守，故世称"谢宣城"。后迁尚书吏部郎。齐东昏侯永元元年，因不肯依附始安王萧遥光篡谋帝位，为江祏等构害，下狱死。谢朓善于草隶，长于五言诗。随王子隆好辞赋，数集僚友，朓以文才，尤被赏爱，为"竟陵八友"之一。其诗以描写山水景物见长，风格清新流美，又重声律，作新体，别宫商，是当时"永明体"的倡导者和代表作家。诗为世人所传诵，沈约誉为"二百年来无此诗也"。《隋志》有"齐吏部郎《谢朓集》十二卷，《谢朓逸集》一卷"，已散佚。明人张溥辑有《谢宣城集》。谢朓及其作品研究历来是六朝文学研究的热点之一，其作品的整理本亦有多种，以曹融南《谢宣城集校注》较为完备。钟嵘《诗品》置谢朓诗入中品，其评曰："其源出于谢混。微伤细密，颇在不伦：一章之中，自有玉石。然奇章秀句，往往警遒。足使叔源失步，明远变色。善自发诗端，而末篇多踬。此意锐而才弱也。至为后进士子之所嗟慕。朓极与余论诗，感激顿挫过其文。"今人谢朓研究专论主要有孙兰《谢朓研究》、魏耕原《谢朓诗论》等。

丘迟（464—508）生。

平按：《梁书·丘迟传》："（天监）七年，卒官，时年四十五。"丘迟字希范，吴兴乌程人。其父丘灵鞠，有才名，仕齐为太中大夫。

梁受禅，劝进诸文皆出于丘迟之手。梁武帝著《连珠》，诏群臣继作，以丘迟文最美。《隋志》："梁国子博士《丘迟集》十卷，梁十一卷。"《全梁文》辑其文十三篇，其中《与陈伯之书》是历代传诵之名篇。今存诗十一首。

许懋（464—532）生。

平按：《梁书》本传："（中大通）四年，拜中庶子。是岁，卒，时年六十九。"上推生于本年。许懋字昭哲，高阳新城人。懋少孤，笃志好学。年十四入太学，受《毛诗》。撰《风雅比兴义》十五卷，盛行于世。起家后军豫章王行参军，转法曹，举茂才，迁骠骑大将军仪同中记室。文惠太子召之，侍讲于崇明殿，除太子步兵校尉。永元中，转散骑侍郎，兼国子博士。天监初，为吏部尚书范云所举，参详五礼，除征西鄱阳王谘议，兼著作郎，待诏文德省。后转太子家令。凡诸礼仪，多所刊正。中大通三年，皇太子召诸儒参录《长春义记》，懋预之。撰有《述行记》四卷，有集十五卷。今存文三篇。

萧衍（464—549）生。

平按：《梁书》本纪："高祖以宋孝武大明八年甲辰岁生于秣陵县同夏里三桥宅。……（太清）三年五月丙辰，高祖崩于净居殿，时年八十六。"梁武帝萧衍是中国古代帝王中一个极为特殊的人物，享年之久、在位时间之久、作品之丰、学术功力之厚、佛学造诣之深，均为罕见。因而也成就了后世众多的研究著述，今人著作主要有赵以武《梁武帝及其时代》、许辉《萧衍》、钱汝平《萧衍研究》、颜尚文《梁武帝》、李晓虹《圆融二谛——梁武帝思想研究》、胡德怀《齐梁文坛与四萧研究》、林大志《四萧研究——以文学为中心》、柏俊才《梁武帝萧衍考略》、蔡平《四萧年谱汇考》等。然萧衍诗文集至今未有整理，这是萧衍研究的一大缺憾。

宋明帝泰始元年·魏文成帝和平六年（465）乙巳 三十九岁

正月乙未，前废帝刘子业改元永光。（《宋书》卷七《前废帝纪》，《建康实录》卷十三）

平按：大明八年五月庚申，世祖刘骏崩，当日，太子刘子业即帝位。至本年正月乙未，改元"永光"。

正月戊午，领军将军湘东王刘彧为卫将军、南豫州刺史。（《宋书》卷七《前废帝纪》）

平按：《宋书·明帝纪》："永光元年，又出为使持节、散骑常侍、都督南豫豫司江四州扬州之宣城诸军事、卫将军、南豫州刺史，镇姑孰。"

二月庚寅，铸二铢钱。（《宋书》卷七《前废帝纪》，《通鉴》卷一百三十《宋纪十二》）

平按：刘宋时期先后四次铸钱：元嘉七年（430）立钱署，铸四铢钱，称"元嘉四铢"；元嘉二十四年（447），制大钱，以一当两，又称"当两大钱"，至元嘉二十五年（448），罢当两大钱；孝建元年（454），复铸四铢钱，称"孝建四铢"；永光元年（465），铸二铢钱。每次铸钱，朝廷几乎都是为了防止民间盗铸，而使钱越发转细。永光二铢钱，为二铢钱铸造之始，民间所铸亦越发粗鄙。《通鉴·宋纪十二》："自孝建以来，民间盗铸滥钱，商货不行。庚寅，更铸二铢钱，形式转细。官钱每出，民间即模效之，而更薄小，无轮郭，不磨镒，谓之'耒子'。"至本年十二月，即罢二铢钱。《南史·宋本纪下》："泰始元年冬十二月戊寅，罢二铢钱。"

五月癸卯，魏文成帝拓跋濬崩。甲辰，太子拓跋弘即皇帝位。（《魏书》卷五《高宗纪》，《南史》卷二《宋本纪中》）

平按：《魏书·高宗纪》："五月癸卯，帝崩于太华殿，时年二十六。六月丙寅，上尊谥曰文成皇帝，庙号高宗。八月，葬云中之金陵。"太子拓跋弘为高宗文成帝拓跋濬长子，兴光元年（454）七月生，太安二年（456）二月立为太子。本年即帝位时，年仅十二岁。

五月，魏开酒禁。（《通鉴》卷一百三十《宋纪十二》）

平按：魏文成帝太安四年（458）正月，因年谷丰稔，士民酗酒多引事端，或因酒而妄议朝政而行酒禁，至本年解禁。《通鉴·宋纪十二》胡注曰："魏设酒禁，见一百二十八卷孝武孝建三年。"误。

六月壬午，卫将军、南豫州刺史湘东王刘彧改为雍州刺史。（《宋书》卷七《前废帝纪》）

平按：《宋书·明帝纪》："永光元年……又徙为都督雍梁南北秦四州郢州之竟陵诸军事、宁蛮校尉、雍州刺史，持节、常侍、将军如故。"

八月癸酉，废帝刘子业率宿卫兵诛江夏王义恭、尚书令柳元景、尚书左仆射颜师伯、廷尉刘德愿。改元景和元年。卫将军湘东王刘彧还为南豫州刺史。（《宋书》卷七《前废帝纪》，《宋书》卷六十一《江夏文献王义恭传》）

平按：永光元年八月，前废帝杀戴法兴后，柳元景、颜师伯共谋欲废帝立江夏王义恭，并将此告于沈庆之。因沈庆之素与江夏王不协，便将谋废立之事告于废帝，废帝自将宿卫兵分别讨杀江夏王义恭、柳元景、颜师伯等。江夏王义恭事见后。柳元景（406—465）

字孝仁，河东解人。起自将帅，当朝理务，非其所长，却有弘雅之美。在刘宋元嘉至大明历次北伐、平内外之乱、征诸蛮族之中，都有显功于朝廷，从而深得宋文帝、孝武帝之任重。前废帝即位，大行剪灭文帝、孝武旧臣，元景亦不能免于难。本欲起事而行废立，怎奈断事迟疑不能速决，更兼朝中首辅诸臣的不协而致谋事泄露，引颈就戮，结局可悲。至其死，《宋书》本传曰："永光年夏，元景迁使持节、督南豫之宣城诸军事、即本号开府仪同三司、南豫州刺史，侍中、令如故。未拜，发觉，帝亲率宿卫兵自出讨之。先称诏召元景，左右奔告兵刃非常，元景知祸至，整朝服，乘车应召。出门逢弟车骑司马叔仁，戎服率左右壮士数十人欲拒命，元景苦禁之。既出巷，军士大至，下车受戮，容色恬然，时年六十。"今存柳元景文五篇。颜师伯（419—465），字长渊，琅邪临沂人，东扬州刺史颜竣族兄。少孤贫，涉猎书传，颇解声乐，善于附会，大被知遇。永光元年八月，与江夏王义恭、柳元景同被诛。颜师伯今存诗一首。

八月癸酉，废帝改元景和。（《宋书》卷七《前废帝纪》）

八月乙亥，诏天下秀孝，随才擢用。（《建康实录》卷十三）

八月庚辰，以石头城为长乐宫，东府城为未央宫。甲申，以北邸为建章宫，南第为长杨宫。（《宋书》卷七《前废帝纪》，《建康实录》卷十三）

平按：石头城又称石首城，简称为石头，今南京城被称作"石头城"即由此而来。最初的石头城建于山上，是战国时期楚国金陵邑故址。据《建康实录》卷一载，东汉建安十六年（211），孙权自京口徙治秣陵。次年，孙权又"城楚金陵邑地，号石头，改秣陵为建业"。《江乘地记》亦云："石城山岭嶂千里，相重若一，游历者以为吴之石城，犹楚之九疑也。山上有城，因以为名。……后汉建安十六年，吴孙权乃加修理，改名石头城，用贮军粮器械，今清凉寺西是也。"[1] 孙权定都建业后，"又于江岸必争之地筑城，名曰石

---

[1] 《景定建康志》卷十七《山川志》引。

头。常以腹心大臣镇守之"。① 孙权于江岸修筑的石头城是六朝石头城的前身，也是吴后主投降的场所。自孙权筑石头城后，六朝时期石头城经过多次重修，其中较大规模的修建盖有三次，分别为东晋成帝时期、安帝义熙六年（410）、陈宣帝太建二年（570）。石头城因位于都城西部，毗邻江边，地势险要，成为都城建康西部一座重要的具有防御性质的军事要塞。六朝时期，一直是兵家必争之地。《通鉴·晋纪三十三》胡注以为："江水自荆、江二州界入扬州界，皆东北流；历阳在江西，建康在江东。孙权筑石头城，盖据江津之要地也。"以其军事地位之重，镇守石头城者历来为皇亲国戚或王公大臣，而叛军也常以石头城作为进攻台城的根据地。宋元嘉二十七年（450），魏太武帝拓跋焘南进至瓜步，兵临大江，扬言渡江进攻建康，文帝派兵沿江戍守，石头城即为据守之重。孝武帝大明年间，以石头城为离宫。本年八月，前废帝又以石头城为长乐宫，命司徒袁粲镇守。齐高帝时，石头城成为太子萧赜的东宫。关于石头城的位置，历来存在争议。最常见的观点有两种：一是认为今天的清凉山"鬼脸城"下层就是六朝石头城遗址。② 而近来考古发现表明，"鬼脸城"遗址是明初的建筑遗址，为明城垣的一部分，非六朝时土城遗址。二是认为石头城有两座：一座位于石头山与马鞍山之间，即建安十七年（212）孙权所筑的石头城；另一座位于今水西门附近原秦淮河西通大江的出口处，即黄龙元年（229）孙权徙都建业后建造的石头城。

东府城为六朝建康城东的一座重要城堡。其前身是东晋简文帝的府邸。东晋孝武帝时，会稽王司马道子任丞相、都督中外诸军事，其心腹赵牙于东府城地为其修建了奢华的私家园林——东第。东晋安帝时，司马道子进位太傅、扬州刺史，仍居东第，时人称为"东府"。《通鉴·晋纪二十四》胡注谓"晋都建康，以京口为北府，历阳为西府，姑孰为南州"，均为依其在建康周围的地理方位而定名，

---

① （宋）张敦颐著，张忱石点校：《六朝事迹编类》卷二《形势门·石城》，上海古籍出版社1995年版，第23页。

② 罗宗真：《对南京六朝都城的一些看法》，《中国古都研究》第二辑，浙江人民出版社1986年版。

故东府城的得名亦应与其在台城之东有关。东晋安帝义熙十年（414）冬，刘裕对东府城进行了大规模的建设，重建后的东府城为土筑。自东晋末年建东府城后，东府城便取代西州城，而成为宰相兼扬州刺史的治所。宋孝武讨伐元凶刘劭于新亭称帝后，入建康城，先居东府城，后入宫。前废帝刘子业于本年又以东府城为未央宫。东府城与石头城一样，都是六朝建康宫城的重要军事屏障，其位置大约在秦淮水北岸青溪以东，毁于梁绍泰时，陈代又加修复。陈亡，城最终被毁弃。

九月，贬新安王刘子鸾为庶人，赐死。废帝掘宣贵妃殷氏墓，毁新安寺，又欲掘景宁陵。谢庄因作诔文褒赞殷贵妃而被收下狱。（《宋书》卷七《前废帝纪》，《建康实录》卷十三，《南史》卷二《宋本纪中》）

平按：废帝子业为孝武帝刘骏长子，新安王子鸾为第八子，子业年长子鸾七岁。子业虽为太子，素不为孝武帝所喜，责其"书不长进，素业都懈"。《南史·宋本纪中》谓其形象为"蜂目鸟喙，长颈锐下"，一副奸诈丑陋相。而子鸾因为孝武帝宠妃殷淑仪所生，故刘骏对其"爱冠诸子"。子业"素疾子鸾有宠"，待其得帝位，便大行报复，免子鸾为庶人，再赐死。这还不够，还要使已死去多年的殷贵妃受掘墓之辱，并毁掉孝武帝专为殷贵妃所造的新安寺。如果不是太史说掘帝陵于其自身不利，孝武帝所葬之景宁陵也难以幸免。陵可不掘，必辱之以为快，"乃纵粪于陵，肆骂孝武帝为'齇奴'"。《南史·宋本纪中》载："帝自以为昔在东宫，不为孝武所爱，及即位，将掘景宁陵，太史言于帝不利而止。乃纵粪于陵，肆骂孝武帝为'齇奴'，又遣发殷贵嫔墓，忿其为孝武所宠。初，贵嫔薨，武帝为造新安寺，乃遣坏之。又欲诛诸远近僧尼。"废帝对刘骏、殷贵妃、子鸾之痛恨，到了疯狂而失去常态的地步，其扭曲的报复心竟至于变态的程度。对于谢庄，则是要惩罚他在殷贵妃死时无视东宫的存在，以及用撰写诔文的形式阿谀孝武。《建康实录》卷十三载："是日（九月甲辰），诏收吏部尚书谢庄。初，贵嫔薨，世祖诏庄为诔，曰‘赞轨尧门’。方汉钩弋，帝在东宫怨之。及此下狱，谓曰：‘卿当彼时，知有东宫否？’”“赞轨尧门”出于谢庄《宋孝武宣贵妃诔》，废帝以谢庄比殷贵妃于钩弋夫人，欲杀之。或说帝曰：“死者人之所同，一往之苦，不足为困。庄生长富贵，今系之尚方，使知天下苦剧，然后杀之，未晚也。”废帝从之，而未遽杀之。

九月丁未，卫将军湘东王刘彧加开府仪同三司。(《宋书》卷七《前废帝纪》)

九月戊午，开百姓铸钱。(《宋书》卷七《前废帝纪》)

平按：刘宋时代历次铸钱，均为控制民间大量盗铸而起，本年九月采沈庆之建议，始允许百姓铸钱。《建康实录》卷十三：“（九月）戊午，初听民私铸钱，沈庆之请也。”许百姓铸钱，即放开先前铸钱出于朝廷之制，一般百姓无条件铸钱，私铸钱更方便贪官敛财。沈庆之“身享大国，家素富厚，产业累万金”，是刘宋时代的巨富，不难想象他提议允许民间铸钱的真实动机。

十月，以文帝第十女新蔡公主为贵嫔夫人，改姓谢氏。(《宋书》卷七《前废帝纪》)

平按：刘宋自孝建以后，宫中婚通节仪错乱，帝不避亲族伦次，恣意妄为。废帝所立贵嫔夫人，本为其姑母新蔡公主，又已经出嫁何迈，废帝召其还宫，对外谎称公主薨，而实将其改姓谢氏后纳为己有。《建康实录》卷十三：“十月庚辰，爵宫人谢氏为贵妃夫人，加虎贲钑戟，銮辂龙旗，出警入跸。实帝姑新蔡公主也，出嫁何迈，帝召还宫，伪称主薨，宫婢殡之，归于何氏。迈见公主纳，心不安，恐祸及，乃结恶少，伺帝出入，将执废之，谋泄。十一月，帝自率兵诛之。”

十一月戊午，前废帝子业被杀于竹林堂。(《宋书》卷七《前废帝纪》，《宋书》卷八《明帝纪》)

平按：废帝刘子业少好读书，颇识古事，曾作《世祖诔》及杂篇章，往往有辞采。《隋志》载"又有《宋废帝景和集》十卷，录一卷"。

谢庄被释，于刘彧即位时奉命作《泰始元年改元大赦诏》，旋又作《宋世祖庙歌二首》。（《通鉴》卷一百三十《宋纪十二》）

平按：《宋世祖庙歌二首》，即《世祖孝武皇帝歌》《宣太后歌》。"宣太后"系宋文帝沈婕妤容姬，宋明帝刘彧之母，卒于元嘉三十年。孝武帝即位，追赠湘东国太妃。明帝即位，谥曰宣太后。

十二月丙寅，刘彧即皇帝位。改元泰始。江州刺史晋安王子勋据寻阳反。（《宋书》卷八《明帝纪》，《通鉴》卷一百三十《宋纪十二》）

平按：《通鉴·宋纪十二》胡注曰："是岁八月，杀江夏王义恭、柳元景、颜师伯，改元景和，既弑废帝，改元泰始。一年凡三改元。"刘宋帝位，少正常嬗递者，而多有弑君得位。文帝刘义隆被太子刘劭所弑，文帝三子刘骏得帝位；前废帝刘子业被弑，得帝位者既非子业子，亦非子业兄弟，而是其十一叔刘彧。子业死，刘彧谋得帝位，即称太皇后之令赐死刘骏次子豫章王子尚。晋安王子勋为刘骏三子，刘彧称帝，一一剪灭刘骏诸子实属必然，子勋、子绥、子房、子顼等人之反亦在情理之中。

沈约二十五岁，始撰述《晋书》。（《宋书》卷一百《自序》）

平按：《宋书·自序》："常以晋氏一代，竟无全书，年二十许，便有撰述之意。泰始初，征西将军蔡兴宗为启明帝，有敕赐许，自此迄今，年逾二十，所撰之书，凡一百二十卷。条流虽举，而采掇未周，永明初，遇盗失第五帙。建元四年未终，被敕撰国史。"由此可知，《梁书》本传所载和《隋志》著录的一百一十卷本，即为原书一百二十卷本去掉被盗的第五帙后所存之本。沈约称此书前后经营达二十年之久，本应相当完备，却被盗走一部分，实为憾事。刘知己对沈约此书评价不高，《史通·采撰》曰："沈氏著书，好诬先代，于晋则故造奇说，在宋则多出谤言，前史所载，己讥其谬矣。"
同书《杂说中》又曰："近者沈约《晋书》，喜造奇说。称元帝牛金
之子，以应'牛继马后'之征。"刘知幾指沈约史撰之病，颇为切
中要害。

周颙作《三宗论》，释智林又作《与周颙书》以表赞同。(《高
僧传》卷八)

平按：《高僧传》卷八《齐高昌郡释智林传》："至宋明之初，
敕在所资给，发遣下京，止灵基寺，讲说相续，禀服成群，申明二
谛义，有三宗不同。时汝南周颙又作《三宗论》，既与林意相符，深
所欣慰。乃致书于颙。"周颙"三宗论"见《南齐书·周颙传》，即
不空假名、空假名、假名空。

八月至十二月，萧道成为后军将军。与沈攸之交好，并结儿女
亲家。(《南齐书》卷一《高帝纪上》)

平按：《南齐书·高帝纪上》："景和世，除后军将军。"前废帝
刘子业于八月杀江夏王义恭、柳元景、颜师伯等人后改元"景和"，
至十二月被弑，刘彧即帝位改元泰始，萧道成之为后军将军当在此
间。《宋书·百官上》："左将军、右将军、前将军、后将军。左将
军以下，周末官，秦、汉并因之，光武建武七年省，魏以来复置。"
萧道成与沈攸之之交往始于二人同直殿省的景和中。《南史·沈攸之
传》载："攸之景和中与齐高帝同直殿省，申以欢好，帝以长女义兴
宪公主妻攸之第三子元和，生二女，并养之宫中，恩礼甚厚，及嫁
皆得素旧，公家营遣焉。"

明帝立，萧道成为右军将军。(《南齐书》卷一《高帝纪上》)

平按：《南史·齐本纪上》："宋明帝即位，为右军将军。时四
方叛，会稽太守寻阳王子房及在东诸郡皆起兵。"宋明帝刘彧于泰始
元年冬十二月丙寅即皇帝位，十二月戊寅，"镇军将军、江州刺史晋
安王子勋举兵反，镇军长史邓琬为其谋主，雍州刺史袁顗率众赴

之。……甲申，后将军、郢州刺史安陆王子绥进号征南将军，右将军、会稽太守寻阳王子房进号安东将军，前将军、荆州刺史临海王子顼进号平西将军。子绥、子房、子顼并不受命，举兵同逆"。巴陵王刘休若东讨檄文见于《宋书·孔觊传》，《全宋文》题曰《移檄东土讨孔觊等》，文中论及萧道成曰："右军将军齐王、射声校尉姚道和，楼舰千艘，覆川盖汜。"宋明帝于本年十二月即位至年终寻阳王刘子房等举兵反，萧道成号为右军将军。

江夏王刘义恭（413—465）卒。

平按：江夏王义恭，宋武帝刘裕第五子。《宋书》卷六十一《江夏文献王义恭传》："前废帝狂悖无道，义恭、元景等谋欲废立。永光元年八月，废帝率羽林兵于第害之，并其四子，时年五十三。断析义恭肢体，分裂肠胃，挑取眼精，以蜜渍之，以为鬼目粽。"义恭颇有文义，孝建二年撰《要记》五卷，起前汉迄晋太元。善骑马，解音律。大明中撰国史，世祖刘骏亲为义恭作传。《隋志》载"宋《江夏王义恭集》十一卷，梁十五卷，录一卷。又有《江夏王集别本》十五卷"，已散佚。今存文三十四篇，诗十三首，在刘氏皇族子孙中是留下作品较多的。

戴法兴（414—465）卒。

平按：《宋书·前废帝纪》："秋八月辛酉，越骑校尉戴法兴有罪，赐死。"又本传："帝遂发怒，免法兴官，遣还田里，仍复徙付远郡，寻又于家赐死，时年五十二。"戴法兴，字不详，会稽山阴（今浙江绍兴）人。出身寒门，宋孝武帝刘骏时，为南台御史，兼中书通事舍人。以军功封吴昌县男。废帝即位，迁越骑校尉。法兴通晓古今，素见恩幸，又多纳货贿，家产累至千金。时人言宫中有两天子，帝是假天子，法兴是真天子。法兴能文章，颇行于世。《隋志》载"越骑校尉《戴法兴集》四卷，亡"。今存文一篇。法兴亦入列钟嵘《诗品》，以为"人非文是，愈有可嘉焉"，并不以人废文，无当时的门阀之见。

释道汪（？—465）卒。

平按：《高僧传》卷七《宋蜀武担寺释道汪传》："以宋泰始元年卒于所住，顾命令阇维之。"释道汪，俗姓潘，长乐人。幼时随叔父在京，年十三投庐山慧远出家。研综经律，雅善《涅槃》。

崔慰祖（465—499）生。

平按：《南齐书》本传："与丹阳丞刘沨素善，遥光据东府反，慰祖在城内。城未溃一日，沨谓之曰：'卿有老母，宜其出矣。'命门者出之。慰祖诣阙自首，系尚方，病卒。……时年三十五。"萧遥光于永元元年（499）八月反，不日被诛，崔慰祖被系尚方而病卒，亦在是年。上推当生于泰始元年。崔慰祖字悦宗，清河东武城（今山东武城西北）人。解褐奉朝请，后为始安王抚军参军，转刑狱，兼记室。齐明帝建武中，从兄慧景举之，与刘孝标并为硕学，沈约、谢朓尝问之地理中所不悉十余事，慰祖酬据精悉，一座称服。他是南齐著名藏书家，《南齐书》本传载："好学，聚书至万卷，邻里年少好事者来从假借，日数十帙，慰祖亲自取与，未常为辞。"陈德弟评曰："慰祖嗜书，乃书之大幸；慰祖肯将书借人，乃世人之大幸，其润人淑世之义举，是私藏在传承典籍与文化上之最大贡献。"[1]《隋志》著录其著《海岱志》二十卷，久佚。

柳恽（465—517）生。

平按：《梁书》本传："天监十六年，卒，时年五十三。"上推生于是年。柳恽字文畅，河东解人。齐世历任竟陵王子良法曹行参军，迁太子洗马，除骠骑从事中郎，又为冠军将军、征东府司马。

---

[1]　陈德弟：《先秦至隋唐五代藏书家考略》，天津古籍出版社 2011 年版，第 52 页。

梁台建，为吴兴太守、散骑常侍、左民尚书、广州刺史、秘书监。少有志行，好学，善尺牍，能弹琴，工篇什，诗被萧衍所称美。梁武帝萧衍平建康，恽上笺请先收图籍。天监初，与沈约等共定新律。又善弈棋，定棋谱，品优劣。《隋志》梁有"中护军《柳恽集》十二卷"，已散佚。今存文一篇，存诗二十二首。

王僧孺（465—522）生。

平按：《梁书》本传："普通三年，卒，时年五十八。"上推生于是年。王僧孺字僧孺，东海郯人。自幼聪慧，五岁读《孝经》，六岁能属文。齐时，起家王国左常侍，历任太学博士、大司马豫章王行参军、候官令，为始安王萧遥光所举荐，除尚书仪曹郎，迁治书侍御史，出为钱唐令。与乐安任昉友善。天监初，为临川王后军记室参军，待诏文德省。出为南海太守，在郡有令名。回京，拜中书郎、领著作郎，复直文德省，撰《中表簿》及《起居注》。后迁尚书左丞、游击将军、御史中丞，又迁为少府卿，出监吴郡，还除尚书吏部郎，参大选。后因诽讼免官。僧孺尝预竟陵王子良西邸，为"八友"之一，又是齐梁时期著名的藏书家。《梁书》本传载其"好坟籍，聚书至万余卷，率多异本，与沈约、任昉家书相埒。少笃志精力，于书无所不睹。其文丽逸，多用新事，人所未见者，世重其富。僧孺集《十八州谱》七百一十卷，《百家谱集》十五卷，《东南谱集抄》十卷，文集三十卷，《两台弹事》不入集内为五卷，及《东宫新记》，并行于世"。僧孺经历坎坷，少时为人抄书来换取工钱，以奉养其母。勤奋好学，抄书时默记于心，久之而学问精进。僧孺藏书，其富与沈约、任昉齐名，是梁代三大藏书家之一。其一生著述丰赡，然多散佚。明人有《王左丞集》辑本数种。《隋志》有"梁中军府谘议《王僧孺集》三十卷"。

宋明帝泰始二年·魏献文帝天安元年（466）
丙午　四十岁

正月乙丑，魏改号天安。（《魏书》卷六《显祖纪》，《通鉴》卷一百三十一《宋纪十三》）

正月乙未，晋安王子勋僭即伪位于寻阳，年号义嘉元年。同反者加官晋爵。（《南史》卷三《宋本纪下》，《宋书》卷八十《晋安王子勋传》）

平按：晋安王子勋于寻阳称帝，起于邓琬诈称受路太后玺书。子勋称帝，同应者有安陆王子绥、寻阳王子房、临海王子顼等。此时，身居北部边镇的徐州刺史薛安都、冀州刺史崔道固亦反以应寻阳。在江南，吴郡、吴兴、义兴、晋陵诸郡太守亦皆据本郡应寻阳。在西部之益州，益州刺史萧惠开赞世祖刘骏之嗣子勋，而推奉寻阳。在岭南的广州刺史袁昙远，在西北的梁州刺史柳元怙，在中部的湘州行事何慧文等，亦皆附于子勋。真可谓四方俱叛，众皆归于寻阳，朝廷所保，唯有丹阳、淮南等数郡而已。《宋书·晋安王子勋传》："泰始二年正月七日，奉子勋为帝，即伪位于寻阳城，年号义嘉元年，备置百官，四方并响应，威震天下。"至八月己卯，司徒建安王刘休仁总统诸军平定江、郢、荆、雍、湘五州，晋安王子勋、安陆王子绥、临海王子顼、邵陵王子元并赐死，同党皆伏诛。至此，泰始二年四方之乱的中心得以平定。《宋书·始安王休仁传》谓"中流平定，休仁之力也"。

正月辛亥，行会稽郡事孔觊与吴郡太守顾琛、吴兴太守王昙生、义兴太守刘延熙、晋陵太守袁标俱反。明帝遣镇东将军巴陵王刘休若总统东讨诸军事，统众军讨之。刘休若作《移东土檄》。（《宋书》卷八《明帝纪》，《宋书》卷八十四《孔觊传》）

平按：本年正月乙未，晋安王子勋于寻阳称伪帝后，四方相继皆叛，以应寻阳。宋明帝刘彧亲御征讨诸军，同时或先后派兵征讨四方叛军。正月甲午，以司徒建安王刘休仁都督征讨诸军事，节度征讨诸军。正月辛亥，又以山阳王刘休祐统军征讨豫州刺史殷琰，同时又以镇东将军巴陵王刘休若统军东讨孔觊。《南齐书·高帝纪上》称"时四方反叛，会稽太守寻阳王子房及东诸郡皆起兵"，实际上，所谓子房之反乃受孔觊和晋安王反于寻阳的裹挟，最初并非起于其本意。子房于景和元年以本号都会稽、东阳、新安、临海、永嘉五郡诸军事，会稽太守，当时孔觊为子房右军长史，行会稽郡事。而明帝刘彧即位后，为笼络浙江吴郡，对寻阳王子房和孔觊加号晋爵，并遣都水使者孔璪赴东慰劳，是孔璪的一番关于天下形势分析的话促成了孔觊的反叛。此时，孔觊被调任太子詹事尚未离会稽郡任，故《宋书·松滋侯子房传》言称"长史孔觊不受命，举兵反，应晋安王"。子房虽然为浙江五郡藩镇，领会稽太守，但行会稽郡事者乃孔觊，而子房当时是一个年仅十一岁的少年，行郡国大事还主要听从于孔觊。孔觊一反，虽可能非子房本意，却不反亦反了。而已于寻阳称帝的子勋又加子房以伪号、伪职，如此便彻底将子房推上逆反之路了。至此，孔觊又使吴郡、吴兴、义兴、晋陵四郡同反。吴越是宋疆土的腹地，断不许有变，四方之叛，先定吴越是必须。至二月二十二日，孔觊被杀，平东域。

正月壬辰，徐州刺史薛安都举兵反。青州刺史沈文秀、冀州刺史崔道固同反。（《南史》卷三《宋本纪下》）

平按：景和元年，薛安都为平北将军、徐州刺史。（泰始二年）正月壬辰，薛安都又以平北将军、徐州刺史进号为安北将军。安都并不受命，举兵反，以应晋安王子勋。八月，寻阳平定，安都奉启书归款朝廷，在启书中称其曾蒙世祖刘骏之恩，刘骏子晋安王子勋反，己亦从之，意以死相报世祖恩遇。待子勋败后，又称四方之反，实为时局所迷惑，各方纷纷改属朝廷，亦率领所部，听任明帝处置。时明帝欲向淮北诸叛军示威，遣张永、沈攸之率重兵北上迎接安都。安都以为既然已经归顺，朝廷不应遣重兵来迎，惧怕朝廷并不免叛离之罪，便降于魏。至泰始五年，死于北魏。《宋书·明帝纪》所载"辅国将军齐王前锋北讨"事，所讨对象即薛安都。沈文秀字仲远，吴兴武康人，司空沈庆之弟子。景和元年出为青州刺史，将赴镇青州之时力劝沈庆之反于前废帝，沈庆之不从，为废帝所杀。徐州刺史薛安都反，沈文秀亦同反。泰始二年八月，台军平晋安王子勋后，于三年二月向明帝归命请罪，仍为青州刺史。五年正月二十四日，文秀所据守的青州被魏军攻陷，为魏军所虏，囚送魏之桑乾。至齐永明四年病死于魏。冀州刺史崔道固自景和起的经历与沈文秀颇一致，亦应徐州刺史薛安都同逆；后亦为明帝宣慰而归顺。泰始三年，所镇历城为魏军攻陷，押解桑乾，死于魏。

正月壬子，崇宪皇太后崩。五月甲寅，葬于修宁陵。（《南史》卷三《宋本纪下》，《宋书》卷八《明帝纪》）

平按：崇宪皇太后，本文帝刘义隆淑媛路惠男，丹阳建康人，不详所出，诸史并无载其家世，当以海选凭其色貌得入后宫。刘义隆看重的也正是路惠男的色貌，也因其色貌得于元嘉七年（430）生孝武帝刘骏，也因生得皇子刘骏方得拜为淑媛。她与刘义隆之间，并非情之所系，更非才能之所系，入宫之后能偶或为文帝所宠幸，全凭色貌。能为文帝生有一子，也是万幸，亦可视为意外收获。因无显赫家世背景，或为普通民间女子，不曾有大族中彼此关系相处的耳濡目染，也无诗书礼仪之教育，在后宫自然不懂周旋与取媚。后宫女子不谙后宫之道，必不能得皇帝之宠幸。生皇子刘骏后，不久便不再得文帝之幸。诸史中未提及刘或自小以来文帝对他是喜是恶，与文帝长子刘劭、次子刘濬的多有恶行相比，三子刘骏一直都是中规中矩的，文帝于元嘉三十年欲废太子刘劭，而重立太子的选择对象是四子南平王刘铄和七子建平王刘宏，刘骏并不在刘义隆的考虑范围内，亦说明其并非为刘义隆所喜。既然都不受宠，在关系复杂、人心伪诈的宫廷中，母子之间的彼此依赖与安慰也就是自然的了。刘骏于元嘉十二年（435）六岁时被立为武陵王，元嘉十六年十岁时（439）始出为湘州刺史，之后历藩南豫州、秦州、雍州、徐州、兖州、南兖州、江州等。自封武陵王始，直至元嘉三十年（453）二十四岁，刘骏多出藩在外，其母路惠男大致一直伴随在刘骏身边。刘骏入京平二凶之乱前最后一任外藩在江州刺史治寻阳，《宋书·文帝路淑媛传》谓"世祖入讨元凶，淑媛留寻阳"。刘骏恐怕无论如何也不会想到做皇帝的机会能降临他的头上，也许是天命使然。其两位兄长刘劭、刘濬居然联手弒掉君父，这便给了他千载难逢的时机，一向受文帝冷落而习惯了独立判断和行动的刘骏断不会错过如此大好机会，二凶之外诸皇子中刘骏就是长兄了，他的兴义师入京诛讨叛逆名正言顺。这机会刘骏抓得实在是好，因平乱首功，更兼其长，即帝位没有丝毫异议。初即帝位，便急不可待地遣建平王刘宏赴寻阳接其母路惠男入京，刘骏接受朝中附和之臣的启奏，奉母号曰皇太后，宫曰"崇宪"。刘骏与其母路惠男之间的隐秘关系，以及刘骏常在生母路惠男眼皮底下无度淫乱之事，《宋书·文帝路淑媛传》记述得颇为模糊，"上于闺房之内，礼敬甚寡，有所御幸，或留止太后房内，故民间喧然，咸有丑声。宫掖事秘，莫能辨也"。废帝即位，路惠男号太皇太后。宋明帝刘彧即位，又号为崇宪太后。自文帝刘义隆时初因色貌入宫，历其子孝武帝刘骏、其孙前废帝刘子业、文帝十一子明帝刘彧，虽有废帝登基后的剪灭刘骏所宠任的诸王与大臣、明帝刘彧践位后的大兴杀戮，路惠男非但毫发未损，反倒其崇愈高，其中原因颇可玩味。修宁陵在孝武陵东南。

三月壬子，宋废永光元年之二铢钱，而重启用四铢钱。（《宋书》卷八《明帝纪》，《南史》卷三《宋本纪下》）

平按：《宋书》《南史》所谓"断新钱"，是指永光元年更新所铸二铢钱，"专用古钱"当指元嘉时期所铸之四铢钱。

九月己酉，魏用高允之议，立郡学，置博士、助教、生员。（《魏书》卷六《显祖纪》，《魏书》卷四十八《高允传》）

平按：魏显祖献文皇帝拓跋弘欲置学官于郡国，高允表奏曰：

"臣闻经纶大业，必以教养为先；咸秩九畴，亦由文德成务。故辟雍光于《周诗》，泮宫显于《鲁颂》。……宜如圣旨，崇建学校以厉风俗。使先王之道，光演于明时；郁郁之音，流闻于四海。请制大郡立博士二人、助教四人、学生一百人，次郡立博士二人、助教二人、学生八十人，中郡立博士一人、助教二人、学生六十人，下郡立博士一人、助教一人、学生四十人。其博士取博关经典、世履忠清、堪为人师者，年限四十以上。助教亦与博士同，年限三十以上。若道业夙成，才任教授，不拘年齿。学生取郡中清望，人行修谨，堪循名教者，先尽高门，次及中第。"高允之表奏，详说博士、助教、学生之条件，并对为师者的博士和助教有明确的年龄规定，又特重德业，这种观念即便是在今天也丝毫不落后。显祖允其奏，魏郡国之学自此始。《资治通鉴·宋纪十三》："（泰始二年）九月己酉，魏初立郡学，置博士、助教、生员，从中书令高允、相州刺史李䜣之请也。"胡注曰："古者，家有塾，党有庠，术有序，国有学。秦虽焚书坑儒，齐、鲁学者未尝废业。汉文翁守蜀，起立学官，学者比齐、鲁。武帝令天下郡国皆立学官，则学官之立尚矣。此书魏初立郡学、置官及生员者，盖悲五胡兵争，不暇立学，魏起北荒，数世之后始及此；既悲之，犹幸斯文之坠地而复振也。"

十月乙卯，永嘉王子仁、始安王子真、淮南王子孟、南平王子产、庐陵王子舆、松滋侯子房并赐死。（《宋书》卷八《明帝纪》，《宋书》卷九《后废帝纪》）

十月戊寅，立皇子刘昱为皇太子。（《宋书》卷八《明帝纪》，《宋书》卷九《后废帝纪》）

平按：皇太子刘昱，字德融，小字慧震，明帝长子。大明七年（463）正月辛丑生。本年十月立为太子，时年四岁。

十二月辛巳，薛安都引魏军败张永、沈攸之，宋尽失淮北四州及豫州淮西之地。（《宋书》卷八《明帝纪》）

平按：宋徐州刺史薛安都，于九月己酉以彭城降魏。

王僧虔作《诫子书》。(《南齐书》卷三十三《王僧虔传》)

平按：《诫子书》全文见载于《南齐书》本传。此文具体描述了当时士人以玄学为"言家口实"之风，尤为重要。刘汝霖《东晋南北朝学术编年》以为"此书之作当于（袁）粲为中书令之后，（谢）庄卒之前"，故系于本年。

正月辛亥，萧道成由右军将军晋为辅国将军，受巴陵王刘休若节度，东讨孔觊等诸叛军。(《南齐书》卷一《高帝纪上》，《宋书》卷八十《寻阳王子房传》，《通鉴》卷一百三十一《宋纪十三》)

平按：《南齐书·高帝纪上》："时四方反叛，会稽太守寻阳王子房及东诸郡皆起兵，明帝加太祖辅国将军，率众东讨。至晋陵，与贼前锋将程捍、孙昙瓘等战，一日破贼十二垒。分军定诸县，晋陵太守袁摽弃城走，东境诸城相继奔散。"又《南史·齐本纪上》："时四方叛，会稽太守寻阳王子房及在东诸郡皆起兵。明帝加帝辅国将军，东讨。"《宋书·明帝纪》《南史·宋本纪中》称"二月乙丑，右军将军萧道成与吴兴太守张永东讨，平晋陵"，说的是讨平晋陵诸郡的时间。萧道成时为东讨大军主将，且主要为水战，军容甚盛，巴陵王刘休若东讨檄文曰："右军将军齐王、射声校尉姚道和，楼船千艘，覆川盖汜"。据《宋书·孔觊传》载，至二月三日，萧道成与张永合力大破袁摽，屠两城；二月四日，萧道成又破孙昙瓘、陈景远等。台军在萧道成统帅下，势如破竹，一举平定晋陵，使吴中为之震动。吴郡、吴兴、义兴、晋陵四郡平定后，明帝将讨东诸军分为三路，一路以吴喜统率全景文、沈怀明等继续向东平会稽；一路由萧道成统率张永、姚道和、杜幼文等回军北讨薛安都；一路为王穆之、顿生、江方兴等南伐晋安王子勋叛军。

二月丁亥，萧道成奉明帝刘彧之命率军北讨徐州刺史薛安都等

诸叛军。(《宋书》卷八《明帝纪》,《宋书》卷八十八《薛安都传》,《南史》卷四《齐本纪上》)

平按:萧道成于二月四日平定晋陵,丁亥日率军北讨徐州刺史薛安都。《宋书·薛安都传》:"(泰始二年)太宗遣齐王率前将军张永、宁朔将军垣山宝、王宽、员外散骑侍郎张置震、萧顺之、龙骧将军张季和、黄文玉等诸军北讨。其年五月,军次平原,索儿等率马步五千,列阵距战,击大破之。索儿又虏掠民谷,固守石梁,齐王又率镇北参军赵昙之、吕湛之击之。"北讨军中,萧衍父萧顺之亦在列。五月,北讨军斩薛索儿。《南史·齐本纪上》谓"及徐州刺史薛安都据彭城归魏,遣从子索儿攻淮阴,又征帝(萧道成)讨破之",这里史事顺序有误。实际上,是斩薛索儿在先,薛安都至八月投魏且死于魏地,而并非薛安都归魏之后派索儿攻淮阴,为萧道成军所平。本来萧道成东讨之后,回军次新亭,准备南讨寻阳,适逢讨北前军张永为薛索儿所攻而告急,明帝急遣萧道成往救张永。初与薛索儿几经周旋,后乃大败薛索儿。

五月,萧道成因讨北有功,除骁骑将军,封西阳县侯,邑六百户。(《南齐书》卷一《高帝纪上》)

平按:是年五月,萧道成率军助张永平薛索儿,定缘淮诸郡后即南返。薛索儿为徐州刺史申令孙子申孝叔所斩,萧道成更未率军进至薛安都所据之彭城。即便如此,宋明帝还是对萧道成加官晋爵。骁骑将军,有时亦称骁卫将军。《唐六典》卷二十四:"汉武帝以李广为骁骑将军,后省之。光武改屯骑为骁骑。晋文帝置台,以为宿卫之官。历宋、齐、梁、陈、后魏、北齐,并有骁骑将军之职。"[①]晋、宋以来,以领军、护军、左右二卫、骁骑、游击将军,谓之"六军"。

---

① (唐)李林甫等撰,陈仲夫点校:《唐六典》,中华书局1992年版,第619页。

七月，萧道成迁为巴陵王卫军司马，随镇会稽。(《南齐书》卷一《高帝纪上》)

平按：据《宋书·明帝纪》，巴陵王休若于泰始二年正月丁亥，由镇东将军进号卫将军，至九月辛丑，以卫将军号为雍州刺史，直至泰始三年正月降号镇西将军，泰始二年内一直号为卫将军。虽然巴陵王休若又于泰始三年九月癸丑，再由镇西将军进号卫将军，但此时早已离开会稽郡而为雍州刺史。故萧道成迁巴陵王卫军司马，随镇会稽的时间只能在泰始二年内，具体说应该是在泰始二年九月巴陵王休若出为雍州刺史之前。八月己卯，司徒建安王休仁讨平江、郢、荆、雍、湘五州，晋安王子勋等赐死，萧道成为巴陵王卫军司马，随镇会稽，乃在此之前，故系于七月。

八月，萧道成在东讨平晋安王子勋所遣入三吴临川内史张淹后，自会稽回京，除桂阳王征北司马、南东海太守，行南徐州事。(《南齐书》卷一《高帝纪上》，《南史》卷四《齐本纪上》)

平按：萧道成所讨临川内史张淹，为晋安王子勋所遣，由鄱阳峤道入三吴，是泰始二年初入东讨平吴郡、吴兴、义兴、晋陵之后事，且讨北已杀薛索儿，朝廷集中力量南讨寻阳晋安王子勋，三吴空虚，萧道成乃以一己之力，巧用战法使入三吴的临川内史张淹败走。《南齐书·高帝纪上》载："时朝廷器甲皆充南讨，帝军容寡阙，乃编梭皮为马具装，折竹为寄生，夜举火进军。贼望见恐惧，未战而走。"由此，回京后即除为桂阳王征北司马、南东海太守，行南徐州事。又《宋书·明帝纪》载："(泰始二年)秋七月己丑，镇北将军、南徐兖二州刺史桂阳王休范进号征北大将军。"故萧道成为此任，至早在泰始二年七月己丑桂阳王休范进号征北大将军时，姑系于八月。

十二月，萧道成为假冠军将军、持节、都督前锋诸军事，镇淮阴。(《南齐书》卷一《高帝纪上》，《南史》卷四《齐本纪上》)

平按：八月，平晋安王子勋后，徐州刺史薛安都遣使向宋明帝请降，宋明帝欲借此北讨，征询萧道成意见，萧道成说；"安都才识不足，狡猾有余。若长辔缓御，则必遣子入朝；今以兵逼之，彼将惧而为计，恐非国之利也。"但宋明帝执意遣重兵，于十月命镇军将军张永、中领军沈攸之率甲士五万迎薛安都，薛安都惧而投魏。十二月，安都引魏军大败张永、沈攸之于彭城，从而宋尽失淮北四州及豫州淮西之地。淮北、淮西之失，危及淮南，宋明帝即以萧道成出镇淮阴。淮阴为本年新侨立兖州治，《通鉴·宋纪十三》胡注曰："兖、徐、青、冀皆降于魏，故立侨州。"

鲍照（416—466）卒。

平按：《宋书·临海王子顼传》："鹊尾奔败，吴喜、张兴世等军至，子顼赐死，时年十一，葬巴陵。"《宋书·邓琬传》："荆州闻浓湖平，……人情转离，将士渐逃散。……道预、邵宰即与刘道宪解遣白丁，遣使归罪。荆州治中宗景、土人姚俭等勒兵入城，杀道宪、道预、记室参军鲍照，劫掠府库，无复孑遗，执子顼以降。"《宋书·鲍照传》："子顼败，为乱兵所杀。"虞炎《鲍照集序》："宋明帝初，江外拒命。及义嘉败，荆州震扰，江陵人宋景因乱掠城，为景所杀，时年五十余。"鲍照生平仕历，诸史所载甚为简略，吴丕绩、缪钺均撰有《鲍照年谱》，近年又有丁福林《鲍照年谱》，考证颇详。《南史》本传称："明远文辞赡逸，尝为古乐府，文甚遒丽。"钟嵘《诗品》置其中品，评曰："其源出于二张。善制形状写物之词，得景阳之淑诡，含茂先之靡嫚，骨节强于谢混，驱迈疾于颜延。总四家而擅美，跨两代而孤出。嗟其才秀人微，故取湮当代。然贵尚巧似，不避危仄，颇伤清雅之调。故言险俗者，多以附照。"鲍照才秀人微，兼擅诗、赋、骈文，尤其长于乐府和七言歌行，风格俊逸，骨力遒劲，代表作有《芜城赋》《登大雷岸与妹书》《梅花落》《拟行路难》等。南齐永明时，虞炎曾编《鲍照集》十卷，今以张溥所辑《鲍参军集》最为通行。清末钱振伦，近人黄节、钱仲联为之作注，今人丁福林、丛玲玲《鲍照集校注》最为详备。

谢庄（421—466）卒。

平按：《宋书》本传："泰始二年，卒，时年四十六，追赠右光禄大夫，常侍如故，谥曰宪子。"谢庄字希逸，陈郡阳夏（今河南太康）人。谢灵运从子。美容仪，善辞令，七岁能属文。历仕宋文帝、孝武帝、明帝三代。官至吏部尚书、散骑常侍、中书令，加金紫光禄大夫。曾作哀策文，宋孝武帝读后，起坐流涕曰："不谓当今复有此才。"都下传写，纸墨一时为贵。所著文章四百余篇行于世。《隋志》录"宋金紫光禄大夫《谢庄集》十九卷，梁十五卷"，已散佚。明人张溥辑有《谢光禄集》一卷。今存文三十六篇、诗十六首。钟嵘《诗品》置其于下品，评曰："希逸诗，气候清雅。不逮于王、袁，然兴属闲长，良无鄙促也。"

徐勉（466—535）生。

平按：《梁书》本传："大同元年，卒，时年七十。"上推生于本年。徐勉字修仁，东海郯（今山东郯城）人。祖长宗，宋高祖霸府行参军。父融，南昌相。勉幼孤贫，及长，笃志好学。起家齐国子生。射策举高第，迁太学博士。入梁，深得武帝重用，历官显要。品学兼优，不营产业，尝谓"人遗子孙以财，余遗之以清白"。主修五礼千余卷。《梁书》本传载："勉善属文，勤著述，虽当机务，下笔不休。尝以起居注烦杂，乃加删撰为《流别起居注》六百卷；《左丞弹事》五卷。在选曹，撰《选品》五卷。齐时，撰《太庙祝文》二卷。以孔、释二教殊途同归，撰《会林》五十卷。凡所著前后二集四十五卷，又为《妇人集》十卷，皆行于世。"徐勉又是梁代著名的藏书家，其藏书事迹，《周书·蔡大宝传》载：大宝"尝以书干仆射徐勉，大为勉所赏异。乃令与其子游处，所有坟籍，尽以给之"。由此可知，徐勉拥有丰富的藏书，后尽赠与蔡大宝。《隋志》录勉所著《梁选簿》三卷、《徐勉前集》三十五卷和《徐勉后集》十六卷并序录。勉之所著，大都散佚。今存文十五篇、诗八首。

郦道元（466？—527）生。

平按：曹道衡、沈玉成《南北朝文学史》："郦道元（466？—527），字善长，北魏范阳涿（今河北涿县）人。"从之。生平好学，博览群书。撰有《本志》十三卷，又有《七聘》及其他文章行世，今均散佚。现存仅为《水经注》四十卷。《水经注》，是为《水经》作注。《水经》是一部记述水道的古书，传为汉人桑钦所作，但其中有三国时地名，郦道元注中曾屡引桑钦的话而不言是经，故清代学者多疑其并非桑钦所作，而以为三国时无名氏所作。《水经》内容简略，文字枯燥，郦道元以《水经》水道为纲，做了大量的补充发挥，实际上已经另成专著。《水经注》是我国六世纪以前地理著作之集大成者，其后一直是历史地理学、考古学、水利史等学科的重要文献。其中描写自然山水的篇章，代表了中国古代山水散文的极高成就。

宋明帝泰始三年·魏献文帝皇兴元年（467）丁未　四十一岁

正月，宋将张永、沈攸之为魏军所败，宋失淮北四州及豫州淮西之地。（《宋书》卷八《明帝纪》，《魏书》卷九十八《萧道成传》）

平按：张永、沈攸之本为宋明帝所遣北来彭城迎降薛安都的，然未及二人率五万大军来到，薛安都已降魏，并纳魏尉元入彭城。泰始二年十二月底，张永率军逼近彭城，攻城不克，大败，与沈攸之二人仅以身免，还退淮阴。至此，宋尽失淮北四州及豫州淮西之地。淮北四州，即青、冀、徐、兖。豫州淮西，即汝南、新蔡、谯、梁、陈、南顿、颍川、汝南、汝阴诸郡。

八月戊申，魏皇子拓跋宏生，改元皇兴元年。（《魏书》卷六

《显祖纪》,《南史》卷三《宋本纪下》)

平按：皇子拓跋宏，即后来的魏高祖孝文皇帝，显祖献文皇帝长子，皇兴元年八月戊申，生于平城紫宫。

魏起永宁寺，建七级佛塔。于天宫寺造释迦立像。(《魏书》卷一百一十四《释老传》)

平按：《魏书·释老传》："(天安二年)高祖诞载。于时起永宁寺，构七级佛图，高三百余尺，基架博敞，为天下第一。又于天宫寺，造释迦立像，高四十三尺，用赤金十万斤，黄金六百斤。"献文帝拓跋弘深信佛教，"览诸经论，好老、庄。每引诸沙门及能谈玄之士，与论理要"，并于京城内大规模起寺造像。永宁寺在今山西大同市。《乾隆大同府志》卷十五："南堂寺，在府城东南，后魏天安元年建，名永宁寺。构七级浮图，高三百余尺，为天下第一。"《道光大同县志》卷五："当时有金玉像，高一丈八尺，外有九级浮图，高九十余丈，上刹复高十丈，铃铎声闻十里。……今废。"天宫寺亦在今山西大同市，与永宁寺同起于皇兴元年，《乾隆大同府志》以其置于天安元年(466)，误。

江淹被系南兖州狱，狱中作《诣建平王上书》。旋被免出狱。(丁福林《江淹年谱》)

高允七十八岁，作《征士颂》。(《魏书》卷四十八《高允传》)

平按：高允作《征士颂》，感怀卢玄、崔绰、燕崇等三十五人，自称"不为文二十年矣"，盖自崔浩之死，文网密织，故不以作文致祸。《高允传》载《征士颂》在"皇兴中"之前，姑系于本年。时又作《告老诗》，已佚。

萧道成迁督南兖徐二州诸军事，持节、假冠军、都北讨如故。(《南齐书》卷一《高帝纪上》)

平按：宋徐州刺史治彭城。明帝初，薛安都为徐州刺史降魏，徐州没，宋又侨立徐州，治钟离。宋元嘉世兖州所领大致有今山东中南部、河北南部、河南东北部一带，州治亦几经迁徙：元嘉十三年，治邹山，又寄治彭城；元嘉三十年，治瑕丘等。从位置上看，兖州在徐州之北。《宋书·州郡志》："明帝世，淮北没寇，侨立徐州，治钟离。……宋末失淮北，侨立兖州，寄治淮阴。"南兖州，初为晋成帝所侨立，寄治京口，刘宋时期辖境大致在江淮间，"宋文帝元嘉八年，始割江淮间为境，治广陵"。宋明帝泰始二年十二月侨立徐、兖二州，均在侨立南兖州境，钟离、淮阴二侨立州治亦均在淮河南岸。刘宋泰始之初所失淮北、淮西之地，并非北魏的主动攻击，而主要是青、冀、徐、兖四州的叛离。刘宋无论如何不能坐视江淮之间的南兖州再失，那将直接危及京城建康的安危，故力保南兖州便成为刘宋固守江南的底线。在这种情况下，萧道成被明帝派往江淮之间，以督军事、北讨军事行动主帅的身份坐镇淮阴，目的是固守江淮之间，并伺机北讨。泰始三年时，沈攸之为南兖州刺史，王玄载为徐州刺史，崔平、周宁民先后为兖州刺史，萧道成在淮河南北地区并无任何地方行政官职。在淮河以南缘淮镇守的萧道成，其态势以守为主，名曰"北讨"，却无北讨之实。仅在泰始三年之初，浮船舰于淮水之中，以箭遥射魏军而解沈攸之、吴喜等人之围。在镇淮阴期间，萧道成军事实力非但没有折损，反倒不断增强，原青、冀、徐、兖四州奔亡者多来归附。《通鉴·宋纪十四》曰："（泰始三年）八月壬寅，以攸之行南兖州刺史，将兵北出；使行徐州事萧道成将千人镇淮阴。道成收养豪俊，宾客始盛。"胡注："去年侨立徐州于钟离，今使萧道成屯淮阴，为沈攸之后镇。"沈攸之于泰始二年十二月与张永重兵迎薛安都之归款，致使薛安都归魏，魏军南下彭城接应薛安都，于彭城大败张永、沈攸之。沈攸之败归淮阴后，又请求北讨，明帝刘彧不许。三年八月，宋明帝又令沈攸之进围彭城，攸之再败，复还淮阴。年内，沈攸之南北不断奔袭，所战皆败，萧道成虽为其后镇，在沈攸之、张永兵败之际助力甚为有限，或为保存实力，以图长久之计。

萧道成镇淮阴，作《塞客吟》。（《南齐书》卷二十八《苏侃传》，《南史》卷四十七《苏侃传》）

平按：《南齐书·苏侃传》："遇太祖在淮上，便自委结。上镇淮阴，以侃详密，取为冠军录事参军。是时张永、沈攸之败后，新失淮北，始遣上北戍，不满千人，每岁秋冬间，边淮骚动，恒恐虏至。上广遣侦候，安集荒余，又营缮城府。上在兵中久，见疑于时，乃作《塞客吟》以喻志曰：'宝纬紊宗，神经越序。德晦河、晋，力宣江、楚。云雷兆壮，天山縣武。直发指秦关，凝精越汉渚。秋风起，塞草衰，雕鸿思，边马悲。平原千里顾，但见转蓬飞。星严海净，月澈河明。清辉映幕，素液凝庭。金笳夜厉，羽辔晨征。斡晴潭而怅泗，枻松洲而悼情。兰涵风而泻艳，菊笼泉而散英。曲绕首燕之叹，吹轸绝越之声。歔园琴之孤弄，想庭藿之余馨。青关望断，白日西斜。恬源靓雾，垄首晖霞。戒旋鹢，跃还波。情绵绵而方远，思袅袅而遂多。粤击秦中之筑，因为塞上之歌。歌曰：朝发兮江泉，日夕兮陵山。惊飙兮沛汨，淮流兮潺湲。胡埃兮云聚，楚旆兮星悬。愁墉兮思宇，恻怆兮何言。定寰中之逸鉴，审雕陵之迷泉。悟樊笼之或累，怅遐心以栖玄。'侃达上此旨，更自勤励。"《塞客吟》为萧道成今仅存两首诗中的一首，逯钦立《先秦汉魏晋南北朝诗·齐诗》之题解曰："《古诗纪》云：此诗见《苏侃传》，外编、逸轨皆作侃诗，非也。《齐书》曰：高帝在淮上，以苏侃为冠军录事参军。是时新失淮北，遣帝北戍，每岁秋冬间，边淮骚动，帝广遣侦候，安集荒余，又营缮城府。帝在兵中久，见疑于时，乃作《塞客吟》以喻志。侃达此旨，更自劝励，委以府事，深见知待。"《南齐书·高帝纪》《南史·齐本纪》皆不载萧道成能诗，亦不录其诗作，仅载其评论、教导武陵王萧晔短诗事。今存两首诗，均载他人传记，"史籍亦未载他有别集流传于世，盖萧道成仅以赋诗抒写一时之情志，并不期藉此立言不朽"①。

---

① 曹旭、陈路、李维立：《齐梁萧氏诗文选注》，上海古籍出版社 2015 年版，第 8 页。

阳固（467—523）生。

平按：《魏书》本传："（和平）四年九月卒，时年五十七。"阳固字敬安，北平无终（今天津蓟州区）人。性倜傥，不拘小节，少任侠，好剑客。年二十六，始折节好学，遂博览篇籍，有文才。尝作《南北二都赋》以讽谏，辞多不载。又作《演赜赋》，以明幽微通塞之事，赋载《魏书》本传。又作《刺谗疾嬖幸》诗二首，四言，亦载《魏书》本传。阳固刚直雅正，不畏强御，居官清洁，家无余财。曾作《终制》一篇，务从俭约，临终又敕于诸子。《隋志》："后魏太常卿《阳固集》三卷。"《南北朝文学编年史》系阳固生于魏文成帝和平四年，误。

王融（467—493）生。

平按：《南齐书》本传："郁林深忿疾融，即位十余日，收下廷尉狱，然后使中丞孔稚珪倚为奏曰：'融姿性刚险，立身浮竞，动迹惊群，抗言异类。……诽谤朝政，历毁王公，谓己才流，无所推下，事暴远近，使融依源据答。'融辞曰：'……若事实有征，爰对有在，九死之日，无恨泉壤。'诏于狱赐死，时年二十七。"《南史·齐本纪下》："（永明）十一年七月戊寅，武帝崩，皇太孙即帝位。"王融被赐死当在永明十一年（493）八月。逆推生于本年。王融字元长，琅邪临沂人。王僧达曾孙，王俭从子。举秀才，曾上书齐武帝求自试。历任晋安王南中郎参军、晋陵王司徒法曹参军、中书郎兼主客郎。竟陵王萧子良以为宁朔将军军主。因谋拥立竟陵王，为郁林王嫉恨。郁林王即位，收融于狱中赐死，年仅二十七。融早慧，博涉有文才，曾为《曲水诗序》，文藻富丽，当世称之，北使房景高比之于相如《封禅》。尤善仓卒属缀，有所造作，援笔可待。善解音律，为"竟陵八友"之一，与沈约、谢朓共为"永明三大家"，为永明体的代表作家。《隋志》谓有"齐中书郎《王融集》十卷"，已散佚。明张溥辑有《王宁朔集》。王融今存作品较多，数量上仅次于沈约、谢朓二人。

武陵王萧晔（467—494）生。

平按：《南齐书》本传："隆昌元年，年二十八，薨。"上推生于本年。萧晔字宣照，萧道成第五子。母罗太妃，从萧道成在淮阴时，以罪诛，萧晔时年方四岁。萧晔刚颖俊出，工弈棋，有诗才，诗学谢灵运体。建元三年，出为会稽太守，儒士刘瓛至郡为其讲《孝经》。其诗文均不传。

刘勰（467—539）生。

平按：刘勰生卒年，历来持说不一，见今本牟世金《刘勰年谱汇考》①。刘勰字彦和，东莞莒人。少孤，笃志好学，家贫不婚娶，依沙门僧祐。博通经论，定林寺经藏，为其所定。历仕奉朝请、车骑仓曹参军、太末令、南康王记室、东宫通事舍人、步兵校尉等。撰《文心雕龙》五十篇，论古今文体。书成，不为当时所重，取定沈约，沈约谓其深得文理。《梁书》本传称其"文集行于世"，今不传。

宋明帝泰始四年·魏献文帝皇兴二年（468）戊申　四十二岁

二月乙巳，右光禄大夫、车骑将军、护军将军王玄谟薨。（《宋书》卷八《明帝纪》，《宋书》卷七十六《王玄谟传》）

平按：王玄谟字彦德，太原祁人。中古时期名门望族王氏二出，一谓琅邪王氏，二谓太原王氏。王玄谟历仕刘宋武帝、少帝、文帝、

---

① 见刘跃进、范子烨编：《六朝作家年谱辑要》下册，黑龙江教育出版社1999年版，第148页。

孝武帝、前废帝、明帝六君，中经历次嬗代的腥风血雨，玄谟能得保命，得享八十一岁，实为罕见。在几乎历经刘宋王朝的全程中，王玄谟虽无至著显功于朝廷，却也是兢兢业业，参与历次北伐及平乱。孝武临崩，受顾命，以严直不为前废帝刘子业所容。沈约称其"虽苛刻少恩，然观其大节，亦足为美"。《全宋文》辑其文七篇。

三月戊辰，南谯太守孙奉伯为交州刺史。交州人李长仁据州叛。俚人攻广州，杀刺史羊希，陈伯绍讨平之。（《宋书》卷八《明帝纪》，《南史》卷三《宋本纪下》）

平按：孙奉伯，诸史无传，其事迹散见于《宋书》《南史》《南齐书》中数条。前废帝景和元年九月，谢庄因作《殷贵妃诔》引汉昭帝母赵婕妤尧母门事，为刘子业所记恨，帝欲杀谢庄，孙奉伯劝刘子业系谢庄尚方而使谢庄免于一死，也算是救了谢庄一命。《南史·谢庄传》载："将诛之。孙奉伯说帝曰：'死是人之所同，政复一往之苦，不足为困。庄少长富贵，且系之尚方，使知天下苦剧，然后杀之未晚。'帝曰：'卿言有理。'系于左尚方。"泰始四年三月戊辰，孙奉伯出为交州刺史。《宋书·明帝纪》："（泰始四年）三月戊辰，南谯太守孙奉伯为交州刺史，交州人李长仁据州叛。妖贼攻广州，杀刺史羊希，龙骧将军陈伯绍讨平之。"泰始六年，明帝刘彧为太子刘昱纳妃江氏，朝野官员皆献物以贺，孙奉伯仅献琴书，明帝大怒，赐死，又得免。《南史·后废帝江皇后传》："后废帝江皇后讳简珪，济阳考城人也。泰始五年，明帝访求太子妃而雅信小数，名家女多不合。江氏虽为华族，而后父祖并已亡，弟又弱小，以卜筮吉，故为太子纳之。六年，拜皇太子妃，讽朝士州郡令献物，多者将直百金。始兴太守孙奉伯止献琴书，其外无余物。上大怒，封药赐死，既而原之。"奉伯献物获罪事，与大明六年四月孝武帝刘骏为殷贵妃起新安寺，建斋灌佛，僚佐多俵钱，张融独俵百钱，以致被远放交州为封溪令，如出一辙。泰始七年，奉伯梦见萧道成乘龙上天，只可惜未能见到萧道成为帝之日。至于交州人李长仁之叛，《南齐书·东南夷传》载："交州斗绝海岛，控带外国，故恃险数不宾。宋泰始初，刺史张牧卒，交趾人李长仁杀牧北来部曲，据交州叛，数年病死。"泰始三年，徐爰徙付交州，至四年至交州，正值李长仁作乱，尽诛北来流寓，唯徐爰得免。《隋志》载有"南海太守《孙奉伯集》十卷"，已散佚。

七月庚申，萧道成以骁骑将军为南兖州刺史。(《宋书》卷八《明帝纪》)

平按：《通鉴·宋纪十四》"七月庚申，以骁骑将军齐王为南兖州刺史"下胡注曰："代沈攸之也。南兖州治广陵。"据《宋书·明帝纪》，沈攸之为南兖州刺史始于泰始三年八月壬寅，至泰始四年五月癸未，湘州刺史刘韫为南兖州刺史，再至泰始四年七月庚申萧道成接任。萧道成所代为刘韫，而非沈攸之。《通鉴》误。萧道成自泰始二年十二月即始镇淮阴，直至泰始七年六月被征还京师，为时长达五年之久，其初期乃以守卫缘淮诸镇为职事，本年方得南兖州刺史任，集江淮之间军政大权于一身。南兖州州治广陵在江之北岸，与南岸的南东海郡隔江相对，是南下京城建康的门户。宋明帝以其为督守卫与北讨诸军事，并非坐镇广陵，而是一直在淮阴，可谓亲临南北交战前线。明帝一方面以有萧道成的力挺于江北而感到安心，另一方面又对萧道成在江淮间逐渐积聚起来的势力而忧虑。不用萧道成，固守南兖州而北讨之重任无人可担得起来；用萧道成，则势必使其势力逐渐坐大，从而可能又从内部颠覆刘宋政权。在镇淮阴期间，萧道成军事实力非但没有折损，反倒不断增强，原青、冀、徐、兖四州奔亡者多来归附。《通鉴·宋纪十四》曰："（泰始三年）八月壬寅，以攸之行南兖州刺史，将兵北出；使行徐州事萧道成将千人镇淮阴。道成收养豪俊，宾客始盛。"胡注："去年侨立徐州于钟离，今使萧道成屯淮阴，为沈攸之后镇。"泰始三年八月至四年四月，沈攸之为南兖州刺史，担负着主要的北讨任务，萧道成驻淮阴则主要是作为沈攸之的后援或起接应作用。泰始二年四方之乱后，淮河以北的徐、兖、青、冀四州士民多数南下以避祸乱，江淮之间的南兖州就成为由北南下过江的必经之地，欲南归者未必都是倾心归附萧道成，所居地势使然也。在萧道成镇淮阴期间，陆续有委身自结者集于淮阴。诸史有明确记载者为以下这些人：

江谧。《南史·江谧传》："齐高帝领南兖州，谧为镇军长史、广陵太守。"

垣崇祖、垣荣祖。《南史·垣崇祖传》："及齐高帝镇淮阴，崇祖时戍胸山，既受都督，祗奉甚至，帝以其武勇，善待之，崇祖谓其妹夫皇甫肃曰：'此真吾君也'，遂密布诚节。高帝威名已著，宋明帝尤所忌疾，征为黄门郎，规害高帝，崇祖建策以免，由是甚见亲，参豫密谋。"《资治通鉴·宋纪十四》："（泰始三年八月）垣荣祖亦自彭城奔胸山，以奉使不效，畏罪不敢出，往依萧道成于淮阴。"

萧景先。《南史·齐宗室传》："景先少孤，有至性。随母孔氏，为舅氏鞠养。高帝嘉之，常相提携。及镇淮阴，以景先领军主自随，防卫城内，委以心腹。"

薛深。《南史·薛深传》："深，安都从子也。本名道深，避齐高帝偏讳改焉。安都以彭城降魏，亲族皆入北。高帝镇淮阴，深遁来，委身自结于高帝。"

刘僧副。《南齐书·刘善明传》："善明从弟僧副，与善明俱知名于州里。泰始初，虏暴淮北，僧副将部曲二千人东依海岛，太祖在淮阴，壮其所为，召与相见，引为安成王抚军参军。"

崔祖思。《南史·崔祖思传》："齐高帝在淮阴，祖思闻风自结，为上辅国主簿，甚见亲待，参豫谋议。"

苏侃。《南史·苏侃传》："齐高帝在淮上，便自委结。高帝镇淮阴，取为冠军录事参军。"

纪僧真。《南史·纪僧真传》："初，惠开在益州，土反，被围危急，有道人谓之曰：'城围寻解，檀越贵门后方大兴，无忧外贼也。'惠开密谓僧真曰：'我子弟见在者并无异才，政是萧道成耳。'僧真忆其言，乃请事齐高帝，随从在淮阴。以闲书题，令答远近书疏。自寒官历至高帝冠军府参军主簿。僧真梦蒿艾生满江，惊而白之。高帝曰：'诗人采萧，萧即艾也。萧生断流，卿勿广言。'其见亲如此。后除兰台御史、高帝领军功曹。"

李安人。《南史·李安人传》："齐高帝在淮阴，安人遥相结事。"

崔慧景、崔祖思。《南史·崔慧景传》："齐高帝在淮阴，慧景与宗人祖思同时自结。"

荀伯玉。《南史·荀伯玉传》："齐高帝镇淮阴，伯玉为高帝冠军刑狱参军。"

戴僧静。《南史·戴僧静传》："事刺史沈文秀，俱被魏虏，后将家属叛还淮阴。齐高帝抚畜，常在左右。后于都私赏锦出，事发，系南兖州狱。高帝遣薛深饷僧静酒食，以刀子置鱼腹中。僧静与狱吏饮酒及醉，以刀刻械，手自折锁，发屋而出，归高帝。帝匿之斋内，以其家贫，年给谷千斛。"

天竺沙门求那跋陀罗（394—468）卒。

平按：《出三藏记集》卷十四《求那跋陀罗传》："到泰始四年正月，觉体不平，便预与明帝公卿告辞。临终之日，延伫而望，云见天华圣像。禺中遂卒，春秋七十有五。"求那跋陀罗，齐言功德贤，中天竺人。以大乘学，世称摩诃衍。"幼学五明诸论，天文书算，医方咒术，靡不该博"，"为人慈和恭恪，事师尽礼"。传说他在从海路来中国途中，淡水喝尽，满船人皆担忧，他对众人说："可同心并力念十方佛，称观世音，何往不感？"他自己则"密诵咒经，恳到礼忏"，不一会儿，天降大雨，船中人尽得救。他于元嘉十二年到广州。文帝迎请他到建康，住在祇洹寺，既而译出《杂阿含经》五十卷，在东安寺译出《法鼓经》，在丹阳郡译出《胜鬘经》《楞伽经》，在辛寺译出《无量寿经》《泥洹经》等。后又于秣陵界凤凰楼造寺庙一座。

孔璪（？—468）卒。

平按：《真诰》卷二十："孔璪贱时，杜居士京产将诸经往剡南野大墟住，始与顾欢、戚景玄、朱僧摽等数人共相料视。顾先已写在楼间经，粗识真书，于是分别选出，凡有经传四五卷真受七八篇，今犹在杜家。泰始四年终于剡。"泰始元年，晋安王子勋据寻阳反，明帝遣时为都水使者的孔璪入东慰劳会稽太守孔觊，孔璪趁此以京城虚空告于孔觊，劝其起兵反。璪说觊曰："废帝侈费，仓储耗尽，都下罄匮，资用已竭。今南北并起，远近离叛，若拥五郡之锐，招动三吴，事无不克。"孔璪被孔觊任为辅国将军、车骑司马。泰始二年二月二十一日，为其门生陆林夫所杀。

钟嵘（468？—518）生。

平按：《梁书》本传只载"嵘尝品古今五言诗，论其优劣，名为《诗评》，……顷之，卒官"，曹旭《钟嵘年表》谓其生于宋明帝泰始四年（468），卒于梁武帝天监十七年（518）。从之。钟嵘，字仲伟，颍川长社（今河南长葛）人。永明三年（485）入国子学，在学期间，因"好学，有思理"，"明《周易》"，而得到国子祭酒王俭的赏识，举为本州秀才。齐建武初步入仕途，起家为南康王萧子琳侍郎；萧子琳被杀，改任抚军参军，出为安国令。永元三年（501），又改任司徒行参军。萧衍代齐建梁，钟嵘为中军临川王行参军。萧元简被封为衡阳王，出任会稽太守，引钟嵘为宁朔记室，专掌文翰。后改梁晋安王萧纲记室，故称"钟记室"。钟嵘一生最为突出的贡献是撰写《诗品》，与刘勰《文心雕龙》合称中国文学理论史上的"双璧"，又被冠以"百代诗话之祖"的美誉。其存世之文，除《诗品序》外，尚有《上齐明帝书谏亲细务》《上言军官》。

宋明帝泰始五年·魏献文帝皇兴三年（469）已酉 四十三岁

正月，青州为魏所陷，青州刺史沈文秀被执。刘峻、刘芳皆因此入魏。芳遂为北魏名儒，峻后南归，为著名文士。（《南史》卷四

十九《刘峻传》,《魏书》卷五十五《刘芳传》)

平按:《南史·刘峻传》:"宋泰始初,魏克青州,峻时年八岁,为人所略为奴至中山。中山富人刘宝愍峻,以束帛赎之,教以书学。魏人闻其江南有戚属,更徙之代都。居贫不自立,与母并出家为尼僧,既而还俗。峻好学,寄人庑下,自课读书,常燎麻炬,从夕达旦。时或昏睡,爇其须发,及觉复读,其精力如此。"

由《南史·刘峻传》"普通三年卒,年六十"上推,刘峻当生于宋孝武帝大明七年(463)。又本传称"宋泰始初,魏克青州,峻时年八岁,为人所略为奴至中山"。刘峻八岁之年为宋明帝泰始六年(470)。宋明帝泰始时期为时七年,泰始六年如何能称为"宋泰始初"呢?照惯例,所谓"初",通常在"元年"或"二年"。这又须从"魏克青州"之事件发生的时间去考察。《宋书·沈文秀传》:"文秀被围三载,外无援军,士卒为之用命,无离叛者,日夜战斗,甲胄生虮虱。(泰始)五年正月二十四日,遂为虏所陷。城败之日,解释戎衣,缓服静坐,命左右取所持节。虏既入,兵刃交至,问曰:'青州刺史沈文秀何在?'文秀厉声曰:'身是。'因执之,牵出听事前,剥取衣服。时白曜在城西南角楼,裸缚文秀至曜前,执之者令拜,文秀曰:'各二国大臣,无相拜之礼。'曜命还其衣,为设酒食,镇送桑乾。其余为乱兵所杀,死者甚众。太宗先遣尚书功论郎何如真选青州文武,亦为虏所杀。文秀在桑乾凡十九年,齐之永明四年,病死,时年六十一。"又《魏书·慕容白曜传》:"皇兴初,加白曜使持节、都督诸军事、征南大将军、上党公,屯于碻磝,以为诸军后继。……三年春,克东阳,擒沈文秀。凡获仓粟八十五万斛,米三千斛,弓九千张,箭十八万八千,刀二万二千四百,甲胄各三千三百,铜五千斤,钱十五万;城内户八千六百,口四万一千,吴蛮户三百余。始末三年,筑围攻击,日日交兵,虽士卒死伤,无多怨叛。……克城之日,以沈文秀抗倨不为之拜,忿而箠挞,唯以此见讥。四年冬见诛。"魏献文帝拓跋弘皇兴三年(469)克东阳,东阳为青州治,即魏克青州。自皇兴元年(467)至皇兴三年(469),正是所谓"始末三年"。魏皇兴三年(469)正是宋泰始五年

（469）。《通鉴》卷一百三十二《宋纪》十四："春，正月，沈文秀守东阳，魏人围之三年。（胡注：泰始三年，魏始攻文秀；至此时，首尾涉三年也。）外无救援，士卒昼夜拒战，甲胄生虮虱，无离叛之志。乙丑，魏人拔东阳，文秀解戎服，正衣冠，取所持节坐斋内。魏兵交至，问：'沈文秀何在？'文秀厉声曰：'身是！'魏人执之，去其衣，缚送慕容白曜，使之拜，文秀曰：'各两国大臣，何拜之有！'白曜还其衣，为之设馔，锁送平城。魏主数其罪而宥之，待为下客，给恶衣、疏食；既而重其不屈，稍嘉礼之，拜外都下大夫。于是青、冀之地尽入于魏矣。"又，《南齐书·刘善明传》："（泰始）五年，青州没虏，善明母陷北，虏移置桑乾。"由此可见，魏之克青州在宋泰始五年春无异议。如此，则"宋泰始初，魏克青州，峻时年八岁"便存疑了。按照《宋书》《魏书》《通鉴》之载魏克青州之时间在宋泰始五年（469），是年刘峻应是七岁。而《南史·刘峻传》所称"宋泰始初，魏克青州"之说法，亦为不当。泰始五年（469）何言"泰始初"呢？而称"泰始中"则是一个确切的提法。故将刘峻于魏克青州时被略为奴至中山的时间系于泰始五年。同年，刘芳亦入魏。《魏书》卷五十五《刘芳传》："刘芳，字伯文，彭城人也。……舅元庆，为刘子业青州刺史沈文秀建威府司马，为文秀所杀。芳母子入梁邹城。慕容白曜南讨青齐，梁邹降，芳北徙为平齐民，时年十六。"

六月辛未，魏立皇子拓跋宏为皇太子。（《魏书》卷六《显祖纪》）

九月己未，刘彧下诏举贤授爵。（《宋书》卷八《明帝纪》）

平按：《宋书·明帝纪》："九月己未，诏曰：'夫箕、颍之操，振古所贵，冲素之风，哲王攸重。朕属横流之会，接难晦之辰，毚暴剪乱，日不暇给。今虽关、陇犹霭，区县澄氛，偃武修文，于是乎在。思崇廉耻，用静驰薄，固已物色载怀，寝兴伫叹。其有贞栖隐约，息事衡樊，凿坏遗荣，负约辞聘，志恬江海，行高尘俗者，在所精加搜括，时以名闻。将贲园矜德，茂昭厥礼。群司各举所知，以时授爵。’”

沈约随蔡兴宗自郢州至会稽，并于本年开始修撰《晋书》。
(《梁书》卷十三《沈约传》，《宋书》卷五十七《蔡兴宗传》，《宋书》卷一百《自序》)

平按：《梁书·沈约传》："兴宗为郢州刺史，引为安西外兵参军，兼记室。"《宋书·蔡兴宗传》："（泰始）三年春，出为使持节、都督郢州诸军事、安西将军、郢州刺史。……在任三年，迁镇东将军、会稽太守，加散骑常侍，寻领兵置佐，加都督会稽、东阳、新安、永嘉、临海五郡诸军事。"沈约为蔡兴宗安西府外兵参军，至本年随蔡兴宗离开郢州赴会稽。林家骊通过考证得出结论："在蔡兴宗任会稽太守时，沈约是跟随着到会稽，并在太守府任职的。也就是说，蔡兴宗在任郢州刺史、会稽太守、荆州刺史时，沈约是一直追随左右的。"[①] 沈约年二十许便有撰述《晋书》之意，直至泰始间方开始修撰。《宋书·自序》载："泰始初，征西将军蔡兴宗为启明帝，有敕赐许，自此迄今，年逾二十，所撰之书，凡一百二十卷。"文中所云"今"，指撰《上〈宋书〉表》的永明六年二月，回溯二十年正为泰始五年。

袁粲加中书令，领丹阳尹，诗酒随性，颇具名士气。(《南史》卷二十六《袁粲传》)

平按：《南史·袁粲传》："（泰始）五年，加中书令，又领丹阳尹。粲负才尚气，爱好虚远，虽位任隆重，不以事务经怀。独步园林，诗酒自适。家居负郭，每杖策逍遥，当其意得，悠然忘反。郡南一家颇有竹石，粲率尔步往，亦不通主人，直造竹所，啸咏自得。主人出，语笑款然。俄而车骑羽仪并至门，方知是袁尹。又尝步屧白杨郊野间，道遇一士大夫，便呼与酣饮，明日此人谓被知顾，到

---

① 林家骊：《沈约年谱汇考》，见范子烨编：《中国作家年谱汇考辑要》卷二，世界图书出版公司2014年版，第570页。

门求进。粲曰：'昨饮酒无偶，聊相要耳。'竟不与相见。尝作五言诗，言'访迹虽中宇，循寄乃沧洲'。盖其志也。"

萧道成进督兖、青、冀三州。（《南齐书》卷一《高帝纪上》）

平按：本年，淮河以北的徐、兖、青、冀三州刺史更迭频繁：泰始五年四月戊子，以宁朔将军崔公烈为兖州刺史；四月之前宁朔将军刘休宾为兖州刺史；七月甲寅，以山阳太守李灵谦为兖州刺史；闰十一月戊子，以辅师将军孟次阳为兖州刺史。泰始三年三月戊寅，以冠军将军王玄载为徐州刺史；泰始五年七月己酉，以辅国将军王亮为徐州刺史；泰始四年八月辛卯，分青州置东青州，以辅国将军沈文靖为东青州刺史。泰始三年九月庚申，前将军兼冀州刺史崔道固进号平北将军；泰始五年八月壬辰，以海陵太守刘崇智为冀州刺史。四州缘魏，其归属时常摇摆于宋、魏之间。魏强时没于魏，宋北讨时归宋，萧道成为南兖州刺史，镇淮阴，督淮北诸州时，徐、兖、青、冀四州大都没于魏，所谓四州刺史之任命，或为缘淮侨立新州，或仅为虚衔，有名而无实地。至本年，淮北四州、淮南之南兖州，尽为萧道成所督，或曰京城建康以北的江北之地尽为萧道成的势力范围。故至明年除萧道成黄门侍郎，领越骑校尉，盖明帝刘彧对萧道成已生戒心，将其调离淮阴赴京，但萧道成并不回京拜任新职。

吴均（469—520）生。

平按：《梁书》本传："普通元年，卒，时年五十二。"上推生于是年。吴均字叔庠，吴兴故鄣（今浙江安吉）人。家世寒微。少年时代曾仗气行侠，以功业自许。齐明帝建武间，到过南齐与北魏的前线寿阳八公山一带。后来由于抱负不伸，功名不遂，约在东昏侯永元初，离开寿阳赴湘州桂阳（今湖南郴州）投靠桂阳内史王峻。时周兴嗣任桂阳郡丞，与吴均交往酬答。齐末梁初，吴均离开桂阳至建康，沈约见其诗文，大加称赏。梁武帝天监二年（503），柳恽为吴兴太守，召为主簿，赋诗酬唱。天监四、五年间，由柳恽之荐，先入临川王萧宏府中，后入建安王萧伟府为记室，与何逊、王筠、王僧孺、萧子云等游处，并一度为梁武帝所赏。天监九年，随萧伟至江州，十二年回到建康，授奉朝请。吴均私撰南齐史《齐春秋》，进于梁武帝，为梁武帝所斥，将书稿付之一炬，并因此免官。后来梁武帝主持编定历代通史，又召见吴均使其参预其事。吴均起草本纪、世家部分完毕，于普通元年病卒。《梁书》本传称他"文体清拔有古气，好事者或效之，谓为吴均体"。《玉台新咏》卷八录有纪少瑜《拟吴均体应教》诗一首。王通《文中子·事君》称吴均之文"怪以怒"。《隋志》载有"梁奉朝请《吴均集》二十卷"。今存吴均诗数量较大，有一百四十五首，文十三篇。明人张溥辑有《吴朝请集》。今人林家骊有《吴均集校注》，是现今唯一的吴均别集整理本。吴均又撰有《后汉书注》九十卷、《齐春秋》三十卷、《庙记》十卷、《十二州记》十六卷、《钱唐先贤传》五卷、《续文释》五卷，已散佚。

裴子野（469—530）生。

平按：《梁书》本传："中大通二年，卒官，年六十二。"上推生于是年。裴子野字几原，河东闻喜人。曾祖裴松之，祖裴骃，均为著名史学家。史载子野幼孤，少好学，善属文。受家庭影响，裴子野自小对史学极为喜爱，三十岁左右，即将沈约所撰《宋书》删撰为《宋略》二十卷。此书一出，立即博得朝野上下的一致赞赏，即便是与裴子野打过笔墨官司的沈约本人，见后亦自叹不如。除《宋略》外，裴子野还撰有《众僧传》《续裴氏家传》《方国使图》等著作行世，但这些史籍均未得流传下来。裴子野虽然以史学和文学成就闻名于世，但其一生所任职，多为草撰文书的秘书官职。宦海生涯三十多年中，除一度很短时间任职诸暨令外，其余所任者为参军、录事参军、记室参军、左常侍、尚书比部郎、中书通事舍人、中书侍郎等。裴子野一生的成就主要体现在作为一个齐梁时期著名文人学者的成就，也因此受到时贤刘之遴、刘显、殷芸、阮孝绪、顾协、张缵等的推崇。裴子野文思敏捷，起草文书，倚马可待，一挥而就。其文风简练朴实，与南朝时期盛行的骈文堆砌辞藻、空尚浮泛、不切实际、过分讲究对仗和声律，形成鲜明的反差。他曾撰《雕虫论》，对文章的注重藻饰表示极大不满，主张文章应做到"劝美惩恶""止乎礼义"。他对沈约《宋书》删繁就简，压缩成二十卷的《宋略》，是其创作论的大胆尝试。

裴子野著述甚丰，最有影响的是《宋略》。起初，裴子野曾祖裴松之于刘宋时曾受诏续修何承天的《宋书》，未及完成便谢世。裴子野志在继承祖业，完成修史重任。他在《宋略·总论》中说："子野生乎泰始之季，长于永明之年，家有旧书，闻见又接，是以不用浮浅。"唐刘知幾对《宋略》有很高的评价，其曰："世之言宋史者，以裴略为上，沈书次之。"《宋略》以删繁为主，也有所补充，其补充性文字散见于《建康实录》《资治通鉴》《通典》等文献中，是刘宋史研究的重要文献，可惜该书今已不传。除《宋略》外，裴子野还撰有《集注丧服》二卷、《续裴氏家传》二卷、《众僧传》二十卷、《百官九品》二卷、《方国使图》一卷、《附益谥法》一卷。《隋志》载有"梁鸿胪卿《裴子野集》十四卷"。《全梁文》辑其文十五篇，存诗三首。

孔休源（469—532）生。

平按：《梁书》本传："（中大通）四年，遘疾，高祖遣中使候问，并给医药，日有十数。其年五月，卒，时年六十四。"孔休源字庆绪，会稽山阴人。齐世，王融与其友善，并荐之于竟陵王子良，为西邸学士。梁时为范云、沈约赏接，商略文义。又为吏部尚书徐勉所举荐，称其"识具清通，谙练故实，自晋、宋《起居注》诵略上口"，吏部尚书任昉因之称其为"孔独诵"。其为士流所重如此。本传谓其"立志操，风范强正，明练治体，持身俭约，学穷文艺，当官理务，不惮强御，常以天下为己任，高祖深委仗之。累居显职，纤毫无犯。性慎密，寡嗜好。……聚书盈七千卷，手自校治，凡奏议弹文，勒成十五卷"。他是梁代著名藏书家，既藏且校，为藏家垂范。

宋明帝泰始六年·魏献文帝皇兴四年（470）庚戌　四十四岁

正月乙亥，宋初制隔二年一祭南郊，隔一年一祭明堂。（《宋书》卷八《明帝纪》，《南史》卷三《宋本纪下》）

平按：《通鉴·宋纪十四》胡注曰："昔周公郊祀后稷以配天，宗祀文王于明堂以配上帝。三岁一郊，始于汉武帝。平帝元始中，始行祫祭明堂之礼，明帝永平初，始盛其仪，亦曰宗祀。《公羊传》曰：古者五年而再殷祭，谓祫祭也。然古之所谓祫者，合祭于太祖之庙；而明堂宗祀，则严父以配帝。此先儒之说所以异也。蔡邕谓明堂即太庙，盖有见于此欤！然明堂九室而太庙七室，则又不得而合也。间年一祭，非古也，故曰初制。"

二月癸丑，皇太子刘昱纳江智渊孙女江简珪为妃。（《宋书》卷八《明帝纪》，《南史》卷十一《后妃传》）

平按：太子妃江简珪为江智渊孙女，泰始五年明帝按"小数"为太子选。《南史·后废帝江皇后传》："后废帝江皇后讳简珪，济阳考城人也。泰始五年，明帝访求太子妃而雅信小数，名家女多不合。江氏虽为华族，而后父祖并已亡，弟又弱小，以卜筮吉，故为太子纳之。六年，拜皇太子妃，讽朝士州郡令献物，多者将直百金。始兴太守孙奉伯止献琴书，其外无余物。上大怒，封药赐死，既而原之。太子即帝位，立为皇后。"

九月戊寅，宋立总明观，征学士以充之。置东观祭酒。（《宋书》卷八《明帝纪》，《建康实录》卷十四）

平按：《南史·宋本纪下》："九月戊寅，立总明观，征学士以充之。置东观祭酒、访举各一人，举士二十人，分为儒、道、文、史、阴阳五部学，言阴阳者遂无其人。"又《南齐书·百官志》：
"总明观祭酒一人。又泰始六年，以国学废，初置总明观，玄、儒、
文、史四科，科置学士各十人，正令史一人，书令史二人，干一人，
门史一人，典观史二人。建元中，掌治五礼。永明三年，国学建，
省。"总明观主要是藏书和学者研究的场所，教学是次要的。南齐在
设国子学之前亦设有总明观，置祭酒一人，永明三年立国学后，省
去总明观，又于国子祭酒王俭住处开学士馆，将原来总明观所藏书
籍搬至其家中，成为一个学术机构。柳诒徵指出："初宋明帝时以国
学废，别置总明观，讲授玄、儒、文、史四学，齐初沿之。永明中，
省去总明观，又就王俭宅开学士馆，悉以四部书充俭家。盖国学虽
兴替不恒而言之讲习未坠。"①

刘瓛已成一代儒宗，丹阳尹袁粲于后堂夜集盛赞其清德。宋明
帝于华林园讲《周易》，袁粲执经。（《南齐书》卷三十九《刘瓛
传》，《宋书》卷八十九《袁粲传》）

平按：诸史最早言及刘瓛聚徒教授的是《南齐书》。《南齐书·
刘瓛传》："少笃学，博通《五经》。聚徒教授，常有数十人。丹阳
尹袁粲于后堂夜集，瓛在座，粲指庭中柳树谓瓛曰：'人谓此是刘尹
时树，每想高风；今复见卿清德，可谓不衰矣。'荐为秘书郎，不见
用。"丹阳尹袁粲于后堂夜集时，刘瓛预座，袁粲盛赞刘瓛德高学
硕，这是在刘瓛声名远播之后。此前刘瓛已经聚徒教授有年。那么，
刘瓛预丹阳尹袁粲夜集之事是在何时呢？袁粲为丹阳尹为泰始五年
（469）之事，"（泰始）五年，加中书令，又领丹阳尹"。至泰始七
年（471），仍为丹阳尹，"七年，领太子詹事，仆射如故，未拜，迁
尚书令，丹阳尹如故"。此后，因事降为守尚书令，元徽元年丁母
忧，直至昇明元年被杀，再未曾任丹阳尹之职。故袁粲于后堂夜集
时刘瓛在座之事，亦必在泰始五年至七年间，即刘瓛时年 36—38
岁。"刘尹"，指刘瓛六世祖晋丹阳尹刘惔（约 345 年前后在世）。

---

① 柳诒徵：《南朝太学考》，《史学杂志》1929 年第 1 卷第 5 期。

萧道成在军中久，民间言道成有异相，当为天子。明帝疑之，乃征其为黄门侍郎，领越骑校尉，不拜。作《群鹤咏》。复授冠军将军，留本任。(《南齐书》卷一《高帝纪上》)

平按：《通鉴·宋纪十四》胡注曰："据萧子显《齐书》，文帝元嘉十九年，遣道成讨竟陵蛮，则在军中久矣。"实际上，元嘉十六年 (439)，萧承之为宋文帝所遣，领兵南下防彭城王义康时，萧道成即舍受雷次宗学业而随军，至本年，已在军中长达三十年，可谓久经沙场。自泰始二年出镇淮阴，由督缘淮诸镇及北讨军事，至领刘宋江北重镇南兖州刺史，又有四方贤才趋附之，萧道成羽翼已丰。以宋明帝疑心之重，断不会听之任之，择机对其处置乃是必然。萧道成究竟还是镇守江北最为可靠的人选，明帝亦不会不顾大局选择极端措施激怒萧道成之反或投魏，故于本年将其征还京师。明帝此举，对于萧道成却是一个极其危险的信号，回京便不是简单的拜任新职之事，其性命亦恐难保。萧道成因忧惧而不欲内迁，却又没有理由继续留任外藩。危急之时，萧道成命笔作诗《群鹤咏》以明其志，亦显示他面对明帝之征无可奈何的心情。参军荀伯玉献计，造"劝魏"并结青州刺史王玄邈的声势，明帝果然仍使其留为本任。

《南史·荀伯玉传》载："高帝为宋明帝所疑，被征为黄门郎，深怀忧虑，见平泽有群鹤，仍命笔咏之曰：'八风舞遥翮，九野弄清音。一摧云间志，为君苑中禽。'以示伯玉深指，伯玉劝高帝遣数十骑入魏界，安置标榜。魏果遣游骑数百履行界上，高帝以闻。犹惧不得留，令伯玉占。伯玉言不成行，而帝卒复本任。由是见亲待。"据《南齐书·高帝纪》，萧道成为黄门郎在宋明帝泰始六年，而《南史·荀伯玉传》所载萧道成被征为黄门郎时深怀忧虑，而命笔写下《群鹤咏》诗。此时萧道成是在镇淮阴任上被征还。逯钦立《先秦汉魏晋南北朝诗·齐诗》录萧道成诗二首，此为其中一首。逯钦立解题曰："《南史》曰，齐高帝镇淮阴，为宋明帝所疑，被征为黄门郎，深怀忧虑，见平泽有群鹤，命笔咏之。"萧道成从荀伯玉之劝而未拜黄门郎，仍留本任，其本任即仍为冠军将军，在淮阴。《南齐书·高帝纪上》："(泰始) 七年，征还京师。"可见，萧道成之外镇淮阴是终于泰始六年的，至泰始七年才应征入京师。然《宋书·刘勔传》又言："（泰始）六年，（刘勔）改常侍为侍中。其年，南兖州刺史齐王出镇淮阴，以勔为使持节、都督南徐兖青冀□五州诸军事、平北将军，侍中、中领军如故，出镇广陵。固辞侍中、军号，许之，以为假平北将军。七年，解都督、假号、并节。"从《宋书·刘勔传》的记述看，萧道成似乎是泰始六年又一次出镇淮阴。实际上，自泰始二年"为假冠军将军、持节、都督北讨前锋诸军事镇淮阴"，直至本年，淮阴一直是萧道成在京师以外的大本营。《宋书·刘勔传》所言事，当是承泰始二年外镇淮阴之说。

萧道成于泰始间起，即着意以宽宏之面孔接纳各色文武之士。《南史·荀伯玉传》载："高帝有故吏东莞竺景秀尝以过系作部，高帝谓伯玉曰：'卿比看景秀不？'答曰：'数往候之，备加责诮，云若许某自新，必吞刀刮肠，饮灰洗胃。'帝善其答，即释之，卒为忠信士。"此事为荀伯玉"见亲待"之后发生的，并因此而成为萧道成的"忠信士"，于泰始七年随萧道成赴京。本年萧道成被征还京师，实多得陆续归附之士的支持，当时另有垣崇祖亦建善策。《南史·垣崇祖传》："高帝威名已著，宋明帝尤所忌疾，征为黄门郎，规害高帝，崇祖建策以免，由是甚见亲，参豫密谋。"在"劝魏"上，当时王玄邈为青州刺史，青州境接北魏，萧道成欲结王玄邈为谋，以避回京之祸，然王玄邈从长史房叔安之议，遣房叔安赴京告发萧道成。《南史·王玄邈传》载：

> 齐高帝之镇淮阴，为宋明帝所疑，乃北劝魏，遣书结玄邈。玄邈长史房叔安进曰："夫布衣韦带之士，衔一餐而不忘，义使之然也。今将军居方州之重，托君臣之义，无故举忠孝而弃之，三齐之士宁蹈东海死耳，不敢随将军也。"玄邈意乃定。仍使叔安使建邺，发高帝谋。高帝于路执之，并求玄邈表。叔安答曰："寡君使表上天子，不上将军。且仆之所言，利国家而不利将军，无所应问。"荀伯玉劝杀之，高帝曰："物各为主，无所责也。"玄邈罢州还，高帝途中要之，玄邈严军直过。还都，启宋明帝，称高帝

有异谋，高帝不恨也。

《南齐书》《南史》王玄邈本传两则材料言及萧道成之宽宏，不以前嫌为事，足见其成大事之雄心与为帝王之气度。萧道成得仍留本任镇淮阴后，宋明帝遣冠军将军吴喜赐酒与萧道成，明帝之意似在示好于萧道成。《南齐书·高帝纪上》曰："明帝常嫌太祖非人臣相，而民间流言云'萧道成当为天子'，明帝愈以为疑，遣冠军将军吴喜以三千人北使，令喜留军破釜，自持银壶酒封赐太祖。太祖戎衣出门迎，即酌饮之。喜还，帝意乃悦。"关于宋明帝深疑萧道成事，《南齐书》所载置于泰始六年内、泰始七年之前，《南史》关于这条材料亦无明确时间，据《南齐书》应置于泰始六年。《南史·齐本纪上》："明帝嫌帝非人臣相，而人间流言，帝当为天子，明帝愈以为疑。遣冠军将军吴喜留军破釜，自持银壶酒封以赐帝。帝戎服出门迎，惧鸩，不敢饮，将出奔。喜告以诚，先饮之，帝即酌饮之。喜还，明帝意乃悦。"《南齐书》与《南史》所记有出入，对于同一件事二史所载不同，《南齐书》所记，萧道成当为豪放之士，至诚之臣，毫无多虑之心。而《南史》则是另一番姿态，对明帝已怀戒备心理，欲以逃而避之。孰是孰非，当加以分析而定。《南齐书》为萧子显所著，其为南齐入梁遗孙，对高帝必美而言之，未必是事实。《南史》为唐人李延寿所撰，事已隔代，更兼初唐修史之风炽，唐皇欲以前朝事鉴之，当为事实。另外，初唐史臣修史之时，所据史料尚较为齐备，除《南齐书》外，当更有他史以供参考。

萧道成第五子萧晔随母罗氏从萧道成在淮阴，罗氏以罪诛，萧道成使长子萧赜予以关照。(《南史》卷四十三《武陵昭王晔传》)

平按：武陵王萧晔卒于隆昌元年（494），年二十八，上推年四岁时正是泰始六年（470）。《南史·武陵昭王晔传》："武陵昭王晔字宣昭，高帝第五子也。母罗氏，从高帝在淮阴，以罪诛。晔年四岁，思慕不异成人，每恸吐血。高帝敕武帝曰：'三昧至性如此，恐不济，汝可与共住，每抑割之。'三昧，晔小字也。故晔见爱。"

陆倕（470—526）生。

平按：《梁书》本传："普通七年，卒，年五十七。"上推生于本年。陆倕字佐公，吴郡吴人。其父陆慧晓，齐太常卿。倕少勤学，善属文。年十七，举本州秀才。为齐竟陵王萧子良西邸学士。梁世，历仕右军安成王外兵参军、骠骑临川王东曹掾、太子中舍人、太子庶子、国子博士、中书侍郎、给事黄门侍郎等职。尝受诏撰《新漏刻铭》《石阙铭记》，辞义典雅，其文甚美。《隋志》载有"梁太常卿《陆倕集》十四卷"。今存文二十五篇、诗九首。

顾协（470—542）生。

平按：《梁书》本传："大同八年，卒，时年七十三。"上推生于本年。顾协字正礼，吴郡吴人。好学，以精力称，有文才，沈约称其策论"江左以来，未有此作"。起家扬州议曹从事史，兼太学博士。历任安成王国左常侍、北中郎行参军、通直散骑侍郎、步兵校尉等职。史称其清介有志操，终身布衣蔬食，博极群书，于文字及禽兽草木尤称精详。撰《异姓苑》五卷、《琐语》十卷，已散佚。

宋明帝泰始七年·魏孝文帝延兴元年（471）辛亥　四十五岁

二月戊戌，置百梁、龙苏、永宁、安昌、富昌、南流郡，又分广、交州三郡，合九郡，立越州。（《宋书》卷八《明帝纪》，《宋书》卷三十八《州郡四》）

平按：越州，治合浦（今广西合浦县东北）。宋前无此州，据《宋书·州郡志》，"越州刺史，明帝泰始七年立"。领郡三，又新置百梁等六郡，共领九郡。合浦郡，治合浦，原属交州，泰始七年来属。领县七：合浦、珠官、徐闻、荡昌、晋始、朱卢、新安。宋寿郡，治无考。原属交州，泰始七年来属。临漳郡，治无考。原属广州，泰始七年来属。领县一：丹城，东晋无此郡，然据广州临漳郡考证，临漳郡领有丹城县。①

二月甲寅，明帝刘彧设计杀晋平王刘休祐（445—471）。（《宋书》卷八《明帝纪》，《宋书》卷七十二《晋平王休祐传》）

平按：晋平王休祐，文帝第十三子。长期履藩政于外，身历东扬州、湘州、豫州、荆州、江州、南豫州、南徐州刺史。素无才能，强梁自用，贪财好色，数忤帝意。本年二月，明帝以令其射雉为计，杀之。时年二十七。今存文《与殷琰书》一篇。

五月戊午，鸩杀司徒建安王刘休仁（443—471）。（《宋书》卷八《明帝纪》，《南史》卷三《宋本纪下》）

平按：始安王刘休仁，文帝第十二子。《南史·建安王休仁传》："建安王休仁，文帝第十二子也。元嘉二十九年，年十岁，立建安王。"上推，休仁生于元嘉二十年（443）。《宋书·始安王休仁传》："始安王休仁，文帝第十二子也。元嘉二十九年，年十岁，立为建安王，食邑二千户。……其夜（泰始七年五月戊午），遣人赍药赐休仁死，时年三十九。"由此上推，休仁当生于元嘉九年（432），与"元嘉二十九年，年十岁"，不合。休仁死时应为二十九岁，《宋书》"时年三十九岁"，误。又《宋书·刘休仁传》云"休仁年与太宗邻亚"，所谓"邻亚"，即休仁排行与明帝刘彧相邻而为次，称"文帝第十二子"不误也，卒年"二十九"误为"三十九"。刘彧崩于泰豫元年（472），时年三十四，其生于元嘉十九年（442），正合。休仁好文籍，明帝与其素厚，对其加害主要是虑及后嗣安危。明帝除掉休仁后的一番言语倒是道出了其矛盾却又不得已而为之的复杂心

---

① 胡阿祥、孔祥军、徐成：《中国行政区划通史·三国两晋南朝卷》下册，复旦大学出版社2014年版，第1025页。

态。其曰："我与建安年时相邻，少便狎从。景和、泰始之间，勋诚实重。事计交切，不得不相除。痛念之至，不能自已。"休仁之死，诏称自决，实为鸩杀。

七月乙丑，巴陵王刘休若（448—471）赐死。（《宋书》卷八《明帝纪》，《南史》卷三《宋本纪下》）

平按：巴陵王休若，文帝第十九子。晋平王休祐、建安王休仁被诛后，明帝又虑及休若将来倾幼主，欲遣使于镇杀之，担心其不奉诏；征入朝而杀之，又恐其猜疑。便伪迁其为江州刺史，待七夕节至，征其回京，方于第赐死，年二十四。明帝为杀诸王兄弟，可谓绞尽脑汁，做足了盘算。

七月庚午，刘彧三皇子刘准为抚军将军。八月戊戌，立刘准为安成王。江淹为建平王作《建平王庆安成王拜封表》。（《宋书》卷八《明帝纪》）

八月丙午，魏显祖拓跋弘禅位，册命太子。太子拓跋宏即皇帝位于太华前殿，改元延兴元年。（《魏书》卷六《显祖纪》、卷七《高祖纪》）

平按：据《魏书·显祖纪》载，献文帝"雅薄时务，常有遗世之心"，曾欲禅位于叔父京兆王子推，因群臣固请乃止。皇兴五年（471）八月丙午，年仅十七岁的献文帝下册太子命，传位给还不足五岁的太子宏（孝文帝），自己却"移御北苑崇光宫，览习玄籍。建鹿野佛图于苑中之西山，去崇光右十里，岩房禅堂，禅僧居其中焉"。为了自己的宗教习好，连皇位也放弃了，在历史上虽非绝无仅有，却也是罕见。献文帝崇佛"实出于个人的文化品位与兴趣爱好，并非一味地追求佛教对其稳固统治的益处"[1]。献文帝在崇佛的同时也好道，在佛教中又尤爱禅学。

---

① 魏道儒、李利安：《世界佛教通史》第三卷，中国社会科学出版社 2015 年版，第275 页。

周颙为安成王抚军行参军。(《南齐书》卷四十一《周颙传》)

平按:《宋书·明帝纪》:"秋七月庚午,以第三皇子准为抚军将军。"又《宋书·顺帝纪》:"顺皇帝讳准,字仲谋,小字智观,明帝第三子也。泰始五年七月癸丑生。七年,封安成王,食邑三千户。仍拜抚军将军,置佐史。"《南齐书·周颙传》载周颙"转安成王抚军行参",当在是年,因周颙于元徽初即出为剡令。又据《南齐书·张融传》载,张融亦尝"为安成王抚军仓曹参军"。曹道衡、沈玉成《南北朝文学史》亦以张融为安成王抚军仓曹参军在本年,误。《南齐书·张融传》述张融为此职在"元徽初"之后,按照史家撰史叙事的顺序,不应在元徽初之后又跳回至泰始七年。安成王刘准于本年七月为抚军将军,至泰豫元年乙巳为扬州刺史时,仍为抚军将军。元徽二年九月丁酉,安成王由抚军将军进号为车骑将军。故张融为安成王抚军仓曹参军应是在元徽元年至二年九月之前。

在淮阴,萧道成于淮南太守孙奉伯梦中乘龙上天。萧道成忧惧于宋明帝之疑,遇神人谓其子孙当昌盛。参军崔灵建梦天授萧道成天子位。(《南齐书》卷十八《祥瑞志》,《南史》卷四《齐本纪上》)

平按:史载,泰始七年,萧道成故交淮南太守孙奉伯往淮阴监元会,与萧道成同卧,而梦见萧道成乘龙上天,醒来之后向萧道成叙说梦境,预示萧道成将起家兖州,自己却看不到那一天了。《南史·齐本纪上》:"泰始三年,宋明帝遣前淮南太守孙奉伯往淮阴监元会。奉伯旧与帝款,是行也,帝与奉伯同室卧,奉伯梦上乘龙上天,于下捉龙脚,不得。及觉,叙梦,因谓曰:'兖州当大庇生灵,而弟不得与也。'奉伯竟卒于宋世。"《南齐书·祥瑞志》亦载:"泰始七年,明帝遣前淮南太守孙奉伯往淮阴监元会。奉伯与太祖同寝,梦上乘龙上天,于下捉龙脚不得。觉谓太祖曰:'兖州当大庇生民,弟不见也。'奉伯卒于宋。"孙奉伯所言"兖州",当指南兖州。自泰始四年七月至泰始七年六月,萧道成整整三年在南兖州刺史任,为其后来的取宋而代之攒足了雄厚的资本。《南史》载此事在泰始三年，误。《南齐书》所载是也。《南史》于孙奉伯梦境之后又载有参军崔灵建做梦之事，"又参军崔灵建梦天谓己：'萧道成是我第十九子，我去年已使授其天子位。'考自三皇、五帝以降，受命之次，至帝为十九也。"《南史》将其系于此，乃连类相从，并非发生于本年，从语义上看当在萧道成禅得帝位的昇明三年。《南齐书·祥瑞志》亦载此事，"崔灵建"作"崔灵运"。《南史·齐本纪上》："明帝寝疾，为身后之虑，多剪功臣，上亦见疑，每云：'萧道成有不臣相。'时镇淮阴，每怀忧惧，忽见神人谓上曰：'无所忧，子孙当昌盛。'"萧道成共生十九子，仅长子萧赜即有二十三子，确可谓"子孙昌盛"。参军崔灵建梦见天对其说，萧道成是天第十九子，而萧道成亦生有十九子，天意乎？

占墓者高灵文受宋明帝之遣，占萧道成祖坟，称萧道成"贵不可言"。(《南史》卷四《齐本纪上》)

平按：《南史·齐本纪上》："上时已贵矣，宋明帝甚恶之，遣善占墓者高灵文往墓所占相。灵文先给事太祖，还，诡答曰：'不过出方伯耳。'密白太祖曰：'贵不可言。'明帝意犹不已，遣人践藉，以左道厌之。上后于所树华表柱忽龙鸣，震响山谷。"萧道成本年七月被征还都，并委以重任，时明帝疾笃，寄希望于萧道成辅佐太子，虽"甚恶之"，非常之时，亦不得不有所仰赖。故"遣人践藉，以左道厌之"之举，当为萧道成还京师之前。

七月戊寅，萧道成被征还都，拜散骑常侍、太子左卫率。道成子萧赜封赣县子。父子并不受。(《南齐书》卷一《高帝纪上》)

平按：萧道成于泰始六年仍留任淮阴，为南兖州刺史。至本年七月戊寅，宁朔将军沈怀明为南兖州刺史，以接任萧道成。《南齐书·高帝纪上》："(泰始)七年，征还京师，部下劝勿就征，太祖曰：'诸卿暗于见事。主上自诛诸弟，为太子稚弱，作万岁后计，何关他族。惟应速发，事缓必见疑。今骨肉相害，自非灵长之运，祸难将兴，方与卿等戮力耳。'拜散骑常侍、太子左卫率。时世祖以功当别封赣县，太祖以一门二封，固辞不受，诏许之。加邑二百户。"去年萧道成被征入京，时明帝诸弟晋平王休祐、建安王休仁、巴陵王休若等俱在。且明帝在位期间，平诸内乱者，均仰仗诸弟之功。如明帝决意除掉萧道成，休祐等几兄弟仍可成事，道成不受命回京亦是大智。今方再征，正如萧道成自己所言，一来刘彧剪灭诸弟乃自断左膀右臂；二来屡征不从，必致明帝生疑；三来刘氏骨肉相残，败象已现，现在回京，正可大显身手。而从明帝一方来看，今岁再征道成，其用意当主要在辅佐少主，因明帝晚年染疾，今已加重，征道成有托孤之意。以萧道成之老道持重与工于心计，是绝不会放弃这个大好时机的。故当部下劝其不要就征之时，而说"诸卿暗于见事"，即没有看出其中的奥妙。萧道成真正的贵显，是从本年被征还京师开始的，这也预示了刘宋王朝离覆灭不远了，刘彧临死走了一招使刘氏政权快速颠覆的致命错棋，当然也是萧道成野心迅速膨胀并决意取而代之的开始。当明帝欲因功封萧道成长子萧赜为赣县令时，萧道成则故作姿态，以父子同受封而不受。《南齐书》《南史》所载萧道成回京后拜官散骑常侍、太子左卫率，同时又封赣县于萧赜，所谓"不受"，显得很模糊，是道成拜新职的不受，还是封萧赜于赣县的不受？据《南齐书·武帝纪》载，泰始初晋安王子勋反时，萧赜已经为赣县令，此番明帝欲封萧赜，当为以赣县为其封地。《南齐书·武帝纪》又说"别封赣县子，邑三百户，固辞不受"，当指此。《魏书·萧道成传》《通鉴·宋纪十五》均不载道成本年为散骑常侍、太子左卫率事，当为道成亦不受而不书。

王素（418—471）卒。

平按：《宋书》本传："（泰始）七年，卒，时年五十四。"王素字休业，琅邪临沂（今山东临沂）人。家贫母老，为庐陵国侍郎。母亡，隐居不仕，营田园以自给。爱好文义，不以人俗累怀。屡被征辟，皆不就，声誉日高。山中有蚑虫，声清长，听之使人不厌，而其形甚丑，素乃作《蚿赋》以自况。《隋志》："又有太子中舍人征不就《王素集》十六卷，亡。"今存《学阮步兵体诗》一首。

萧惠开（423—471）卒。

平按：《宋书》本传："（泰始）七年卒，时年四十九。"萧惠开，南兰陵人，征西将军萧思话之子。少有风气，涉猎文史。父丧，为起禅冈、禅乡、禅亭、禅封四寺。《隋志》："吴兴太守《萧惠开集》七卷。"今存文两篇。

萧洽（471—525）生。

平按：《梁书》本传："（普通）六年，卒官，时年五十五。"上推生于是年。萧洽字宏称，父萧惠基，齐史部尚书，有重名。洽幼敏寤，年七岁，诵《楚辞》略上口。及长，好学博涉，亦善属文。齐世，为国子生，举明经，起家著作佐郎，迁西中郎外兵参军。梁世，历任前军鄱阳王主簿、太子中舍人、南徐州治中、司空从事中郎、建安内史、护军长史、北中郎谘议参军、太府卿、司徒临川王司马、员外散骑常侍、御史中丞、通直散骑常侍、临海太守、司徒左长史等职。尝受诏撰同泰、大爱敬二寺刹下铭及《当涂堰碑》，其文甚美，其辞赡丽。本传称其有集二十卷，行于世。《隋书》载"梁《萧洽集》二卷"，已散佚。今存五首《侍释奠会》诗。

周捨（471？—524）生。

平按：《梁书》本传："普通五年，南津获武陵太守白涡书，许遗捨面钱百万，津司以闻。虽书自外入，犹为有司奏，捨坐免。迁右骁骑将军，知太子詹事。以其年卒，时年五十六。"如果单依《梁书》本传这段记载推测，只能得出周捨卒于普通五年的结论，尽管稍显牵强。而刘跃进《徐陵年谱简编》"梁武帝普通七年（526）丙午"谓："周捨卒，时年五十六。案：见《梁书》本传。"从《梁书》本传完全无法推出周捨卒于普通七年。詹鸿《刘孝绰年谱》亦采周捨卒于普通七年之说，并注曰："考见刘跃进《关于〈先秦汉魏晋南北朝诗〉编撰方面的一些问题》'周捨小传'条，载《结网漫录》，学苑出版社 1997。"那么周捨卒于普通七年之说依据是什么呢？据《南朝五史人名索引》统计，周捨之名在《梁书》中除了本传以外，共出现 17 处，其中有 6 处记周捨事有明确系年。其中一条极为明确地给出周捨于普通七年仍在世的信息。《梁书·裴子野传》："普通七年，王师北伐，敕子野为喻魏文，受诏立成，高祖以其事体大，召尚书仆射徐勉、太子詹事周捨、鸿胪卿刘之遴、中书侍郎朱异，集寿光殿以观之，时并叹服。"《南史》于此事系年亦非常清楚："普通七年，大举北侵，敕子野为《移魏文》，受诏立成。武帝以其事体大，召尚书仆射徐勉、太子詹事周捨、鸿胪卿刘之遴、中书侍郎朱异集寿光殿以观之，时并叹服。"这也是有明确时间记事中最为靠后的一条材料。然而，《南北朝文学编年史》在历数铃木虎雄《沈约年谱》、逯钦立《先秦汉魏晋南北朝诗·周捨小传》、洪顺隆《六朝诗论·谢朓作品系年》并据本传定周捨卒于普通五年，指出其错误之后，又根据《梁书·司马筠传》《裴子野传》两条材料，指出普通七年周捨仍在世，为太子詹事。两条依据之一的《梁书·司马筠传》是这样记述的："天监初，（司马筠）为本州治中，除诸暨令，有清绩。入拜尚书祠部郎。七年，安成太妃陈氏薨，江州刺史安成王秀、荆州刺史始兴王憺，并以慈母表解职，诏不许，还摄本任，而太妃薨京邑，丧祭无主。舍人周捨议。"这条材料中的确提到周捨七年之事，但此"七年"绝不会是普通七年，而必然是天监七年。关于陈太妃薨之事，又见《梁书·太祖五王·安成王秀传》："七年，遭慈母陈太妃忧，诏起视事。"在"七年"之前，自"天监元年"起，经"二年""三年""五年""六年"，至于"七年"，依次排列，显然不可能是普通七年。故《南北朝文学编年史》错据了《司马筠传》一条材料。那么，是否依据《裴子野传》就可以确定周捨卒于普通七年呢？

再看《梁书》中另外一则材料：《梁书·太祖五王传》："（萧伟）晚年崇信佛理，尤精玄学，著《二旨义》，别为新通。又制

《性情》《几神》等论，其义，僧宠及周捨、殷钧、陆倕并名精解，而不能屈。"萧伟卒于梁中大通五年（533），时年五十八岁。称萧伟晚年崇信佛理，等等，所谓晚年，大概应为临终前几年，即中大通年间，宜为中大通元年至中大通五年，即529—533年。《二旨义》《性情》《几神》均为萧伟晚年之作，僧宠、周捨、殷钧、陆倕对其精解，必于三文成篇之后，故周捨极有可能在中大通年间仍在世。普通七年距离萧伟卒年的中大通五年已有八年之久，八年也未尝不可视作萧伟享年五十八的晚年，但确定周捨卒于普通七年，便又令人生疑了，将普通七年作为周捨卒年上推，同样是令人难以信服的。今未有确切材料可证之前，仍从《南北朝文学编年史》之说，同时存疑。

周捨字升逸，汝南安城人。齐中书郎周颙之子。幼聪颖，既长，博学多通，尤精义理，善诵书，背文讽说，音韵清辩。齐世，历任太学博士、后军行参军、太常丞。梁朝建，历仕尚书祠部郎、中书通事舍人、太子洗马、散骑常侍、中书侍郎、鸿胪卿、尚书吏部郎、太子右卫率、太子詹事等职。周捨为齐梁著名文士，"学思坚明，志行开敏，义该玄儒，博穷文史"。《隋志》载有"梁护军将军《周捨集》二十卷"。今存文九篇、诗二首。

殷芸（471—529）生。

平按：《梁书》本传："大通三年，卒，时年五十九。"上推生于是年。殷芸字灌蔬，陈郡长平人。励精勤学，博洽群书。仕梁，历任西中郎主簿、后军临川王记室、通直散骑侍郎、中书通事舍人、中书舍人、国子博士、秘书监等职。殷芸著有小说三十卷，《隋志》《两唐书志》均作十卷。沈德符《万历野获编》谓："夫小说家盛于唐而滥于宋，溯其初，则萧梁殷芸始有小说行世。"

徐摛（471—551）生。

平按：《梁书·徐摛传》："徐摛字士秀，东海郯人也。祖凭道，宋海陵太守。父超之，天监初仕至员外散骑常侍。……太宗嗣位，进授左卫将军，固辞不拜。太宗后被幽闭，摛不获朝谒，因感气疾而卒，年七十八。"太宗萧纲于大宝二年（551）八月被侯景（503—552）幽于永福省。《梁书·简文帝纪》："（大宝二年）八月戊午，侯景遣卫尉卿彭儁、厢公王僧贵率兵入殿，废太宗为晋安王，幽于永福省。"冬十月太宗崩于永福省。"既醉寝，王伟、彭儁进土囊，王修纂坐其上，于是太宗崩于永福省，时年四十九。"徐摛因太宗为侯景所幽禁，故感气而亡。依此，徐摛亦当卒于大宝二年。萧绎于中大通六年（534）作《法宝联璧序》[1]，文末称徐摛六十四岁，上推生于本年，下推至大宝二年，当为八十一岁。《梁书》本传恐有误。徐摛幼而好学，博览经史，属文好为新变，不拘旧体。本传有云："摛文体既别，春坊尽学之，'宫体'之号，自斯而起。高祖闻之怒，召摛加让，及见，应对明敏，辞义可观，高祖意释。因问五经大义，次问历代史及百家杂说，末论释教。摛商较纵横，应答如响，高祖甚加叹异，更被亲狎，宠遇日隆。"今存文二篇、诗五首。

宋明帝泰豫元年·魏孝文帝延兴二年（472）壬子 四十六岁

正月甲寅，宋改元泰豫元年。（《宋书》卷八《明帝纪》）

平按：《宋书·明帝纪》："泰豫元年春正月甲寅朔，上有疾不朝会。以疾患未痊，故改元。"

三月己未，中书监、扬州刺史王景文被赐死。（《宋书》卷八《明帝纪》，《宋书》卷八十五《王景文传》）

---

① （唐）释道宣撰：《广弘明集》卷二十《法义篇》第四，上海古籍出版社 1991 年版，第 250－251 页。亦见严可均（1762—1843）辑《全梁文》。

平按：王景文，琅邪临沂人。美风姿，好言理，少与陈郡谢庄齐名，故《宋书》置其与谢庄同卷。泰始七年，明帝诛杀诸王、功臣、将帅，景文惧祸，作《求解扬州刺史表》。当明帝陆续杀掉可能危及幼主诸弟后，担心景文日后称宰相，更兼门族强盛，幼主不能制御，便于泰豫元年赐景文死。《宋书》本传曰："时上既有疾，而诸弟并已见杀，唯桂阳王休范人才本劣，不见疑，出为江州刺史。虑一旦晏驾，皇后临朝，则景文自然成宰相，门族强盛，藉元舅之重，岁暮不为纯臣。泰豫元年春，上疾笃，乃遣使送药赐景文死，手诏曰：'与卿周旋，欲全卿门户，故有此处分。'"景文今存文两篇。

四月己亥，明帝刘彧崩于景福殿，时年三十四。袁粲、褚渊、刘勔、蔡兴宗、沈攸之同被顾命。（《宋书》卷八《明帝纪》）

平按：宋明帝刘彧（439—472）好读书，爱文义，撰《江左以来文章志》，又续卫瓘所注《论语》二卷。即帝位后频遭内忧外患，晚年颇好鬼神，性多忌讳，亲近谀嬖，剪落皇枝。朝中上下奢费过度，库藏荡空，宋氏之业，自此衰矣。《隋志》载"《明帝集》三十三卷，亡"。刘彧颇好文学，著述丰富。又有赋集四十卷，诗集四十卷，《诗集新撰》三十卷。《全宋文》辑其文六十二篇，多为诏文。

刘宋时代六十年里，前半程为武帝、文帝时期，后半程以孝武、明帝在位时期朝事相对有些连续性。南朝文学风气的转变，由宋至齐是一个转关。在这一转关到来之前，刘宋期间由元嘉至大明、泰始，则也是一个转变。据《建康实录》载，大明六年八月建置清台令官，用以考其清浊。又云："武帝自永初迄于元嘉，多为经史之学，自大明之代，好作词赋。"《宋书·鲍照传》："孝武好为文章，自谓物莫能及。"其诗今存二十七首，居于刘宋诸帝之首。《诗品》评曰："孝武诗，雕文织彩，过为精密。"《宋书·明帝纪》："好读书，爱文义。在藩时撰《江左以来文章志》，又续卫瓘所注《论语》二卷，及即大位，才学之士，多蒙引进，参侍文籍，应对左右。"裴子野《雕虫论序》亦称："宋明帝博好文章，才思朗捷，常读书奏，号称七行俱下，每有祯祥，及幸宴集，辄陈诗展义，且以命朝臣，其戎士武夫，则托请不暇，困于课限，或买以应诏焉。于是天下向风，人自藻饰，雕虫之艺，盛于时矣。"故裴子野说："宋初迄于元嘉，多为经史。大明之代，实好斯文，高才逸韵，颇谢前哲，波流相尚，滋有笃焉。自是闾阎年少，贵游总角，罔不摈落六艺，吟咏情性。学者以博依为急务，谓章句为专鲁。淫文破典，斐尔为功。无被于管弦，非止乎礼义。深心主卉木，远致极风云。其兴浮，其志弱，巧而不要，隐而不深，讨其宗途，亦有宋之遗风也。"《诗品序》也称："观古今胜语，多非补假，皆由直寻。颜延、谢庄尤为繁密，于时化之。故大明、泰始中，文章殆同书钞。"钟嵘说的是使事用典，但元嘉与大明、泰始又有所不同。元嘉诗风尚经义，而大明、泰始则以玄学为主。

四月庚子，太子刘昱即皇帝位。尚书令袁粲、护军将军褚渊共辅朝政。(《宋书》卷九《后废帝纪》)

五月戊寅，葬明帝于临沂县莫府山高宁陵，庙号太宗。(《宋书》卷八《明帝纪》)

平按：《六朝事迹编类》卷十三《坟陵门》"宋明帝陵"："《建康实录》：宋明帝泰豫元年葬高宁陵，隶临沂县幕府山，西与王导坟相近。今山前有坟垄，晋穆帝陵在山南，或以西为明帝之坟。"

明帝崩，江州刺史桂阳王刘休范未居宰辅，怨愤不平，有异志。(《宋书》卷七十九《桂阳王休范传》)

平按：四月己亥，明帝大渐之际，诏江州刺史休范进位司空，被授顾命者为袁粲、褚渊、刘勔、蔡兴宗、沈攸之诸人，又以袁粲、褚渊为宰辅，摄朝政。不以休范为宰辅，明帝虑其无才能，不堪大任。这也埋下了日后休范举兵反的祸根。《宋书·桂阳王休范传》："休范素凡讷，少知解，不为诸兄所齿遇。太宗常指左右人谓王景文曰：'休范人才不及此，以我弟故，生便富贵。释氏愿生王家，良有以也.'及太宗晚年,晋平王休祐以狠戾致祸,建安王休仁以权逼不见容,巴陵王休若素得人情,又以此见害。唯休范谨涩无才能,不为物情所向,故得自保,而常怀忧惧,恒虑祸及。及太宗晏驾,主幼时艰,素族当权,近习秉政,休范自谓宗戚莫二,应居宰辅,事既不至,怨愤弥结。招引勇士,缮治器械,行人经过寻阳者,莫不降意折节,重加问遗,□□留则倾身接引,厚相资给,于是远近同应,至者如归。朝廷知其有异志,密相防御,虽未表形迹,而衅难已成。母荀太妃薨,葬庐山,以示不还之志。"

沈攸之由安西将军、郢州刺史转为镇西将军、荆州刺史。攸之渐怀不臣之迹,朝廷制度,无所遵奉。并于荆州广备军资。(《宋书》卷九《后废帝纪》,《宋书》卷七十四《沈攸之传》,《南齐书》卷一《高帝纪上》)

平按:泰始五年(469),沈攸之出为持节、监郢州诸军、郢州刺史;泰豫元年(472)四月己亥,郢州刺史沈攸之进号安西将军;七月甲辰,安西将军、郢州刺史沈攸之为镇西将军、荆州刺史。《宋书·沈攸之传》载:"征发无度,缮治船舸,营造器甲。自至夏口,便有异图。……至荆州,政治如在夏口,营造舟甲,常如敌至。时幼主在位,群公当朝,攸之渐怀不臣之迹,朝廷制度,无所遵奉。"又《通鉴·宋纪十五》:"沈攸之自以材略过人,自至夏口以来,阴蓄异志;及徙荆州,择郢州士马、器仗精者,多以自随。到官,以讨蛮为名,大发兵力,招聚才勇,部勒严整,常如敌至。重赋敛以缮器甲,旧应供台者皆割留之,养马至二千余匹,治战舰近千艘,仓廪、府库莫不充积。"《南齐书·高帝纪上》:"攸之为郢州,值明帝晚运,阴有异图。自郢州迁为荆州,聚敛兵力,将吏逃亡,辄讨质邻伍。养马至二千余匹,皆分赋戍逻将士,使耕田而食,廪财悉充仓储。荆州作部岁送数千人仗,攸之割留,簿上供讨四山蛮。装治战舰数百千艘,沉之灵溪里,钱帛器械巨积,朝廷畏之。"夏口,郢州刺史治。沈攸之为昇明元年之反作充分准备。

江淹至京口，为刘景素镇军参军，领南东海郡丞。(《梁书》卷十四《江淹传》)

平按：据丁福林《江淹年谱》，江淹本年正月作《建平王庆改号启》；二月，建平王景素母卒，作《建平王太妃周氏行状》，又作《感春冰遥和谢中书》诗二首。建平王游纪南城，江淹随之，作《从建平王游纪南城》诗。四月，代作《建平王谢赐石砚等启》《建平王谢玉环刀等启》《建平王庆少帝登祚章》。六月，代作《建平王庆王太后正位章》《建平王庆江皇后正位章》。七月，随建平王景素还都，途中作《江上之山赋》；至建康后，作《刘仆射东山集》诗一首、《刘仆射东山集学骚》诗一首。八月，建平王景素赴南徐州刺史任，江淹随之，行前代景素作《建平王之南徐州刺史辞阙表》。冬，于京口作《灯夜和殷长史》诗一首、《赠炼丹法和殷长史》诗。

王智深作《和建平王观法篇》，被刘景素辟为西曹书佐。(《南齐书》卷五十二《王智深传》)

平按：《南齐书》本传："宋建平王景素为南徐州，作《观法篇》，智深和之，见赏，辟为西曹书佐。"《宋书·后废帝纪》："(泰豫元年)闰七月甲辰，新除太常建平王景素为镇军将军、南徐州刺史。"智深字云才，琅邪临沂人。少从陈郡谢超宗学属文。永明间，武帝敕撰《宋纪》，书成三十卷。生卒年不详。

魏高允上《北伐颂》。(《魏书》卷四十八《高允传》)

平按：《通鉴·宋纪十五》："冬十月，柔然侵魏，及五原，十一月，上皇自将讨之。将度漠，柔然北走数千里，上皇乃还。"《魏书·高允传》："皇兴中，诏允兼太常……后允从显祖北伐，大捷而还，至武川镇，上《北伐颂》。"颂为四言体，文甚典雅。《南北朝文学编年史》系之本年，从之。

萧道成为右卫将军，领卫尉，与尚书令袁粲、护军将军褚渊、领军将军刘勔共掌机事。(《南齐书》卷一《高帝纪上》,《通鉴》卷一百三十三《宋纪十五》)

平按：据《通鉴·宋纪十五》,宋明帝病危时，诏褚渊、刘勔、袁粲、蔡兴宗、沈攸之并受顾命。萧道成为右卫将军，领卫尉，乃褚渊所荐。《南齐书·高帝纪上》："明帝崩，遗诏为右卫将军，领卫尉，加兵五百人。与尚书令袁粲、护军褚渊、领军刘勔共掌机事。又别领东北选事。"又《南史·齐本纪上》："明帝崩，遗诏为右卫将军，领卫尉，加兵五百人，与尚书令袁粲、护军褚彦回、领军刘勔共掌机事。"《通鉴·宋纪十五》胡注曰："史言禁卫兵柄皆归道成。"褚渊荐萧道成之先，萧道成修书与垣荣祖，表面看，是向褚渊推荐垣荣祖，实亦有自荐之意。《南史·垣荣祖传》："及宋明帝崩，高帝书送荣祖诣仆射褚彦回，除东海太守。彦回谓曰：'萧公称卿干略，故以郡相处。'"

蔡兴宗（415—472）卒。

平按：《宋书》本传："泰豫元年，薨，时年五十八。"蔡兴宗字兴宗，济阳考城人。宋吏部尚书蔡廓之子。兴宗少好学，以业尚素立见称。幼立风概，加行尤谨，方严不狎。在朝为官，每正言得失，无所顾惮。本传称其"有文集行于世"，今不传。

晋安王萧子懋（472—494）生。

平按：晋安王萧子懋字云昌，萧赜第七子。初封江陵公。有文才。永明八年，撰《春秋例苑》三十卷，为武帝所嘉，敕付秘阁。武帝曾敕之曰："文章诗笔，乃是佳事，然世务弥为根本，可常忆之。"又赐之杜预所定《左传》《古今善言》。延兴元年遇害，时年二十三。《隋志》著录"又有齐《晋安王子懋集》四卷，录一卷"。已散佚。

庾承先（472—531）生。

平按：《梁书·庾承先传》："中大通三年，庐山刘慧斐至荆州，承先与之有旧，往从之。荆陕学徒，因请承先讲《老子》。湘东王亲命驾临听，论议终日，深相赏接。留连月余日，乃还山。王亲祖道，并赠篇什，隐者美之。其年卒，时年六十。"庾承先字子通，颍川鄢陵人。史载其"受学于南阳刘虬，玄经释典，靡不该悉，九流《七略》，咸所精练"。

陆厥（472—499）生。

《南齐书》本传："永元元年，始安王遥光反，厥父闲被诛，厥坐系尚方，寻有赦令，厥恨父不及，感恸而卒，年二十八。"[①] 上推生于本年。陆厥字韩卿，吴郡吴人。少有风概，好属文，五言诗体甚新变。永明九年，齐武帝诏百官举士，陆厥为同郡司徒左西掾顾暠之所表荐，举为州秀才，后为王晏少傅主簿，遣后军行参军。南齐永明时期所兴起的新体诗"永明体"之名，最早见载于《陆厥传》，其曰："永明末，盛为文章。吴兴沈约、陈郡谢朓、琅邪王融以气类相推毂。汝南周颙善识声韵。约等文皆用宫商，以平上去入为四声，以此制韵，不可增减，世呼为'永明体'。"陆厥《与沈约书》、沈约《答陆厥书》是二人关于永明声律论的往来书信，是永明声律论的重要文献，在六朝文学理论史上具有十分重要的地位。《隋志》载有"齐后军法曹参军《陆厥集》八卷，梁十卷"，已散佚。今存诗十五首，文一篇。

---

① （梁）萧子显撰：《南齐书》卷五十二《文学传》，中华书局 1975 年版，第900 页。

宋后废帝元徽元年·魏孝文帝延兴三年（473）癸丑 四十七岁

正月戊寅，宋改元元徽元年。（《宋书》卷九《后废帝纪》）

四月壬子，魏诏以孔子二十八世孙鲁郡孔乘为崇圣大夫。（《魏书》卷七《高祖纪》）

平按：《魏书·高祖纪》："（三年）夏四月壬子，诏以孔子二十八世孙鲁郡孔乘为崇圣大夫，给十户以供洒扫。"

七月丁丑，散骑常侍顾长康、长水校尉何翌之表上所撰《谏林》，上自虞、舜，下及晋武，凡十二卷。（《宋书》卷九《后废帝纪》）

八月辛亥，秘书丞王俭表上所撰《七志》三十卷。（《宋书》卷九《后废帝纪》）

平按：《南齐书·王俭传》："解褐秘书郎，太子舍人，超迁秘书丞。上表求校坟籍，依《七略》撰《七志》四十卷，上表献之，表辞甚典。"《隋书·经籍志二》则谓："《今书七志》七十卷，王俭撰。"任昉《王文宪集序》："初拜秘书郎，迁太子舍人，以选尚公主，拜驸马都尉。元徽初，迁秘书丞。于是采公曾之《中经》，刊弘度之《四部》，依刘歆《七略》，更撰《七志》。"

《七志》依仿《七略》之处有二：一是分类体系；二是书目体制。其分类为：

经典志：纪六艺、小学、史记、杂传。相当于《七略》的六艺略。

诸子志：纪古今诸子。相当于《七略》的诸子略。

文翰志：纪诗赋等。相当于《七略》的诗赋略。

军书志：纪兵书。相当于《七略》的兵书略。

阴阳志：纪阴阳图纬。相当于《七略》的术数略。

术艺志：纪方技。相当于《七略》的方技略。

《七志》比《七略》新增《图谱志》，纪地域及图书。最后附有道、佛两类，实为九类。王俭又撰《宋元徽元年四部书目》，凡二千二十帙，万五千七百四卷。《广弘明集》卷三《七录序》："宋元徽元年，秘阁四部书目录二千二十帙，一万五千七十四卷。"

九月辛丑，魏诏遣使者十人循行州郡，检括户口。（《魏书》卷七《高祖纪》）

平按：《魏书·高祖纪》："（三年）九月辛丑，诏遣使者十人循行州郡，检括户口。其有仍隐不出者，州、郡、县、户主并论如律。"

十二月乙巳，司空、江州刺史桂阳王刘休范进位太尉。（《宋书》卷九《后废帝纪》）

丘巨源为桂阳王刘休范所征，未就任，留建康。（《南齐书》卷五十二《丘巨源传》）

平按：《南齐书·丘巨源传》："元徽初，桂阳王休范在寻阳，以巨源有笔翰，遣船迎之，饷以钱物。巨源因太祖自启，敕板起巨源使留京都。"

萧道成解卫尉，加侍中，领石头戍军事。（《南齐书》卷一《高帝纪上》）

萧道成作《与虞玩之书》。（《南史》卷四十七《虞玩之传》）

平按：《南史·虞玩之传》："元徽中，为尚书右丞。齐高帝参政，与玩之书曰：'张华为度支尚书，事不徒然。今漕藏有阙，吾贤居右丞，已觉金粟可积也。'玩之上表，陈府库钱帛，器械役力，所悬转多，兴用渐广，虑不支岁月。朝议优报之。"萧道成在刘宋时期的参政，其标志应是泰豫元年宋明帝崩时作为顾命大臣之一。《南齐书·高帝纪上》："明帝崩，遗诏为右卫将军，领卫尉，加兵五百人。与尚书令袁粲、护军褚渊、领军刘勔共掌机事。又别领东北选事。寻解卫尉，加侍中，领石头戍军事。"本宜置于泰豫元年，然《虞玩之传》提及"元徽中"，故置于元徽元年。

宋后废帝元徽二年·魏孝文帝延兴四年（474）甲寅　四十八岁

五月壬午，太尉、江州刺史刘休范于寻阳举兵反。台军分据新亭垒、白下城、石头城，以御叛军。（《宋书》卷九《后废帝纪》）

平按：五月，桂阳王休范自寻阳起兵反，并修书与辅政大臣袁粲、褚渊、刘秉，意在结朝中诸贤共清君侧群邪杨运长、王道隆等，自称为"孤子""天子季父"。《书》曰："正内赖诸贤，防勒奸轨，外有孤子，跨据中流。"休范率叛军，沿江一路东下，至新林，朝廷为之震动。诸宰辅仓促应对，分兵据守建康周围各要塞。右卫将军萧道成为前锋出次新亭垒；征北将军张永屯白下城；领军将军刘勔、前南兖州刺史沈怀明戍石头城；卫将军袁粲、中军将军褚渊入卫殿省。

新亭，是建康都城重要的城垒之一。六朝时期，新亭因地处都城西南的交通要道之上，又濒临江边，位置险要，风光奇特，备受时人关注。新亭由此经历了由宴饮、迎宾和饯别之所发展成为控扼西南交通要道的军事堡垒。新亭始建于孙吴，是吴都建业的三大名亭之一。东晋安帝隆安年间（397—401），丹阳尹司马恢因原亭毁圮，而重建新亭。据成书于两晋时期的《十洲记》载："丹阳郡新亭，在中兴里，吴旧亭也。"孙吴、东晋时期的新亭，其主要功能是宴饮、迎宾和饯别的场所，同时兼有军事要地的功能，但尚未形成一座军事性的堡垒。南朝刘宋元嘉三十年（453），孝武帝刘骏杀元凶刘劭后，即位于新亭，仆射王僧达将新亭更名为中兴亭。至此，随着地位的上升，新亭逐渐发展成为一座防御性的军事城垒，与石头城、东府城、西州城、白下城等相提并论。而其宴饮、迎宾、送别的功能则退居次要地位。作为官僚贵族、文人墨客饮宴雅集的场所，新亭留下了著名的"新亭对泣"的故事。作为饯别场所，少帝刘义符被废，群臣迎宜都王刘义隆为帝，"及至都，群臣迎拜于新亭"。南齐时，范云被贬零陵内史，赴任途中暂住新亭，写下了著名的《之零陵郡次新亭》诗，谢朓亲自到新亭为范云送别，作《新亭渚别范零陵》诗。新亭更重要的是其军事地位，六朝时期发生在都城建康的战争大多与新亭休戚相关，新亭的得失直接关系到建康宫城的安危。南宋建康留守史正志在重修新亭碑记中对于新亭军事地位的重要性有中肯的评价："方六朝时，上流奔冲，用兵战争，无不扼此相拒，先据者胜。"[①] 故本年台军与桂阳王休范叛军战，以萧道成为前锋先据新亭。关于新亭的位置，各种史料所载多有不同，综合起来大致有三点：一是在南京城的西南方；二是濒临长江；三是距离南京城 10～15 里。

白下城，其前身是白石垒，是六朝建康城的又一座重要军事堡垒。刘宋元嘉之末，元凶刘劭弑父称帝，刘骏起兵进讨，刘劭派羊希在班渎、白石垒诸水口设置栅栏，阻挡义军。刘宋元嘉二十年（443），宋文帝刘义隆驾幸白下城阅武。元徽二年，桂阳王休范反，台遣征北将军张永进驻白下。刘宋末年，荆州刺史沈攸之起兵反，顺流而下，直逼建康。萧道成急召李安民"镇白下，治城隍"，确保建康城的安全。梁敬帝时期，北齐兵进攻建康，驻军玄武湖西北。陈霸先率军至北郊坛南面，与北齐兵对阵。侯安都自白下城断北齐兵后路，北齐兵大败，死者甚众。陈后主时期，隋兵渡江前夕，陈朝大将萧方泰与忠武将军南豫州刺史樊猛、左卫将军蒋元逊领青龙舰八十艘为水军，"于白下游弈，以御隋六合兵"。白下城成为六朝建康的水军基地。白下城不只是一座普通的军事堡垒，还是南朝政权北伐的出兵之地。齐武帝重造白下城的目的就是将其作为北伐屯兵之地。齐东昏侯在位时，裴叔业降魏，平西将军崔慧景屯兵白下

将前往寿阳平叛，东昏侯亲临白下送行。梁武帝普通六年，梁武帝派陈庆之讨伐僧强、蔡伯龙之反，陈庆之驻军白下城，临行，梁武帝"行幸白下城，履行六军顿所"，陈庆之受命而行，平定叛乱。关于白下城的位置，主要有两种说法：一是认为"在北郊江边的幕府山下"①；二是认为"在今下关大桥村北象山一带"②。据卢海鸣所考，"金川河边的象山一带最有可能是白下城故址所在"③。

石头城，见"永光元年"。

张永本年由吴郡太守任迁为征北将军、南兖州刺史，未及赴任，正值桂阳王休范作乱，乃就势出屯白下。然以其未战而兵溃散，免官削爵，终致发病，于明年即卒。刘勔于桂阳王乱时为持节、领军将军，镇石头城。时叛军已至朱雀航，右军将军王道隆命刘勔开航进战，刘勔于朱雀航南战败而死，时年五十七。勔少有志节，兼好文义。自祖父刘怀义起，三代为官岭南，勔尝为广州增城令。沈怀明于休范反时为冠军将军，统水军驻防石头城，朱雀航失守，委军奔走，不久因此忧惧而卒。

屯骑校尉黄回、越骑校尉张敬儿诈降于桂阳王休范，休范为张敬儿所杀。休范余众为萧道成所遣陈显达、张敬儿军所破，解建康之危。（《南史》卷十四《桂阳王休范传》，《通鉴》卷一百三十三《宋纪十五》）

六月癸卯，晋熙王刘燮遣军克寻阳，江州平。（《宋书》卷九《后废帝纪》）

平按：《宋书·晋熙王昶附燮传》："明年（元徽二年），太尉、江州刺史桂阳王休范举兵逼朝廷，燮遣中兵参军冯景祖袭寻阳，休范留中兵参军毛惠连、州别驾程罕之居守，开门诣景祖降。进燮号安西将军，加督江州诸军事。"晋熙王刘燮本明帝刘彧第六皇子，过继给文帝刘义隆第九子晋熙王刘昶，故燮于泰始六年出生即袭封刘

① 蒋赞初：《南京史话》，江苏人民出版社1980年版，第50页。
② 马伯伦主编：《南京建置志》，海天出版社1994年版，72页。
③ 卢海鸣：《六朝都城》，南京出版社2002年版，第113页。

昶号为晋熙王。本年平寻阳，刘昶五岁。至建元元年降封为阴安县侯，寻以谋反伏诛。

十一月，后废帝加元服。(《南史》卷三《宋本纪下》)

平按：后废帝以大明七年（463）正月辛丑生，泰始二年（466）立为皇太子，泰始三年（467）改名为昱。元徽元年（473）即帝位，本年加元服，十二岁。皇帝的冠礼，通常在即位前便已举行，但也有皇帝即位时还是几岁的孩子，徒有皇帝虚名，没有实际治理国家的权力和能力，而有冠礼在即位之后举行的情形。南朝时期，十五岁成人举行冠礼是普遍现象，后废帝刘昱十二岁行冠礼，在当时是极特殊的情况，这是当时的政治形势决定的。宋明帝去世后，即帝位的刘昱年仅十一岁，由袁粲、萧道成、褚渊、刘秉共同辅政，号称"四贵"。四人当中以萧道成势力最盛。早在明帝在世时，民间即有"萧道成当为天子"的传言，而且明帝也怀疑他有非人臣之志，多次对他进行试探。当时萧道成为南兖州刺史，督军北讨，明帝遣冠军将军吴喜率三千人北上，令其把军队驻扎在破釜，只身前往萧道成所处淮阴，代朝廷自持银壶酒封赐之。萧道成戎衣出门相迎，"惧鸩，不敢饮，将出奔，喜告以诚，先饮之，帝即酌饮之"。明帝通过吴喜已经试出萧道成对明帝的疑心，待吴喜先饮之后方饮之，吴喜回京禀报明帝非以实，乃曲意其状，明帝才放下心来。泰始七年（471），明帝征萧道成回京，属下皆劝之不从，而萧道成已洞悉刘宋朝廷祸难将起，国祚日尽，便坚持应征回京，对他而言机会终于到了。四贵中褚渊为萧道成挚友，早在其任丹阳尹时，就指着萧道成对其从弟说："此非常人也。"后来出任吴兴太守，萧道成为之送别，褚渊又对人说："此人材貌非常，将来不可测也。"明帝弥留之际，也正是褚渊将萧道成举荐为辅政大臣之一。四贵中另外两人，袁粲"位任虽重，无经世之略，疏放好酒"；刘秉为皇亲宗室，以清谨著名。二人既无大志，更无谋略。朝中大事经略，尽归于萧道成，后废帝刘昱随时有被废的可能。正于此时，桂阳王休范自以皇叔，宗戚莫二，应为辅政大臣，因事不如意，而起兵反叛，此事更促成了萧道成因平叛有功而得到更大的权势。梁满仓认为"刘休范起兵本身并没有给刘昱的帝位造成多大威胁,造成巨大威胁的是这件事的后果"。所以,刘休范被平定后,百姓皆谓"全国家者此公也"①。正是在这种情况下,年仅十二岁的刘昱匆忙为自己行冠礼,宣布自己已经成人,可以独立经理朝政,很明显其用意在于从辅政大臣手中收回权力,特别是力图以此稍剪萧道成日渐丰满的羽翼。

江淹被黜为建安吴兴令。(《南史》卷五十九《江淹传》)

平按:《南史·江淹传》:"会东海太守陆澄丁艰,淹自谓郡丞应行郡事,景素用司马柳世隆。淹固求之,景素大怒,言于选部,黜为建安吴兴令。"吴丕绩《江淹年谱》云:"建平以元徽四年反被杀,是岁先生为建安吴兴令已三载。《自序》云:'在邑三载。而朱方竟败焉。'依此推之,先生被黜之年,当在今岁。又《被黜为吴兴令辞笺》云:'窃思伏皂九载,齿录八年。'盖先生自始安王薨后,入建平幕,至今已九年,故先生于今岁为吴兴令,其事甚明,但未知在何月耳。"今从之。据《宋书·州郡志》,建安为江州之属郡,"建安太守,本闽越,秦立为闽中郡。汉武帝世,闽越反,灭之,徙其民于江、淮间,虚其地。后有遁逃山谷者颇出,立为冶县,属会稽。……后分冶地为会稽东、南二部都尉。东部,临海是也;南部,建安是也。吴孙休永安三年,分南部立为建安郡"。江淹被黜之建安吴兴,为今福建浦城县地,时属江州。当时扬州又有吴兴郡,治今浙江吴兴,与建安吴兴为不同的两地。

魏太上皇帝拓跋弘屡引程骏与论《易》《老》之义。(《魏书》卷六十《程骏传》)

平按:《魏书·程骏传》:"显祖屡引骏与论《易》《老》之义,

①　梁满仓:《魏晋南北朝五礼制度考论》,社会科学文献出版社 2009 年版,第314 页。

顾谓群臣曰:'朕与此人言,意甚开畅。'又问骏曰:'卿年几何?'对曰:'臣六十一。'显祖曰:'昔太公既老而遭文王。卿今遇朕,岂非早也?'骏曰:'臣虽才谢吕望,而陛下尊过西伯。觊天假余年,竭《六韬》之效。'"程骏卒于太和九年正月,年七十二。本传曰:"太和九年正月,病笃,乃遗令曰:'吾存尚俭薄,岂可没为奢厚哉?昔王孙裸葬,有感而然……可敛以时服,器皿从古。'遂卒,年七十二。"则与魏太上皇帝拓跋弘论《易》《老》,当在是年。《南北朝文学编年史》系于延兴三年,误。《程骏传》又载,骏尝谓其师刘昞曰:"今世名教之儒,咸谓老庄其言虚诞,不切实要,弗可以经世,骏意以为不然。夫老子著抱一之言,庄生申性本之旨,若斯者,可谓至顺矣。人若乖一则烦伪生,若爽性则冲真丧。"程骏自六世祖坐事流凉州,世居河西,足见"北魏老庄之学,至此渐兴起,而凉州文人亦颇有作用"①。

　　萧道成于五月庚寅,由右卫将军加为平南将军,以前锋出屯新亭,阻休范叛军。(《宋书》卷九《后废帝纪》)

　　平按:休范反的消息传至朝廷,朝中文武集议对策。萧道成主动请命,赴新亭以当叛军前锋。《通鉴·宋纪十五》云:"昔上流谋逆,皆因淹缓致败,休范必远惩前失,轻兵急下,乘我无备。今应变之术,不宜远出;若偏师失律,则大沮众心。宜顿新亭、白下,坚守宫城、东府、石头,以待贼至。千里孤军,后无委积,求战不得,自然瓦解。我请顿新亭以当其锋,征北守白下,领军屯宣阳门为诸军节度。诸贵安坐殿中,不须竞出,我自破贼必矣。"时朝廷分军屯驻建康各军事要地,乃出于萧道成之议,实际上已是平休范叛军的统帅。萧道成率军至新亭,尚未来得及将营垒整治完毕,休范大军已至。道成遣高道庆、陈显达、王敬则等率军拒战,以确保新亭垒不失。休范分兵于其将丁文豪进攻台城,自率大军仍攻新亭垒。道成见一时难破叛军,便采屯骑校尉黄回、越骑校尉张敬儿诈降之

_____

① 曹道衡、刘跃进:《南北朝文学编年史》,人民文学出版社2000年版,第217页。

策，并许敬儿事济以本州相赏，而得诛杀休范。《南齐书·张敬儿传》载：

> 桂阳事起，隶太祖顿新亭，贼矢石既交，休范白服乘舆往劳楼下，城中望见其左右人兵不多，敬儿与黄回白太祖曰："桂阳所在，备防寡阙，若诈降而取之，此必可擒也。"太祖曰："卿若能办事，当以本州相赏。"敬儿相与出城南，放仗走，大呼称降，休范喜，召至舆侧，回阳致太祖密意，休范信之。回目敬儿，敬儿夺取休范防身刀，斩休范首，休范左右数百人皆惊散，敬儿驰马持首归新亭。

然休范之死，其将士并不知，仍于各处接战，叛将丁文豪大破台军，白下城、石头城均失。休范死后，围攻新亭叛军弃攻新亭，亦转而进攻台城。萧道成所居新亭战事得解，即遣陈显达、张敬儿等将兵入卫宫省，大败叛将丁文豪、黑騾等，并斩之。萧道成继率军还建康，建康百姓赞曰："全国家者此公也。"的确，休范之难，自谋议对策，至据守新亭垒，再至台城失而复得，均依萧道成之力。至此，萧道成更进一步稳固了在朝中的威势，刘宋末期朝中的每一次内乱，都在进一步削弱刘氏的势力，也都是一次又一次给了萧道成扩充势力、抬高威望的机会。事实是，萧道成每一次都极好地把握住了机会。

萧道成与桂阳王休范之战，陈显达、王敬则、苏侃、周盘龙、王洪范、桓康等追随左右，并立大功。(《南齐书》卷二十六《王敬则传》，《南史》卷四十五《陈显达传》，《南史》卷四十七《苏侃传》，《南史》卷四十六《周盘龙传》，《南史》卷七十《王洪范传》，《南史》卷四十六《桓康传》)

平按：《南齐书·王敬则传》："元徽二年，随太祖拒桂阳贼于新亭，敬则与羽林监陈显达、宁朔将军高道庆乘舸于江中迎战，大破贼水军，焚其舟舰。"《南史·陈显达传》："隶齐高帝讨桂阳贼于新亭垒。刘勔大桁败，贼进杜姥宅。及休范死，显达出杜姥宅，大战于宣阳、津阳门，大破贼，矢中左目而镞不出。"《南史·苏侃传》："桂阳之难，帝以侃为平南录事，领军主，从顿新亭，使分金银赋赐将士。后为帝太尉谘议。侃事高帝既久，备悉起居，乃与丘巨源撰《萧太尉记》，载帝征伐之功。"《南史·周盘龙传》："元徽二年，桂阳构难，盘龙时为冗从仆射，随齐高帝顿新亭。"《南史·王洪范传》："宋桂阳王之难，随齐高帝镇新亭，常以身捍矢。高帝曰：'我自有盾，卿可自防。'答曰：'天下无洪范何有哉，苍生方乱，岂可一日无公。'帝甚赏之。"《南史·桓康传》："桂阳王休范事起，康弃县还都就高帝。会事已平，除员外郎。"萧道成势力的拓展，以笼络了众多甘于为其效命的将士为重要标志。此前较为集中的时期为任南兖州刺史时，此番平桂阳王休范之反，则又有王敬则等归附。至此，萧道成取宋而代的军事基础已经十分牢靠了。

六月庚子，萧道成以平南将军迁散骑常侍、中领军、都督南兖徐兖青冀五州军事、镇军将军、南兖州刺史。持节如故。进爵为公，增邑二千户。与袁粲、褚渊、刘秉入直决事，号为"四贵"。萧道成作《与褚渊袁粲书》以让。褚渊、袁粲作《答萧领军书》。(《宋书》卷九《后废帝纪》，《南齐书》卷二十三《褚渊传》，《南齐书》卷四《齐本纪上》)

平按：《南史·褚彦回传》："高帝既平桂阳，迁中领军，领南兖州，高帝固让，与彦回及卫军袁粲书陈情，彦回、粲答书不从，高帝乃受命。"萧道成《与褚渊袁粲书》曰：

> 下官常人，志不及远。随运推斥，妄践非涯，才轻任重，夙宵冰惕。近值国危，含气同奋，况在下官，宁吝身命？履冒锋炭，报效恒理，而褒嘉之典，偏见甄沐，贵登端戎，秩加爵土，瞻言霄衢，魂神震坠。下官奉上以诚，率性无矫，前后忝荷，未尝固让。至若今授，特深悚迫。实以衔恩先旨，义兼陵阙，识蔽防萌，宗戚构祸，引诮归

咎，既已腼颜，乃复乘灾求幸，藉乱取贵，斯实国家之耻，非臣子所忍也。且荣不可滥，宠不可昧，乞蠲中侯，请停增邑，庶保止足，输效涟湄。如使伐匈奴，凯归反旆，以此受爵，不复固辞矣。

褚渊、袁粲《答萧领军书》曰：

来告颖亮，敬挹无已。谦贬居心，深承非饰，此诚此旨，久著言外，况复造席舒衿，迂翰绪意，推情顾己，信足书绅。但今之所宜商榷，必以轻重相推。世惟多难，事属雕弊，四维恇扰，边氓未安，国家费广，府藏须备，北狄侵边，忧虞交切。宇内含识，尚为天下危心，相与共荷任寄。若此，当可稍修廉退不？求之怀抱，实谓不可。了其不可，理无固执。且勍寇穷凶，势过原燎，衅逆仓卒，终古未闻。常时惧惑，当虑先定，结垒新亭，枕戈待敌，断决之策，实有由然。锋镝初交，元恶送首，总律制奇，判于此举。裂邑万户，登爵槐鼎，亦何足少酬勋劳，粗塞物听。今以近侍禁旅，进升中侯，乘平随牒，取此非叨。济、河昔所履牧，镇军秩不逾本，详校阶序，愧在未优，就加冲损，特亏朝制。奉职数载，同舟无几。刘领军峻节霜明，临危不顾，音迹未晞，奄成今古，迷途失偶，恸不及悲。戎谟内寄，恒务倍急，秉操辞荣，将复谁委？诚惟军柄所期，自增茂圭社，誓贯朝廷，匹夫里语，尚欲信厚，君令必行，逡巡何路？凡位居物首，功在众先，进退之宜，当与众共。苟殉独善，何以处物？受不自私，弥见至公。表里详究，无而后可。想体殊常，深思然纳。

萧道成作《与虞玩之书》。(《南齐书》卷三十四《虞玩之传》)

平按：《南齐书·虞玩之传》："元徽中，为右丞。时太祖参政，与玩之书。"其曰：

张华为度支尚书，事不徒然。今漕藏有阙，吾贤居右丞，已觉金粟可积也。

萧道成爱谢超宗之才，以之为长史、临淮太守。（《南史》卷十九《谢超宗传》）

平按：《南史·谢超宗传》载："齐高帝为领军，爱其才，卫将军袁粲闻之，谓高帝曰：'超宗开亮，善可与语。'取为长史、临淮太守。"萧道成本年六月为中领军，谢超宗之才本为萧道成所爱，更兼袁粲"开亮"的评价，故用之为长史、临淮太守。

萧道成素好《左氏春秋》之学，送关康之《春秋》《五经》。（《南齐书》卷五十四《臧荣绪附关康之传》，《南史》卷七十五《关康之传》）

平按：《南齐书·臧荣绪附关康之传》载："初，荣绪与关康之俱隐在京口，世号为'二隐'。……弟子以业传受。尤善《左氏春秋》。太祖为领军，素好此学，送《春秋》《五经》，康之手自点定，并得论《礼记》十余条。上甚悦，宝爱之。"又《南史·关康之传》："弟子以业传授，尤善《左氏春秋》。齐高帝为领军时，素善此学，送本与康之，康之手自点定。又造《礼论》十卷，高帝绝赏爱之，及崩，遗诏以入玄宫。"关康之字伯愉，河东杨人。少而笃学，姿状丰伟，性清约，撰《毛诗义》。

萧道成为领军，望气者陈安宝见其身上恒有紫气，并与人言萧道成"贵不可言"。（《南史》卷四《齐本纪上》）

平按：《南史·齐本纪上》："及为领军，望气者陈安宝见上身上恒有紫黄气。安宝谓王洪范曰：'此人贵不可言。'所居武进县有一道，相传云'天子路'。或谓秦皇所游，或云孙氏旧迹。时讹言东城天子出。"

萧道成好食水引饼，何戢每做上之。(《南齐书》卷三十二《何戢传》)

平按：《南齐书·何戢传》："太祖为领军，与戢来往，数置欢谑。上好水引饼，戢令妇女躬自执事以设上焉。"东汉崔寔所撰《四民月令》载："距立秋毋食煮饼及水溲饼。"石声汉注曰："溲，《要术》，这里和本注中的'溲'字都作'引'。'溲'是用水调和固体粉末，使它变成可塑；'引'字，止能用于'水引饼'，即今日所谓'拉面'，即用水调和后引长的'饼'。应当用'溲'字，才可以兼指'煮'及'水引''二饼'。"① 据考证，"水溲饼""煮饼"是中国面条的先河。魏晋时称"汤饼"，南北朝时称"水引饼"或"水引面"。水引饼类似于今天的面条，其做法是"挼如箸大，一尺一断，盘中盛水浸，宜以手临铛上，挼令薄如韭叶，逐汤煮"。然后再与汤饼一样，拌上肉汁或鸡汁即可。好的水引饼"细如委綖，白如秋练"。② 萧道成非常喜爱吃水引饼，他在任领军时，常到司徒左长史何戢家中食之。

萧道成为萧长懋纳王宝明为后，适逢桂阳王休范叛军至，萧道成时在新亭。(《南齐书》卷二十《文安王皇后宝明传》)

平按：《南齐书·王皇后传》："宋世，太祖为文惠太子纳后，桂阳贼至，太祖在新亭，传言已没，宅复为人所抄掠，文惠太子、竟陵王子良奉穆后、庾妃及后挺身送后兄舅之家，事平乃出。建元元年，为南郡王妃。四年，为皇太子妃，无宠。"文惠太子少时为高帝萧道成所宠爱，文安王皇后起初为其所纳，亦是萧道成之意。萧道成为文惠太子纳王宝明为后的时间可由《南齐书·王皇后传》推知。文惠太子纳后时恰逢桂阳王刘休范反，此时萧道成也恰在新亭，故萧道成为文惠太子纳后的时间应在元徽二年。初为文惠太子所纳

---

① (汉)崔寔撰，石声汉校注：《四民月令校注》，中华书局2013年版，第44—45页。

② 《太平御览》卷八百六十《饼》引弘君举《食檄》。

的王宝明，建元四年又成为皇太子妃，即为萧赜之妃。《南齐书·武帝纪》："太祖即位，为皇太子。"故此皇太子当为萧赜。

> 萧道成以荀伯玉为其主家事。萧赜立别宅，自大宅掘树，荀伯玉阻止之，萧道成善之。（《南史》卷四十七《荀伯玉传》）

平按：萧道成于泰始七年被征还都后，用荀伯玉主持家事，有似于管家职。萧赜罢广西相还都立别宅，必是在荀伯玉为萧道成主持家事期间。据《南齐书·武帝纪》载，萧赜于泰始七年被封赣县子，不受，"转宁朔将军，广兴相"。那么，萧赜何时罢广兴相还都呢？《武帝纪》云："桂阳王休范反，上遣军袭寻阳，至北峤，事平，除晋熙王安西谘议，不拜，复还都。"此言萧赜未赶上参与平桂阳王休范之乱，休范被平在元徽二年五月。《宋书·后废帝纪》："（元徽二年）秋七月乙酉，征虏将军、郢州刺史晋熙王燮进号安西将军。"晋熙王刘燮进号安西将军，正在平休范之后，故萧赜被除晋熙王安西谘议，不拜而还都，当在元徽二年七月。萧赜于京师立别宅掘大宅数株树木，作为管家的荀伯玉不许，并将其告之于萧道成，进而得到萧道成赞赏之事，至早当在本年，姑系于此。

> 萧道成屯新亭垒，以其子萧嶷为宁朔将军，领兵卫从。（《南齐书》卷二十二《豫章文献王传》）

平按：《南齐书·豫章文献王传》："桂阳之役，太祖出顿新亭垒，板嶷为宁朔将军，领兵卫从。休范率士卒攻垒南，嶷执白虎幡督战，屡摧却之。事宁，迁中书郎。"

> 吴迈远（？—474）卒。

平按：吴迈远，籍贯不详。曾官奉朝请、江州从事。其事迹仅见于《南齐书·丘巨源传》所载丘巨源《与尚书令袁粲书》及《南史·檀超传》。《南史·檀超传》曰："又有吴迈远者，好为篇章，宋明帝闻而召之。及见曰：'此人连绝之外，无所复有。'迈远好自夸而蚩鄙他人，每作诗，得称意语，辄掷地呼曰：'曹子建何足数哉！'超闻而笑曰：'昔刘季绪才不逮于作者，而好抵诃人文章。季绪琐琐，焉足道哉，至于迈远，何为者乎。'"因参与桂阳王休范谋反，兵败被杀。《隋志》谓：有"宋江州从事《吴迈远集》一卷，残缺。梁八卷，亡。"今存诗十一首，多为乐府诗，主要写离情别绪。诗风比鲍照等人更接近齐梁。不少诗句取材于古书，搬弄典故，不免艰涩难解。在南朝诗歌发展史上，属自"元嘉体"到"永明体"转变期的诗人。钟嵘《诗品》列之于下品，并称"齐朝请吴迈远"，评曰："吴善于风人答赠。"迈远未入齐而被杀，曹旭《诗品笺注》径改为"宋朝请吴迈远。"

宋后废帝元徽三年·魏孝文帝延兴五年（475）乙卯　四十九岁

七月庚戌，袁粲为尚书令。（《宋书》卷九《后废帝纪》）

八月庚子，护军将军褚渊为中书监。（《宋书》卷九《后废帝纪》）

王季符告建平王刘景素谋反。景素多被猜疑，乃要结才力之士并失职不得志者，共谋事。（《宋书》卷七十二《刘景素传》）

平按：至本年，宋文帝刘义隆诸子皆不在世，在京城众孙中以刘景素为长。以景素好文章书籍，其周围聚集了诸多才义之士。由于后废帝刘昱的狂凶失道，朝廷内外皆以景素为众望所归。由此招来刘昱生母明帝陈贵妃及权佞之臣阮佃夫、杨运长的疾忌。明帝陈贵妃妙登，丹阳建康人，本民间贫家女，有姿色，被孝武帝刘骏迎入宫。后失宠，刘骏将其赐给刘彧，方有宠。不久因色衰，又被赐予李道儿。再迎回宫后，生废帝刘昱，时年刘彧二十五岁。对于刘昱的身世，民间传其出于李道儿，而刘昱亦自称"李将军"或"李统"，盖不虚。《宋书·后废帝陈太妃妙登传》载："先是人间言明帝不男，故皆呼废帝为李氏子。废帝后每微行，自称李将军，或自谓李统。"建平王景素为文帝刘义隆第七子刘宏之子，本年二十四岁。后废帝刘昱为文帝第十一子刘彧之长子，本年十三岁。刘昱或为庶出，自然难比刘景素之嫡孙，陈氏亲戚疾忌景素危及刘昱帝位，亦属常态。

江淹在建安吴兴，作《石劫赋》《赤虹赋》《待罪江南思北归赋》《伤爱子赋》《四时赋》《应谢主簿骚体》等诗赋。（丁福林《江淹年谱》）

沈约客居郢州，作《栖禅精舍铭并序》。（《广弘明集》卷十六）

三月己巳，萧道成以张敬儿为雍州刺史，以防荆州刺史沈攸之。（《南齐书》卷二十五《张敬儿传》，《宋书》卷七十四《沈攸之传》）

平按：张敬儿，南阳冠军人。南阳为雍州刺史所领，雍州治襄阳。《宋书·州郡志》："南阳太守，领县七：宛县、涅阳、云阳、冠军、郦县、舞阴、许昌。"据本传载，张敬儿随萧道成平桂阳王休范后，不断求任家乡所在之地雍州，但萧道成以张敬儿人位轻，不堪担镇雍州重任。张敬儿提出居雍州可监视沈攸之的理由，这也正是萧道成的需要，自然将雍州委以张敬儿。此时，沈攸之为荆州刺史，桂阳王休范之反，曾要结于沈攸之共起事。元徽二年，休范举兵袭京邑，沈攸之为防朝廷起疑心，亦遣偏军受晋熙王刘燮节度以勤京师。尽管如此，朝廷对沈攸之疑惮并不能消除，征其入京恐不受命，且加重其逆意。故萧道成代朝廷用心腹张敬儿据荆州上流，稳定并监视沈攸之一举一动，以有备无患。

建平王刘景素布款诚于萧道成，萧道成拒之。（《南齐书》卷一《高帝纪上》，《南史》卷四《齐本纪上》）

平按：《南史·齐本纪上》："时建平王景素为朝野归心，潜为自全计，布诚于帝，帝拒而不纳。"此时，虽朝野归心于景素，但势在萧道成，故欲结之以为长计。对于萧道成而言，无论宋帝多么昏聩暴虐，也无论诸王或权臣如何反叛于朝廷，他的原则是绝不随之为逆，而均充当着护主平叛的角色。如此则名为正，而势得长。宋末朝廷虚弱，强在诸藩，助强藩而灭朝廷，最终得势者不在己，而助朝廷，灭强藩，势归于己。萧道成看得比谁都清楚，故在他这里，朝廷内外之叛无所谓正义与邪恶，统而灭之，最有利于自身。

朝廷欲遣军讨建平王景素，萧道成以为不可。（《宋书》卷七十二《刘景素传》）

平按：《宋书·刘景素传》："元徽三年，景素防阁将军王季符失景素旨，怨恨，因单骑奔京邑，告运长、佃夫云'景素欲反'。运长等便欲遣军讨之，齐王及卫将军袁粲以下并保持之，谓为不然也。"欲反而未反，讨之不义。当时刘氏皇族中颇有些才能，且为朝野所归心者，唯有景素，日后对萧道成可构成威胁的刘氏宗族也只有景素，除掉刘景素也合萧道成本意。但此时进讨，时机尚不成熟，故止之。

平休范后，后废帝入镇军府，以道成腹部为箭靶，欲害之。又刻木为萧道成形象，射之。寻时机以加害于萧道成。（《南史》卷四《齐本纪上》）

平按：平休范后，为后废帝刘昱所忌惮者，在外为刘景素，在内者为萧道成。《南史·齐本纪上》载："休范平后，苍梧王渐行凶暴，屡欲害帝，尝率数十人直入镇军府。时暑热，帝昼卧裸袒，苍梧立帝于室内，画腹为射的，自引满，将射之。帝神色不变，敛板曰：'老臣无罪。'苍梧左右王天恩谏曰：'领军腹大，是佳射堋，而一箭便死，后无复射，不如以骲箭射之。'乃取骲箭，一发即中帝脐。苍梧投弓于地，大笑曰：'此手何如？'"王天恩之谏，或出于助废帝为戏，或出于归心萧道成，其结果却是救了萧道成一命。其后，废帝欲置萧道成于死地，竟至于癫狂的程度。最终还是被其生母陈太妃责骂，才未及加害道成。《南史·齐本纪上》又曰："帝威名既重，苍梧沉相猜忌，刻木为帝形，画腹为射垛，自射之，又命左右，射中者加赏，皆莫能中。时帝在领军府，苍梧自来烧之，冀帝出，因作难，帝坚卧不动。苍梧益怀忿恚，所见之物，呼之为帝。加以手自磨铤，曰：'明日当以刃萧道成。'陈太妃骂之曰：'萧道成有大功于国，今害之，谁为汝尽力？'故止。"

萧道成在青溪宅，有青龙从斋前池中出。（《南齐书》卷十八《祥瑞志》）

平按：《南齐书·祥瑞志》："元徽三年，太祖在青溪宅，斋前池中忽扬波起浪，涌水如山，有金石响，须臾有青龙从池中出，左右皆见之。"

徐爰（394—475）卒。

平按：《宋书》本传："元徽三年，卒，时年八十二。"徐爰字长玉，南琅邪开阳人。历仕少帝、文帝、孝武帝、前废帝、明帝、后废帝六代，其享年之永，为南朝罕见，究其原因，本传以为"爰便僻善事人，能得人主微旨。……巧于将迎，始终无忤"。其又颇涉书传，尤悉朝仪，尝撰《仪注》，"时世祖将即大位，军府造次，不晓朝章，爰素谙其事，既至，莫不喜说，以兼太常丞，撰立《仪注》"。泰始三年，诏远放交州，时值土人李长仁为乱，悉诛北来流寓，徐爰以智计得免，后还京都。徐爰是刘宋朝著名学者，著作甚丰。著有《宋书》，《隋志》著录六十五卷，《两唐志》作四十二卷。《隋志》又著录"宋太中大夫《徐爰集》六卷，梁十卷"。均散佚。撰《周易系辞注》《礼记音》，辑有《杂逸书》等。又注潘岳《射雉赋》。《先秦汉魏晋南北朝诗》录其存诗两首：《华林北涧诗》《咏牛女诗》。《全宋文》辑其存文二十四篇，其中《藉田赋》仅存片段，其他二十三篇均为表、议、箴、说等体。

张永（410—475）卒。

平按：《宋书》本传："（元徽）三年，卒，时年六十六。"张永字景云，吴郡吴（今江苏苏州）人。初为郡主簿、州从事，补余姚令，入为尚书中兵郎。宋明帝时，为金紫光禄大夫、领护军。后废帝元徽二年（474），迁使持节，都督南兖、徐、青、冀、益五州诸军事，为征北将军。史载其"涉猎书史，能为文章，善隶书，晓音律，骑射杂艺，触类兼善，又有巧思"。其代表作为《元嘉技录》，陈代释智匠《古今乐录》、宋郭茂倩《乐府诗集》多有引用。《隋志》："右光禄大夫《张永集》十卷。"《全宋文》录文一篇《将士休假议》。今诗无存。入《诗品》为下品，品曰："张景云虽谢文体，颇有古意。"此谓张永在诗风上有所逊色，却颇有高古意味。

释道猛（411—475）卒。

平按：《高僧传》卷七《宋京师兴皇寺释道猛传》："以宋元徽三年卒于东安寺，春秋六十有五。"释道猛，本西凉州人。力精勤学，三藏九部，大小数论，皆思入渊微，《成实》一部，最为独步。

安成康王萧秀（475—518）生。

《梁书》本传："十七年春，行至竟陵之石梵，薨，时年四十四。"上推生于是年。萧秀善接文士，王僧孺、陆倕、刘孝绰、裴子野、刘孝标等高才常游于其门。尝使平原刘孝标撰《类苑》，书未成即已行于世。

张率（475—527）生。

平按：《梁书》本传："大通元年，服未阕，卒，时年五十三。"上推生于是年。张率字士简，吴郡吴人。其祖张永，宋右光禄大夫。其父张环，齐右光禄。率年十二，能属文，常日限作诗一首，及长又作赋颂，至年十六时已有二千首。尝侍宴赋诗，得梁武帝赐诗为赞："东南有才子，故能服官政。余虽惭古昔，得人今为盛。"又撰《舞马赋》，其辞甚丽。率嗜酒，事事宽恕，于家务尤忘怀。好属文，《七略》《艺文志》所载诗赋，其文亡者，率皆补作之。著《文衡》十五卷，文集三十卷，行于世。《隋志》录"梁黄门郎《张率集》三十八卷"，已散佚。今存文两篇、诗二十四首。

江蒨（475—527）生。

平按：《梁书》本传："大通元年，卒，时年五十三。"上推生于是年。江蒨字彦标，济阳考城人。曾祖江湛，宋左光禄大夫；父江敩，齐太常卿，并有重名于前世。江蒨幼聪敏，读书过目便能成诵。选为国子生，通晓《尚书》。好学，尤悉朝仪故事，撰《江左遗典》三十卷，又有文集十五卷。今已散佚。

宋后废帝元徽四年·魏孝文帝承明元年（476）丙辰　五十岁

六月辛未，魏太上皇帝显祖拓跋弘崩。（《魏书》卷七《高祖纪》）

平按：《通鉴·宋纪十六》载："魏冯太后内行不正，以李奕之死怨显祖，密行鸩毒，夏，六月，辛未，显祖殂。年二十三。"胡注引《考异》曰："元行冲《后魏国典》云：'太后伏壮士于禁中，太上入谒，遂崩。'……盖实有鸩毒之祸。今从之。"拓跋弘，魏文成帝拓跋濬长子。太安二年（456），立为太子；和平六年（465）即帝位，为献文帝。拓跋弘崇文重教，兴学轻赋，喜玄好佛。皇兴五年（471）八月，献文帝不念情于世务，常怀出世之心，打算将皇位禅让给叔父京兆王拓跋子推，但遭到群臣的反对而作罢。八月二十一日，献文帝下诏传位于太子拓跋宏；二十三日，迁居崇光宫，宫中陈设简陋。延兴二年（472）二月和十一月，拓跋弘两次亲征柔然。在位期间，下诏使工商杂伎从农，禁止滥杀牲畜，保护农业生产，奖惩严明。承明元年六月辛未日，拓跋弘离奇驾崩于永安殿，年仅二十三。谥曰献文皇帝，庙号显祖，葬于云中金陵。《魏书·显祖纪论》曰："聪睿夙成，兼资能断，其显祖之谓乎？故能更清漠野，大启南服。而早怀厌世之心，终致宫闱之变，将天意哉！"

六月壬申，魏改元承明。（《魏书》卷七《高祖纪》）

七月戊子，征北将军、南徐州刺史建平王刘景素据京城反。（《宋书》卷九《后废帝纪》）

七月己丑，骁骑将军任农夫、冠军将军黄回北讨景素。萧道成统众军。（《宋书》卷九《后废帝纪》）

七月乙未，黄回克京城，斩刘景素。（《宋书》卷九《后废帝纪》）

平按：《宋书·刘景素传》："（元徽四年）七月，右卫殿中将军张倪奴、前军将军周盘龙攻陷京城，倪奴禽景素斩之，时年二十五。"景素少好文章书籍，招集才义之士，其被杀后，文士何昌寓、刘琨等并上书陈景素之冤。刘琨《上书理宋建平王景素》胪列十条理由，言说景素并无反意而致死。《隋志》录有"宋《建平王景素集》十卷"。

九月己丑，车骑将军、扬州刺史安成王刘准进号骠骑大将军、开府仪同三司。（《宋书》卷九《后废帝纪》）

十月辛酉，吏部尚书王僧虔为尚书右仆射。（《宋书》卷九《后废帝纪》）

十月辛未，魏孝文帝拓跋宏驾幸建明佛寺。（《魏书》卷七《高祖纪》）

是岁，江淹仍在建安吴兴，作《杂三言》《草木颂》《翡翠赋》《采石上菖蒲》《山中楚辞》《倡妇自悲赋》《丽色赋》《悼室人》

《游黄蘗山》《恨赋》《别赋》《水上神女赋》等篇章。(丁福林《江淹年谱》)

六月乙亥,镇军将军萧道成加为尚书左仆射。(《宋书》卷九《后废帝纪》)

平按:《宋书·百官志上》:"尚书令,任总机衡;仆射、尚书,分领诸曹。左仆射领殿中、主客二曹。"仆射初置一人,至汉献帝建安四年(199)始分置左右仆射。此后,或一或二,置二人则分左右。左右仆射分领尚书诸曹,左仆射处于副相地位,号称端副(尚书令称端右)。如东晋谢安、北魏李冲均未以仆射分掌或专掌朝政。但自魏晋至南北朝,仆射之上还有录尚书事、尚书令。

七月己丑,萧道成为征讨建平王刘景素众军总统。诛灭景素后,何昌寓作《与萧骠骑启理建平王景素》《与司空褚渊书理建平王景素》二文,为景素鸣冤。(《宋书》卷九《后废帝纪》)

平按:《宋书·后废帝纪》:"(元徽四年)秋七月戊子,征北将军、南徐州刺史建平王景素据京城反。己丑,内外纂严。遣骁骑将军任农夫、冠军将军黄回北讨,镇军将军齐王总统众军。"南徐州刺史,治京口。《宋书·州郡志》:"文帝元嘉八年,更以江北为南兖州,江南为南徐州,治京口。"所谓"景素据京城反",即据京口而反,而非建康。又因京口位处京师建康之东北沿江,故称"北讨"。《宋书·刘景素传》载:"齐王出屯玄武湖,冠军将军任农夫、黄回、左军将军李安民各领步军,右军将军张保率水军,并北讨。"可见,当时是水陆并进,直取京口。京口为台军攻陷后,景素被斩,并就地葬于京口。从诸史记载看,建平王景素之反,与之前的晋安王子勋之反、桂阳王休范之反的兵指帝都不同,人数少,"负戈至者"仅"数千人",且仅形成声势,并未离开京口而攻城略地。垣祗祖率数百人自京城奔京口,言建康溃乱,景素信其言便举兵,其意或为入京靖乱。去年,王季符入京告景素谋反,时尚未形成事实,萧道成不许征讨。如今景素举兵于京口,萧道成则总统讨伐诸军,且亦用上其子萧赜镇守东府城，各种迹象表明，建平王景素之反而被诛灭，几为萧道成所策划。无怪乎景素因所谓逆反被诛后，何昌寓启萧道成，为景素鸣冤。《南史·何昌寓传》："昌寓在郡，景素被诛，昌寓痛之，至是启高帝理其冤，又与司空褚彦回书极言之。高帝嘉其义。"《与萧骠骑启理建平王景素》曰：

> 伏寻故建平王，因心自远，忠孝基性，徽和之誉，早布国言，胜素之情，夙洽民听。世祖绸缪，太宗眷异，朝中贵人，野外贱士，虽闻见有殊，谁不悉斯事者？元徽之间，政关群小，构扇异端，共令倾覆。殷勤之非，古人所悼，况苍梧将季，能无炫惑？一年之中，藉者再三，有必巅之危，无暂立之安，行路寒心，往来踟蹰。而王夷虑坦然，委之天命，惟谦惟敬，专诚奉国，闺无执戟之卫，门阙衣介之夫。此五尺童子所见，不假阔曲言也。一沦疑似，身名顿灭，冤结渊泉，酷贯穹昊。时经隆替，岁改三元，旷荡之惠亟申，被枉之泽未流。俱沐温光，独酸霜露。明公铺天地之施，散云雨之润，物无巨细，咸被庆渥。若今日不蒙照涤，则为万代冤魂。昌寓非敢慕慷慨之士，激扬当世，实义切于心，痛入骨髓。沥肠纾愤，仰希神照，辩明枉直，亮王素行。使还名帝籍，归灵旧茔，死而不泯，岂忘德于黄垆？分躯碎首，不足上谢。

《与司空褚渊书理建平王景素》曰：

> 天下之可哀者有数，而埋冤于黄泉者为甚焉。何者？百年之寿，同于朝露，挥忽去留，宁足道哉！政欲阖棺之日，不陨令名，竹帛传芳烈，钟石纪清英。是以昔贤甘心于死所者也。若怀忠抱义，而负枉冥冥之下，时主未之矜，卿相不为言，良史濡翰，将被以恶名，岂不痛哉！岂不痛哉！
> 窃寻故建平王，地属亲贤，德居宗望，道心惟冲，睿

性天峻。散情风云，不以尘务婴衿，明发怀古，惟以琴书娱志。言忠孝，行惇慎，二公之所深鉴也。前者阮、杨连党，构此纷纭，虽被明于朝贵，愈结怨于群丑。觇察继踪，疑防重著，小人在朝，诗史所叹。清识饮涕。王每永言终日，气泪交横。既推信以期物，故日去其备卫，朱门萧条，示存典刑而已。求解徐州，以避北门要任，苦乞会稽，贪处东瓯闲务，此并彰于事迹。与公道味相求，期心有素，方共经营家国，勌劳王室，何图时不我与，契阔屯昏，忠诚弗亮，罹此百殃。

岁朔亟流，已经四载，皇命惟新，人沾天泽。而幽然深酷，未蒙照明。封嫔卑杂，穷魂莫寄，昭穆不序，松柏无行。事伤行路，痛结幽显。吾等叩心泣血，实有望于圣时。公以德佐世，欲物得其所，岂可令建平王枉直不分邪？田叔不言梁事，袁丝谏止淮南，以两国衅祸，尚回帝意，岂非亲亲之义，宁从敦厚？而今疑似未辨，为世大戮。若使王心迹得申，亦示海内理冤枉，明是非。夫存亡国，继绝世，周、汉之通典，有国之所急也。昔叔向之理，恃祁大夫而获亮；戾太子之冤，资车丞相而见察。幽灵有知，岂不眷眷于明顾？碎首抽胁，自谓不殒。

褚渊又有答书，称其当时谬参阮佃夫、杨运长之构扇异端，而深有愧意。其答曰："追风古人，良以嘉叹。但事既昭晦，理有逆从。建平初阻，元徽未悖，专欲委咎阮、杨，弥所致疑。于时正亦谬参此机，若审如高论，其愧特深。"其时，朝廷之事尽委于"四贵"，虽阮、杨二人跋扈于宫中，内外要事终将由"四贵"定夺，而"四贵"中又以萧道成为首。去年阮、杨二人就已欲讨景素，却被萧道成否决，今年景素以谋反被诛之事，表面上看来元凶当归于阮、杨，实际上是萧道成之谋，亦可谓萧道成借阮、杨二人除掉刘景素，将尚可支撑起刘氏门户的景素诛灭，为其禅位扫清障碍。从何昌寓之文可知，景素并无远志，乃一谦谦君子，其所聚众，唯好文义而已，在刘宋之末萧道成谋篡大位时，莫名其妙地被推上了风口浪尖，成了野心家成就野心的牺牲品。何昌寓作二文时，为萧道成骠骑功曹，其文意所指，虽字面上看来为阮、杨，却也明显带有怪怨萧道成、褚渊等人的意思。以萧道成之诡计多谋，不会感受不到何昌寓的矛头所指，褚渊的答辞显出其宽恕，而萧道成亦"嘉其义"，并为何昌寓迁职，虽未如褚渊明确表达愧意，却也默认何昌寓之说。

萧道成在领军府，萧嶷居青溪宅。苍梧王欲掩袭宅内，见宅中有备，乃去。（《南史》卷四十二《豫章文献王传》）

平按：《南史·豫章文献王传》："高帝在领军府，嶷居青溪宅。苍梧王夜中微行，欲掩袭宅内，嶷令左右舞刀戟于中庭，苍梧从墙间窥见已有备，乃去。高帝忧危既切，腹心荀伯玉劝帝度江北起兵。嶷谏曰：'主上狂凶，人不自保，单行道路，易以立功，外州起兵，鲜有克胜，于此立计，万不可失。'"平景素之反后，苍梧王动辄赴萧道成青溪宅寻衅滋事，今幸有道成次子萧嶷居家，使苍梧王行杀未遂。萧嶷宅中左右人舞刀戟，未必是巧合，恐亦为萧道成早有之防备。

萧道成欲广陵起兵，因纪僧真、垣荣祖等人之谏，事不行。亦欲奔北，尝遣垣崇祖北至魏界。（《南史》卷七十七《纪僧真传》，《南齐书》卷二十四《柳世隆传》，《南史》卷二十五《垣崇祖传》）

平按：萧道成在行废立之前，本是打算于广陵起兵的，并已有布置。《南齐书·柳世隆传》："太祖之谋渡广陵也，令世祖率众下，同会京邑，世隆与长流萧景先等戒严期待，事不行。"然当时属下意见不同，荀伯玉等人赞同渡广陵起兵，而纪僧真、垣荣祖等人持反对意见，事终未行。《南史·纪僧真传》："高帝欲度广陵起兵，僧真又曰：'主上虽复狂衅，而累代皇基，犹固磐石。今百口北度，何必得俱；纵得广陵城，天子居深宫，施号令，目明公为逆，何以避此？如其不胜，则应北走。窃谓此非万全策也。'上曰：'卿顾家，岂能逐我行邪?'僧真顿首称无贰。"放弃京城，北渡广陵起兵，天子可如先前应对历次反叛一样，调集众军征讨，难有胜算，远不如在京行废立，以号令天下。当时垣荣祖的一席话也对萧道成的放弃北渡广陵起到了很大作用。《南史·垣荣祖传》载："元徽末，苍梧凶狂，恒欲危害高帝。帝欲奔广陵起事，荀伯玉等皆赞成之。荣祖谏曰：'领府去台百步，公走人岂不知。若单骑轻行，广陵人一旦闭门不相受，公欲何之？公今动足下床，恐便有叩台门者，公事去矣。'苍梧明夕自至领府扣门，欲害帝，帝尝以书案下安鼻为楯，以铁为书镇如意，甚壮大，以备不虞，欲以代杖。苍梧至府，而曰：'且申今夕，须至一处作适，还当取奴。'寻遇杀。齐高帝谓荣祖曰：'不用卿言，几无所成。'豫佐命勋，封将乐县子。"元徽之末，苍梧王屡加害于萧道成，为情势所逼，萧道成亦不得不做各种打算。《南史·垣崇祖传》载："元徽末，高帝惧祸，令崇祖入魏。崇祖即以家口托皇甫肃，勒数百人将入魏界，更听后旨，会苍梧废，召崇祖还都。"垣崇祖之入魏，仅至魏界而止，以静候朝中消息，废苍梧之后，朝中政权归于萧道成，即被召回京师。

萧道成谋废立之事，袁粲、褚渊不从。(《南史》卷四《齐本纪上》，《南齐书》卷一《高帝纪上》)

平按：萧道成平刘景素之反后，使刘宋皇族势力再受重创，而使自身于朝中权势更得强化。年幼的苍梧王，虽狂虐无道，却对萧道成的阴谋了然在心。刘景素虽然为刘昱所嫉恨，但刘昱却并无将其尽快掉掉的用意，而且北讨景素之举，尽出于萧道成为首的辅政大臣们。对于刘昱，对于刘宋王朝，眼下最大的窃国者已昭然若揭，故刘昱对萧道成的痛恨无以复加，率人直接闯入萧道成府上，在萧道成胸腹画箭靶并射之，对其进行羞辱；于宫中刻成萧道成的木偶，与群下共射之；带人赴萧道成府百般激怒萧道成，并欲杀之，而萧道成就是不出府门；日日于宫中摩拳擦掌，发狠要手刃萧道成，等等。这种近乎变态的对一个人的切齿痛恨，是非常合乎情理的，而当初对刘景素虽为嫉恨，却并未至于此。此时，萧道成已感时机成熟，不能坐以待毙，便邀约袁粲、褚渊共谋废立。《南史·齐本纪上》曰："高帝谋与袁、褚废立，皆不见从。"《南齐书·高帝纪上》亦曰："太祖密谋废立。"袁粲仍坚持本分，辅佐宋室，萧道成提出废立之议，并不见从。褚渊心向萧道成，却也并未立时应允。《南史·褚彦回传》："苍梧暴虐稍甚，齐高帝与彦回及袁粲言世事，粲曰：'主上幼年，微过易改，伊、霍之事，非季世所行，纵使功成，亦终无全地。'彦回默然，归心高帝。"在萧道成与袁粲、褚渊谋议废立时，纪僧真劝萧道成不必与人达成共识，成败在己定夺，而撇开了袁粲、褚渊。《南史·纪僧真传》载："上将废立，谋之袁粲、褚彦回。僧真启上曰：'今朝廷猖狂，人不自保，天下之望，不在袁、褚，明公岂得默己，坐受夷灭？存亡之机，仰希熟虑。'高帝纳之。"于是，萧道成开始利用朝中的支持者稳步推进自己的废立计划。在宫中安插自己的耳目王敬则，等待时机以为内应。《南史·王敬则传》曰："苍梧王狂虐，左右不自安。敬则以高帝有威名，归诚奉事，每下直辄往领军府。夜著青衣，扶匐道路，为高帝听察。高帝令敬则于殿内伺机。"又采纳刘善明之议，"静以待之"。《南齐书·刘善明传》："苍梧肆暴，太祖忧恐，常令僧副微行伺察声论。使僧副密告善明及东海太守垣崇祖曰：'多人见劝北固广陵，恐一旦动足，非为长算。今秋风行起，卿若能与垣东海微共动房，则我诸计可立。'善明曰：'宋氏将亡，愚智所辨。故胡房若动，反为公患。公神武世出，唯当静以待之，因机奋发，功业自定。不可远去根本，自贻猖蹶。'遣部曲健儿数十人随僧副还诣领府，太祖纳之。"在萧道成尚未决计而行时，李安人欲起兵，被萧道成压下，以防其打乱自己的总体部署。《南史·李安人传》："时苍梧纵虐，齐高帝忧迫无计。安人白高帝，欲于东奉江夏王跻起兵。高帝不许，乃止。""四贵"中袁粲、刘秉反对废立，萧道成欲行废立，褚渊暗中赞之。对此，褚渊长子褚贲对其父之附萧道成，深以为恨。《南史·褚贲传》："长子贲字蔚先，少耿介。父背袁粲等附高帝，贲深执不同，终身愧恨之，有栖退之志。"耿介之人，不藏私心，褚渊之子尚且如此，朝中群臣同意废立者能有几人？萧道成之举，实为宫廷政变，与逆反无异。而且与先前被平定的号称诛佞臣、清君侧之反，有着本质上的不同，是对刘宋政权的全面颠覆。

萧道成遣萧谌赴郢州，就萧赜为腹心。（《南史》卷四十一《萧谌传》）

平按：《南史·萧谌传》："宋元徽末，武帝在郢，欲知都下消息，高帝遣谌就武帝宣传谋计，留为腹心。"《南齐书·武帝纪》："元徽四年，以上（指武帝）为晋熙王镇西长史、江夏内史、行郢州事。""武帝在郢"即指"行郢州事"，故高帝萧道成遣萧谌从武帝当在是年。

直阁高道庆自江陵家乡还都，述说沈攸之反状，请三千人袭之，萧道成不许。（《南史》卷三十七《沈攸之传》，《南齐书》卷一《高帝纪上》）

平按：《南史·沈攸之传》："（元徽）四年，建平王景素据京城反，攸之复应朝廷，景素寻平。时有台直阁高道庆家在江陵，攸之初至州，道庆在家，牒其亲戚十余人，求州从事西曹，攸之为用三人。道庆大怒，自入州取教毁之而去。道庆素便马，攸之与宴饮于听事前，合马槊，道庆槊中攸之马鞍，攸之怒索刃槊，道庆驰马而出。还都，说攸之反状，请三千人袭之。朝议虑其事难济，高帝又坚持不许。杨运长等常相疑畏，乃与道庆密遣刺客赍废帝手诏，以金饼赐攸之，州府佐吏进其阶级。时有象三头至江陵城北数里，攸之自出格杀之，忽有流矢集攸之马鄣泥，其后刺客事发。"又《南齐书·高帝纪上》："高道庆家在华容，假还过江陵，道庆素便马，攸之与宴饮，于听事前合马槊，道庆槊中破攸之马鞍，攸之怒，索刃槊，道庆驰马而出。还都，说攸之反状，请三千人袭之，朝议虑其事难济，太祖又保持不许。"江陵为荆州刺史治，华容为荆州所领县。

随郡王萧子隆（476—494）生。

平按：随郡王萧子隆字云兴，萧赜第八子。初封枝江公。有文才，武帝称之"我家东阿"。萧鸾辅政，谋害诸王，萧赜诸子中，子隆最以才见惮，因与鄱阳王萧锵同被杀。有文集行于世。《隋志》著录"《随王子隆集》七卷，亡"。今存诗一首。

袁翻（476—528）生。

平按：《魏书》本传："建义初，遇害于河阴，年五十三。"上推生于是年。袁翻，字景翔，陈郡项人。其父袁宣为刘宋青州刺史沈文秀府主簿，魏没青州据东阳，袁翻随父入魏。翻少以才学擅美，起为奉朝请。景明初，为著作佐郎，参与史事。宣武帝时，历史官豫州中正。孝昌二年（526），拜都官尚书，加抚军将军。灵太后曾宴于华林园，举觞谓群臣曰："袁尚书朕之杜预，欲以此杯敬属元凯，今为尽之。"侍座者莫不羡仰。建义初，尔朱荣举兵，遇害于河阴。所著文笔百余篇，行于世。今存文七篇，《思归赋》为其名篇。

萧介（476？—548？）生。

平按：《梁书》本传载，太清中梁武帝纳侯景，萧介上表谏，不听。不久即卒于家，年七十三，其时当在太清二年前后。萧介字茂镜，兰陵人。其祖萧思话，父萧惠蒨。介少颖悟，有器识，博涉经史，兼善属文。齐永元末，释褐著作佐郎。入梁，历仕太子舍人、尚书金部郎、主客郎、湘东王谘议参军、给事黄门侍郎、始兴太守、少府卿、散骑常侍、都官尚书等职。萧介性高简，少交游。本传称其"惟与族兄琛、从兄昳素及洽、从弟淑等文酒赏会，时人以比谢氏乌衣之游。初，高祖招延后进二十余人，置酒赋诗，臧盾以诗不成，罚酒一斗，盾饮尽，颜色不变，言笑自若；介染翰便成，文无加点，高祖美之曰：'臧盾之饮，萧介之文，即席之美也。'"

宋顺帝昇明元年·魏孝文帝太和元年（477）
丁巳　五十一岁

正月乙酉，魏改号太和。(《魏书》卷七《高祖纪》)

后废帝刘昱每日出宫城，游行不定。(《宋书》卷九《后废帝纪》，《宋书》卷九十四《阮佃夫传》)

平按：《宋书·后废帝纪》："（元徽）三年秋冬间，便好出游行，太妃每乘青篸车，随相检摄。昱渐自放恣，太妃不复能禁。单将左右，弃部伍，或十里、二十里，或入市里，或往营署，日暮乃归。四年春夏，此行弥数。自京城克定，意志转骄，于是无日不出。与左右人解僧智、张五儿恒相驰逐，夜出，开承明门，夕去晨反，晨出暮归。"又《宋书·阮佃夫传》："时废帝猖狂，好出游走，始出宫，犹整羽仪，引队仗，俄而弃部伍，单骑与数人相随，或出郊野，或入市廛，内外莫不惧忧。"

四月，豫州刺史阮佃夫、直阁将军申伯宗、步兵校尉朱幼、于天宝谋废帝，立安成王，事泄，尽伏诛。(《宋书》卷九十四《阮佃夫传》)，《宋书》卷九《后废帝纪》)

平按：后废帝刘昱外出游走，习惯仅以数人随从嬉闹，这本是谋而取之的极佳条件，然而其游走不定，变化无常，这又为行废帝计划增加了变数。《宋书·阮佃夫传》载："（元徽）五年春，帝欲往江乘射雉。帝每北出，常留队仗在乐游苑前，弃之而去。佃夫欲称太后令唤队仗还，闭城门，分人守石头、东府，遣人执帝废之，自为扬州刺史辅政。与幼等已成谋，会帝不成向江乘，故其事不行。于天宝因以其谋告帝，帝乃收佃夫、幼、伯宗于光禄外部，赐死。"因刘昱行踪的改变，阮佃夫废帝计划落空，游走不定使刘昱逃过一劫。阮佃夫自谋废帝而辅政，未得如愿，并因事泄而被杀，方使废帝可苟延残喘几日。阮佃夫的废刘昱而立安成王刘准，与之后萧道成的废立对象正合。萧道成与褚渊、袁粲谋废立之事，时已无秘密可言，刘昱不会听不到一些风声，但并没有对萧道成采取如对阮佃夫一样的措施，势不同耳。阮佃夫谋事的告密者于天宝，因其反复无定，于昇明元年被萧道成所杀。

王敬则密结刘昱左右杨玉夫等，谋取刘昱。(《宋书》卷九《后废帝纪》，《南齐书》卷一《高帝纪上》)

平按：元徽二年，王敬则追随萧道成屯新亭，拒桂阳王休范叛军。至萧道成节度众军平建平王刘景素后，王敬则因萧道成的威名而主动归诚奉事。王敬则在朝中任直阁将军，每直朝事归，则直奔萧道成府上，以所探知刘昱的消息告知萧道成。《南齐书·王敬则传》曰："每下直，辄往领府。夜著青衣，扶匐道路，为太祖听察苍梧去来。"王敬则邀结刘昱左右杨玉夫、杨万年、吕欣之、汤成之、陈奉伯、张石留、罗僧智、钟千载、严道福、雷道赐、戴昭祖、徐启、戚元宝、盛道泰、钟千秋、王天宝、公上延孙、俞成、钱道宝、马敬之、陈宝直、吴璩之、刘印鲁、唐天宝、俞孙二十五人，谋共取昱。

七月戊子夜，后废帝刘昱被杨玉夫、杨万年杀于仁寿殿。(《宋书》卷九《后废帝纪》)

平按：七月丁亥夜，刘昱带人潜至萧道成府门前，其左右提出可越墙而入庭院内。刘昱说今天晚上要到一个地方做游戏，等明日。《南史·桓康传》："元徽五年七月六日夜，少帝微行至领军府，帝左右人曰：'一府皆眠，何不缘墙入？'帝曰：'我今夕欲一处作适，待明日夜。'"戊子日，刘昱乘露车，与左右至台冈赌跳。之后，又去青园尼寺。从青园尼寺出，时已很晚，又到新安寺与昙度道人饮酒。《通鉴·宋纪十六》载，其时刘昱"偷狗，就昙度道人煮之"。于新安寺饮酒至醉，还仁寿殿东阿毡屋中就寝。由于当日是七夕之夜，刘昱临睡前令左右杨玉夫在外等夜空织女渡河，称"织女渡，报我"。待刘昱睡熟，以其防身刀杀之。陈奉伯提刘昱之首，称敕开承明门，将刘昱首交与王敬则。王敬则又提刘昱之首赴领军府，交与萧道成。刘昱被杀时，年十五。己丑日，皇太后诏令贬刘昱为苍梧郡王，葬丹阳秣陵县郊坛之西。

七月己丑，皇太后下废立诏。(《宋书》卷九《后废帝纪》)

平按：《宋书·后废帝纪》："(元徽五年) 七月己丑，皇太后令曰：'废昏立明，前代令范，况乃灭义反道，天人所弃，衅深牧野，理绝桐宫。故密令萧领军潜运明略，幽显协规，普天同泰。骠骑大将军安成王体自太宗，天挺淹睿，风神凝远，德映在田。地隆亲茂，皇历攸归，亿兆系心，含生属望。宜光奉祖宗，临享万国。便依旧典，以时奉行。未亡人追往伤怀，永言感绝。'"废立过程均为萧道成所操纵，由此诏书可见。

七月壬辰，刘准即皇帝位，是谓顺帝。改元徽五年为昇明元年。(《宋书》卷十《顺帝纪》，《南史》卷三《宋本纪下》)

平按：戊子夜，刘昱被殒废，时为车骑将军、扬州刺史安城王刘准即被迎接入朝堂。《南史·宋本纪下》："及废帝殒，萧道成奉太后令迎王入居朝堂。"刘准即位时九岁，《通鉴·宋本纪十六》谓"王即皇帝位，时年十一"，误。《宋书·顺帝纪》："顺皇帝讳准……泰始五年七月癸丑生。"至元徽五年即位，为九岁。

七月丙申，征西大将军、荆州刺史沈攸之进号车骑大将军、开府仪同三司；中书令、卫将军、开府仪同三司，抚军将军刘秉为尚书令，将中军将军；袁粲为中书监、司徒；褚渊为卫将军；安西将军、郢州刺史晋熙王刘燮为抚军将军、扬州刺史。(《宋书》卷十《顺帝纪》，《南史》卷三《宋本纪下》，《宋书》卷七十四《沈攸之传》)

平按：废杀苍梧王后，萧道成遣沈攸之子司徒左长史沈元琰将苍梧王器物示于沈攸之，其目的在于警示，沈攸之表面上表称庆，而内心早已定心举兵反。萧道成此举并未收到实效。《宋书·沈攸之传》载："废帝既殒，顺帝即位，进攸之号车骑大将军、开府仪同三司，加班剑二十人。遣攸之长子司徒左长史元琰赍废帝剐斲之具以示攸之。元琰既至江陵，攸之便有异志，腹心议有不同，故其事不果。"《南齐书·高帝纪》载沈攸之知苍梧被废后，上表称庆，但称庆表及推功书，今均不传。

七月辛丑，尚书右仆射王僧虔为尚书仆射，转中书令。(《宋书》卷十《顺帝纪》)

平按：《南齐书·王僧虔传》："昇明元年，迁尚书仆射，寻转中书令，左仆射。"

八月癸亥，司徒袁粲镇石头。(《宋书》卷十《顺帝纪》，《宋书》卷八十九《袁粲传》)

平按：袁粲与萧道成、褚渊、刘秉均受顾命之托，刘秉卑弱胆怯，虽为刘宋宗室，却无复振刘氏政权之能力与用心；褚渊虽有谋略与声望，而并无野心，又事事顺从萧道成；萧道成于刘宋早有异图，"四贵"中势力最盛；袁粲虑刘宋政权不永，又受顾命，其异图非图刘宋天下，乃图除掉窃国者。至昇明间，宋室宗亲已多自相剪灭，无力扭转颓势，所赖者唯忠宋诸臣，袁粲为其首。然时为望蔡令的陶季直即以袁粲、刘秉乃儒者，必不成事。《梁书·陶季直传》："时刘秉、袁粲以齐高帝权势日盛，将图之，秉素重季直，欲与之定策。季直以袁、刘儒者，必致颠殒，固辞不赴，俄而秉等伏诛。"沈攸之之反，很大程度上亦是针对萧道成，只是史无明载罢了，但其对刘宋之忠心远不及袁粲。至袁粲之灭，刘宋的支持者丧尽，萧道成一手遮天的时代到来了。在刘宋末世，朝中几乎一边倒地归结萧道成时，袁粲仍固守不事二姓，实为难得。《宋书·袁粲传》："顺帝即位，迁中书监，司徒、侍中如故。时齐王居东府，故使粲镇石头。粲素静退，每有朝命，多不即从，逼切不得已，然后方就。及诏移石头，即便顺旨。……时齐王功高德重，天命有归，粲自以身受顾托，不欲事二姓，密有异图。丹阳尹刘秉，宋代宗室，前湘州刺史王蕴，太后兄子，素好武事，并虑不见容于齐王，皆与粲相结。将帅黄回、任候伯、孙昙瓘、王宜兴、彭文之、卜伯兴等，并与粲合。"袁粲一向少有战功，缺乏战事谋略，与萧道成的久经战事洗礼相比，没有取胜的把握和资本。出镇石头，是其性命的终结，至死尚顾名义，不失忠臣之节。《南史·袁粲传》："时粲与彦节等列兵登东门，僧静分兵攻府西门，彦节与儿逾城出。粲还坐，列烛自照，谓其子最曰：'本知一木不能止大厦之崩，但以名义至此耳。'僧静挺身暗往，奋刀直前欲斩之。子最觉有异，大叫抱父乞先死，兵士人人莫不陨涕。粲曰：'我不失忠臣，汝不失孝子。'仍求笔作启云：'臣义奉大宋，策名两毕，今便归魂坟垅，永就山丘。'僧静乃并斩之。"知其不可为而为之，宋末世义士仅此而已。袁粲败后，萧道成对曾为袁粲所委信之人，并未大行诛戮，莫嗣祖即以"各为其主"而免其一死。《南史·袁粲传》："粲省事莫嗣祖，粲常所委信，与刘彦节等宣密谋。至是齐高帝问曰：'汝知袁粲谋逆，何不启？'嗣祖曰：'小人无识，曲蒙袁公厚恩，实不仰负，今日就死分甘。官若赐性命，亦不忍背粲而独生也。'戴僧静劝杀之。帝曰：'彼各为其主。'遂赦焉，用为省事。"

九月己丑，顺帝下诏州郡荐士。(《宋书》卷十《顺帝纪》)

平按：《宋书·顺帝纪》："九月己丑，诏曰：'昔圣王既没，淳风已衰，龟书永湮，龙图长秘。故三代之末，德刑相扰，世沦物竞，道陂人谀。然犹正士比毂，奇才接轸。朕袭运金枢，篡灵瑶极，负扆巡政，日晏忘疲，永言兴替，望古盈虑。姬、夏典载，犹传绵帙；汉、魏余文，布在方册。故元封兴茂才之制，地节创独行之品。振维务本，存乎得人。今可宣下州郡，搜扬幽仄，摽采乡邑，随名荐上。朕将亲览，甄其茂异。庶野无遗彦，永激遐芬。'"

十二月丁巳，车骑大将军、荆州刺史沈攸之举兵反。（《宋书》卷十《顺帝纪》，《宋书》卷七十四《沈攸之传》）

平按：《宋书·沈攸之传》称"其年十一月，乃发兵反叛"，与《宋书·顺帝纪》《南史·宋本纪》有所不同。当其时，沈攸之遣使要结雍州刺史张敬儿、梁州刺史范柏年、司州刺史姚道和、湘州行事庾佩玉、巴陵内史王文和等荆州周围的州郡令长，欲共同起事。雍州刺史张敬儿本为萧道成特别安置在雍州，用以防备、监视、牵制沈攸之的，自然不会同流。十二月十二日，沈攸之调集诸军自江陵沿江而下，沈攸之自率军继后，至闰十二月四日至夏口。本欲继续沿江东下，闻说萧赜屯军据有盆口，转攻郢城。《魏书》称沈攸之起兵，乃讨伐萧道成。《萧道成传》载："荆州刺史沈攸之举兵讨道成，道成率众入镇朝堂。"

沈攸之作《西乌夜飞》五曲、《遣萧道成书》。（《乐府诗集》卷四十九，《南齐书》卷二十五《张敬儿传》）

平按：《乐府诗集》引《古今乐录》曰："《西乌夜飞》者，宋元徽五年，荆州刺史沈攸之所作也。攸之举兵发荆州，东下，未败之前，思归京师，所以歌。"五首诗皆为五言四句。

周颙为萧道成作《报沈攸之书》。（《南齐书》卷二十五《张敬儿传》，《南齐书》卷四十一《周颙传》）

平按：《报沈攸之书》为萧道成口授其意，由周颙代为写作，周颙仅仅是代笔而已，故《全齐文》将此文署于萧道成名下，是也。《南齐书·周颙传》曰："太祖辅政，引接颙。颙善尺牍，沈攸之送绝交书，太祖口授令颙裁答。"《报沈攸之书》曰：

　　辱足下诮书，交道不终，为耻已足。欲下便来，何故多阋君子。

吾结发入仕，岂期远大，盖感子路之言，每不择官而宦。逮文帝之世，初被圣明鉴赏；及孝武之朝，复蒙英主顾眄。因此感激，未能自反。及与足下敛袂定交，款著分好，何尝不劝慕古人国士之心，务重前良忠贞之节？至于契阔杯酒，殷勤携袖，荐女成姻，志相然诺，义信之笃，谁与间之？又乃景和陵虐，事切忧畏，明帝正位，运同休显，启臆论心，安危岂贰。元徽之季，听高道庆邪言，欲相讨伐，发威施敕，已行外内。于时臣子钳口，道路以目。吾以分交义重，患难宜均，犯陵白刃，以相任保。悖主手敕，今封送相示。岂不畏威，念周旋之义耳。推此阴惠，何愧怀抱，不云足下猥含祸诐。前遣王思文所牒朝事，盖情等家国，共详臧否，虚心小大，必以先输。问张雍州迁代之日，将欲谁拟？本是逆论来事，非欲代张，乃封此示张，激使见怒。若张惑一言，果兴怨恨，事负雅素，君子所不可为，况张之奉国，忠亮有本，情之见与，意契不贰邪？又张雍州启事，称彼中蛮动，兼民遭水患，敕令足下思经拯之计。吾亦有白，论国如家，布情而往，每思虚达。事之相接，恒必猜离。反谓无故遣信，此乃觇察。平谅之襟，动则相阻，伤负心期，自谁作故？先时足下遣信，寻盟敦旧，厉以笃终，吾止附还白，申罄情本，契然远要，方固金石。今日举错，定是谁恶久言邪？

元徽末德，势亡禋祀，足下备闻，无待巫述。太后惟忧，式遵前诰，兴毁之略，事属鄙躬。黜昏树明，实惟前则，宁宗静国，何愧前修。废立有章，足下所允，冠弊之讥，将以何语？封为郡王，宁为失礼？景和无名，方之不愈乎？龙逢自匹夫之美，伊、霍则社稷之臣，同异相乘，非吾所受也。登斋有赏，寿寂已蒙之于前；同谋获功，明皇亦行之于昔。此则接踵成事，谁敢异之。

谓其大收宫女，劫夺天藏，器械金宝，必充私室。必若虚设市虎，亦可不翅此言；若以此诈民，天下岂患无眼。心苟无瑕，非所耿介。甲杖之授，事既旧典，岂见有任镇邦家，勋经定主，而可得出入轻单，不资宠卫！斯之患虑，岂直身忧。祇奉此恩，职惟事理。

朱方之牧，公卿佥意，吾亦谓微勋之次，无忝一州。且魏、晋旧事，帝乡蕃职，何尝豫州必曹，司州必马？折胶受柱，在体非愧。袁粲据石头，足下无不可；吾之守东府，来告便谓非。动容见疾，频笑入戾，乃如是乎！

袁粲、刘秉，受遇深重，家国既安，不思抚镇，遂与足下表里潜规，据城之夜，岂顾社稷。幸天未长乱，宗庙有灵，即与褚卫军协谋义断，以时殄灭。想足下闻之，怅然孤沮。小儿忝侍中，代来之泽，遇直上台，便呼一家两录。发不择言，良以太甚。吾之方寸，古列共言，乃以陶、庾往贤，大见讥责，足下自省，讵得以此见贻邪？比踪夷、叔，论吾则可，行过桀、蹠，无乃近诬哉！

谓吾不朝，此则良诲，朝之与否，想更问之。足下受先帝之恩施，拥戎西州，鼎湖之日，率土载奔，而宴安中流，酣饮自若，即怀狼望，陵侮皇朝。晋熙殿下，以皇弟代镇，而断割候迎，罔茛宗子，驱略士马，悉以西上，郢中所遗，仅余劣弱。昔征茅不入，犹动义师；况荆州物产，雍、岷、交、梁之会，自足下为牧，荐献何品？良马劲卒，彼中不无，良皮美属，商略所聚，前后贡奉，多少何如？唯闻太官时纳饮食耳。桂阳之难，坐观成败，自以雍容汉南，西伯可拟。赖原即天世，非望亦消。又招集逋亡，断遏行侣，治舟试舰，恒以朝廷为旗的，秣马按剑，常愿天下有风尘，为人臣者，固若是邪！至乃不遵制书，敕下如空，国恩莫行，命令拥隔，诏除郡县，辄自板代，罢官去职，禁还京师。凶人出境，无不千里寻蹑，而反募台将，来必厚加给赏。太妃遣使市马，赍宝往蜀，足下悉皆断折，以为私财，此皆远迩共闻，暴于视听。

主上叡明当璧，宇县同庆，绝域奉贽，万国通书，而盘桓百日，始有单骑，事存送往，于此可征。不朝如此，谁应受诃？反以见呵，非所反侧。今乃勒兵以窥象馆，长

载以指魏阙，不亦为忠臣孝子之所痛心疾首邪？贤子元琰，
获免虎口，及凌波西迈，吾所发遣。犹推素怀，不畏嗤嗤。
足下尚复灭君臣之纪，况吾布衣之交乎？遂事不谏，既往
难咎。今六师西向，为足下忧之。

十二月己巳，征虏将军、雍州刺史张敬儿进号镇军将军。右卫
将军黄回为平西将军、郢州刺史，督诸军前锋南讨沈攸之。(《宋
书》卷十《顺帝纪》)

十二月壬申，司徒袁粲、尚书令刘秉、郢州刺史黄回等举兵反，
意在谋诛萧道成。(《宋书》卷十《顺帝纪》)

平按：《宋书·顺帝纪》："(十二月)壬申，司徒袁粲据石头
反，尚书令刘秉、黄门侍郎刘述、冠军王蕴率众赴之。黄回及辅国
将军孙昙瓘、屯骑校尉王宜兴、辅国将军任候伯、左军将军彭文之
密相响应。中领军刘韫、直阁将军卜伯兴在殿内同谋。"袁粲、刘秉
等人谋反，所反者不在苍梧王，而是将矛头指向萧道成。二人以刘
宋宰辅重臣的身份，欲以起兵诛萧道成而挽救刘宋命运。《南史·宋
本纪下》曰："壬申，司徒袁粲据石头，谋诛道成，不果，旋见覆
灭。"未得诛杀道成，反为其所诛。《魏书·萧道成传》称袁粲之
事，亦为讨萧道成，并通于居荆州的沈攸之。其曰："司徒袁粲先镇
石头，据城与尚书令刘秉、前湘州刺史王蕴谋讨道成，密信要攸之
速下，将为内应。"

刘秉起兵，萧惠基未与其相通，深得萧道成恩信。(《南齐书》
卷四十六《萧惠基传》)

平按：萧惠基为萧思话第三子，其姊为桂阳王休范妃，其妹又
是刘秉之妻。刘秉起兵时，萧道成虑及惠基与刘秉这层特殊关系，
而遣王敬则暗地观察惠基动向。《南齐书·萧惠基传》载："惠基善
隶书及弈棋，太祖与之情好相得，早相器遇。桂阳之役，惠基姊为
休范妃，太祖谓之曰：'卿家桂阳遂复作贼。'太祖顿新亭垒，以惠

基为军副，惠基弟惠朗亲为休范攻战，惠基在城内了不自疑。出为豫章太守。还为吏部郎，迁长兼侍中。袁粲、刘秉起兵之夕，太祖以秉是惠基妹夫，时直在侍中省，遣王敬则观其指趣，见惠基安静不与秉相知，由是益加恩信。"

十二月，萧道成遣将攻陷石头城，袁粲父子、刘秉等被杀；使王敬则于殿内尽诛袁粲同党。(《宋书》卷十《顺帝纪》，《宋书》卷八十九《袁粲传》，《宋书》卷五十一《刘秉传》，《南史》卷四十五《王敬则传》)

平按：本年十二月，沈攸之先据上流而反，袁粲、刘秉之反居其后。袁粲本谋划矫太后令遣朝堂内应刘韫等，于朝堂攻杀萧道成，却因刘秉于起事前夜恇扰不安以致事泄。与对沈攸之的防备一样，萧道成对袁粲也是早有提防的。遣将助守石头城，用王敬则为直阁掌禁兵，于内于外，无不安排周全。《宋书·袁粲传》载："先是，齐王遣将薛渊、苏烈、王天宝等领兵戍石头，云以助粲，实御之也。又令腹心王敬则为直阁，与伯兴共总禁兵。"与沈攸之起兵已经将兵从江陵发出，并进至夏口、郢城相比，袁粲、刘秉的谋反尚未正式发动就被扼杀，结果是袁粲父子、刘秉父子尽被诛杀。自萧道成谋废立，至平袁粲，其于朝堂所倚重者为王敬则。《南史·王敬则传》："沈攸之事起，进敬则冠军将军。高帝入守朝堂，袁粲起兵，召领军刘韫、直阁将军卜伯兴等于宫内相应，戒严将发，敬则开关掩袭，皆杀之。殿内窃发尽平，敬则之力也。政事无大小，帝并以委之。"

陶弘景随刘秉入石头城，袁粲事败而逃亡，刘俣被杀，陶弘景欲纂集其遗文而未得。遂寻山而隐。其父陶贞宝借纪僧真关系投萧道成。(陶翊《华阳隐居先生本起录》)

平按：本年陶弘景父贞宝从北魏还。《本起录》云："(父贞宝)昇明元年还都，具撰游历记并诗数千字及所造文章等，刘秉索看，仍值石头事，亡失，无复别本，不得传世。"八月，司徒袁粲镇石

头，十二月，袁粲、刘秉谋诛萧道成，弘景亦预其事。事败，弘景
侥幸得脱，秉及其子刘俣并死，弘景不避祸，为刘俣料理身后。《本
起录》云：

> 昇明元年冬，先生二十二，随刘丹阳入石头城，就袁
> 粲建事，先生与韩贲、糜淡同掌文檄，及事败城溃，即得
> 奔出。俣及弟佼为沙门以逃，为人所获，建康狱死，人莫
> 敢视。先生躬自收殡瘗葬，查硎旧墓，营理都毕，自此弃
> 世，寻山而止。值宋齐之际，物情未安，既结刘宗，常怀
> 忧惕。父乃因纪僧真求事高帝于新亭，即蒙帐内驱使。

十二月乙亥，尚书仆射王僧虔为尚书左仆射，新除中书令王延
之为尚书右仆射。（《宋书》卷十《顺帝纪》）

闰十二月癸巳，沈攸之围攻郢城，前军长史柳世隆固守。（《宋
书》卷十《顺帝纪》，《宋书》卷七十四《沈攸之传》，《南史》卷
三十八《柳世隆传》）

平按：郢州刺史晋熙王刘燮被征抚军将军、扬州刺史，镇西长
史、江夏内史，行郢州事，萧赜亦随之东下。萧赜将离开郢州下都
时，萧道成采刘怀珍建议，举柳世隆继萧赜历任之缺。《南史·柳世
隆传》："时朝廷疑惮沈攸之，密为之防，府州器械，皆有素蓄。武
帝将下都，刘怀珍白高帝曰：'夏口是兵冲要地，宜得其人。'高帝
纳之，与武帝书曰：'汝既入朝，当须文武兼资人，委以后事，世隆
其人也。'武帝乃举世隆自代。转为武陵王前军长史、江夏内史，行
郢州事。"萧赜与柳世隆别时，告之须坚守郢城，并遣军于郢城外围
据守，以为柳世隆所守郢城之呼应。《南史·柳世隆传》："武帝初
下，与世隆别，曰：'攸之一旦为变，虽留攻城，不可卒拔。卿为其
内，我为其外，乃无忧耳。'至是，武帝遣军主桓敬、陈胤叔、苟元
宾等八军据西塞，令坚壁以待贼疲。虑世隆危急，遣腹心胡元直潜
使入郢城通援军消息。内外并喜。"萧赜的用意在于利用柳世隆阻截
并拖住沈攸之叛军，使之不能沿江东下，进逼京城建康。萧赜此时

的用人与军事部署，充分显示出相当的军事才能。当沈攸之率军至郢城时，见郢城弱小不足攻，欲率军离去，柳世隆则激怒沈攸之为战。沈攸之久攻郢城而不下，且军心涣散。

范云在郢城，为沈攸之军所得。攸之令其送书入城，将被诛，柳世隆免之。(《梁书》卷十三《范云传》)

平按：范云父范抗时在郢州任职，府主为武陵王刘赞。十二月己巳，讨沈攸之时，则以黄回为郢州刺史，督前锋讨沈攸之，黄回并未到任。《梁书》本传："起家郢州西曹书佐，转法曹行参军。俄而沈攸之举兵围郢城，抗时为府长流，入城固守，留家属居外。云为军人所得，攸之召与语，声色甚厉，云容貌不变，徐自陈说。攸之乃笑曰：'卿定可儿，且出就舍。'明旦，又召令送书入城。城内或欲杀之。云曰：'老母弱弟，悬命沈氏，若违其命，祸必及亲，今日就戮，甘心如荠。'长史柳世隆素与云善，乃免之。"

时声乐特盛，太乐雅、郑，有千余人。后堂杂伎，不在其数。(《南齐书》卷二十八《崔祖思传》)

平按：《南齐书·崔祖思传》："今户口不能百万，而太乐雅、郑，元徽时校试千有余人，后堂杂伎，不在其数，靡废力役，伤败风俗。"《通典》卷一百四十一引裴子野《宋略》论及宋末歌舞之盛："王侯将相，歌伎填室；鸿商富贾，舞女成群，竞相夸大，互有争夺，如恐不及，莫为楚令。"裴氏称之"伤风败俗，莫不在此"。故此，王僧虔特于下年上表要求统一整理。

萧道成于苍梧王刘昱被杀后立即带人入宫，以太后令召袁粲、褚渊、刘秉等于中华门议废立之事。奉迎安成王刘准即帝位。(《宋书》卷九《后废帝纪》，《通鉴》卷一百三十四《宋纪十六》，《南史》卷四十五《王敬则传》)

平按：本年四月，豫州刺史阮佃夫等欲行废立时，所立者亦为安成王刘准，至七月戊子杀刘昱后，萧道成集"四贵"中的另三人袁粲、褚渊、刘秉议废立。集众人为议，本是要听取各自意见的，然萧道成却显出一副高姿态，问刘、袁二人此事该如何处置。他先以"须髯尽张，目光如电"的表情姿态与刘秉说："丹阳国家重戚，今日之事，属有所归。"刘秉素以"清谨"见称，既与世无争，又为事持重，在萧道成的逼问之下，不得不应付性地答道："尚书众事，可以见付，军旅处分，一委领军。"作为辅政大臣的"四贵"中，唯刘秉为宋宗室，宋家择选继承人本该由宗室长者提出主要意见，然此时的刘宋王权风雨飘摇，眼见大权将旁落异姓之手，刘秉却不敢、也无力左右之，且自身难保。《南史·刘秉传》载："及帝废为苍梧王，彦节（刘秉）出集议，于路逢从弟韫。韫问曰：'今日之事，故当归兄邪？'彦节曰：'吾等已让领军矣。'韫搥胸曰：'兄肉中讵有血邪，今年族矣！'齐高帝闻而恶之。"萧道成又让以袁粲，袁粲本有话要说，一介武夫王敬则上下跳蹿，拔刀威胁。这分明是一种虚情假意的走过场而已，实际上此时的废立之议是不容有异说的。褚渊时为尚书令、侍中、中书监，废立之重本为其职事，却委以武强人萧道成。一向老道油滑、奉迎萧道成的褚渊以为此事还须萧道成定断，"非萧公无以了此"。《南齐书·褚渊传》曰："手取书授太祖，太祖曰：'相与不肯，我安得辞！事乃定。'""三贵"中，二人有话不敢说，一人尽为迎合之言，萧道成自然以己为理所当然了。于是，备法驾赴东城，迎立顺帝。

后废帝被杀，萧道成召集褚渊、袁粲、刘秉议事的地点在中华门，见于《南齐书·刘悛传》。其曰："初，苍梧废，太祖集议中华门，见悛，谓之曰：'君昨直邪？'悛答曰：'仆昨乃正直，而言急在外。'至是上谓悛曰：'功名之际，人所不忘。卿昔于中华门答我，何其欲谢世事？'悛曰：'臣世受宋恩，门荷齐眷，非常之勋，非臣所及。进不远怨前代，退不孤负圣明，敢不以实仰答。'"《南史》同。

七月甲午，镇军将军萧道成出镇东府城，辅政为相。萧道成辅

政自此始。(《宋书》卷十《顺帝纪》,《南齐书》卷五十六《纪僧真传》)

平按:后废帝刘昱于元徽五年七月戊子夜里被杀,随即刘准被迎立为帝,时间是元徽五年七月壬辰。也正是此时,即宋顺帝刘准登基为帝之初,也即昇明元年七月甲午,时为镇军将军的萧道成出镇东府城,开始辅政为相。所以诸史中提及高祖辅政的确切时间即为昇明元年七月甲午。后废帝刘昱于元徽五年七月戊子夜被杀于仁寿殿,至七月己丑,皇太后即颁废帝为苍梧郡王令,其曰:"昱穷凶极暴,自取灰灭,虽曰罪招,能无伤悼。弃同品庶,顾所不忍。可特追封苍梧郡王。"可见,后废帝刘昱被废为苍梧王,是在其于元徽五年七月戊子夜被杀后紧接着的事情。《南齐书·纪僧真传》:"昇明元年,除员外郎,带东武城令。寻除给事中、邵陵王参军。太祖坐东府高楼,望石头城,僧真在侧。上曰:'诸将劝我诛袁、刘,我意不欲便尔。'"可见,萧道成于顺帝刘准之初,即有诛袁粲、刘秉之意,只是在诸将的劝说下没有立即付之于行动而已。此时袁粲镇石头城。

萧道成令左右拔白发,太孙萧昭业在前,称"基于此四世矣"。(《南史》卷五《齐本纪下》)

平按:《南史·齐本纪下》:"废帝郁林王讳昭业,字元尚,小字法身,文惠太子长子也。高帝为相王,镇东府,时年五岁,床前戏。高帝方令左右拔白发,问之曰:'儿言我谁耶?'答曰:'太翁。'高帝笑谓左右曰:'岂有为人作曾祖而拔白发者乎。'即掷镜镊。其后问讯,高帝指示宾客曰:'我基于此四世矣。'及武帝即位,封为南郡王,时年十岁。"郁林王萧昭业于隆昌元年(494)被杀,时年二十二岁,上推其五岁时正是元徽五年(477)。其祖萧赜即位于建元四年三月,时萧昭业十岁,亦与此事发生在本年相合。

萧道成废苍梧,以刘系宗草撰敕令书疏,用主书十人、书吏二

十人。（《南史》卷七十七《刘系宗传》）

平按：《南史·刘系宗传》："齐高帝废苍梧，明旦呼正直舍人虞整，醉不能起，系宗欢喜奉敕。高帝曰：'今天地重开，是卿尽力之日。'使写诸处分敕令及四方书疏。使主书十人、书吏二十人配之，事皆称旨。"刘系宗于宫中颇具干才，故亦得齐武帝萧赜褒奖："学士辈不堪经国，唯大读书耳。经国，一刘系宗足矣。沈约、王融数百人，于事何用。"武帝之言道出了并无经国之才的文士们在武帝心目中的位置。

七月丙申，尚书左仆射、中领军、镇军将军、南兖州刺史萧道成进位侍中、司空、录尚书事、骠骑大将军，仍为南兖州刺史。封竟陵郡公，邑五千户，给油幢络车，班剑三十人。（《宋书》卷十《顺帝纪》，《南齐书》卷一《高帝纪上》）

七月辛丑，给司空萧道成钱五百万，布五千匹。（《宋书》卷十《顺帝纪》）

七月丙午，司空、南兖州刺史萧道成改领南徐州刺史。（《宋书》卷十《顺帝纪》）

平按：《南齐书·高帝纪上》："（七月）庚戌，进督南徐州刺史。"在时日上与《宋书》有异。《宋书·顺帝纪》："丙午，司空、南兖州刺史齐王改领南徐州刺史。"《宋书》记载事件时间连贯，脉络清晰，今从之。

八月庚午，萧道成固让司空。庚辰，以萧道成为骠骑大将军、开府仪同三司。萧道成选谢朏、江敩、褚炫、刘俣入直殿省，参侍文义，时号为"天子四友"。（《宋书》卷十《顺帝纪》，《梁书》卷十五《谢朏传》，《南齐书》卷四十三《江敩传》，《南齐书》卷三十二《褚炫传》）

平按：七月丙申，加萧道成为侍中、司空、录尚书事、骠骑大将军等，至八月庚午，让侍中等，仍为骠骑大将军、开府仪同三司。《南齐书·高帝纪上》：“太祖固辞上台，即骠骑大将军、开府仪同三司。”选谢朏、江敩、褚炫、刘俣入宫以文义奉侍顺帝刘准。《梁书·谢朏传》：“齐高帝为骠骑将军辅政，选朏为长史，敕与河南褚炫、济阳江敩、彭城刘俣俱入侍宋帝，时号为‘天子四友’。”《南齐书·江敩传》：“从帝立，随府转司空长史，领临淮太守，将军如故。转太尉从事中郎。”《南齐书·褚炫传》：“昇明初，炫以清尚，与刘俣、谢朏、江敩入殿侍文义，号为‘四友’。迁黄门郎，太祖骠骑长史，迁侍中，复为长史。”另外一人为武陵王文学刘俣。《宋书·顺帝纪》作“刘候”，误。刘俣，诸史无传。刘俣为宋宗室，其父为中书令刘秉，刘秉为宋武帝刘裕中弟长沙景王刘道怜之孙。刘俣与其父刘秉均于昇明元年十二月被萧道成所杀。刘俣曾作诗被称为“袄句”。《南史·刘秉传》载：“彦节子俣尝赋诗曰：‘城上草，植根非不高，所恨风霜早。’时咸云此为袄句。事败，俣与弟陔剃发被法服向京口，于客舍为人识，执于建康狱尽杀之。”该诗为《先秦汉魏晋南北朝诗》所收，从句法看，是非常典型的词句，盖为中国古代词体之滥觞。昇明“四友”亦有异说。唐李渤《梁茅山贞白先生传》曰：“吴荆牧陶濬七代孙名弘景字通明，丹阳秣陵人也。……年十七，与江敩、褚炫、刘俣为宋昇明四友。”[①] 南朝诸史所载昇明“四友”，均为谢朏、江敩、褚炫、刘俣四人，陶弘景预其列仅见李渤之说。

萧道成引何昌寓为骠骑功曹。(《南齐书》卷四十三《何昌寓传》)

平按：《南史·何昌寓传》：“昌寓少而清靖，独立不群，所交者必当世清名，是以风流籍甚。仕宋为尚书仪曹郎、建平王景素征北南徐州府主簿，以风雅见重。母老求禄，出为湘东太守。还为齐

① 李渤：《梁茅山贞白先生传》，载张君房编：《云笈七签》卷一百七，中华书局2003年版，第2330页。

高帝骠骑功曹。"是年八月，齐高帝萧道成为骠骑大将军，姑将其系于本年。

萧道成引徐孝嗣为骠骑从事中郎。(《南齐书》卷四十四《徐孝嗣传》)

平按：《南齐书·徐孝嗣传》："昇明中，迁太祖骠骑从事中郎，带南彭城太守，随府转为太尉谘议参军，太守如故。"本年八月，萧道成为骠骑大将军，昇明二年二月加授太尉。徐孝嗣为骠骑从事中郎在此期间，故系于本年。

萧道成引孔稚珪为记室参军，与江淹对掌辞笔。(《南齐书》卷四十八《孔稚珪传》)

平按：《南齐书·孔稚珪传》："稚珪少学涉，有美誉，太守王僧虔见而重之，引为主簿。……太祖为骠骑，以稚珪有文翰，取为记室参军，与江淹对掌辞笔。"

萧道成辅政，除陆慧晓为尚书殿中郎。(《南齐书》卷四十六《陆慧晓传》)

平按：《南齐书·陆慧晓传》："太祖辅政，除为尚书殿中郎。邻族来相贺，慧晓举酒曰：'陆慧晓年逾三十，妇父领选，始作尚书郎，卿辈乃复以为庆邪？'……崔慧景平，领右军将军，出监南徐州，少时，仍迁持节、督南兖兖徐青冀五州军事、辅国将军、南兖州刺史。至镇俄尔，以疾归，卒。年六十二。"平崔慧景之反在永元二年（500）。又《南齐书·东昏侯纪》："（永元）二年六月戊戌，守五兵尚书陆慧晓为南兖州刺史。……十一月辛丑，以宁朔将军张稷为南兖州刺史。"陆慧晓于永元二年六月为南兖州刺史，至十一月，张稷为南兖州刺史，陆慧晓当卒于永元二年六月至十一月间。由此上推，陆慧晓当生于元嘉十六年（439）。其自称"年逾三十，始作尚书郎"，即应在泰始四年（468）。而泰始四年时，萧道成在淮阴，为南兖州刺史，距离入朝辅政尚早。由此看，陆慧晓为尚书殿中郎时或为四十岁，此时萧道成确在朝中辅政。因萧道成自本年行废帝之事后即辅政，姑将陆慧晓为尚书殿中郎系于本年。

萧道成闻江淹之才，召为尚书驾部郎、骠骑参军事。（《梁书》卷十四《江淹传》）

平按：《梁书·江淹传》："昇明初，齐帝辅政，闻其才，召为尚书驾部郎、骠骑参军事。"与孔稚珪掌辞笔。江淹时年三十四岁，居京城。作《还故园》《到功曹参军笺诣骠骑竟陵王》《萧领军拜侍中刺史章》《萧领军让司空并敦劝表》《萧骠骑让油幢表》《萧骠骑录尚书事到省表》《拜正员郎表》《萧骠骑让封第二表》《萧骠骑让封第三表》《萧骠骑让豫司二州表》《知己赋》《尚书符》《萧骠骑发徐州寺三五教》等。此据《南北朝文学编年史》。

萧道成辅政，以萧赤斧为辅国将军、左军会稽司马，辅镇东境。（《南齐书》卷三十八《萧赤斧传》）

平按：《南齐书·萧赤斧传》："太祖辅政，以赤斧为辅国将军、左军会稽司马，辅镇东境。迁黄门郎，淮陵太守。"

十二月丁卯，录公萧道成入守朝堂，侍中萧嶷镇东府。（《宋书》卷十《顺帝纪》，《南齐书》卷二十二《豫章文献王传》）

平按：七月甲午，萧道成出镇东府城，辅政为相，至本月沈攸之事起而入守朝堂，实其次子萧嶷出镇东府城。《南齐书·豫章文献王传》："沈攸之之难，太祖入朝堂，嶷出镇东府，加冠军将军。袁粲举兵夕，丹阳丞王逊告变，先至东府，嶷遣帐内军主戴元孙二千人随薛道渊等俱至石头，焚门之功，元孙预焉。先是王蕴荐部曲六十人助为城防，实以为内应也。嶷知蕴怀贰，不给其仗，散处外省。

及难作搜检，皆已亡去。迁中领军，加散骑常侍。"萧道成以其子萧嶷据东府城，意在防备居石头城的袁粲，又遣薛安都之子薛深领军屯袁粲府。《南史·薛深传》："沈攸之之难，齐高帝入朝堂，豫章王嶷代守东府，使深领军屯司徒右府，分备建邺。袁粲据石头，豫章王嶷夜登西门遥呼深，深惊起，率军赴难。"时袁粲为司徒，知薛深所领军屯司徒右府，乃亦备袁粲。

十二月庚午，萧道成长子萧赜随晋熙王刘燮自江夏东下，至寻阳之盆城据之，以为攻守之备。(《宋书》卷十《顺帝纪》，《南齐书》卷三《武帝纪》，《宋书》卷七十二《晋熙王燮传》)

平按：元徽四年（476），萧赜为晋熙王刘燮镇西长史、江夏内史，行郢州事。顺帝即位，征晋熙王刘燮为抚军将军、扬州刺史，以萧赜为左卫将军，与刘燮俱东下。此时，荆州刺史沈攸之据荆州反，萧赜沿江东下至寻阳之盆城而居之，以为战守之备。据盆城并非朝廷之令，乃萧赜自作处分，可控扼上流沈攸之叛军自荆州而下，故亦得到萧道成的嘉许。《南齐书·武帝纪》曰："沈攸之事起，未得朝廷处分，上以中流可以待敌，即据盆口城为战守之备。太祖闻之，喜曰：'此真我子也！'"显然，进据盆城，扼江中流，《武帝纪》揭示的是萧赜之功。但《宋书·刘燮传》所载与此有所不同："会荆州刺史沈攸之举兵反，世子因奉燮镇寻阳之盆城，据中流，为内外形援。攸之平，燮还京邑。齐王为南徐州，燮解督南徐，进督南豫、江州诸军事，进号中军将军、开府仪同三司，迁司徒。"这里又是以刘燮为主，是萧赜奉刘燮镇守盆城。史家的角度不同，看待、记述同一历史事件有异。

沈攸之反，袁粲怀贰心，萧道成召褚渊谋议对策。(《南齐书》卷二十三《褚渊传》)

平按：《南齐书·褚渊传》："沈攸之事起，袁粲怀贰，太祖召渊谋议，渊曰：'西夏衅难，事必无成，公当先备其内耳。'太祖密为其备。事平，进中书监、司空。"褚渊所谓"备其内"，意指防备据于石头城的袁粲，故在朝堂和石头城俱安置腹心，袁粲事泄，则就近收之。褚渊之议，果见其效。事平，加官晋爵，亦是对褚渊献计的褒奖。褚渊之计极为简洁，却非常实用。与文人江淹富有学理性的对敌我大加分析相比，江淹的论调便显得迂阔而不着边际了。

沈攸之于荆州起兵反，江淹分说萧道成"五胜"、沈攸之"五败"。萧道成称其言过。(《梁书》卷十四《江淹传》)

平按：沈攸之兵起，萧道成问江淹该如何是好，江淹的作答不无诌媚之意。《南史·江淹传》载："俄而荆州刺史沈攸之作乱，高帝谓淹曰：'天下纷纷若是，君谓何如?'淹曰：'昔项强而刘弱，袁众而曹寡，羽卒受一剑之辱，绍终为奔北之虏，此所谓在德不在鼎，公何疑哉。'帝曰：'试为我言之。'淹曰：'公雄武有奇略，一胜也；宽容而仁恕，二胜也；贤能毕力，三胜也；人望所归，四胜也；奉天子而伐叛逆，五胜也。彼志锐而器小，一败也；有威无恩，二败也；士卒解体，三败也；缙绅不怀，四败也；悬兵数千里而无同恶相济，五败也。虽豺狼十万，而终为我获焉。'帝笑曰：'君谈过矣。'"

沈攸之反，刘善明献计于萧道成。事平，萧道成赞其有张良、陈平之谋。(《南齐书》卷二十八《刘善明传》)

平按：元徽末，后废帝刘昱新立，"四贵"辅政，刘善明即结事萧道成，委身归诚。至刘昱被废，萧道成以其为冠军将军、骠骑谘议、南东海太守、行南徐州事。及沈攸之反，萧道成甚忧之。《南齐书·刘善明传》载："善明献计曰：'沈攸之控引八州，纵情蓄敛，收众聚骑，营造舟仗，苞藏贼志，于焉十年。性既险躁，才非持重，而起逆累旬，迟回不进。岂应有所待也? 一则暗于兵机，二则人情离怨，三则有掣肘之患，四则天夺其魄。本虑其剽勇，长于一战，疑其轻速，掩袭未备。今六师齐奋，诸侯同举。昔谢晦失理，不斗自溃；卢龙乖道，虽众何施。且袁粲、刘秉，贼之根本，根本既灭，枝叶岂久。此是已笼之鸟耳。'事平，太祖召善明还都，谓之曰：'卿策沈攸之，虽复张良、陈平，适如此耳。'"

萧道成使丘巨源为尚书符荆州。(《南齐书》卷五十二《丘巨源传》)

平按：沈攸之叛军攻郢城，萧道成使丘巨源为尚书符荆州。《南齐书·丘巨源传》："沈攸之事，太祖使巨源为尚书符荆州。"事平后，丘巨源望能因此有赏异，常怀不满。其文见于《宋书·沈攸之传》，又有《驰檄数沈攸之罪恶》。《南齐书·丘巨源传》未明言该文出丘巨源，《全齐文》列之于丘巨源名下。

十二月壬申，录公萧道成于殿内诛杀中领军刘韫、直阁将军卜伯兴等。(《宋书》卷十《顺帝纪》)

卞彬以童谣讽萧道成事无所成。(《南齐书》卷五十二《卞彬传》)

平按：《南齐书·卞彬传》："彬才操不群，文多指刺。州辟西曹主簿，奉朝请，员外郎。宋元徽末，四贵辅政。彬谓太祖曰：'外闻有童谣云：可怜可念尸著服，孝子不在日代哭，列管暂鸣死灭族。公颇闻不？'时王蕴居父忧，与袁粲同死，故云'尸著服'也。'服'者，衣也。褚字边衣也，孝除子，以日代者，谓褚渊也。列管，萧也。彬退，太祖笑曰：'彬自作此。'"又据《南史·卞彬传》，卞彬吟童谣于萧道成时，王蕴、袁粲皆被诛，而沈攸之尚在，故此事当在本年十二月底。卞彬字士蔚，济阴冤句人。永元中，为平越长史、绥建太守，卒官。颇有文才，文章传于闾巷。

萧道成以谢超宗为义兴太守。谢超宗坐公事免，萧道成又以王莹代之为义兴太守。(《南齐书》卷三十六《谢超宗传》，《梁书》卷十六《王莹传》)

平按:《南齐书·谢超宗传》:"粲既诛,太祖以超宗为义兴太守。昇明二年,坐公事免。"袁粲被诛在昇明元年十二月,故谢超宗被萧道成用为义兴太守亦应在此时。谢超宗为义兴太守时间很短,于昇明二年免官后,萧道成又以新除骠骑从事中郎王莹代之。《梁书·王莹传》:"齐高帝为骠骑将军,引为从事中郎。顷之,出为义兴太守,代谢超宗。"

闰十二月己亥,假录公萧道成黄钺。(《宋书》卷十《顺帝纪》)

平按:《宋书·顺帝纪》:"(昇明元年十二月)闰月己亥,内外戒严,假录公齐王黄钺。"黄钺,古代帝王所专用,或特赐给专主征伐的重臣。《通鉴·晋纪二》"武帝咸宁五年":"命贾充为使持节、假黄钺、大都督。"胡注曰:"黄钺,天子之器,非人臣所得专用,故曰假。"有代表皇帝亲征之意。萧道成之假黄钺,正逢昇明元年十二月沈攸之、袁粲、刘秉诸人相继反时,以其代天子征伐四方。《南齐书·江谧传》:"沈攸之事起,议加太祖黄钺,谧所建也。"苍梧王废后,朝中诸臣尚存疑惑之时,江谧竭诚归事萧道成,便有此议之建。其实,在萧道成辅政之初,王俭就提出假萧道成黄钺。《南史·褚渊传》载:"及高帝辅政,王俭议加黄钺,任遐曰:'此大事,应报褚公。'帝曰:'褚脱不与,卿将何计?'遐曰:'彦回保妻子,爱性命,非有奇才异节,遐能制之。'果无违异。"

闰十二月乙巳,录公萧道成出顿新亭。(《宋书》卷十《顺帝纪》)

平按:《宋书·顺帝纪》:"昇明元年十二月丁巳,以骁骑将军王广之为徐州刺史。车骑大将军、荆州刺史沈攸之举兵反。丁卯,录公齐王入守朝堂,侍中萧嶷镇东府。"后废帝刘昱于元徽五年七月戊子夜被杀后即废为苍梧郡王,至宋顺帝刘准昇明元年十二月丁巳,王广之即出为徐州刺史。也是在昇明元年十二月丁巳,荆州刺史沈攸之举兵反。至同年十二月壬申,司徒袁粲据石头反。《宋书·顺帝纪》："（十二月）壬申，以骁骑将军周盘龙为广州刺史。是日，司徒袁粲据石头反。"又《宋书·顺帝纪》："（昇明元年十二月）闰月乙巳，录公齐王出顿新亭。"（196 页）由此可知，萧道成是于沈攸之反、袁粲反后的昇明元年闰十二月出顿新亭的。

萧道成辅政期间，使祖冲之追修古法，造指南车。（《南齐书》卷五十二《祖冲之传》）

平按：顺帝昇明间（477—479），萧道成辅政，"使冲之追修古法。冲之改造铜机，圆转不穷，而司方如一，马均以来未有也"。当时还有一位来自北方的工匠名曰索驭驎，自称也能造指南车。萧道成"使与冲之各造，使于乐游苑共试校"，而索驭驎所造"颇有差僻，乃毁焚之"。《宋书·礼志五》："指南车，其始周公所作，以送荒外远使。地域平漫，迷于东西，造立此车，使常知南北。……范阳人祖冲之，有巧思，常谓宜更构造。宋顺帝昇明末，齐王为相，命造之焉。车成，使抚军丹阳尹王僧虔、御史中丞刘休试之。其制甚精，百屈千回，未常移变。"指南车，又称司南车。《晋书·舆服志》："司南车，一名指南车，驾四马，其下制如楼，三级，四角金龙衔羽葆，刻木为仙人，衣羽衣，立车上，车虽回运而手常南指。大驾出行，为先启之乘。"祖冲之造指南车，萧道成使王僧虔、刘休监试。《南史·刘休传》："宋末，造指南车，高帝以休有思理，使与王僧虔对共监试。又元嘉中，羊欣重王子敬正隶书，世共宗之，右军之体微轻，不复见贵。及休始好右军法，因此大行云。"

萧道成辅政，行节俭。（《南史》卷四《齐本纪上》）

平按：《南史·齐本纪上》："大明、泰始以来，相承奢侈，百姓成俗，及高帝辅政，奏罢御府，省二尚方诸饰玩。"

以苍梧王欲害子萧锋，萧道成藏之于生母张氏舍，得免。（《南史》卷四十三《江夏王锋传》）

平按:《南史·江夏王锋传》:"江夏王锋字宣颖,高帝第十二子也。母张氏有容德,宋苍梧王逼取之,又欲害锋。高帝甚惧,不敢使居旧宅,匿于张氏舍,时年四岁。"延兴元年(494),萧鸾为辅臣,害诸王,萧锋遇害,时年二十。由此上推,萧锋当生于宋元徽三年(475),其四岁时为宋明帝昇明二年(478)。假如《南史》所载萧锋卒时为二十岁不误,则为避苍梧王之害而被萧道成藏匿之事便不应是其四岁时,而应在元徽五年(477)七月苍梧王被杀之前,即为三岁或两岁。

陆修静(406—477)卒。

平按:《云笈七签》卷五《宋庐山简寂陆先生》:"迨元徽五年春正月,谓门人曰:吾得还山,可整装。众感讶。诏旨末从而有斯说。至三月二日,乃偃卧解带……春秋七十二。"陆修静,字元德,自号三洞弟子,谥号简寂先生,吴兴东迁(今浙江吴兴)人。出身于江南望族吴郡陆氏,据说是三国吴丞相陆凯的后裔。他是南朝前期的著名道士,是南天师道的清整重建者、灵宝派的主要完善者、早期道教经典的系统搜集整理者、中国道经主流分类方法的首要创始人。其生平事迹主要见于一些道书,如陈代马枢的《道学传》,唐代吴筠的《简寂先生陆君碑》、李渤的《真系传》,元代张天雨的《玄品录》卷三、赵道一的《历世真仙体道通鉴》卷二十四、刘大彬的《茅山志》卷十等。

袁粲(420—477)卒。

平按:《宋书》本传:"昇明元年……父子俱殒,左右各分散,粲死时,年五十八。"袁粲字景倩,陈郡阳夏人,太尉袁淑兄子。少好学,有清才。尝拥弊衣读书,足不逾户。清整有风操,自遇甚高,尝著《妙德先生传》以续嵇康《高士传》。负才尚气,爱好虚远,虽位任隆重,不以事务经怀,独步园林,诗酒自适。《隋志》著录"宋司徒《袁粲集》十一卷,并目录。梁九卷"。今存文四篇,诗一首。

到沆（477—506）生。

平按：《梁书》本传："（天监）五年，卒官，年三十。"上推生于是年。到沆字茂瀣，彭城武原人。其曾祖为宋将军到彦之。史载其勤学，善属文，工篆隶。梁天监间，召高才硕学待诏文德殿学士省，校定坟史，到沆预焉。与从兄到溉、到洽均有才名于世，并与梁著名文士任昉、范云友善。所著诗赋百余篇，今均不传。

到洽（477—527）生。

平按：《梁书》本传；"大通元年，卒于郡，时年五十一。"上推生于是年。到洽字茂㳂，彭城武原人。少知名，清警有才学士行，与谢朓、任昉颇交好。丘迟称其"正情过于沆，文章不减溉，加以清言，殆将难及"。尝直待诏省，抄甲部书为十二卷，奉敕撰《太学碑》。《隋书》著录"录事参军《到洽集》十一卷"，已散佚。今存文两篇，诗十六首，均为四言。

到溉（477—548）生。

平按：《南史》本传："以太清二年卒，临终托张、刘勒子孙薄葬之礼。"《南齐书》本传："临终，托张、刘勒子孙薄葬之礼，卒时年七十二。"二史合起来即"太清二年，卒，时年七十二"。上推生于是年。到溉字茂灌，彭城武原人。少孤贫，与弟洽俱聪敏有才学，为任昉所知。溉身长八尺，美风仪，善容止，历官清白。性率俭，不好声色，不事鲜华。尝于蒋山创延贤寺，以公俸供之。有集二十卷行于世。今存诗四首。

刘之遴（477—548）生。

平按：《梁书》本传："太清二年，侯景乱，之遴避难还乡，未至，卒于夏口，时年七十二。"上推生于是年。刘之遴字思贞，南阳涅阳人。八岁能属文，十五岁举茂才对策，为沈约、任昉所异。之遴好古爱奇，在荆州聚古器数十百种。尝与张缵、到溉、陆襄等参校《汉书》真本。好属文，多学古体，常与裴子野、刘显讨论书籍，共相交好。又著《春秋大意》十科、《左氏》十科、《三传同异》十科。前后文集十余卷，行于世。《隋志》著录"梁太常卿《刘之遴前集》十一卷，《刘之遴后集》二十一卷"。今存文八篇、诗二首。

宋顺帝昇明二年·魏孝文帝太和二年（478）戊午　五十二岁

正月丁卯，沈攸之自郢城奔散。（《宋书》卷十《顺帝纪》）

正月己巳，沈攸之奔至华容县界，走投无路而自缢死。（《宋书》卷十《顺帝纪》，《南齐书》卷一《高帝纪上》，《魏书》卷九十八《萧道成传》）

平按：据《宋书》《南史》所载，沈攸之攻郢城不下，便欲退还江陵，然此时江陵已为雍州刺史张敬儿所据，沈攸之无处可归，行至华容县界，为县民所杀。萧道成辅政，周山图密启沈攸之有异图。沈攸之败，萧道成称周山图"明于见事"。《南史·周山图传》："齐高帝辅政，山图密启沈攸之久有异图，宜为之备。帝笑而纳之。攸之事起，武帝为西讨都督，启山图为军副。……及攸之败，高帝谓曰：'周公前言，可谓明于见事矣。'"沈攸之之平，与之前的一些平叛不同，多人曾向萧道成提出沈攸之有异志，故此次在意识上对沈攸之早有戒备。在军事上亦有充分准备，沈攸之反前，派张敬儿为雍州刺史据荆州之北，又以柳世隆为郢州刺史据荆州之东，叛军未能走出郢州即被平定。《宋书》《南史》皆称沈攸之在华容为县民所杀，而《魏书·萧道成传》则称"攸之至于夏口，败走，与第三子中书郎太和单骑南奔华容县，俱自缢死"。《南齐书·高帝纪上》亦谓"二年正月，沈攸之攻郢城不克，众溃，自经死"。

正月辛未，镇军将军、雍州刺史张敬儿克江陵，荆州平。(《宋书》卷十《顺帝纪》)

平按：沈攸之率军自江陵沿江下，张敬儿知江陵空虚，乃率军自雍州南下袭取江陵，断沈攸之归路。《南史·张敬儿传》："昇明元年冬，攸之反，遣使报敬儿。劳接周至，为设食讫，列仗于听事前斩之。集部曲。侦攸之下，当袭江陵。敬儿告变使至，高帝大喜，进号镇军将军，改督。"张敬儿当初几请萧道成为雍州，沈攸之反，得以派上用场。

二月庚辰，尚书左仆射王僧虔为尚书令，作《上正声乐表》，萧道成使侍中萧惠基调正清商音律。尚书右仆射王延之为尚书左仆射。(《宋书》卷十《顺帝纪》，《南齐书》卷三十三《王僧虔传》，《宋书》卷十九《乐志一》，《南史》卷二十四《王延之传》)

平按：《南齐书·王僧虔传》："（昇明）二年，为尚书令。僧虔好文史，解音律，以朝廷礼乐多违正典，民间竞造新声杂曲，时太祖辅政，僧虔上表曰：'夫悬钟之器，以雅为用；凯容之礼，八佾为仪。……反本还源，庶可跂踵。'事见纳。"又《南史·王僧虔传》："雅好文史，解音律，以朝廷礼乐，多违正典，人间竞造新声。时齐高帝辅政，僧虔上表请正声乐，高帝乃使侍中萧惠基调正清商音律。"《宋书·乐志一》："孝武大明中，以《鞞》、《拂》、杂舞合之钟石，施于殿庭。顺帝昇明二年，尚书令王僧虔上表言之，并论三调哥曰：'臣闻《风》《雅》之作，由来尚矣。……反本还源，庶可跂踵。'诏曰：'僧虔表如此。夫钟鼓既陈，《雅》《颂》斯辨，所以慄感人祇，化动翔泳。顷自金籥驰韵，羽佾未凝，正俗移风，良在兹日。昔阮咸清识，王度昭奇，乐绪增修，异世同功矣。便可付外遵详。'"萧道成辅政，朝野之情，人各怀彼此，王僧虔、王延之中立无所去就，为萧道成所善，故有此之升迁。《南史·王延之传》载："宋德既衰，齐高帝辅政，朝野之情，人怀彼此。延之与尚书令王僧虔中立无所去就。时人语曰：'二王居平，不送不迎。'高帝以此善之。"

二月癸未，卫将军褚渊为中书监、司空。(《宋书》卷十《顺帝纪》)

平按：《南史·褚渊传》："(沈攸之反)事平，进中书监、司空，本官如故。"本年年初平沈攸之后，王俭以萧道成功高，与萧道成议擢升之事。当时王俭称需向中书监褚渊通报，因中书监掌机密、掌赞诏命等，要使萧道成加官晋爵，必须经过中书监褚渊这一环节，故萧道成为此自造褚渊。中书监权位之重可见一斑。《通典》卷二十一《职官三》云：

> 其所置中书之名，因汉武帝游宴后庭，始以宦者典事尚书，谓之中书谒者，置令、仆射。元帝时，令弘恭，仆射石显，秉势用事，权倾内外。萧望之以为中书政本，宜以贤明之选，更置士人，自武帝故用宦者，掌出入奏事，非旧制也。成帝建始四年，改中书谒者令曰中谒者令，更以士人为之，皆属少府。汉东京省中谒者令官。魏武帝为魏王，置秘书令，典尚书奏事，又其任也。文帝黄初初，改为中书令，又置监，以秘书左丞刘放为中书监，右丞孙资为中书令，并掌机密。中书监、令，始于此也。及明帝时，中书监、令，号为专任，其权重矣。晋因之，置监、令一人，始皆同车，后乃异焉。魏晋以来，中书监、令掌赞诏命，记会时事，典作文书。以其地在枢近，多承宠任，是以人固其位，谓之"凤凰池"焉。

正月丙子，录公萧道成镇东府城。(《宋书》卷十《顺帝纪》)

平按：昇明元年七月萧道成出镇东府城，至十二月沈攸之事起，转镇朝堂，由其次子萧嶷镇东府城。本年正月平沈攸之，萧道成复镇东府城。

萧道成赐虞玩之新屐，玩之不受。萧道成以之为骠骑谘议参军。（《南史》卷四十七《虞玩之传》）

平按：《南史·虞玩之传》："高帝镇东府，朝廷致敬，玩之为少府，犹蹑屐造席。高帝取屐亲视之，讹黑斜锐，蒟断以芒接之。问曰：'卿此屐已几载？'玩之曰：'初释褐拜征北行佐买之，著已三十年，贫士竟不办易。'高帝咨嗟，因赐以新屐。玩之不受。帝问其故，答曰：'今日之赐，恩华俱重，但著簪弊席，复不可遗，所以不敢当。'帝善之。拜骠骑谘议参军。霸府初开，宾客辐凑，高帝留意简接。玩之与乐安任遐俱以应对有席上之美，齐名见遇。"

正月丁丑，左卫将军萧赜为江州刺史，封闻喜县侯。萧道成次子侍中萧嶷为领军。（《宋书》卷十《顺帝纪》）

平按：《宋书·顺帝纪》："正月丁丑，左卫将军齐王世子为江州刺史，侍中萧嶷为领军。"《南齐书·武帝纪》："昇明二年，事平，转散骑常侍、都督江州豫州之新蔡晋熙二郡军事、征虏将军、江州刺史，持节如故。封闻喜县侯，邑二千户。"据《南齐书·豫章文献王传》，萧嶷于顺帝即位便转为侍中，迁中领军在平沈攸之之前，"中领军"即《顺帝纪》所谓"领军"。平沈攸之后，萧嶷出为使持节、都督江州豫州之新蔡晋熙二郡军事、左将军、江州刺史，常侍如故。并给鼓吹一部，以定策之功，改封为永安县公，一千五百户。平沈攸之在本年正月，从《南齐书·武帝纪》《豫章文献王传》看，二人均在本年正月为江州刺史，其中或有误，彼此迁职有互蹿之嫌。

萧道成使陶弘景为其子侍读。（陶翊《华阳隐居先生本起录》）

平按：《本起录》："（昇明）二年正月，沈攸之平，从还东府，公仍遣使侍弟五息晔、六息暠侍读，兼助公间管记事。先生时年二十三，除巴陵王侍郎。"唐李渤《梁茅山贞白先生传》："仕齐历数王侍读，皆总记室，笺疏精丽，为时所重师法。”

二月癸未，录公萧道成加授太尉。表送黄钺。(《宋书》卷十《顺帝纪》，《南齐书》卷一《齐本纪上》)

平按：《南齐书·高帝纪上》："二月癸未，进太祖太尉，增封三千户，都督南徐、南兖、徐、兖、青、冀、司、豫、荆、雍、湘、郢、梁、益、广、越十六州诸军事。太祖解骠骑，辞都督，不许，乃表送黄钺。"又《南史·齐本纪》："二月，宋帝进高帝太尉，都督十六州诸军事，高帝表送黄钺。"太尉，三公之一。《通典》卷五十九《职官一》："魏、晋、宋、齐、梁、陈、后魏、北齐皆以太尉、司徒、司空为三公。"《宋书·百官志上》："太尉，一人。自上安下曰尉。掌兵事，郊祀掌亚献，大丧则告谥南郊。尧时舜为太尉官，汉因之。武帝建元二年省。光武建武二十七年，罢大司马，置太尉以代之。"《唐六典》卷一"三公"："太尉一人，正一品。"引《齐职仪》云："太尉，品第一，金章、紫绶，进贤三梁冠，绛朝服，佩山玄玉。郊庙冕服、七旒，玄衣纁裳，服七章。"所谓"表送黄钺"，当指昇明元年闰十二月己亥所假之黄钺，此时沈攸之已平，黄钺当归还于帝。由此可见，古代行征讨、诛戮之大事时，皇帝将黄钺假于值得信赖的朝廷重臣，事平则奉还。

萧道成与张融款接，称张融"不可无一，不可有二"。(《南齐书》卷四十一《张融传》)

平按：《南齐书·张融传》："高祖素奇爱融，为太尉时，时与融款接，见融常笑曰：'此人不可无一，不可有二。'"萧道成为太尉之时在昇明二年，故系此事于本年。

萧道成引刘祥为太尉东阁祭酒，骠骑主簿。(《南齐书》卷三十六《刘祥传》)

平按：《南齐书·刘祥传》："祥宋世解褐为巴陵王征西行参军，历骠骑中军二府，太祖太尉东阁祭酒，骠骑主簿。"刘祥字显征，东莞莒人。少好文学，性韵刚疏，轻言肆行，不避高下。永明初，撰《宋书》，讥斥禅代。又著《连珠》十五首，诗载《南齐书》本传。后被徙广州，不得意，终日纵酒，于永明间病卒于广州，年三十九。

江敩由褚渊司空长史转为萧道成太尉从事中郎。（《南史》卷三十六《江敩传》）

平按：《南史·江敩传》："褚彦回为卫军，重敩为人，先通意，引为长史。随府转司空长史，领临淮太守。转齐高帝太尉从事中郎。"

刘绘为萧道成太尉行参军。（《南齐书》卷四十八《刘绘传》）

平按：《南齐书·刘绘传》："刘绘字士章，彭城人，太常悛弟也。父勔，宋末权贵，门多人客，使绘与之共语，应接流畅。勔喜曰：'汝后若束带立朝，可与宾客言矣。'解褐著作郎，太祖太尉行参军。太祖见而叹曰：'刘公为不亡也。'"

萧道成引谢朓为长史，谢朓为议魏晋禅代之事，萧道成不悦，而以王俭为右长史，又转俭为左长史。（《梁书》卷十五《谢朓传》，《南齐书》卷二十三《王俭传》）

平按：《梁书·谢朓传》："高帝进太尉，又以朓为长史，带南东海太守。高帝方图禅代，思佐命之臣，以朓有重名，深所钦属。论魏、晋故事，因曰：'晋革命时事久兆，石苞不早劝晋文，死方恸哭，方之冯异，非知机也。'朓答曰：'昔魏臣有劝魏武即帝位者，魏武曰：如有用我，其为周文王乎！晋文世事魏氏，将必身终北面；假使魏早依唐虞故事，亦当三让弥高。'帝不悦。更引王俭为左长史，以朓侍中，领秘书监。"又《南齐书·王俭传》："太祖为太尉，引为右长史，恩礼隆密，专见任用。转左长史。"萧道成言下之意是，今齐革宋之命亦早已彰显，如卿谢朓等当尽早劝进，把握机会，以免后悔。萧道成之急于取宋而代之，竟至于以如此方式暗示属下，实在是迫不及待了。而谢朓则以当年曹操臣下劝其称帝，而操则以为周文王故事而止之，未能顺萧道成之意。由此，萧道成选中了另外一位一直积极促其上位的王俭，则王俭最终成为成就了齐国之建的佐命大臣。

苏侃与丘巨源撰《萧太尉记》，载萧道成征伐之功。（《南史》卷四十七《苏侃传》）

平按：《南史·苏侃传》："侃事高帝既久，备悉起居，乃与丘巨源撰《萧太尉记》，载帝征伐之功。"苏侃、丘巨源撰《萧太尉记》，之所以以此命名，当系萧道成昇明二年进太尉之后的事情。又《苏侃传》载苏侃与丘巨源撰《萧太尉记》之后，又言"帝即位，侃撰《圣皇瑞命记》一卷，奏之。建元元年卒，上惜之甚至"。可见苏侃当卒于齐高帝禅位的昇明三年四月之后。姑将《萧太尉记》之撰置于本年。

顾宪之迁萧道成太尉西曹掾。（《梁书》卷五十二《顾宪之传》）

平按：《梁书·顾宪之传》："齐高帝执政，以为骠骑录事参军，迁太尉西曹掾。"

三月己酉，增萧道成班剑为四十人，甲仗百人入殿。（《南齐书》卷一《高帝纪上》）

三月丙子，加太尉萧道成羽葆、鼓吹。（《宋书》卷十《顺帝纪》）

四月辛卯，萧道成诛镇北将军、南兖州刺史黄回。（《宋书》卷十《明帝纪》，《宋书》卷八十三《黄回传》）

平按：沈攸之反，黄回被萧道成用为西平将军、郢州刺史，率军从新亭出发，为讨沈先锋。时袁粲事起，黄回未继续西行进讨，而是应袁粲之反，袁粲被杀后，萧道成并未杀之。《宋书·黄回传》曰："回本期诘旦率所领从御道直向台门，攻齐王于朝堂，事既不果，齐王抚之如旧。"袁粲败后，萧道成仍令黄回沿江西向郢州，为郢城守将柳世隆之援。黄回至郢州，沈攸之攻郢城不克，反为柳世隆所败，故黄回名为讨沈先锋，却未有军功。其应袁粲之逆，萧道成未即杀之，时为西讨用人之际，意在使其助柳世隆、张敬儿等平定沈攸之。沈攸之既平，黄回却不想留在郢州，求回南兖州，萧道成许之，仍为南兖州刺史。萧道成认为黄回早晚将是祸患，故上表诛之，文即《诛黄回表》，其曰：

　　黄回出自厮伍，本无信行，仰值泰始，谬被驱驰，阶藉风云，累叨显伍。及沈攸之作逆，事切戎机，臣暗于知人，冀其搏噬，遣统前锋，竟不接刃。军至郢城，乘威迫胁，陵掠所加，必先尊贵。武陵王马器服咸被虏夺，城内文武，剥剔靡遗。及至还都，纵恣弥甚，先朝御服，犹有二舆，弓剑遗思，尚在车府，回遂启求，以拟私用，僭侮无厌，罔顾天极。又广纳逋亡，多受劫盗，亲信此等，并为爪牙。观其凶狡，忧在不测。恶积罪著，非可含忍，应加剿除，以明国宪。寻其衅状，实宜极法，但尝经将帅，微有尘露，罪疑从轻，事炳前策，请再降减，特原余嗣。臣过荷隆寄，言必馨诚，谨陈管穴，式遵弘典，伏愿圣明，特垂允鉴。臣思不出位，诚昧甄才，追言既往，伏增惭恧。

黄回被诛时，其弟黄驷、从弟黄马、兄子黄奴奔逃，萧道成又与书令征虏将军王广之搜捕黄驷等。萧道成《与王广之书》曰：

　　黄回虽有微勋，而罪过转不可容。近遂启请御大小二舆为刺史服饰。吾乃不惜为其启闻，政恐得舆，复求画轮车。此外罪不可胜数，弟自悉之。今启依法。

萧道成二文虽篇幅长短不同，其义旨颇为一致，甚至有的句式也极相似。

萧道成诛黄回，使桓康数其罪。(《南史》卷四十六《桓康传》)

平按：《南史·桓康传》："高帝镇东府，除武陵王中兵、宁朔将军，带兰陵太守，常卫左右。高帝诛黄回，回时为南兖州，部曲数千，欲收恐为乱，召入东府，停外斋，使康数回罪，然后杀之。时人为之语曰：'欲俛张，问桓康。'"萧道成所上《诛黄回表》，中所列黄回之罪状，或为桓康所为。

四月甲午，辅国将军、淮南宣城二郡太守萧道成第三子萧映行南兖州刺史。(《宋书》卷十《顺帝纪》)

平按：《南齐书·临川献王映传》："沈攸之事难，太祖时领南徐州，以映为宁朔将军，镇京口。事宁，除中军谘议、从事中郎、辅国将军、淮南宣城二郡太守，并不拜。仍为假节、督南兖兖徐青冀五州诸军事、行南兖州刺史，将军如故。"

八月辛卯，太尉萧道成表断奇饰丽服，凡十四条。(《宋书》卷十《顺帝纪》)

平按：《南齐书·高帝纪上》《南史·齐本纪上》载萧道成上表所禁为十七条，与《宋书·顺帝纪》之十四条有异。《南齐书·高帝纪上》曰："大明泰始以来，相承奢侈，百姓成俗。太祖辅政，罢御府，省二尚方诸饰玩。至是又上表禁民间华伪杂物。"其《禁民间华伪杂物表》曰：

> 不得以金银为箔，马乘具不得金银度，不得织成绣裙，道路不得著锦履，不得用红色为幡盖衣服，不得翦彩帛为杂花，不得以绫作杂服饰，不得作鹿行锦及局脚柽柏床、

牙箱笼杂物、彩帛作屏郭、锦缘荐席，不得私作器仗，不得以七宝饰乐器又诸杂漆物，不得以金银为花兽，不得辄铸金铜为像。皆须墨敕，凡十七条。其中宫及诸王服用，虽依旧例，亦请详衷。

此上表为萧道成所作，然严可均《全齐文》卷一"高帝"并未收录。

八月乙未，萧道成长子江州刺史萧赜为侍中、领军将军。（《宋书》卷十《顺帝纪》）

平按：《南齐书·武帝纪》："其年（昇明二年），征侍中、领军将军。给鼓吹一部。府置佐史。领石头戍军事。寻又加持节、督京畿诸军事。"

八月丙申，萧道成次子领军将军萧嶷为江州刺史。（《宋书》卷十《顺帝纪》）

平按：此前萧赜为江州刺史，萧嶷为江州刺史应在萧赜之后，即本年八月萧赜为领军将军，转领石头戍军事，督京畿诸军事之后。《南史·豫章文献王嶷传》："上流平后，武帝自寻阳还。嶷出为都督、江州刺史。以定策功，改封永安县公。"

九月丙午，加太尉萧道成黄钺、都督中外诸军事、太傅，领扬州牧，剑履上殿，入朝不趋，赞拜不名。置左右长史、司马、从事中郎、掾、属各四人。（《宋书》卷十《顺帝纪》，《南史》卷二十二《王俭传》）

平按：萧道成平沈攸之、袁粲、刘秉等人之反后，长兼侍中王俭为萧道成鸣不平，认为以萧道成之功高，朝廷应加擢升与赏赐。萧道成对王俭的美意表面予以裁压，内心却甚是高兴，并称王俭的话很有道理。王俭自请愿为此尽力，草拟诏书，论功加赏。《南史·王俭传》载：

> 俭素知帝雄异，后请间言于帝曰："功高不赏，古来非一，以公今日地位，欲北面居人臣，可乎？"帝正色裁之，而神色内和。俭因又曰："俭蒙公殊眄，所以吐所难吐，何赐拒之深。宋以景和、元徽之淫虐，非公岂复宁济；但人情浇薄，不能持久，公若小复推迁，则人望去矣，岂唯大业永沦，七尺岂可得保？"帝笑曰："卿言不无理。"俭又曰："公今名位，故是经常宰相，宜礼绝群后，微示变革。当先令褚公知之，俭请衔命。"帝曰："我当自往。"经少日，帝自造彦回，款言移晷，乃谓曰："我梦应得官。"彦回曰："今授始尔，恐一二年间未容便移。且吉梦未必便在旦夕。"帝还告俭，俭曰："褚是未达理。"虞整时为中书舍人，甚闲辞翰，俭乃自报整，使作诏。

这段王俭与萧道成关于功大迁官的对话，显示出王俭以献媚之语迎合萧道成此时的内心，而萧道成为得迁官已经是迫不及待，连做梦都梦见自己"得官"。二人一拍即合，私下定议，萧道成自行将此事通报褚渊，王俭则以长兼侍中身份在顺帝面前吹风。于是乃有接下来萧道成一连串的晋爵并加以殊礼。萧道成得封后，则虚情假意地推辞殊礼，君臣之间将宋之国柄私相授受，已经几乎完全无视刘宋政权的存在了。《魏书·萧道成传》的记述，对萧道成不无讥刺之意，其曰："道成将有大志，准侍中王俭请间，劝之，道成曰：'卿言何？我今当依事相启。'言辞虽厉，而意色甚悦。俭讽动在位，乃加道成黄钺、都督中外诸军事、太傅、领扬州牧、剑履上殿、入朝不趋、赞拜不名，置左右长史、司马，从事中郎、掾、属各四人，使持节、侍中、太尉、骠骑大将军、录尚书、南徐州刺史如故。道成诈辞殊礼。重申前命，剑履上殿、入朝不趋、赞拜不名。"本年二月"表送黄钺"，至本月又假黄钺，从史料看，萧道成至此已是第三次假黄钺了。征伐持节朝臣，必假黄钺才行。钱大昕《廿二史考异》

卷三十五《南史一》："晋宋之制，使持节得杀二千石以下，假黄钺则可专戮节将矣。宋武西伐刘毅，已假黄钺，毅平，仍奉还之。至是伐司马休之，又假黄钺。毅与休之皆持节大臣，必假黄钺，乃可行戮。"① 太傅为辅弼国君之官，作为重臣参与朝政，掌管全国的军政大权。自周代始设置，历代沿之，无实职，多用为高官加衔。《唐六典》卷一"三师"："太傅一人，正一品。"又《通典》卷三十七《职官十九》"宋官品"："第一品：太傅、太保、太宰、太尉、司徒、司空、大司马、大将军，诸位从公。第二品：特进、骠骑将军、车骑将军、卫将军、诸大将军、诸持节都督。"

萧道成引张绪为太傅长史。（《南齐书》卷三十三《张绪传》）

平按：《南齐书·张绪传》："昇明二年，迁太祖太傅长史，加征虏将军。"张绪字思曼，吴郡吴人。尚清谈，长于《周易》，袁粲称其"有正始遗风"。

萧道成征明僧绍为记室参军、顾欢为扬州主簿、臧荣绪为主簿，明僧绍、臧荣绪并不到，顾欢于萧道成践祚乃至。（《南齐书》卷四十五《明僧绍传》《顾欢传》《臧荣绪传》）

平按：《南齐书·明僧绍传》："昇明中，太祖为太傅，教辟僧绍及顾欢、臧荣绪，以旌币之礼，征为记室参军，不至。"可知，明僧绍、顾欢、臧荣绪当同时被萧道成所征。《顾欢传》："太祖辅政，悦欢风教，征为扬州主簿，遣中使迎欢。"《臧荣绪传》："太祖为扬州，征荣绪为主簿，不到。"明僧绍字承烈，平原鬲人，卒于永明元年。南齐经学家。其所著《正二教论》平议佛道，实左袒佛教，其文见于《弘明集》卷六。其经学著作有《周易·系辞注》《孝经注》。顾欢字景怡，吴郡盐官人，生卒年不详，南齐著名经学家。欢六七岁书甲子，有简三篇。尝作《黄雀赋》。八岁，诵《孝经》

---

① （清）钱大昕著，方诗铭、周殿杰校点：《廿二史考异》上册，上海古籍出版社2004年版，第566页。

《诗》《论》。及长，笃志好学。其经学著作有《尚书百问》一卷、《毛诗集解叙义》、《论语注》等。

九月戊申，行南兖州刺史萧映为南兖州刺史。（《宋书》卷十《顺帝纪》）

平按：四月，萧映行南兖州刺史，至此改为南兖州刺史。《南齐书·临川献王映传》："寻除给事黄门侍郎，领前军将军，仍复为冠军将军、南兖州刺史，假节都督，复为监军，督五州如故。"

九月甲寅，给太傅萧道成三望车。（《宋书》卷十《顺帝纪》，《南齐书》卷一《高帝纪上》）

平按：三望车，六朝时王公大臣所乘之车，有窗可望，分为四望、三望、夹望等。《南齐书·舆服志》："四望车，亦曰皂轮，以加礼贵臣。晋武诏给魏舒阳燧四望小车。三望车，或谓之夹望，亦以加礼贵臣。次四望。"又《晋书·舆服志》："皂轮车，驾四牛，形制犹如犊车，但皂漆轮毂，上加青油幢，朱丝绳络。诸王三公有勋德者特加之。位至公或四望、三望、夹望车。"刘宋时代萧道成之前给三望车者，有沈庆之、建安王刘休仁、桂阳王刘休范。[1]

十月丁丑，萧道成征豫州刺史刘怀珍还京，以其第四子宁朔将军、淮南宣城二郡太守萧晃为豫州刺史。（《宋书》卷十《顺帝纪》，《南史》卷四十九《刘怀珍传》，《南齐书》卷三十五《长沙威王晃传》）

平按：《南史·刘怀珍传》："高帝辅政，以怀珍内资未多，征为都官尚书，领前将军。以第四子晃代为豫州刺史。或疑怀珍不受代，高帝曰：'我布衣时，怀珍便推怀投款，况在今日，宁当有异。'

---

① （清）朱铭盘：《南朝宋会要》，上海古籍出版社2006年版，第195页。

晃发经日，疑论不止，上乃遣军主房灵人领百骑进送晃。谓灵人曰：
'论者谓怀珍必有异同，我期之有素，必不应尔。卿是其乡里，故遣
卿行，非唯卫新，亦以迎故。'怀珍还，乃授相国右司马。"刘怀珍
于元徽二年桂阳王休范反时即位前将军，本年受征回京仍领前将军。
《南史·刘怀珍传》："桂阳王休范反，加怀珍前将军，守石头。出
为豫州刺史，加督。"至昇明二年萧道成辅政时，萧晃代刘怀珍为豫
州刺史。《南齐书·长沙威王晃传》曰："昇明二年，代兄映为宁朔
将军、淮南宣城二郡太守。其年，迁为持节、监豫司二州郢州之西
阳诸军事、西中郎将、豫州刺史。"可知此事在昇明二年。

萧道成为第四子萧晃求垣阂女为婚，未得，而婚于王仙之女。
(《南史》卷二十五《垣阂传》)

平按：《南史·垣阂传》："齐高帝辅政，使褚彦回为子晃求阂
女，阂辞以'齐大非偶'，帝虽嘉其退让，而心不能欢，即以晃婚王
仙女。谓豫章王嶷曰：'前欲以白象与垣公婚者，重其夷澹，事虽不
遂，心常依然。'白象，晃小字也。及高帝即位，以有诚心，封爵如
故。"昇明二年，萧晃代其兄萧映为宁朔将军、淮南宣城二郡太守，
时年二十岁。

萧道成已存嫡嗣之心，有意使长孙萧长懋通文武宾客，并委以
建康戍卫之事。萧长懋为中书郎，迁黄门侍郎。(《南齐书》卷二十
一《文惠太子传》，《南史》卷四十四《文惠皇太子长懋传》)

平按：《南齐书·文惠太子传》："宋元徽末，随世祖在郢，世
祖还镇盆城拒沈攸之，使太子劳接将帅，亲侍军旅。除秘书郎，不
拜。授辅国将军，迁晋熙王抚军主簿。事宁，世祖遣太子还都，太
祖方创霸业，心存嫡嗣，谓太子曰：'汝还，吾事办矣。'处之府东
斋，令通文武宾客。敕荀伯玉曰：'我出行日，城中军悉受长懋节
度。我虽不行，内外直防及诸门甲兵，悉令长懋时时履行。'转秘书
丞，以与宣帝讳同，不就，改除中书郎，迁黄门侍郎，未拜。"《南

史》本传未称"未拜",从之。二史于此之后即序为"昇明三年",故将其系于本年。

萧道成何太妃薨,所生萧鉴哀毁骨立,萧道成为之悲不自胜。(《南史》卷四十三《始兴简王鉴传》)

平按:《南史·始兴简王鉴传》:"始兴简王鉴字宣彻,高帝第十子也。性聪警。年八岁,丧所生母,号慕过人,数日中便至骨立。豫章文献王闻之,抚其首呜咽,谓高帝曰:'此儿操行异人,恐其不济。'高帝亦悲不自胜。"始兴简王萧鉴薨于永明九年(491),时年二十一,由此上推当生于宋明帝泰始七年(471)。萧鉴八岁其生母何太妃丧,其年当在宋顺帝昇明二年(478)。故系于本年。

萧道成嘉许贾希镜谱学之精,引为骠骑参军。(《南史》卷七十二《贾希镜传》)

平按:《南史·贾希镜传》:"贾希镜,家传谱学。宋孝武时,青州人发古冢,铭云:'青州世子,东海女郎。'帝问学士鲍照、徐爰、苏宝生,并不能悉。希镜对曰:'此是司马越女嫁苟晞儿。'检访果然,由是见遇,敕希镜注《郭子》。昇明中,齐高帝嘉希镜世学,取为骠骑参军、武陵王国郎中令。竟陵王子良使希镜撰《见客谱》。先是,谱学未有名家,希镜祖弼之广集百氏谱记,专心习业。晋太元中,朝廷给弼之令史书吏,撰定缮写,藏秘阁及左户曹。希镜三世传学,凡十八州士族谱,合百帙,七百余卷,该究精悉,皆如贯珠,当时莫比。永明中,卫将军王俭抄次百家谱,与希镜参怀撰定。……撰《氏族要状》及《人名书》,并行于世。"萧道成于昇明元年七月废苍梧王后进骠骑大将军,至昇明三年三月为相国仍为骠骑大将军,故贾希镜为萧道成引为骠骑参军当在此之间。姑取其中而置于本年。

谢超宗赴萧道成所据东府城,饮酒之后,辞气横出,萧道成悦

之。(《南齐书》卷三十六《谢超宗传》)

平按:《南齐书·谢超宗传》:"昇明二年,坐公事免。诣东府门自通,其日风寒惨厉,太祖谓四座曰:'此客至,使人不衣自暖矣。'超宗既坐,饮酒数瓯,辞气横出,太祖对之甚欢。板为骠骑谘议。"谢超宗仗才使酒,酒后逞才,往往秀句迭出。建元中,撰立郊庙歌,由褚渊、谢朓、孔稚珪、王晅之、刘融、何法冏、何昙秀并作,唯独谢超宗辞见用。

赠萧道成之父萧承之散骑常侍、金紫光禄大夫。(《南齐书》卷一《高帝纪上》)

释道营(396—478)卒。

平按:《高僧传》卷十一《宋京师闲心寺释道营传》:"释道营,未详何人。始住灵曜寺习禅,晚依观询二律师咨受毗尼,偏善《僧祇》一部,诵《法华》《金光明》,蔬素守节。庄严道慧、治城智秀,皆师其戒范。张永请还吴郡,蔡兴宗复要住上虞。永后于京师娄胡苑立闲心寺,复请还居。……昇明二年卒,春秋八十有三矣。"

萧子恪(478—529)生。

平按:《梁书》本传:"大通三年,卒于郡舍,时年五十二。"上推生于是年。萧子恪字景冲,兰陵人,齐豫章文献王萧嶷第二子。年十二,和从兄司徒竟陵王萧子良《高松赋》,时人奇之。子恪兄弟十六人,并仕梁。有文学者,子恪、子质、子显、子云、子晖五人。子恪尝谓其所亲曰:"文史之事,诸弟备之矣,不烦吾复牵率,但退食自公,无过足矣。"少涉学,善属文,随弃其本,故其文集不传于世。

刘慧斐(478—536)生。

平按：《梁书·刘慧斐传》："大同二年，卒，时年五十九。"刘慧斐字文宣，彭城人。史载其"少博学，能属文，尤明释典，工篆隶"，曾手写佛经二千余卷，所诵者达百余卷。

齐高帝建元元年·魏孝文帝太和三年（479）己未　五十三岁

正月甲辰，江州刺史萧嶷为镇西将军、荆州刺史，在任有美政，王俭作《与豫章王嶷笺》称之。尚书左仆射王延之为安南将军、江州刺史。安西长史萧顺之为郢州刺史。（《南齐书》卷二十二《豫章文献王嶷传》，《宋书》卷十《顺帝纪》）

平按：《南齐书·豫章文献王嶷传》："时太祖辅政，嶷务在省约，停府州仪迎物。初，沈攸之欲聚众，开民相告，士庶坐执役者甚众。嶷至镇，一日遣三千余人。见囚五岁刑以下不连台者，皆原遣。以市税重滥，更定榷格，以税还民。禁诸市调及苗籍。二千石官长不得与人为市，诸曹吏听分番假。百姓甚悦。禅让之间，世祖欲速定大业，嶷依违其事，默无所言。建元元年，太祖即位，敕诏未至，嶷先下令蠲除部内昇明二年以前逋负。迁侍中、尚书令、都督扬南徐二州诸军事、骠骑大将军、开府仪同三司、扬州刺史，持节如故。封豫章郡王，邑三千户。"王俭《与豫章王嶷笺》曰：

> 旧楚萧条，仍岁多故，荒民散亡，实须缉理。公临莅甫尔，英风惟穆，江、汉来苏，八州慕义。自庾亮以来，荆楚无复如此美政。古人期月有成，而公旬日致治，岂不休哉！

豫章王萧嶷善纳士，由荆州至扬州，均广接善士。其为骠骑大将军，尝征隐士宗测为参军，测以"何为谬伤海鸟，横斤山木"回之。宗测字敬微，南阳人，宋征士宗炳之孙。测善画，自图阮籍遇苏门于行障上，坐卧对之。又画永业佛影台，皆为妙作。颇好音律，善《易》《老》，续皇甫谧《高士传》三卷。又尝游衡山七岭，著《衡山记》《庐山记》。卒于建武二年。当时为豫章王所征者，仍有新野人庾易。《南齐书·庾易传》："建元元年，刺史豫章王辟为骠骑参军，不就。"庾易字幼简，志性恬隐，不交外物，屡征不就，建武二年卒。

正月乙卯，太傅萧道成表诸负官物质役者，悉原除。（《宋书》卷十《顺帝纪》）

正月辛亥，领军将军萧赜加尚书仆射，进号中军大将军、开府仪同三司。（《宋书》卷十《顺帝纪》）

平按：《南齐书》卷三《武帝纪》："三年，转散骑常侍、尚书仆射、中军大将军、开府仪同三司，进爵为公，持节、都督、领军如故。给班剑二十人。"

正月丙辰，加太傅萧道成前部羽葆、鼓吹。（《宋书》卷十《顺帝纪》，《南齐书》卷一《高帝纪上》）

正月丁巳，诏萧道成太傅府依旧辟召。以萧道成长孙给事黄门侍郎萧长懋为雍州刺史。（《宋书》卷十《顺帝纪》）

平按：《南史·文惠皇太子长懋传》："昇明三年，高帝将受禅，以襄阳兵马重镇，不欲处他族，出太子为雍州刺史，加都督、北中郎将、宁蛮校尉。建元元年，封南郡王，江左嫡皇孙封王，始自此也。"

正月丁卯，给萧道成甲仗五百人，出入殿省。（《南齐书》卷一《高帝纪上》）

正月甲午，重申前命，剑履上殿，入朝不趋，赞拜不名。（《南齐书》卷一《高帝纪上》）

三月甲辰，崇太傅萧道成为相国，总百揆，封十郡，为齐公，备九锡之礼，加玺绂远游冠，位在诸王上，加相国绿缕绶，其骠骑大将军、扬州牧、南徐州刺史如故。（《宋书》卷十《顺帝纪》，《南齐书》卷一《高帝纪上》）

平按：《魏书·萧道成传》："进位相国，总百揆，封十郡为齐公，备九锡之礼，加玺绂、远游冠，位在诸王之上；加相国、绿缕绶，其骠骑大将军、扬州牧、南徐州刺史如故。"萧道成又是三让，公卿又是敦劝固请，乃受。禅位之际，历来是有让有请，摆摆样子罢了。今封为"齐公"乃是采崔祖思之启。《南齐书·崔祖思传》载："宋朝初议封太祖为梁公，祖思启太祖曰：'谶书云：金刀利刃齐刘之。今宜称齐，实应天命。'从之。"进相国，已非人臣之位了。《宋书·百官志上》："相国，一人。汉高帝十一年置，以萧何居之，罢丞相；何薨，曹参代之；参薨，罢。魏齐王以晋景帝为相国。晋惠帝时赵王伦、愍帝时南阳王保，安帝时宋高祖，顺帝时齐王，并为相国。自魏晋以来，非复人臣之位矣。"

萧道成践祚前夕，民间出现各种奇异现象，均为萧道成得天下为帝的昭示。（《南史》卷四《齐本纪上》）

平按：《南史·齐本纪上》："昇明末，县人兒袭祖行猎，忽见石上有文字，凡三处，苔生其上，字不可识，乃去苔视之，其大石文曰：'此齐者，黄石公之化气也。'立石文曰：'黄天星，姓萧，字道成，得贤帅，天下太平。'小石文曰：'刻石者谁？会稽南山李斯刻秦望之风也。'《孝经钩命决》曰：'谁者起，视名将。'将，帝小字也。《河洛谶》曰：'历年七十水灭绪，风云俱起龙鳞举。'又曰：'肃肃草成，道德尽备。'案：宋，水德也。义熙元年，宋武帝王业之始，至齐受命，七十年。又《谶》曰：'萧为二士天下乐。'案：二士，'主'字也。郭文举《金雄记》曰：'当复有作，肃入草。'《易》曰：'圣人作，万物睹。''当复有作'，言圣人作也。王子年歌曰：'欲知其姓草肃肃，谷中最细低头熟，鳞身甲体永兴福。'

谷中精细者，稻也，即道也，熟犹成也。"

萧道成为相国，引陶弘景为诸王侍读。（《梁书》卷五十一《陶弘景传》）

平按：《梁书·陶弘景传》："未弱冠，齐高帝作相，引为诸王侍读，除奉朝请。"

三月甲寅，策相国齐公萧道成。（《南齐书》卷一《高帝纪上》）

平按：严可均《全宋文》录策文，题曰"策齐公九锡文"，其篇末按：《王俭传》云："诏策皆出于俭，褚渊唯为禅诏文。"故题下名署为"王俭"。文曰：

> 天地变通，莫大乎炎凉；悬象著明，莫崇乎日月。严冬播气，贞松之操自高；光景时昏，若华之映弥显。是故英睿当乱而不移，忠贤临危而尽节。自景和昏虐，王纲弛紊，太宗受命，绍开中兴，运属屯难，四郊多垒。萧将军震威华戎，实资义烈，康国济民，于是乎在。朕以不造，凤雁闵凶，嗣君失德，书契未纪，威侮五行，虔刘九县。神歇灵绎，海水群飞，彝器已尘，宗祧谁主。缀旒之殆，未足为譬，岂直《小宛》兴刺，《黍离》作歌而已哉！天赞皇宋，实启明宰，爰登寡昧，篡承大业，鸿绪再维，闳基重造，高勋至德，振古绝伦。昔保衡翼殷，博陆匡汉，方斯蔑如也。今将授公典礼，其敬听朕命：
>
> 乃者袁、刘构祸，实繁有徒，子房不臣，称兵协乱。跨蹑五湖，凭陵吴、越，浮祲亏辰，沉氛晦景，枹鼓振于王畿，锋镝交乎天邑。顾瞻宫掖，将成茂草，言念邦国，蔑为仇雠。当此之时，人无固志。公投袂殉难，超然奋发，执金板而先驰，登寅车而戒路，军政端严，卒乘辑睦，麾钺一临，凶党冰泮。此则霸业之基，勤王之始也。安都背

叛，窃据徐方，敢率犬羊，陵虐淮浒。索儿愚悖，同恶相济，天祚无象，背顺归逆。北鄙黔黎，奄坠涂炭，均人废职，边师告警。公受命宗祊，精贯朝日，拥节和门，气逾霄汉。破釜之捷，斩馘蔽野，石梁之战，禽其渠帅，保境全民，江阳即序。此又公之功也。张淹迷昧，弗顾本朝，爰自南区，志图东夏，潜军间入，窥觎不虞。于时江服未夷，皇涂荐沮。公忠诚慷慨，在险弥亮，以寡制众，深识九变，妙察五色，以寡制众，所向风偃。朝廷无东顾之忧，闽、越有来苏之庆。此又公之功也。匈奴野心，侵掠疆场，前师失律，王旅崩挠，洒血成川，伏尸千里。丑羯偊张，势振彭、泗，乘胜长驱，窥觇京甸，冠带之轨将湮，被发之容行及。公奉辞伐罪，戒旦晨征，兵车始交，氛祲时荡，吊死扶伤，弘宣皇泽，俾我淮、肥，复霑盛化。此又公之功也。自兹厥后，猃狁孔炽，封豕长蛇，重窥上国。而世故相仍，师出日老，战士无临阵之心，戍卒有怀归之思。是以下邳精甲，望风振恐，角城高垒，指日沦陷。公眷言王事，发愤忘食，躬擐甲胄，视险若夷，短兵才接，巨猾鸟散，分疆画界，开创青、兖。此又公之功也。泰始之末，入参禁旅，任兼军国，事同顾命。桂阳负众，轻问九鼎，裂冠毁冕，拔本塞源，入兵万乘之国，顿戟象魏之下，烈火焚于王城，飞矢集乎君屋。机变倏忽，终古莫二，群后忧惶，元戎无主。公按剑凝神，则奇谋冠世；秉旄指麾，则懦夫成勇。曾不崇朝，新亭献捷，信宿之间，宣阳底定，云雾廓清，区宇康乂。此又公之功也。皇室多难，衅起戚藩，邢、晋、应、韩，翻为雠敌，建平失图，兴兵内侮。公又指授六师，义形乎色，役未逾旬，朱方宁晏。此又公之功也。苍梧肆虐，诸夏糜沸，淫刑以逞，谁则无罪，火炎崐冈，玉石俱焚，黔首相悲，朝不谋夕，高祖之业已沦，文、明之轨谁嗣。公远稽殷、汉之义，近遵魏、晋之典，猥以眇身，入奉宗祐，七庙清谧，九区反政。此又公之功也。袁粲无质，刘秉携贰，韫、述相扇，成此乱阶，丑图潜构，危机窃发，据有石头，志犯应、路。公神谋内运，霜锋外举，祆沴载澄，国涂悦穆。此又公之功也。沈攸之苞祸，岁月滋彰，蜂目豺声，阻兵安忍。哀彼荆、汉，独为匪民，乃眷西顾，缅同异域。而经纶惟始，九伐未申，长恶不悛，遂逞凶逆。驱合奸回，势过虓虎，朝野忧疑，三军沮气。公秉钺出关，凝威江甸，正情与曒日同亮，明略与秋云竞爽。至义所感，人百其心，蒐鼓一麾，夏首宁谧，云梯未举，鲁山克定。积年逋诛，一朝显戮，沮浦安流，章台顺轨。此又公之功也。公有济天下之勋，重之以明哲，道庇生民，志匡宇宙，戮力肆心，劬劳王室，自东徂西，靡有宁晏，险阻艰难，备尝之矣。若乃缔构宗稷之勤，造物资始之泽，云布雾散，光被六幽，弼予一人，永清四海。是以秬鬯腾芳于郊园，景星垂晖于清汉，遐方款关而慕义，荒服重译而来庭，汪哉邈乎！无得而名焉。

朕闻畴庸表德，前王盛典，崇树侯伯，有国攸同。所以文命成功，玄圭显锡，姬旦秉哲，曲阜启蕃，或改玉以弘风，或胙土以宣化，礼绝常班，宠冠群辟，爰逮桓、文，车服异数。惟公勋业超于先烈，而褒赏阙于旧章，古今之道，何其爽欤！静言钦叹，良有缺然。今进授相国，以青州之齐郡，徐州之梁郡，南徐州之兰陵、鲁郡、琅邪、东海、晋陵、义兴，扬州之吴郡、会稽，凡十郡，封公为齐公。锡兹玄土，苴以白茅，定尔邦家，用建冢社。斯实尚父故蕃，世作盟主，纪纲侯甸，率由旧则。往者周、召建国，师保兼任，毛、毕执珪，入作卿士，内外之寄，同规在昔。今命使持节、兼太尉、侍中、中书监、司空、卫将军雩都县开国侯渊授公相国印绶，齐公玺绂；持节、兼司空副、守尚书令僧虔授齐公茅土，金虎符第一至第五左，竹使符第一至第十左。相国位总百辟，秩逾三铉，职以礼移，号随事革。其以相国总百辟，去录尚书之称。送所假节、侍中貂蝉、中外都督太傅太尉印绶、竟陵公印策。其骠骑大将军、扬州牧、南徐州刺史如故。

又加公九锡，其敬听后命：以公秉礼弘律，仪刑区宇，遐迩一体，民无异业，是用锡公大辂、戎辂各一，玄牡二驷。公崇修南亩，所宝惟谷，王府充实，百姓繁阜，是用锡公衮冕之服，赤舄副焉。公居身以谦，导物以义，熔钧庶品，罔不和悦，是用锡公轩县之乐，六佾之舞。公翼赞王猷，声教远洽，蛮夷竭欢，回首内附，是用锡公朱户以居。公明鉴人伦，澄辨泾、渭，官方与能，英乂克举，是用锡公纳陛以登。公保佑皇朝，厉身化下，杜渐防萌，含生夤式，是用锡公虎贲之士三百人。公御宄以刑，御奸以德，君亲无将，将而必诛，是用锡公铁、钺各一。公凤举四维，龙骞八表，威灵所振，异域同文，是用锡公彤弓一、彤矢百，玈弓十、玈矢千。公明发载怀，肃恭禋祀，孝敬之重，义感灵祇，是用锡公秬鬯一卣，圭瓒副焉。齐国置丞相以下，一遵旧式。往钦哉！其祗服朕命，经纬乾坤，宏亮洪业，茂昭尔大德，阐扬我高祖之休命。

三月丁巳，宋帝下赦免令。又以齐国初建，给钱五百万，布五千匹，绢千匹。(《宋书》卷十《顺帝纪》，《南齐书》卷一《高帝纪上》)

平按：《南齐书·高帝纪上》：“三月丁巳，下令赦国内殊死以下，今月十五日昧爽以前，一皆原赦，鳏寡孤独不能自存者，赐谷五斛，府州所领，亦同荡然。宋帝诏齐公十郡之外，随宜除用。以齐国初建，给钱五百万，布五千匹，绢五千匹。”

三月丙午，以中军大将军萧赜为南豫州刺史、齐公世子，副贰相国，绿綟绶。(《宋书》卷十《顺帝纪》)

四月癸酉，宋帝诏齐公萧道成爵为王，以豫州之南梁、陈郡、颍川、陈留，南兖州之盱眙、山阳、秦郡、广陵、海陵、南沛十郡增封。使持节、司空、卫将军褚渊奉策授玺绂，金虎符第一至第五左，竹使符第一至第十左，锡兹玄土，苴白茅，改立王社。相国、

扬州牧、骠骑大将军、南徐州刺史如故。(《南齐书》卷一《高帝纪上》)

四月丙戌，命齐王冕十又二旒，建天子旌旗，出警入跸，乘金根车，驾六马，备五时副车，置旄头云罕，乐舞八佾，设钟虡宫县。进世子萧赜为太子，王子、王女、王孙爵命之号，一如旧仪。(《宋书》卷十《顺帝纪》，《南齐书》卷一《高帝纪上》)

四月辛卯，宋顺帝下禅位诏。(《南齐书》卷一《高帝纪上》)

平按：严可均《全齐文》录此文，题名曰《为宋顺帝禅位齐王诏》，题作者名为褚渊。诏曰：

> 惟德动天，玉衡所以载序；穷神知化，亿兆所以归心。用能经纬乾坤，弥纶宇宙，阐扬鸿烈，大庇生民。晦往明来，积代同轨，前王踵武，世必由之。宋德湮微，昏毁相袭，景和骋悖于前，元徽肆虐于后，三光再霾，七庙将坠，璇极委驭，含识知泯，我文、武之祚，眇焉如缀。静惟此綦，夕惕疚心。相国齐王，天诞叡圣，河岳炳灵，拯倾提危，澄氛静乱，匡济艰难，功均造物。宏谋霜照，秘算云回，旌旆所临，一麾必捷，英风所拂，无思不偃，表里清夷，遐迩宁谧。既而光启宪章，弘宣礼教，奸宄之类，睹隆威而隔情；慕善之俦，仰徽猷而增厉。道迈乎重华，勋超乎文命，荡荡乎无得而称焉。是以辫发左衽之酋，款关请吏，木衣卉服之长，航海来庭，岂惟肃慎献楛，越裳荐翚而已哉。故四奥载宅，六府克和，川陆效珍，祯祥鳞集，卿烟玉露，旦夕扬藻，嘉穗芝英，昬刻呈茂。革运斯炳，代终弥亮，负扆握枢，允归明哲，固以狱讼去宋，讴歌适齐。昔金政既沦，水德缔构，天之历数，皎焉攸征。朕虽寡昧，暗于大道，稽览隆替，为日已久，敢忘列代遗则，人神至愿乎？便逊位别宫，敬禅于齐，一依唐虞、魏晋故事。

当日，宋帝刘准逊位于东郊，备羽仪，乘画轮车，出东掖门。至此，刘宋王朝在延续近六十年后走向终结。

四月壬辰，宋帝策命齐王，再命玺书。（《南齐书》卷一《高帝纪上》）

平按：四月壬辰，宋帝以王俭作《策命齐王》，文曰：

伊太古初陈，万化纷纶，开曜灵以鉴品物，立元后以驭蒸人。若夫容成、大庭之世，伏羲、五龙之辰，靡得而详焉。自轩黄以降，坟索所纪，略可言者，莫崇乎尧、舜。披金绳而握天镜，开玉匣而总地维，德之休明，宸居灵极。期运有终，归禅与能。所以大唐逊位，謌然兴歌，有虞揖让，卿云发采。亮符命之攸臻，坦至公以成务，怀生载怿，灵祇效社，遗风余烈，光被无垠。汉、魏因循，弗敢失坠，爰逮晋氏，亦遵前仪。惟我祖宗英睿，勋格幽显，从天人而齐七政，凝至德而抚四维。末叶不造，仍世多故。日蚀星陨，山沦川竭。惟王圣哲渊明，荣镜宇宙，体望日之威，资就云之泽，临下以简，御众以宽，仁育群生，义征不谠，国途荐阻，弘五虑而乂宁，皇绪将湮，秉六术以匡济。及至权臣内侮，蕃屏陵上，兵革云翔，万邦震骇，裁之以武风，绥之以文化，遐迩清夷，表里肃穆。戢瑁戈而事黼黻，委旌门而恭儒馆，声化远泊，荒服无尘，殊类同规，华戎一族。是以五色来仪于轩庭，九穗含芳于郊牧。象纬昭澈，布新之符已显；图谶彪炳，受终之义既彰。灵祇乃眷，兆庶引领。朕闻至道深微，惟人是弘，天命无常，惟德是与。所以仰鉴玄情，俯察群望，敬禅神器，授帝位于尔躬。四海困穷，天禄永终。于戏！王其允执厥中，仪刑前式，以副率土之欣望。命司衮而谒苍昊，奏《云门》而升圆丘，时膺大礼，永保洪业，岂不盛欤！

又使王俭作《再命玺书》，书曰：

皇帝敬问相国齐王。大道之行，与三代之英，朕虽暗昧，而有志焉。夫昏明相袭，晷景之恒度，春秋递运，时岁之常序。求诸天数，犹且隆替，矧伊在人，能无终谢？是故勋、华弘风于上叶，汉、魏垂式于后昆。昔我高祖，钦明文思，振民育德，皇灵眷命，奄有四海。晚世多难，奸宄实繁，鼙鼓宵闻，元戎旦警，亿兆夷人，启处靡厝。加以嗣君荒怠，敷虐万方，神鼎将迁，宝策无主，实赖英圣，匡济艰危。惟王体天则地，舍弘光大，明并日月，惠钧云雨。国步斯梗，则棱威外发，王猷不造，则渊谟内昭。重构闽、吴，再宁淮、济，静九江之洪波，卷海沂之氛祲，放斥凶昧，存我宗祀，旧物惟新，三光改照。逮至宠臣裂冠，则裁以庙略，荆、汉反噬，则震以雷霆。麾旆所临，风行草靡，神算所指，龙举云属。诸夏廓清，戎翟思服，兴文偃武，阐扬洪烈。明保冲昧，翱翔礼乐之场，抚柔黔首，咸跻仁寿之域。自霜露所坠，星辰所经，正朔不通，人迹罕至者，莫不逾山越海，北面称蕃，款关重译，修其职贡。是以祯祥发采，左史载其奇，玄象垂文，保章审其度，凤书表肆类之运，龙图显班瑞之期。重以珠衡日角，神姿特挺，君人之义，在事必彰。《书》不云乎，"皇天无亲，惟德是辅"。民心无常，惟惠之怀。神祇之眷如彼，苍生之愿如此。笙管变声，钟石改调。朕所以拥璇持衡，倾伫明哲。

昔金德既沦，而传祚于我有宋，历数告终，实在兹日，亦以水德而传于齐。式遵前典，广询群议，王公卿士，咸曰惟宜。今遣使持节、兼太保、侍中、中书监、司空、卫将军、雩都县侯渊，兼太尉、守尚书令僧虔奉皇帝玺绶，受终之礼，一依唐虞故事。王其允副幽明，时登元后，宠绥八表，以酬昊天之休命。

萧道成三辞，宋帝刘准及王公以下并请就禅，太史令陈文建以汉至宋皆以"六"为终受，称齐之受命乃天意。《南齐书·高帝纪上》云："太祖三辞，宋帝王公以下固请。兼太史令、将作匠陈文建奏符命曰：'六，亢位也。后汉自建武至建安二十五年，一百九十六年而禅魏；魏自黄初至咸熙二年，四十六年而禅晋；晋自太始至元熙二年，一百五十六年而禅宋；宋自永初元年至昇明三年，凡六十年，咸以六终六受。六，亢位也。验往揆下，若斯昭著。敢以职任，备陈管穴。伏愿顺天时，膺符瑞。'"尚书右仆射王俭又启奏"宜克日舆驾受禅，撰立仪注"，萧道成乃许。《宋书·礼志》："顺帝昇明三年四月壬辰，御临轩，遣使奉玺绶禅位于齐王，悬而不乐。"

萧道成受禅，侍中谢朏不解玺，而以王俭代之。自此，谢朏遂废于家中。(《梁书》卷十五《谢朏传》)

平按：谢朏于萧道成即帝位前后表现出极不配合的行为，如王俭等人乃极力敦促萧道成上位，而谢朏处处示以厌恶之举，身当侍中之职，本应在禅位时尽职尽责，可谢朏根本不予理会，个性鲜明，棱角突出。《梁书·谢朏传》载："及齐受禅，朏当日在直，百僚陪位，侍中当解玺，朏佯不知，曰：'有何公事？'传诏云：'解玺授齐王。'朏曰：'齐自应有侍中。'乃引枕卧。传诏惧，乃使称疾，欲取兼人。朏曰：'我无疾，何所道。'遂朝服，步出东掖门，乃得车，仍还宅。是日遂以王俭为侍中解玺。既而武帝言于高帝，请诛朏。帝曰：'杀之则遂成其名，正应容之度外耳。'遂废于家。"

萧道成受禅，以参军夏侯恭叔上书陈宜封柳元景、刘勔爵位事，下诏复之。(《南齐书》卷三十七《刘悛传》)

平按：《全齐文》名此诏谓《诏报夏侯恭叔》。诏曰：

与运隆替，自古有之。朝议已定，不容复厝意也。

四月甲午，萧道成即皇帝位于南郊。下《即位改元大赦诏》。封宋帝刘准为汝阴王，迁居丹阳宫。（《南齐书》卷二《高帝纪下》，《宋书》卷十《顺帝纪》，《南史》卷三《宋本纪下》）

平按：四月甲午，萧道成于南郊即帝位，设坛告天。其曰：

> 皇帝臣道成敢用玄牡，昭告皇皇后帝：宋帝陟鉴乾序，钦若明命，以命于道成。夫肇自生民，树以司牧，所以阐极则天，开元创物，肆兹大道。天下惟公，命不于常。昔在虞、夏，受终上代，粤自汉、魏，揖让中叶，咸炳诸典谟，载在方册。水德既微，仍世多故，寔赖道成匡拯之功，以弘济于厥艰。大造颠坠，再构区宇，宣礼明刑，缔仁缉义。晷纬凝象，川岳表灵，诞惟天人，罔弗和会。乃仰协归运，景属与能，用集大命于兹。辞德匪嗣，至于累仍，而群公卿士，庶尹御事，爰及黎献，至于百戎，佥曰："皇天眷命，不可以固违，人神无托，不可以旷主。"畏天之威，敢不祇从鸿历。敬简元辰，虔奉皇符，升坛受禅，告类上帝，以永答民衷，式敷万国。惟明灵是飨！

礼毕，舆驾还宫，临太极前殿。萧道成下《即位改元大赦诏》。其曰：

> 五德更绍，帝迹所以代昌；三正迭隆，王度所以改耀。世有质文，时或因革，其资元膺历，经道振民，固以异术同揆，殊流共贯者矣。朕以寡昧，属值艰季。推肆勤之诚，藉乐治之数，贤能悉心，士民致力，用获拯溺戡暴，一匡天下。业未参古，功殆侔昔。宋氏以陵夷有征，历数攸及，思弘乐推，永鉴崇替，爰集天禄于朕躬。惟志菲薄，辞弗获昭，遂钦从天人，式緜景命。祇月正于文祖，升禋岜于上帝。猥以寡德，光宅四海，纂革代之踪，托王公之上，若涉渊水，罔知所济。宝祚初启，洪庆惟新，思俾利泽，

宣被亿兆，可大赦天下。改昇明三年为建元元年。赐民爵
二级，文武进位二等；鳏寡孤独不能自存者谷人五斛，逋
租宿债勿复收；有犯乡论清议，赃污淫盗，一皆荡涤，洗
除先注，与之更始；长徒敕系之囚，特皆原遣。亡官失爵，
禁锢夺劳，一依旧典。

宋顺帝逊位于东郊，萧道成即皇帝位，即封其为汝阴王，迁居
丹阳宫。《南史·宋本纪下》曰："是日，王敬则以兵陈于殿庭，帝
犹居内，闻之，逃于佛盖下。太后惧，自帅阉竖索，扶幸板舆。黄
门或促之，帝怒，抽刀投之，中项而殒。帝既出，宫人行哭，俱迁。
备羽仪，乘画轮车，出东掖门。封帝为汝阴王，居丹阳宫，齐兵卫
之。"又《南史·王敬则传》："高帝将受禅，材官荐易太极殿柱。
顺帝欲避上，不肯出宫逊位。明日当临轩，顺帝又逃宫内。敬则将
舆入迎帝，启譬令出，引令升车。顺帝不肯即上，收泪谓敬则曰：
'欲见杀乎？'敬则答曰：'出居别宫尔，官先取司马家亦复如此。'"
《南史》《魏书》均以萧道成封刘准在四月壬辰，误也。刘准在使王
俭为《策命齐王》《再命玺书》后，萧道成即受禅，受禅之后方封
刘准为汝阴王，令其迁居丹阳宫。当时，是由王敬则带兵至殿庭敦
促，失帝位的刘准甚是狼狈。顺帝逊位，太后与帝同迁丹阳宫，拜
汝阴王太妃。《宋书·后妃传》："顺帝即位，齐王秉权，宗室刘晃、
刘绰、卜伯兴等有异志，太后颇与相关。顺帝禅位，太后与帝逊于
东邸，因迁居丹阳宫，拜汝阴王太妃。"逊位后于丹阳立宫，萧道成
令萧赤斧辅送顺帝至丹阳宫。诸史中多有以"从帝"专指宋顺帝刘
准。又如《南齐书·武帝纪》："从帝立，征晋熙王燮为抚军、扬州
刺史，以上为左卫将军，辅燮俱下。"

萧道成又下《降封宋世公侯诏》，文曰：

继世象贤，列代盛典，畴庸嗣美，前载令图。宋氏通
侯，乃宜随运省替。但钦德怀义，尚表坟间，况功济区夏，
道光民俗者哉。降差之典，宜遵往制。南康县公、华容县
公可为侯，萍乡县侯可为伯，减户有差，以继刘穆之、王

弘、何无忌后。

萧道成登帝位，尽应天符。(《南史》卷四《齐本纪上》)

平按：《南史·齐本纪上》："先是，益州有山，古老相传曰齐后山。昇明三年四月二十三日，有沙门玄畅者，于此山立精舍，其日上登尊位。其月二十四日，荥阳郡人尹千，于嵩山东南隅见天雨石，坠地石开，有玉玺在其中。玺方三寸，文曰：'戊丁之人与道俱，肃然入草应天符，扫平河、洛清魏都。'又曰：'皇帝运兴。'千奉玺诣雍州刺史萧赤斧，赤斧以献。案宋武帝于嵩高山得玉璧三十二枚，神人云：'此是宋卜世之数。三十二者，二'三十'也。宋自受命至禅齐凡六十年。然则帝之符应也若是，今备之云。"

以司空褚渊为司徒，不受，封南康郡公，邑三千户。以吴郡太守柳世隆为南豫州刺史，进爵为公。(《南齐书》卷二十三《褚渊传》，《南齐书》卷二十四《柳世隆传》)

平按：萧道成即帝位后即起吴郡太守柳世隆为南豫州刺史，此前柳世隆丁母忧而毁瘠过甚。萧道成因此作《手诏与褚渊》：

> 向见世隆毁瘠过甚，殆欲不可复识，非直使人恻然，实亦世珍国宝也。

褚渊作《答诏称柳世隆》：

> 世隆至性纯深，哀过乎礼。事陛下在危尽忠，丧亲居忧，杖而后起，立人之本，二理同极，加荣增宠，足以厉俗敦风。

萧道成下《庆宥诏》。(《南齐书》卷二《高帝纪下》)

平按：《南史·齐本纪上》："诏劫贼余口没在台府者，悉原赦。诸负衅流徙者，皆听还本土。"诏曰：

> 宸运肇创，宝命惟新，宜弘庆宥，广敷蠲汰。劫贼余口没在台府者，悉原放。诸负衅流徙，普听还本。

四月戊戌，以荆州刺史萧嶷为尚书令、骠骑大将军、开府仪同三司、扬州刺史；以冠军将军萧映为荆州刺史；以西中郎将萧晃为南徐州刺史。（《南齐书》卷二《高帝纪下》）

平按：豫章王萧嶷离荆州刺史任，南兖州刺史萧映继之为荆州刺史，并受封临川王。《南齐书·临川献王映传》："齐台建，宋帝诏封映及弟晃、晔、暠、锵、铄、鉴并为开国县公，各千五百户，未及定土宇，而太祖践祚。以映为使持节、都督荆湘雍益梁宁南北秦八州诸军事、平西将军、荆州刺史。"萧晃因杀典签，萧道成手诏杖之。《南齐书·长沙威王晃传》："太祖践祚，晃欲用政事，辄为典签所裁，晃执杀之，上大怒，手诏赐杖。寻迁使持节、都督南徐兖二州诸军事、后将军、南徐州刺史。"

江淹为骠骑豫章王萧嶷记室参军，参掌诏册，并典国史。（《梁书》卷十四《江淹传》，《南史》卷五十九《江淹传》）

平按：《南史·江淹传》："桂阳之役，朝廷周章，诏檄久之未就。齐高帝引淹入中书省，先赐酒食，淹素能饮啖，食鹅炙垂尽，进酒数升讫，文诰亦办。相府建，补记室参军。高帝让九锡及诸章表，皆淹制也。齐受禅，复为骠骑豫章王嶷记室参军。"又《梁书·江淹传》："是时军书表记，皆使淹具草。相国建，补记室参军事。建元初，又为骠骑豫章王记室，带东武令，参掌诏册，并典国史。"

萧道成即位，以陈显达启让封迁下诏。（《南齐书》卷二十六《陈显达传》）

平按:《南齐书·陈显达传》:"太祖即位,迁中护军,增邑千六百户,转护军将军。显达启让。"其答曰:

> 朝廷爵人以序。卿忠发万里,信誓如期,虽屠城殄国之勋,无以相加。此而不赏,典章何在?若必未宜尔,吾终不妄授。于卿数士,意同家人,岂止于君臣邪?过明,与王、李俱祇召也。

四月己亥,萧道成作《下二宫诸王诏》。(《南齐书》卷二《高帝纪下》)

平按:诏曰:

> 自庐井毁制,农桑易业,盐铁妨民,货鬻伤治,历代成俗,流蠹岁滋。援拯遗弊,革末反本,使公不专利,氓无失业。二宫诸王,悉不得营立屯邸,封略山湖。太官池籞,宫停税入,优量省置。

四月庚子,萧道成下《蕃王陵设守卫诏》。(《南齐书》卷二《高帝纪下》)

平按:时有司奏帝陵各置长一人,兵有差,王陵五人,妃嫔三人。诏曰:

> 宋帝后蕃王诸陵,宜有守卫。

萧道成即帝位初,召刘瓛入华林园问政。(《南史》卷五十《刘瓛传》)

平按:《南史·刘瓛传》:"齐高帝践祚,召瓛入华林园谈语,问以政道。答曰:'政在《孝经》。宋氏所以亡,陛下所以得之是也。'帝咨嗟曰：'儒者之言，可宝万世。'又谓瓛曰：'吾应天革命，物议以为何如？'瓛曰：'陛下戒前轨之失，加之以宽厚，虽危可安；若循其覆辙，虽安必危。'及出，帝谓司徒褚彦回曰：'方直乃尔。学士故自过人。'敕瓛使数入，而瓛自非诏见，未尝到宫门。"

萧道成即位，萧子良上《请停台使检课表》。(《南齐书》卷四十《竟陵文宣王子良传》)

五月丙午，萧道成下《宋世有功者仍本封诏》。改《元嘉历》为《建元历》。(《南齐书》卷二《高帝纪下》)

平按：诏曰：

> 宸运革命，引爵改封，宋氏第秩，虽宜省替，其有预效屯夷，宣力齐业者，一仍本封，无所减降。

何承天所创《元嘉历》自元嘉二十二年（445）开始颁行，至梁武帝天监九年（510），一直延续使用。虽然祖冲之在刘宋大明年间（457—464）制订出《大明历》，但遭到当时戴法兴等人的反对而未能被采用。直到祖冲之去世后，其子祖暅三次上书梁武帝，《大明历》才被采用以取代《元嘉历》。故整个南齐时代所采用的历法依然是《元嘉历》，不过在萧道成即帝位的建元元年五月改名为《建元历》而已，其本体并未发生变化。

五月丁未，萧道成下《断众募诏》。(《南齐书》卷二《高帝纪下》)

平按：萧道成下诏断众募，乃纳中领军李安民之议。《南齐书·李安民传》载："宋泰始以来，内外频有贼寇，将帅已下，各募部曲，屯聚京师，安民上表陈之，以为'自非淮北常备，其外余军，悉皆输遣，若亲近宜立随身者，听限人数。'上纳之，故诏断众募。"诏曰：

设募取将，悬赏购士，盖出权宜，非曰恒制。顷世艰险，浸以成俗，且长逋逸，开罪山湖。是为黥刑不辱，亡窜无咎。自今以后，可断众募。

五月壬子，诏封佐命功臣新除司徒褚渊等三十一人，进爵增户各有差。(《南齐书》卷二《高帝纪下》)

五月丙辰，诏遣大使分行四方，遣兼散骑常侍十二人巡行。以交、宁道远，不遣使。(《南齐书》卷二《高帝纪下》)

五月己未，汝阴王刘准薨，追谥为宋顺帝。(《南齐书》卷二《高帝纪下》)

平按：《南史·宋本纪下》："建元元年五月己未，帝闻外有驰马者，惧乱作。监人杀王而以疾赴，齐人德之，赏之以邑。"刘准被杀时，年十三。《通鉴·齐纪一》："己未，或走马过汝阴王之门，卫士恐。有为乱者奔入杀王，而以疾闻，上不罪而赏之。"萧道成闻说刘准被杀，非但无怪罪，反倒赏之，萧道成的本心是希望看到这个结果的，只是非其亲手杀之。刘准之死，或为萧道成暗中所为，史书未明载而已。

五月辛酉，萧道成杀宋宗室阴安公刘燮等。(《南齐书》卷二《高帝纪下》)

平按：《通鉴·齐纪一》："辛酉，杀宋宗室阴安公燮等，无少长皆死。前豫州刺史刘澄之，遵考之子也，与褚渊善，渊为之固请，曰：'澄之兄弟不武，且与刘宗又疏。'故遵考之族独得免。"萧道成登基伊始，即迫不及待地对刘氏宗室尽行诛灭，可以想见史载刘准之死为乱者所杀，盖史家曲笔。

萧道成追加封谥其长兄萧道度为衡阳元王，次兄萧道生为始安贞王。(《南齐书》卷二《高帝纪下》，《南齐书》卷四十五《宗室传》)

平按：衡阳元王萧道度（太祖长兄），与太祖俱受学雷次宗。卒于宋世。本年追加封谥。无子，太祖以第十一子萧钧继道度后。《南齐书·宗室传》称道度"卒于宋世，建元二年，追加封谥"，误。据《南齐书·高帝纪下》，道度、道生二人于建元元年五月辛酉同时追加封谥。始安贞王萧道生（太祖次兄），宋世为奉朝请，卒。建元元年，追封谥。建武元年，追尊为景皇，妃江氏为后。立寝庙于御道西，陵曰修安。三子：长子萧凤；次子萧鸾，是为明帝；三子萧缅，是为安陆昭王。

五月丙寅，追尊皇考萧承之为宣皇帝，皇妣为孝皇后，妃为昭皇后。（《南齐书》卷二《高帝纪下》）

六月辛未，萧道成下《相国骠骑中军三府职限诏》。（《南齐书》卷二《高帝纪下》）

平按：《全齐文》失收此诏。诏曰：

　　相国骠骑中军三府职，可依资劳度二官，若职限已盈，所余可赐满。

六月乙亥，诏宋末以来，枯骸毁椁，宣下埋葬。（《南齐书》卷二《高帝纪下》，《南史》卷四《齐本纪上》）

平按：萧道成《恤枯骸毁椁诏》曰：

　　宋末频年戎寇，兼灾疾凋损，或枯骸不收，毁椁莫掩，宜速宣下，埋藏营恤。若标题犹存，姓字可识，可即运载，致还本乡。

有司所奏其具体做法是：遣外监典事四人，周行离门外三十五里为限。三十五里以外各地，由各州郡营恤。无棺器者，由台省出钱为市。

六月庚辰，备法驾，奉七庙主于太庙。萧道成下《赐位诸将及客诏》。(《南齐书》卷二《高帝纪下》)

平按：《南齐书·礼志上》："(建元元年) 即位，立七庙。广陵府君、太中府君、淮阴府君、即丘府君、太常府君、宣皇帝、昭皇后为七庙。"《全宋文》高帝文下未录此诏。诏曰：

> 诸将及客，戮力艰难，尽勤直卫，其从还宫者，普赐位一阶。

六月甲申，立萧赜为皇太子。立皇子萧嶷为豫章王、萧映为临川王、萧晃为长沙王、萧晔为武陵王、萧暠为安成王、萧鉴为鄱阳王、萧铄为桂阳王、萧鉴为广陵王、萧长懋为南郡王。(《南齐书》卷二《高帝纪下》)

六月乙酉，葬宋顺帝刘准于遂宁陵。(《南齐书》卷二《高帝纪下》)

平按：罗宗真《六朝考古》："顺帝刘准遂宁陵，建元元年五月乙未卒，六月乙酉葬，葬地不明。"

七月丁未，萧道成下《宣抚交州诏》。(《南齐书》卷二《高帝纪下》)

平按：《南齐书·州郡志》："交州，镇交趾，在海涨岛中。杨雄箴曰：'交州荒遵，水与天际。'外接南夷，宝货所出，山海珍怪，莫与为比。民恃险远，数好反叛。"诏曰：

> 交趾、比景，独隔书朔，斯乃前运方季，负海不朝，因迷遂往，归款莫由。曲赦交州部内李叔献一人即抚南土，文武详才选用，并遣大使宣扬朝恩。

七月丁巳，萧道成下《南兰陵长蠲租布诏》。(《南齐书》卷二《高帝纪下》)

平按：此诏未见录于《全齐文》"萧道成"名下。其诏曰：

> 南兰陵桑梓本乡，长蠲租布；武进王业所基，复十年。

九月辛丑，萧道成下《减二吴、义兴田租诏》。(《南齐书》卷二《高帝纪下》)

平按：其诏曰：

> 二吴、义兴三郡遭水，减今年田租。

九月乙巳，以新除尚书令、骠骑将军豫章王萧嶷为荆、湘二州刺史；以平西将军临川王萧映为扬州刺史。(《南齐书》卷二《高帝纪下》)

平按：萧道成以荆楚地位之重，需朝廷重臣为之镇，便下诏以扬州刺史豫章王萧嶷为荆、湘二州刺史，南蛮校尉。萧道成《以豫章王嶷为荆湘二州刺史诏》曰：

> 神牧总司王畿，诚为治要；荆楚领驭遐远，任寄弘隆。自顷公私凋尽，绥抚之宜，尤重恒日。

《南齐书·豫章文献王传》载："复以为都督荆、湘、雍、益、梁、宁、南北秦八州诸军事，南蛮校尉，荆湘二州刺史，持节、侍中、将军、开府如故。晋宋之际，刺史多不领南蛮，别以重人居之，至是有二府二州。荆州资费岁钱三千万，布万匹，米六万斛，又以江、湘二州米十万斛给镇府，湘州资费岁七百万，布三千匹，米五万斛，南蛮资费岁三百万，布万匹，绵千斤，绢三百匹，米千斛，近代莫比也。"萧嶷由扬州刺史调荆湘二州刺史任，而以临川王萧映为扬州刺史。《南齐书·临川献王映传》："改授散骑常侍、都督扬南徐二州诸军事、前将军、扬州刺史，持节如故。国家初创，映以年少临神州，吏治聪敏，府州曹局，皆重足以奉禁令，自宋彭城王义康以后未之有也。"萧映时年二十二岁。

九月戊申，萧道成车驾幸宣武堂宴会，诏诸王公以下赋诗。（《南齐书》卷二《高帝纪下》）

十月丙子，立彭城刘胤为汝阴王，奉宋帝后。（《南齐书》卷二《高帝纪下》）

十月己卯，萧道成车驾殷祠太庙。（《南齐书》卷二《高帝纪下》）

十月辛巳，萧道成下《甄叙遗才诏》。（《南齐书》卷二《高帝纪下》）

平按：诏曰：

朕婴缀世务，三十余岁，险阻艰难，备尝之矣。末路屯夷，戎车岁驾，诚藉时来之运，实资士民之力。宋元徽二年以来，诸从军得官者，未悉蒙禄，可催速下访，随正即给。才堪余任者，访洗量序。若四州士庶，本乡沦陷，簿籍不存，寻校无所，可听州郡保押，从实除奏。荒远阙中正者，特许据军簿奏除。或戍扞边役，末由旋反，听于同军各立五保，所隶有司，时为言列。

十一月庚子，以太子左卫率萧景先为司州刺史。（《南齐书》卷二《高帝纪下》）

十一月辛亥，立皇太子妃裴氏。（《南齐书》卷二《高帝纪下》）

十一月甲申，封功臣骠骑长史江谧等十人爵户各有差。（《南齐书》卷二《高帝纪下》）

宋顺帝末，萧道成欲铸钱，以禅让之际，未及施行。（《南齐

书》卷三十七《刘悛传》)

平按:《南齐书·刘悛传》:"宋代太祖辅政,有意欲铸钱,以禅让之际,未及施行。"

宋齐禅代之际,萧道成以丘灵鞠参掌诏册。(《南史》卷七十二《丘灵鞠传》)

平按:《南史·丘灵鞠传》:"时方禅让,齐高帝使灵鞠参掌诏册。"

齐国建,萧道成以刘怀慰为新置齐郡太守。怀慰著《廉吏论》,萧道成赞赏之。(《南齐书》卷四十九《刘怀慰传》,《南史》卷五十三《刘怀慰传》)

平按:《南史·刘怀慰传》:"齐国建,上欲置齐郡于都下。议者以江右土沃,流人所归,乃置于瓜步,以怀慰为辅国将军、齐郡太守。上谓怀慰曰:'齐邦是王业所基,吾方欲以为显任,经理之事,一以委卿。'又手敕曰:'有文事必有武备,今赐卿玉环刀一口。'怀慰至郡,修城郭,安集居人,垦废田二百顷,决沉湖灌溉。不受礼谒,民有饷其新米一斛者,怀慰出所食麦饭示之,曰:'旦食有余,幸不烦此。'因著《廉吏论》以达其意。高帝闻之,手敕褒赏。"

萧道成以刘善明出为淮南、宣城二郡太守,善明作《上陈事表》,陈国初政事十一条。善明又撰《贤圣杂语》,倡立学校。(《南齐书》卷二十八《刘善明传》)

平按:善明所陈十一条谓:

其一,以为"天地开创,人神庆仰,宜存问远方,广宣慈泽"。其二，以为"京师浩大，远近所归，宜遣医药，问其疾苦。年九十以上及六疾不能自存者，随宜量赐"。其三，以为"宋氏赦令，蒙原者寡。愚谓今下赦书，宜令事实相副"。其四，以为"匈奴未灭，刘昶犹存，秋风扬尘，容能送死。境上诸城，宜应严备，特简雄略，以待事机，资实所须，皆宜豫办"。其五，以为"宜除宋氏大明、泰始以来诸苛政细制，以崇简易"。其六，以为"凡诸土木之费，且可权停"。其七，以为"帝子王姬，宜崇俭约"。其八，以为"宜诏百官及府州郡县，各贡谠言，以弘唐、虞之美"。其九，以为"忠贞孝悌，宜擢以殊阶；清俭苦节，应授以民政"。其十，以为"革命惟始，天地大庆，宜时择才辨，北使匈奴"。其十一，以为"交州险夐，要荒之表，宋末苛政，遂至怨叛。今大化创始，宜怀以恩德，未应远劳将士，摇动边氓，且彼土所出，唯有珠宝，实非圣朝所须之急。讨伐之事，谓宜且停"。

《南齐书·刘善明传》载："又撰《贤圣杂语》奏之，托以讽谏。上答曰：'省所献《杂语》，并列圣之明轨，众智之深轨。卿能宪章先范，纂镂情识，忠款既昭，渊诚肃著，当以周旋，无忘听览也。'又谏起宣阳门，表陈宜明守宰赏罚；立学校，制齐礼；广开宾馆，以接荒民。上又答曰：'具卿忠说之怀。夫赏罚以惩守宰，饰馆以待遐荒。皆古之善政，吾所宜勉。更撰新礼，或非易制。国学之美，已敕公卿。宣阳门今敕停。寡德多阙，思复有闻。'"齐立国之初，萧道成坏宋明帝紫极殿，以其材柱起宣阳门。当时王俭、褚渊、王僧虔连名上表以谏，乃有"宣阳门今敕停"之事。

萧道成使虞玩之检定簿籍。(《南齐书》卷三十四《虞玩之传》)

平按：《南史·虞玩之传》："先时，宋世人籍欺巧，及高帝即位，敕玩之与骁骑将军傅坚意检定之。"

萧道成与王俭议佐命功臣，以张良辞侯比之。(《南史》卷二十二《王俭传》)

平按：《南史·王俭传》："高祖践祚，与俭议佐命功臣，从容谓曰：'卿谋谟之功，莫与为二，卿止二千户，意以为少。赵充国犹能自举西零之任，况卿与我情期异常。'俭曰：'昔宋祖创业，佐命诸公，开国不过二千，以臣比之，唯觉超越。'上笑曰：'张良辞侯，何以过此。'"

萧道成以宋世都下舛杂，多奸盗，欲立符伍，因南昌县公王俭之谏乃止。(《南史》卷二十二《王俭传》)

平按：《南史·王俭传》："建元元年，改封南昌县公。时都下舛杂，且多奸盗，上欲立符伍，家家以相检括。俭谏曰：'京师翼翼，四方是凑，必也持符，于事既烦，理成不旷，谢安所谓不尔何以为京师。'乃止。""符伍"，古制，居民五家，共同签具一份连保连坐契约以相检束，称为符伍。《宋书·王弘传》："左丞孔默之议：君子小人，既杂为符伍，不得不以相检为义。"

竟陵王萧子良为会稽太守，作《请停台使检课表》。(《南齐书》卷四十《竟陵文宣王子良传》)

平按：《南齐书·竟陵文宣王子良传》："昇明三年，为使持节、都督会稽东阳临海永嘉新安五郡、辅国将军、会稽太守。宋世元嘉中，皆责成郡县，孝武征求急速，以郡县迟缓，始遣台使，自此公役劳扰。太祖践祚，子良陈之。……凡诸检课，宜停遣使。"表见载本传。

张岱出为吴郡太守，萧道成以"大邦任重"敕之。(《南齐书》卷三十二《张岱传》)

平按：《南史·张岱传》："建元元年，中诏序朝臣，欲以右仆射拟岱。褚彦回谓得此过优，若别有忠诚，特宜升引者，别是一理。诏更量。出为吴郡太守。高帝知岱历任清直，至郡未几，手敕曰：'大郡任重，乃未欲回换，但总戎务殷，宜须望实。今用卿为护军。加给事中。'岱拜竟，诏以家为府。"

萧道成驾幸庄严寺听僧达法师讲《维摩诘经》，与张绪为近。又与王俭、褚渊议以绪为右仆射，皆以为美选。（《南齐书》卷三十三《张绪传》，《南史》卷三十一《张绪传》，《佛祖统纪》卷三十七）

平按：《南史·张绪传》："建元元年，为中书令。绪善谈玄，深见敬异。仆射王俭尝云：'绪过江所未有，北士可求之耳。不知陈仲弓、黄叔度能过之不？'驾幸庄严寺听僧达道人讲《维摩》，坐远不闻绪言，上难移绪，乃迁僧达以近之。时帝欲用绪为右仆射，以问王俭。俭曰：'绪少有清望，诚美选也。南士由来少居此职。'褚彦回曰：'俭少年或未忆耳，江左用陆玩、顾和，皆南人也。'俭曰：'晋氏衰政，不可为则。'先是绪诸子皆轻侠，中子充少时又不护细行，俭又以为言，乃止。"萧道成驾幸庄严寺听讲一事，宋释志磐《佛祖统纪》卷三十七有明确系年："建元元年（479 年）四月至十二月，帝幸庄严寺听僧达法师讲《维摩诘》，御座稍远，中书令张绪请迁讲席以邻帝座。"

萧道成以张融着衣褴褛而亏朝望，手诏赐张融衣。（《南史》卷三十二《张融传》）

平按：《南史·张融传》："（高帝）即位后，手诏赐融衣曰：'见卿衣服粗故，诚乃素怀有本。交尔蓝缕，亦亏朝望。今送一通故衣，意谓虽故，乃胜新也。是吾所著，已令裁减，称卿之体，并履一量。'高帝出太极殿西室，融入问讯，弥时方登阶。及就席，上曰：'何乃迟为？'对曰：'自地升天，理不得速。'时魏主至淮而退，帝曰：'何意忽来忽去。'未有答者，融时下坐，抗声曰：'以无道而来，见有道而去。'公卿咸以为捷。"萧道成与张融对话，诸史未明言其时间，《南史》本传称"即位后"，姑置于本年。

王俭弟王逊因郡事被启，萧道成以俭门世德，下诏原罪徙远。（《南齐书》卷二十三《王俭传》）

平按：萧道成《原王逊诏》曰：

> 俭门世载德，竭诚佐命，特降刑书，宥逊以远。

陆澄作《上自理表》。就是否免降陆澄官事，萧道成下诏。（《南齐书》卷三十九《陆澄传》）

平按：建元元年，骠骑谘议沈宪等坐家奴客为劫，任遐奏陆澄不纠，请免陆澄官。陆澄因之上表自理。萧道成下诏议此事，尚书令褚渊列举历来知情不纠者，以为当免陆澄官。萧道成乃下诏曰：

> 澄表据多谬，不足深劾。可白衣领职。

陆澄（425—494）字彦渊，吴郡吴人。少好学，博览群书，手不释卷，为当时硕学。

萧道成下《授加罗国王荷知诏》。（《南齐书》卷五十八《东南夷传》）

平按：建元元年，加罗国国王荷知遣使来献，诏曰：

> 量广始登，远夷洽化。加罗王荷知，款关海外，奉贽东遐。可授辅国将军、本国王。

萧道成下《答河南王拾寅诏》。（《南齐书》卷五十九《河南传》）

平按：建元元年，河南王拾寅遣使来献，诏答曰：

皇帝敬问使持节、散骑常侍、都督西秦河沙三州诸军事、车骑大将军、开府仪同三司、领护羌校尉、西秦河二州刺史、新除骠骑大将军河南王：宝命革授，爰集朕躬，猥当大业，祗惕兼怀。闻之增感。王世武至，得元徽五年五月二十一日表，夏中湿热，想比平安。又卿乃诚遥著，保宁遐疆。今诏升徽号，以酬忠款。遣王世武衔命拜授。又仍使王世武等往芮芮，想即资遣，使得时达。又奏所上马等物悉至，今往别牒锦绛紫碧绿黄青等纹各十四。

萧道成下《拜葭芦镇主杨广香官诏》。（《南齐书》卷五十九《氐杨传》）

平按：建元元年，欲绥怀异俗，萧道成以杨广香为督沙州诸军事、平羌校尉、沙州刺史。诏曰：

昔绝国入赘，美称前册；殊俗内款，声流往记。伪虏葭芦镇主、阴平郡公杨广香，怨结同族，蒯起亲党，当宋之世，遂举地降敌。葭芦失守，华阳暂惊。近单使先驰，宣扬皇威。广香等追其远世之诚，仰我惟新之化，肉袒请附，复地千里，氐羌杂种，咸同归从。宜时领纳，厚加优恤。广香翻迷反正，可特量所授。部曲酋豪，随名酬赏。

萧道成下《征明僧绍诏》。（《南齐书》卷五十四《明僧绍传》）

平按：建元元年冬，诏曰：

朕侧席思士，载怀尘外。齐郡明僧绍，标志高栖，耽情坟素，幽贞之操，宜加贲饰。

征为正员郎，僧绍称疾不就。

齐台建，顾欢作《献治纲表》，刘思效作《陈谠言表》。萧道成下《与顾欢刘思效诏》。(《南齐书》卷五十四《顾欢传》)

平按：刘思效之文见于《顾欢传》，《全齐文》失录。顾欢东归，萧道成赐之麈尾、素琴。并诏曰：

> 朕夙旦惟黉，思弘治道，伫梦岩滨，垂精管库，旰食蒙怀，其勤至矣。吴郡顾欢，散骑郎刘思效，或至自丘园，或越在冗位，并能献书金门，荐辞凤阙。辨章治体，有协朕心。今出其表，外可详择所宜，以时敷奏。欢近已加旌贲，思效可付选铨序，以显谠言。

萧道成以御史中丞刘休之启，作《答刘休诏》。(《南齐书》卷三十四《刘休传》)

平按：建元初，新进御史中丞刘休以有司所奏，作《上高帝启》。萧道成答其启曰：

> 卿职当国司，以威裁为本，而忽惮世诮。卿便应辞之事始，何可获惰晚节邪？

萧道成与王僧虔论书。(《南齐书》卷三十三《王僧虔传》)

平按：《南史·王僧虔传》："高帝素善书，笃好不已，与僧虔赌书毕，谓曰：'谁为第一?'对曰：'臣书第一，陛下亦第一。'帝笑曰：'卿可谓善自为谋。'或云帝问：'我书何如卿?'答曰：'臣正书第一，草书第二；陛下草书第二，而正书第三。臣无第三，陛下无第一。'帝大笑曰：'卿善为辞，然天下有道，丘不与易也。'帝示僧虔古迹十一卷，就求能书人名。僧虔得人间所有卷中所无者：

吴大皇帝、景帝、归命侯书，桓玄书，及王丞相导、领军洽、中书令珉、张芝、索靖、卫伯儒、张翼十一卷，奏之。又上羊欣所撰《能书人名》一卷。"萧道成之善书及与王僧虔对话之事在萧道成称帝之后，但不详其具体在哪一年，姑置于本年内。汪春泓《中国文学编年史·两晋南北朝卷》谓："王僧虔书法既有家学渊源，又有自己全面深入的研究心得，堪称杰出的书法家和书法理论家，他对书法倾注了极大的兴趣和心血，形成了自己独到的艺术观点。"①

虞愿（426—479）卒。

平按：《南齐书》本传："建元元年，卒，年五十四。"虞愿字士恭，会稽余姚人。初为湘东王国常侍，明帝时除为通直散骑常侍。数以直言忤旨，出为晋平太守。学涉儒史，为晋平太守时，在郡立学堂教授。撰有《五经论问》《会稽记》等，文翰数十篇。今均不传。

苏侃（？—479）卒。

平按：《南史》本传："建元元年卒，上惜之甚至，谥质侯。"苏侃字休烈，武邑人。侃涉猎书传，尝与丘巨源共撰《萧太尉记》，载萧道成征伐之功。建元元年又撰《圣皇瑞命记》一卷。

阮孝绪（479—536）生。

平按：《梁书》本传："大同二年，卒，时年五十八。门徒谥其德行，谥曰文贞处士。"上推生于是年。阮孝绪字士宗，陈留尉氏人。孝绪幼至孝，性沉静，酷好学，喜藏书。年十三，遍通《五经》。著《高隐传》，上自炎、黄，终于天监之末，分为三品，凡若干卷。所著《七录》等书二百五十卷，行于世。梁朝建，孝绪坚不

---

① 汪春泓：《中国文学编年史·两晋南北朝卷》，湖南人民出版社 2006 年版，第 364 页。

出仕，藏书苦读，耕耘书圃，在其所著《七录序》中云："孝绪少爱坟籍，长而弗倦。卧病闲居，傍无尘杂。晨光才启，缃囊已散；宵漏既分，绿帙方掩。犹不能穷究流略，探尽秘奥。每披录内省，多有阙然。其遗文隐记，颇好搜集。"孝绪所撰，除《高隐传》《七录》外，尚有《正史削繁》《文字集略》《古今世代录》《序录》《杂文》《声纬》等。其《七录序》称："总括群书四万余卷，皆讨论研核，标判宗旨。"《隋志·总序》云："其分部题目，颇有次序。"《七录》编撰时，亦得到学者刘杳之助。《七录序》谓："通人平原刘杳从余游，因说其事，杳有志积久，未获操笔，闻余已先著鞭，欣然会意，凡所抄集，尽以相与，广其闻见，实有力焉。"孝绪著述多已散佚，今存《七录序》，入编《广弘明集》。

何思澄（479—532）生。

平按：《梁书》本传："昭明太子薨，出为黟县令。迁除宣惠武陵王中录事参军，卒官，时年五十四。"未明言其卒年，吴文治《中国文学史大事年表》系何思澄之卒于本年，从之。何思澄字元静，东海郯人。少勤学，工文辞。在江州，作《游庐山诗》，为沈约所称赏，该诗不传。傅昭常请思澄作《释奠诗》，辞文典丽。天监十五年，与徐勉入华林撰《华林遍略》。有文集十五卷，已散佚。今存诗三首。

刘杳（479—528）生。

平按：《梁书·刘杳传》："大同二年，卒官，时年五十。"上推，刘杳生于齐武帝萧赜永明五年。其父刘怀慰。《南齐书·良政·刘怀慰传》载："怀慰本名闻慰，永明九年，卒，年四十五。"而《梁书》《南史》均称"十三，丁父忧"。即刘杳十三岁时，其父刘怀慰去世，其时为永明九年。由此上推，刘杳当生于齐高帝建元元年。二说未知何者为确，今采刘杳生于齐建元元年之说。《南北朝文学编年史》亦系于此年。刘杳字士深，平原平原人。少好学，博综群书。尝佐周捨撰国史，又与徐勉撰《华林遍略》。书成，撰《林庭赋》，王僧孺称其"《郊居》以后，无复此作"。注昭明太子《徂归赋》，称为博悉。杳自少至长，著述甚多，有《要雅》五卷、《楚辞草木疏》一卷、《高士传》二卷、《东宫新旧记》三十卷、《古今四部书目》五卷，并行于世。

齐高帝建元二年·魏孝文帝太和四年（480）庚申 五十四岁

正月戊戌，大赦天下。以司空、尚书令褚渊为司徒，中军将军张敬儿为车骑将军，中领军李安民为领军将军，中护军陈显达为护军将军。（《南齐书》卷二《高帝纪下》）

平按：江淹有《大赦诏》，其云："今履端告始，群后执贽。……然景业初基，义深恒典，庆动玄灵，欢溢都县。"为齐初立国之大赦，此诏应是江淹代萧道成作。建元元年，褚渊即进位司徒，却又让司徒之授，王俭劝之受命，褚渊终究未接受。本年正月之为司徒，乃重申去年之命。

正月辛丑，车驾亲祠南郊。（《南齐书》卷二《高帝纪下》）

平按：《南齐书·礼志上》："太祖为齐王，依旧立五庙。即位，立七庙。广陵府君、太中府君、淮阴府君、即丘府君、太常府君、宣皇帝、昭皇后为七庙。建元二年，太祖亲祀太庙六室，如仪，拜伏竟，次至昭后室前，仪注应倚立，上以为疑，欲使庙僚行事，又欲以诸王代祝令于昭后室前执爵。以问彭城丞刘璛。"

正月癸卯，魏军犯淮、泗，遣众军北伐。（《南齐书》卷二《高帝纪下》，《魏书》卷九十八《萧道成传》）

平按：是年魏军的犯境，目的是讨伐萧道成的僭位。《魏书·萧道成传》载："寻僭大号，封其主刘准为汝阴王，未几而死。于是高祖诏梁郡王嘉督二将出淮阴，陇西公元琛三将出广陵，河东公薛虎子三将出寿春以讨之。元琛等攻其马头戍，克之。道成遣其徐州刺史崔文仲攻陷茬眉戍，诏遣尚书游明根讨之。"又《南齐书·崔祖思附崔文仲传》："（建元）二年，虏攻钟离，文仲击破之。又遣军主崔孝伯等过淮攻拔虏茬眉戍，杀戍主龙得侯及伪阳平太守郭杜羝，馆陶令张德，濮阳令王明。时虏攻杀马头太守刘从，上曰：'破茬眉，足相补。'"魏军分三路南讨，时南齐初建，武备不足，萧道成欲发王公以下无官者充军。《南齐书·褚渊传》："是年虏动，上欲发王公已下无官者为军，渊谏以为无益实用，空致扰动，上乃止。"因魏军犯淮、泗，为防齐中北部边境，萧道成亦增加司州沿边戍兵。司州刺史萧景先以各方之援，而得确保司州之安。萧景先，本名萧道先，亦南兰陵萧氏宗室，为萧道成从子。本年出为持节、督司州军事、宁朔将军、司州刺史。

二月丁卯，魏军攻寿阳，豫州刺史垣崇祖破之。（《南齐书》卷二《高帝纪下》，《南齐书》卷二十五《垣崇祖传》）

平按：本年魏军南讨，魏高祖以梁郡王嘉节度众军，游明根亦预之。《魏书·游明根传》："后王师南讨，诏假安南将军、仪曹尚书、广平公，与梁郡王嘉参谋军计。"时萧道成以豫州刺史垣崇祖北却魏军，崇祖决堰以水淹之法退之。《南齐书·垣崇祖传》："建元二年，虏遣伪梁王郁豆眷及刘昶，马步号二十万，寇寿春。……决小史埭，水势奔下，虏攻城之众，漂坠堑中，人马溺死数千人，众皆退走。"

二月戊子，以宁蛮校尉萧赤斧为雍州刺史，南蛮长史崔惠景为梁、南秦二州刺史。（《南齐书》卷二《高帝纪下》，《南齐书》卷三十八《萧赤斧传》）

平按：建元元年，萧赤斧为武陵王冠军长史、骠骑司马、南东海太守、辅国将军，为新晋武陵王萧晔僚属。刘宋时代，先是刘骏于元嘉十三年（436）封武陵王，至泰始六年（470）宋明帝第九子刘赞被封为武陵王。昇明二年（478）沈攸之平，刘赞至荆州刺史镇，当年即死，武陵王国除。萧道成第五子萧晔被封为武陵王在建元元年六月甲申，故萧赤斧为武陵王冠军长史亦应在建元元年六月之后。其后，又起萧赤斧为冠军将军、宁蛮校尉，其时亦当在建元元年。至本年二月，萧赤斧出为雍州刺史。《南齐书·萧赤斧传》："出为持节、督雍梁南北秦四州郢州之竟陵司州之随郡军事、雍州刺史，本官如故。在州不营产利，勤于奉公。"

二月癸巳，萧道成遣使巡慰边民。（《南齐书》卷二《高帝纪下》）

平按：《南齐书·高帝纪下》："二月癸巳，遣大使巡慰淮、肥，徐、豫边民尤贫遭难者，刺史二千石量加赈恤。"

二月甲午，下《遣还流徙诏》。（《南齐书》卷二《高帝纪下》）

平按：诏曰：

> 江西北民避难流徙者，制遣还本。蠲今年租税。单贫及孤老不能自存者，即听番籍，郡县押领。

三月丁酉，以侍中西昌侯萧鸾为郢州刺史。（《南齐书》卷二《高帝纪下》，《南齐书》卷六《明帝纪》）

平按：《南齐书·明帝纪》："建元二年，为持节、都郢州司州之义阳诸军事、冠军将军、郢州刺史，进号征虏将军。"萧鸾，后之齐明帝，字景栖，始安贞王萧道生之子。萧道成即帝位，封萧鸾为西昌侯。

三月戊戌，以护军将军陈显达为南兖州刺史，吴郡太守张岱为中护军。(《南齐书》卷二《高帝纪下》)

平按：《南齐书·陈显达传》："建元二年，虏寇寿阳，淮南、江北百姓骚动。上以显达为使持节、散骑常侍、都督南兖兖徐青冀五州诸军事、平北将军、南兖州刺史。之镇，虏退。"萧道成于宋世曾多年为南兖州刺史，南兖州虽非边镇，却也是北人南下建康的必经之地，历来朝廷十分看重其特定的军事地位。故萧道成作敕书与陈显达，《全齐文》名之曰《敕陈显达》。书曰：

> 虏经破散后，当无复犯关理。但国家边防，自应过存备豫。宋元嘉二十七年后，江夏王作南兖，徙镇盱眙，沈司空亦以孝建初镇彼，政当以淮上要于广陵耳。卿谓前代此处分云何？今佥议皆云卿应据彼地，吾未能决。乃当以扰动文武为劳。若是公计，不得惮之。

张岱本年为中护军，《南齐书》本传未提及，仅称"明年（建元二年），迁金紫光禄大夫，领鄱阳王师"。鄱阳王萧锵，萧道成第七子，建元元年六月封王，本年十二岁。

三月己亥，车驾幸乐游苑宴会，令王公以下赋诗。(《南齐书》卷二《高帝纪下》)

平按：《南史·王俭传》："帝幸乐游宴集，谓俭曰：'卿好音乐，孰与朕同？'俭曰：'沐浴唐风，事兼比屋，亦既在齐，不知肉味。'帝称善。后幸华林宴集，使各效伎艺。褚彦回弹琵琶，王僧虔、柳世隆弹琴，沈文季歌《子夜来》，张敬儿舞。俭曰：'臣无所解，唯知诵书。'因跪上前诵相如《封禅书》。上笑曰：'此盛德之事，吾何以堪之。'后上使陆澄诵《孝经》，起自'仲尼居'，俭曰：'澄所谓博而寡要。臣请诵之。'乃诵《君子之事上章》。上曰：'善，张子布更觉非奇也。'于是王敬则脱朝服袒，以绛纠髻，奋臂拍张，叫动左右。上不悦曰：'岂闻三公如此。'答曰：'臣以拍张，故得三公，不可忘拍张。'时以为名答。"这段材料非常重要，文化气息甚浓，是齐高帝萧道成与开国重臣之间的文艺游戏，颇能揭示萧道成的喜好及趣味。萧道成宴集群臣，令王公以下赋诗，第一次发生在建元元年九月，当时是驾幸宣武堂。第二次发生在本年，驾幸乐游苑。姑将此事系于此。

九月戊申，萧道成车驾幸宣武堂宴会，诏诸王公以下赋诗。

三月辛丑，以征虏将军崔祖思为青、冀二州刺史。（《南齐书》卷二《高帝纪下》）

平按：崔祖思迁青、冀二州刺史不久即卒，萧道成深表惋惜。《南齐书·崔祖思传》载："（建元）二年，进号征虏将军，军主如故。仍迁假节、督青冀二州刺史，将军如故。少时，卒。上叹曰：'我方欲用祖思，不幸，可惜。'"

五月，立六门都墙。（《南齐书》卷二《高帝纪下》）

平按：六朝建康城自里向外依次是宫城、都城、外郭，都城环绕在宫城之外。自孙吴初建至南齐高帝建元元年（479），六朝建康都城的城墙基本都是由竹篱围成，自东晋至南齐筑有六门，故诸史常以"六门"指代都城，偶尔亦称"六关"。萧道成建元二年五月始改筑夯土城墙，这也是建康都城建城史的重要阶段。自此，六门都墙亦不断增加，最多时达十二座城门。①《通鉴·齐纪一》："自晋以来，建康宫之外城唯设竹篱，而有六门。会有发白虎樽者，言'白门三重关，竹篱穿不完'。上感其言，命改立都墙。"

六月癸未，下《除宵诏》。（《南齐书》卷二《高帝纪下》）

---

① 卢海鸣：《六朝都城》，南京出版社 2002 年版，第 80 页。

平按：诏曰：

> 昔岁水旱，曲赦丹阳、二吴、义兴四郡遭水尤剧之县，
> 元年以前，三调未充，虚列已毕，官长局吏应共偿备外，
> 详所除宥。

七月甲寅，以辅国将军卢绍之为青、冀二州刺史。(《南齐书》
卷二《高帝纪下》)

平按：新任青、冀二州刺史卢绍之前任为崔祖思，祖思本年卒，
绍之继之。

七月戊午，皇太子妃裴氏薨。(《南齐书》卷二《高帝纪下》，
《南齐书》卷二十《皇后传》)

平按：建元元年十一月辛亥，裴氏方立皇太子妃，至本年七月
即卒。《南齐书·武穆裴皇后惠昭传》："武穆裴皇后讳惠昭，河东
闻喜人也。……后少与豫章王妃庾氏为娣姒，庾氏勤女工，奉事太
祖、昭后女恭谨不倦，后不能及，故不为舅姑所重，世祖家好亦薄
焉。性刚毅，竟陵王子良妃袁氏布衣时有过，后加训罚。昇明三年，
为齐世子妃。建元元年，为皇太子妃。三年，后薨。谥穆妃，葬休
安陵。世祖即位从，追尊皇后。"于裴氏卒年，《高帝纪》《皇后传》
有异，未知孰是。

闰七月辛巳，萧道成遣其亲信领军将军李安民，缘淮、泗屯军。
(《南齐书》卷二《高帝纪下》，《南齐书》卷二十七《李安民传》)

平按：本年魏军南侵，时领军将军李安民亦为萧道成所遣北征。
魏军退后，安民分军缘淮、泗屯军戍守。《南齐书·李安民传》：
"其年，虏又南侵，诏安民持节履行缘淮清泗诸戍屯军。虏攻朐山、
连口、角城，安民顿泗口，分军应赴。"

七月，王俭作《郊殷议》。(《南齐书》卷九《礼志上》)

荆州刺史豫章王萧嶷作《与杨广香书》。萧嶷于南蛮园开馆立学。(《南齐书》卷五十九《氐杨传》，《南齐书》卷二十二《豫章文献王传》)

平按：《南齐书·豫章文献王传》："其夏（建元二年），于南蛮园东南开馆立学，上表言状。置生四十人，取旧族父祖位正佐台郎，年二十五以下十五以上补之，置儒林参军一人，文学祭酒一人，劝学从事二人，行释菜礼。以谷过贱，听民以米当口钱，优评斛一百。"《南史》作"置生三十人"，余均同《南齐书》。萧嶷于荆州立学，时以王秀之为儒林祭酒。《南齐书·王秀之传》："（豫章）王于荆州立学，以秀之领儒林祭酒。"

十一月戊子，以氐人杨后起为秦州刺史。(《南齐书》卷二《高帝纪下》)

十二月乙巳，车驾幸中堂听讼。(《南齐书》卷二《高帝纪下》)

十二月壬子，以骠骑大将军豫章王萧嶷为司空，扬州刺史、前将军临川王萧映为荆州刺史。(《南齐书》卷二《高帝纪下》)

平按：《南齐书·豫章文献王传》："入为都督扬南徐二州诸军事、中书监、司空、扬州刺史，持节、侍中如故。加兵置佐。以前军临川王映府文武配司空府。嶷以将还都，修治廨宇及路陌，东归部曲不得赍府州物出城。发江津，士女观送数千人，皆垂泣。"萧嶷离荆州刺史任回京，则由其弟临川王萧映代之。

萧道成作《答萧景先》。(《南齐书》卷三十八《萧景先传》)

平按：萧景先以本年镇司州，退魏军后，即启称萧道成德化之美，萧道成答曰：

风沦俗败，二十余年，以吾当之，岂得顿扫？幸得数载尽力救苍生者，必有功于万物也。治天下者，虽圣人犹须良佐，汝等各各自竭，不忧不治也。

萧道成诏吕安国土断郢、司二州杂民。（《南齐书》卷二十九《吕安国传》）

平按：胡阿祥将建元时期的土断称为六朝时期的"第八次土断"。建元土断，始于建元二年，其时"虏寇边，上遣（吕）安国出司州，安集民户。诏曰：郢司之间，流杂繁广，宜并加区判，定其隶属"。吕安国乃"土断郢司二境上杂民，大佳，民殆无惊恐"。次年，又令垣崇祖土断豫州，"商得崇祖启事，已行竟"。齐高帝又"欲土断江北"，敕南兖州刺史柳世隆曰："卿视兖部中可行此事不？若无所扰，春便就手也。"柳世隆即"并省侨郡县"，"建元四年，罢北淮阳、北下邳、北济阴、东莞四郡"。

魏军犯寿阳，萧道成敕柳世隆、垣崇祖破魏军，萧道成罢并二豫，又敕柳世隆。（《南齐书》卷二十四《柳世隆传》）

平按：建元二年，柳世隆进为安南将军，当时魏军南讨进攻寿阳，萧道成作《敕柳世隆》：

历阳城大，恐不可卒治。正宜断隔之，深为保固。处分百姓，若不将家守城，单身亦难可委信也。

吾更历阳外城，若有贼至，即勒百姓守之，故应胜割弃也。

比思江西萧条，二豫两办为难。议者多云省一足一，于事为便。吾谓非乃乖谬。卿以为云何？可具以闻。

萧道成以其第十一子萧钧出继衡阳元王萧道度。（《南齐书》卷四十五《萧钧传》）

平按：《南史·萧钧传》："年七岁，出继衡阳元王，见高帝，未拜，便涕泗横流。高帝执其手曰：'伯叔父犹父，勿怨。所以令汝出继，以汝有意，堪奉蒸尝故耳。'即敕外如先给通幰车、雉尾扇等，事事依正王。"《南齐书·萧钧传》："隆昌元年，改加侍中，给扶。海陵立，转抚军将军，侍中如故。寻遇害，年二十二。"由此上推，萧钧年七岁出继衡阳元王在萧道成建元二年。

萧道成遣宫人往胡谐之家教其家人语正音。（《南史》卷四十七《胡谐之传》）

平按：《南史·胡谐之传》："建元二年，为给事中、骁骑将军。上方欲奖以贵族盛姻，以谐之家人语傒音不正，乃遣宫内四五人往谐之家教子女语。二年后，帝问曰：'卿家人语音已正未？'谐之答曰：'宫人少，臣家人多，非唯不能得正音，遂使宫人顿成傒语。'帝大笑，遍向朝臣说之。"古称江右人为"傒"，即今江西人。萧道成所说"正音"应为当时通行于京师建康的官话，相对而言，"傒音"即是地方话了。

萧道成下《检定簿籍诏》。（《南齐书》卷三十四《虞玩之传》）

平按：建元二年的检定簿籍即为六朝史上的第八次土断。史载，萧道成即位后敕虞玩之与骁骑将军傅坚意检定簿籍，并于建元二年下诏群臣。诏曰：

> 黄籍，民之大纪，国之治端。自顷讹俗巧伪，为日已久。至乃窃注爵位，盗易年月，增损三状，贸袭万端。或户存而文书已绝，或人在而反托死叛，停私而云隶役，身强而称六疾。编户齐家，少不如此。皆政之巨蠹，教之深疵。比年虽却籍改书，终无得实。若约之以刑，则民伪已远；若绥之以德，则胜残未易。卿诸贤并深明治体，可各献嘉谋，以振浇化。又台坊访募，此制不近，优刻素定，

闲剧有常。宋元嘉以前，兹役恒满，大明以后，乐补稍绝。或缘寇难频起，军荫易多，民庶从利，投坊者寡。然国经未变，朝纪恒存，相揆而言，隆替何速。此急病之洪源，暑景之切患。以何科算，革斯弊邪？

虞玩之作《黄籍革弊表》，为萧道成所采纳。于是，"乃别置板籍官，置令史，限人一日得数巧，以防懈怠。于是货赂因缘，籍注虽正，犹强推卸，以充程限"。

萧道成作《赠谥刘善明诏》。(《南齐书》卷二十八《刘善明传》)

平按：刘善明本年卒，萧道成诏曰：

善明忠诚凤亮，干力兼宣，豫经夷险，勤绩昭著。不幸殒丧，痛悼于怀。赠左将军、豫州刺史，谥烈伯。

萧道成作《敕刘怀慰》。(《南齐书》卷三十《薛渊传》)

平按：魏遣将薛道摽犯寿春，萧道成以薛道摽与薛渊亲近，乃敕齐郡太守刘怀慰曰：

闻道摽分明来，其儿妇并在都，与诸弟无复同生者，凡此类，无为不多方误之，纵不全信，足使豺狼疑惑。

萧道成作《遣吕安国集司州诏》。(《南齐书》卷二十九《吕安国传》)

平按：建元二年，魏军犯边，萧道成遣吕安国出司州，安集民户，下诏曰：

郢、司之间，流杂繁广，宜并加区判，定其隶属。参详两州，事无专任，安国可暂往经理。

萧道成作《敕周山图》。(《南齐书》卷二十九《周山图传》)

平按：魏军南侵，萧道成策魏军必不出淮阴，乃敕周山图曰：

知卿绥边抚戎，甚有次第，应变算略，悉以相委。恐列丑未必能送死，卿丈夫无可藉手耳。

淮北四州起义，萧道成使周山图自淮入清，又敕周山图曰：

卿当尽相帅驭理，每存全重，天下事唯同心力，山岳可摧。然用兵当使背后无忧虑。若后冷然无横来处，闭目痛打，无不摧碎。吾政应铸金，待卿成勋耳。若不藉此平四州，非丈夫也。努力自运，勿令他人得上功。

萧道成作《铨序垣崇祖等诏》。(《南齐书》卷二十九《周盘龙传》)

平按：建元二年，魏军攻寿春，萧道成以周盘龙为军主、假节，助豫州刺史垣崇祖，杀伤魏军数万人，获牛马辎重。萧道成闻之喜，下诏曰：

丑虏送死，敢寇寿春。崇祖、盘龙正勤义勇，乘机电奋，水陆斩击，填川蔽野。师不淹晨，西蕃克定。斯实将率用命之功，文武争伐之力。凡厥勋勤，宜时铨序，可符列上。

江淹三十七岁，作《大赦诏》《何詹事为吏部尚书诏》《北伐诏》《曲赦丹阳等四郡诏》《王仆射为左仆射诏》《王抚军为安东吴兴诏》《王侍中为南蛮校尉诏》《萧冠军进号征虏诏》《王光禄为征南湘州诏》《步桐台》《王仆射为太子詹事诏》《王仆射加兵诏》等。（丁福林《江淹年谱》）

初置史官，以檀超、江淹掌史职。（《南齐书》卷五十二《檀超传》）

平按：《南齐书·檀超传》："建元二年，初置史官，以超与骠骑记室江淹掌史职。上表立条例，开元纪号，不取宋年。封爵各详本传，无假年表。立十志：《律历》《礼乐》《天文》《五行》《郊祀》《刑法》《艺文》依班固，《朝会》《舆服》依蔡邕、司马彪，《州郡》依徐爰。《百官》依范晔，合《州郡》。班固五星载《天文》，日蚀载《五行》，改日蚀入《天文志》。以建元为始。帝女体自皇宗，立传以备甥舅之重。又立《处士》《列女传》。……超史功未就，卒官。江淹撰成之，犹不备也。"

王逡之上表立国学。（《南齐书》卷五十二《王逡之传》）

平按：《南齐书·王逡之传》："国学久废，建元二年，逡之先上表立学，又兼著作，撰《永明起居注》。"王逡之于本年表立国学，至建元四年正月国学方立。王逡之字宣约，琅邪临沂人。少礼学博闻，尝撰《世行》五卷。卒于建武二年（495）。

刘善明（432—480）卒。

平按：《南齐书》本传："建元二年，卒，年四十九。"刘善明，平原人，镇北将军刘怀珍族弟。其父刘怀民，宋世为齐、北海二郡太守。善明少而静处读书。尝作《上陈事表》，所陈事凡十一条。又撰《贤圣杂语》，托以讽谏。善明素与萧道成友善，昇明初为萧道成骠骑谘议。沈攸之反，献计平之。其嗜书藏书，亦著名于世。《南齐书》本传载："善明家无遗储，唯有书八千卷。太祖闻其清贫，赐涤家葛塘屯谷五百斛。"可见善明淡于财货，喜书好学。《隋志》著录：“《刘善明集》十卷，亡。”今存文五篇。

崔祖思（？—480）卒。

平按：《南齐书》本传：“（建元）二年，进号征虏将军，军主如故。仍迁假节、督青冀二州刺史，将军如故。少时，卒。”崔祖思字敬元，清河东武城人，崔琰七世孙。祖思少有志气，好读书史，颇有文义。萧道成即皇帝位，祖思向高帝陈政事，作《陈政事启》，文为《南齐书》本传采录。《隋志》著录“梁又有齐黄门侍郎《崔祖思集》二十卷”，已散佚。

萧综（480—528）生。

平按：《梁书》本传：“大通二年，萧宝寅在魏据长安反，综自洛阳北遁，将赴之，为津吏所执，魏人杀之，时年四十九。”上推生于是年。萧综字世谦，萧衍第二子。有才学，善属文。降魏，在魏不得志，作《听钟鸣》《悲落叶》等诗以申其志。二诗皆传世，《先秦汉魏晋南北朝诗》将其置于北魏诗卷。《隋志》著录“梁《萧综集》七卷”。

王籍（480—547）生。

平按：王籍字文海，其卒年，史传无载。萧绎于梁中大通六年（534）作《法宝联璧序》，文末称王籍时年五十五岁，上推生于是年。曹道衡、刘跃进《南北朝文学编年史》均系于此年，从之。诗学谢灵运，今存二首。其名篇《入若邪溪》作于天监后期，有句“蝉噪林逾静，鸟鸣山更幽”，在当时声名极大，被称为“文外独绝”。

齐高帝建元三年·魏孝文帝太和五年（481）
辛酉　五十五岁

正月壬戌，诏王公卿士荐谠言。(《南齐书》卷二《高帝纪下》)

平按：萧道成即帝位之初即有诸多朝士上荐谠言，至本年正月方正式下诏荐谠言。《南齐书·裴叔业传》："上初即位，群下各献谠言。(建元) 二年，叔业上疏曰：'成都沃壤，四塞为固，古称一人守隘，万夫趑趄。雍、齐乱于汉世，谯、李寇于晋代，成败之迹，事载前史。……宜遣帝子之尊，临抚巴蜀，总益、梁、南秦为三州刺史。率文武万人，先启岷汉，分遣郡戍，皆配精力，搜荡山源，纠虔奸蠹。威令既行，民夷必服。'"

正月丙子，以平北将军陈显达为益州刺史，贞阳侯柳世隆为南兖州刺史，皇子萧锋为江夏王。领军将军李安民等破魏军于淮阳。(《南齐书》卷二《高帝纪下》)

平按：《南齐书·柳世隆传》："三年，出为使持节、督南兖兖徐青冀五州军事、安北将军、南兖州刺史。"南兖州位处江淮之间，因自建元二年魏军之南犯，致使该地民众骚动不安。萧道成作《敕柳世隆》曰：

比有北信，贼犹治兵在彭城，年已垂尽，或当未必送死。然豺狼不可以理推，为备或不可懈。彼郭既无关要，用宜开除，使去金城三十丈政佳耳。发民治之，无嫌。若作三千人食者，已有几米？可指牒付信还。民间若有丁多而细口少者，悉令戍，非疑也。
昨夜得北使启，钟离间贼已渡淮，既审送死，便当制加剿扑。卿好参候之。有急，令诸小戍还镇，不可贼至不觉也。贼既过淮，不容迩退散，要应有处。送死者定攻寿阳，吾当遣援军也。

魏军退去，萧道成欲土断江北，又敕柳世隆曰：

> 吕安国近在西，土断郢、司二境上杂民，大佳，民殆
> 无惊恐。近又令垣豫州断其州内，商得崇祖启事，已行竟，
> 近无云云，殊称前代旧意。卿视兖部中可行此事不？若无
> 所扰，春便就手也。

萧道成第十二子萧锋封江夏王时七岁。萧锋好琴书，延兴元年
为萧鸾所害，年二十岁。

自刘宋时代起，淮北徐、兖、青、冀四州便频频易手于南北，
至南齐受禅，四州没于魏者纷纷欲起事南归，时李安民缘淮戍守，
萧道成下《遣李安民援徐兖诏》，诏曰：

> 为青徐四州，义举云集。安民可长辔遐驭，指授群帅。

然李安民赴救四州延缓，南归诸军皆为魏军所败，李安民因此
受到萧道成之责。

六月壬子，逋租宿债，除减有差。（《南齐书》卷二《高帝
纪》下）

十二月丁亥，散骑常侍虞炎等十二人巡行诸州郡，观省风俗。
（《南史》卷四《齐本纪上》）

平按：《南齐书》《南史》载虞炎生平事迹极其简略。《南齐
书·文学传》："会稽虞炎，永明中以文学与沈约俱为文惠太子所遇，
意眄殊常。官至骁骑将军。"有集七卷，今存诗四首。

萧道成以临海长公主尚文士王彬。（《南史》卷二十二《王
彬传》）

平按：《南史·王彬传》："彬字思文，好文章，习篆隶，与志（王志）齐名。时人为之语曰：'三真六草，为天下宝。'齐武帝起旧宫，彬献赋，文辞典丽。尚齐高帝女临海长公主，拜驸马都尉。"本则材料显示萧道成的情趣，连公主亦许与文士王彬。时间不确，姑且系于此。

萧道成召褚澄为豫章王萧嶷疗疾。(《南史》卷二十八《褚澄传》，《南齐书》卷二十二《豫章文献王传》)

平按：《南史·褚澄传》："建元中，为吴郡太守，百姓李道念以公事到郡，澄见谓曰：'汝有重疾。'答曰：'旧有冷疾，至今五年，众医不差。'澄为诊脉，谓曰：'汝病非冷非热，当是食白瀹鸡子过多所致。'令取苏一升煮服之。始一服，乃吐出一物，如升，涎裹之动，开看是鸡雏，羽翅爪距具足，能行走。澄曰：'此未尽。'更服所余药，又吐得如向者鸡十三头，而病都差，当时称妙。豫章王感病，高帝召澄为疗，立愈。"又《南齐书·豫章文献王传》："嶷发江陵感疾，至京师未瘳，上深忧虑，为之大赦，三年六月壬子赦令是也。疾愈，上幸东府设金石乐，敕得乘舆至宫六门。"《南史·褚澄传》与《南齐书·豫章文献王传》所说萧嶷感病治愈之事当指同一事，是在建元三年。

萧道成与张融论书。(《南史》卷三十二《张融传》)

平按：《南史·张融传》："融善草书，常自美其能。帝曰：'卿书殊有骨力，但恨无二王法。'答曰：'非恨臣无二王法，亦恨二王无臣法。'"此对话不见于《南齐书》。句中"帝"当为高帝萧道成。萧道成与张融论书之语不明时间，姑系于本年。

萧道成以沈宪带山阴令，政声大著。(《南史》卷三十六《沈宪传》)

平按：《南史·沈宪传》："武陵王晔为会稽，以宪为左军司马。齐高帝以山阴户众，欲分为两县。武帝启曰：'县岂不可御，但用不得人耳。'乃以宪带山阴令，政声大著。"武陵王萧晔为会稽太守时间在建元三年。《南齐书·武陵昭王传》："建元三年，出为持节、都督会稽东阳新安永嘉临海五郡军事、会稽太守，将军如故。"由此可知。

褚渊上臧荣绪所撰《晋史》。(《南齐书》卷五十四《臧荣绪传》)

平按：《南齐书·臧荣绪传》："纯笃好学，括东西晋为一书，纪、录、志、传百一十卷。隐居京口教授。……司徒褚渊少时尝命驾寻之。建元中，启太祖曰：'荣绪，朱方隐者。昔臧质在宋，以国戚出牧彭岱，引为行佐，非其所好，谢疾求免。蓬庐守志，漏湿是安，灌蔬终老。与友关康之沉深典素，追古著书，撰《晋史》十帙，赞论虽无逸才，亦足弥纶一代。臣岁时往京口，早与之遇。近报其取书，始方送出，庶得备录渠阁，采异甄善。'上答曰：'公所道臧荣绪者，吾甚志之，其有史翰，欲令入天禄，甚佳。'"刘汝霖《东晋南北朝学术编年》系此事于本年，从之。

萧道成遣儒士刘瓛赴会稽，为武陵王萧晔讲《五经》。(《南齐书》卷三十五《武陵王晔传》)

平按：《南齐书·武陵王晔传》："建元三年，出为持节、都督会稽东阳新安永嘉临海五郡军事、会稽太守，将军如故。上遣儒士刘瓛往郡，为晔讲《五经》。"当时，在始宁东山开舍授学的杜京产闻说刘瓛至会稽，亦请刘瓛至山舍讲书。《南齐书·杜京产传》："建元中，武陵王晔为会稽，太祖遣儒士刘瓛入东为晔讲说，京产请瓛至山舍讲书，倾资供侍，子栖躬自屣履，为瓛生徒下食，其礼贤如此。"杜京产字景齐，吴郡钱唐人。颇涉文义，专修黄老。孔稚珪、陆澄、虞悰、沈约、张融曾表荐之，称其"学遍玄、儒，博通史、子，流连文艺，沉吟道奥"。永元元年卒，年六十四。

张孝秀（481—522）生。

平按：《梁书·张孝秀传》："普通三年，卒，时年四十二。"张孝秀字文逸，南阳宛人。其性通率，不好浮华，服寒食散，盛冬能卧于石。博涉群书，专精释典。善谈论，工隶书，凡诸门艺能，莫不明习。

刘孝绰（481—539）生。

平按：《梁书》本传："大同五年，卒官，时年五十九。"上推生于是年。刘孝绰字孝绰，彭城人，本名冉。父刘绘，齐大司马霸府从事中郎。孝绰幼聪明，七岁能属文，为其舅王融所赏异，号为"神童"。尝侍宴，于坐为诗七首，梁武帝萧衍览其文，篇篇嗟赏。昭明太子好士爱文，刘孝绰与殷芸、陆倕、王筠、到洽等同见宾礼。时人多欲为昭明太子辑纂文集，而太子独使刘孝绰集而序之。孝绰少有盛名，仗气负才，多所陵忽，有不合意，极言诋訾。其辞藻为后进所宗，世重其文，每作一篇，朝成暮遍，时人多转相传写，流闻绝域。有文集数十万言，行于世。《隋志》载录"梁廷尉卿《刘孝绰集》十四卷"。今存文十七篇、诗六十九首。

王筠（481—549）生。

平按：《梁书》本传："太清二年，侯景寇逼，筠时不入城。明年，太宗即位，为太子詹事。筠旧宅先为贼所焚，乃寓居国子祭酒萧子云宅，夜忽有盗攻之，惊惧坠井卒，时年六十九。"王筠卒年，史传所载并不很明确，卒于太清三年，即萧纲即位之时，也是一种推测，但大致不误。由太清三年上推，当生于是年。王筠字元礼，一字德柔，琅邪临沂人。祖王僧虔。筠七岁能属文，十六岁作《芍药赋》。及长，清静好学。当世辞宗沈约每见王筠之文，咨嗟吟咏，以为不逮，称"晚来名家，唯见王筠独步"。尝奉敕撰《开善寺宝志大师碑文》《中书表奏》三十卷等。其自序曰：

余少好书，老而弥笃，虽偶见瞥观，皆即疏记，后重省览，欢兴弥深，习与性成，不觉笔倦。自年十三四，齐建武二年乙亥至梁大同六年，四十六载矣。幼年读《五经》，皆七八十遍。爱《左氏春秋》，吟讽常为口实，广略去取，凡三过五抄。余经及《周官》《仪礼》《国语》《尔雅》《山海经》《本草》并再抄。子史诸集皆一遍。未尝倩人假手，并躬自抄录，大小百余卷。不足传之好事，盖以备遗忘而已。

王筠自撰其文章，以一官为一集，自洗马、中书、中庶子、吏部、左佐、临海、太府各十卷，《尚书》三十卷，凡一百卷，行于世。《隋志》载录："梁太子洗马《王筠集》十一卷，并录。王筠《中书集》十一卷，并录。王筠《临海集》十一卷，并录。王筠《左佐集》十一卷，并录。王筠《尚书集》九卷，并录。"今存文十八篇、诗五十首。

刘显（481—543）生。

平按：《梁书》本传："大同九年，（邵陵）王迁镇郢州，除平西谘议参军，加戎昭将军。其年卒，时年六十三。"上推生于是年。刘显字嗣芳，沛国相人。显幼而聪敏，当世号为"神童"。好学，博涉多通。尝作《上朝诗》，为沈约所称美。

齐高帝建元四年·魏孝文帝太和六年（482）壬戌　五十六岁

正月壬戌，萧道成下诏立国学。（《南齐书》卷二《高帝纪下》，《南齐书》卷九《礼志上》）

平按：萧道成少年时曾受学于名儒雷次宗，颇善《礼》和《左氏春秋》。立国之初，于建元四年下诏建立国学，规定学生一百五十人，其中包括有高位而愿意入学的子弟五十人，年龄由十五到二十岁。入学资格取王公以下至诸州别驾治中子孙，并以家住在京师二千里内为限。聘张绪为国子祭酒，设博士、助教，选聘以经学为先。其《立学诏》曰：

> 夫胶庠之典，彝伦攸先，所以招振才端，启发性绪，弘宇黎氓，纳之轨义。是故五礼之迹可传，六乐之容不泯。朕自膺历受图，志阐经训，且有司群僚，奏议咸集，盖以戎车时警，文教未宣，思乐泮官，永言多慨。今关燧无虞，时和岁稔，远迩同风，华夷慕义。便可式遵前准，修建教学，精选儒官，广延国胄。

此诏与江淹《立学诏》同，当为江淹所代作，然既为国诏，必是萧道成之意，代笔者仅文辞润色而已。诏书大致说了四层意思：兴办学校，要把伦理道德教育放在首位；发展教育，才能培养人才，才能把士民的思想行为纳入儒家忠孝信义的轨道；自己称帝以后"志阐经训"，群臣也因为"文教未宣"而感慨良多，发展儒学教育是君臣共识；要利用当前安定的政治环境，把国学兴办起来。[1]《南齐书·礼志上》："建元四年正月，诏立国学，置学生百五十人。其有位乐入者五十人。生年十五以上，二十以还，取王公已下至三将、著作郎、廷尉正、太子舍人、领护诸府司马谘议经除敕者，诸州别驾治中等，见居官及罢散者子孙。悉取家去都二千里为限。"本年之立国学，《南齐书·百官志》亦有所载，其曰："建元四年，有司奏置国学，祭酒准诸曹尚书，博士准中书郎，助教准南台御史。选经学为先。若其人难备，给事中以还明经者，以本位领。其下典学二人，三品，准太常主簿；户曹、仪曹各二人，五品；白簿治礼吏八人，六品；保学医二人；威仪二人。其夏，国讳废学，有司奏省助

---

① 田汉云：《六朝经学与玄学》，南京出版社2003年版，第173页。

教以下。"又《南齐书·张绪传》:"四年,初立国学,以绪为太常卿,领国子祭酒。"当时,陆澄为国子博士。据《南齐书·陆澄传》,当时的国学"置郑、王《易》,杜、服《春秋》,何氏《公羊》,麋氏《穀梁》,郑玄《孝经》"。

张绪迁为太常卿、国子祭酒,领国学事,王延之由江州刺史任转为中书令。(《南齐书》卷三十三《张绪传》)

平按:张绪于建元元年为中书令,至本年年初迁为国学之任,中书令职由江州刺史王延之接任。《南齐书·张绪传》载:"绪既迁官,上以王延之代绪为中书令,时人以此选为得人,比晋朝之用王子敬、王季琰也。"《南齐书·高帝纪下》所载王延之迁为右光禄大夫,与《张绪传》不同。

正月癸亥,萧道成下《蠲复建元已来战亡家租布杂役诏》。(《南齐书》卷二《高帝纪下》)

平按:诏曰:

> 比岁申威西北,义勇争先,殒气寇场,命尽王事。战亡蠲复,虽有恒典,主者遵用,每伤简薄。建元以来战亡,赏蠲租布二十年,杂役十年。其不得收尸,主军保押,亦同比例。

以后将军长沙王萧晃为护军将军,中军将军南郡王萧长懋为南徐州刺史,冠军将军安成王萧暠为江州刺史。(《南齐书》卷一《高帝纪下》)

二月乙未,萧道成不豫。(《南齐书》卷二《高帝纪下》)

二月庚戌,萧道成下诏原京师囚系,元年以前逋责皆原除。(《南齐书》卷二《高帝纪下》)

三月庚申,萧道成召司徒褚渊、左仆射王俭顾命受托。(《南齐

书》卷二《高帝纪下》)

平按：萧道成下《大渐召褚渊王俭诏》：

> 吾本布衣素族，念不到此，因藉时来，遂隆大业。风道沾被，升平可期。遘疾弥留，至于大渐。公等奉太子如事吾，柔远能迩，辑和内外，当令太子敦睦亲戚，委任贤才，崇尚节俭，弘宣简惠，则天下之理尽矣。死生有命，夫复何言！

萧道成临崩时，又有《戒萧赜》：

> 宋氏若骨肉不相图，他族岂得乘其弊？汝深戒之。

四子长沙王萧晃性情峻烈，曾因杀典签为萧道成所杖责，且又不为长兄萧赜所喜，故萧道成临终特嘱萧赜，使之"处以辇毂近蕃，勿令远出"，并须深戒宋氏骨肉相残之祸。

萧道成临崩，因荀伯玉敕萧赜。(《南齐书》卷三十一《荀伯玉传》)

平按：荀伯玉为萧道成所亲信，军国密事，多委之。萧赜深怨伯玉，故萧道成临终口敕世祖：

> 此人事我忠，我身后，人必为其作口过，汝勿信也。可令往东宫长侍白泽，小却以南兖州处之。

萧道成临终，诸臣中，唯召萧赜特予荀伯玉关照，此见重也。

萧道成甚爱最幼子萧铉，临崩嘱萧赜加意之。(《南史》卷四十三《河东王铉传》)

平按：《南史·河东王铉传》："河东王铉字宣胤，太祖第十九子也。母张氏，有宠于高帝，铉又最幼，尤所留心。高帝临崩，以属武帝，武帝甚加意焉，为纳柳世隆女为妃。……及明帝诛高帝诸子，以铉高帝所爱，亦以才弱年幼，故得全。初铉年三四岁，高帝尝昼卧缠发，铉上高帝腹上弄绳，高帝因以绳赐铉。及崩后，铉以宝函盛绳，岁时辄开视，流涕呜咽。人才甚凡，而有此一至。"河东王萧铉永泰元年遇害，时年十九。由此上推其生于高帝建元二年（480），那么萧铉三四岁时，即应是高帝建元四年（482）、永明元年（483），由萧铉三四岁时尚在高帝腹上玩耍看，不可能在永明元年，故系于建元四年。

三月壬戌，萧道成崩于临光殿，年五十六。萧赜即皇帝位。（《南齐书》卷二《高帝纪下》）

平按：《南齐书·高帝纪下》："上少沉深有大量，宽严清俭，喜怒无色。博涉经史，善属文，工草隶书，弈棋第二品。虽经纶夷险，不废素业。从谏察谋，以威重得众。即位后，身不御精细之物。后宫器物栏槛以铜为饰者，皆改用铁，内殿施黄纱帐，宫人著紫皮履，华盖除金花爪，用铁回钉。每曰：'使我治天下十年，当使黄金与土同价。'欲以身率天下，移变风俗。"其《敕中书舍人桓景真》曰：

> 主衣中似有玉介导，此制始自大明末，后泰始尤增其丽。留此置主衣，政是兴长疾源，可即时打碎。凡复有可异物，皆宜随例也。

或许是因为出于"布衣素族"，萧道成一生颇以尚俭为务。宋世，诸子尚幼，学书则指画空中以练字，学棋又以破获纵横为棋局；山阴令傅琰为益州刺史，又使其"损华反朴"；即位后，御膳不宰牲。其尚俭亦影响了其诸子，萧赜为帝后，颇沿其父之风。《南齐书·武帝纪》载："上刚毅有断，为治总大体，以富国为先。颇不喜

游宴、雕绮之事，言常恨之，未能顿遣。临崩又诏'凡诸游费，宜
从休息。自今远近荐献，务存节俭，不得出界营求，相高奢丽。金
粟缯纩，弊民已多，珠玉玩好，伤工尤重，严加禁绝，不得有违准
绳。'"《南齐书·高帝纪下》对萧道成的这一评述，也显示了萧道
成的玄学倾向。首先，他虽然置身于复杂的政治斗争中，却注意增
进玄学修养。所谓不废素业，主要是指从事诸如读书、作文、书法、
下棋等文化活动。其次，生活"清俭"，不事享乐。第三，试图以自
己相对朴素的生活作风移风易俗。论其爱好和特长，与玄学家没有
两样，论其治国方略，则又与老子思想有一定联系。老子认为，统
治者不以金玉为贵，民众就不会去争夺这些东西，所谓"不贵难得
之货，使民不为盗"。《南齐书·苏侃传》载萧道成在刘宋时期频遭
猜疑，作《塞客吟》以喻志，其中"悟樊笼之或累，怅遐心以栖
玄"之句，一方面可能是一种姿态，另一方面也表示他确曾留意于
玄学。

孔觊上《铸钱均货议》，萧道成纳诸臣更广铸钱议，铸钱事因晏
驾未得施行。(《南齐书》卷三十七《刘悛传》)

平按：《南齐书·刘悛传》："宋代太祖辅政，有意欲铸钱，以
禅让之际，未及施行。建元四年，奉朝请孔觊上《铸钱均货议》，辞
证甚博。其略以为'食货相通，理势自然。……百姓乐业，市道无
争，衣食滋殖矣'。时议者多以钱货转少，宜更广铸，重其铢两，以
防民奸。太祖使诸州郡大市铜炭，会晏驾事寝。"

三月乙丑，萧赜称萧道成遗诏，以司徒褚渊录尚书事，尚书左
仆射王俭为尚书令，车骑将军张敬儿为开府仪同三司。下诏丧礼从
简。(《南齐书》卷三《武帝纪》)

平按：《南史·褚彦回传》："高帝崩，遗诏以为录尚书事。江
左以来，无单拜录者，有司疑立优策。尚书令王俭议，以为'见居
本官，别拜录，应有策书，而旧事不载。中朝以来，三公王侯，则

优策并设；官品第二，策而不优。优者褒美，策者兼明委寄。尚书职居天官，政化之本，故尚书令品虽第三，拜必有策。录尚书品秩不见，而总任弥重，前代多与本官同拜，故不别有策。即事缘情，不容均之凡僚，宜有策书，用申隆寄。既异王侯，不假优文。'从之。"

三月庚午，以司空豫章王萧嶷为太尉。(《南齐书》卷三《武帝纪》)

平按：《南齐书·豫章文献王传》："太祖崩，嶷哀号，眼耳皆出血。世祖即位，进位太尉，置兵佐，解侍中，增班剑为三十人。建元中，世祖以事失旨，太祖颇有代嫡之意，而嶷事世祖恭悌尽礼，未尝违忤颜色，故世祖友爱亦深。"

四月庚寅，谥萧道成为高皇帝，庙号太祖。(《南齐书》卷二《高帝纪下》，《南史》卷四《齐本纪上》)

四月丙午，葬高帝于泰安陵。(《南齐书》卷二《高帝纪下》)

平按：《武进县阳湖县合志》载："通江乡有泰安陵，为齐高帝萧道成墓。"常州市齐梁文化研究课题组《南兰陵桑梓本乡，武进王业所基——齐梁故里考》一文认为："泰安陵，在今严桥村北。一九四九年解放后，尚存皇坟遗址。皇坟地势高峻，在一座山丘上，群众在此挖出许多杂铜古器。一九七五年前平整土地，挑高填低时，未挖掘多深，即现出许多金、银、铜等物品，还有一把古铜剑。《南齐书》《南史》皆载：萧道成建元四年四月'丙午，窆武进泰安陵'。宋《咸淳毗陵志》亦有此记载，说泰安陵在武进彭山。过去这一带为彭山山脉，群众称其为'皇坟'。"[①]

四月辛卯，追尊穆妃为皇后。(《南齐书》卷三《武帝纪》)

---

① 常州市齐梁文化研究课题组编：《齐梁故里考证与齐梁文化新论》，南京大学出版社 2009 年版，第 56 页。

五月乙丑，以丹阳尹闻喜公萧子良为南徐州刺史。(《南齐书》卷三《武帝纪》)

平按：《南齐书·竟陵王子良传》："世祖即位，封竟陵郡王，邑二千户。为使持节、都督南徐兖二州诸军事、镇北将军、南徐州刺史。"据《南齐书·武帝纪》所载，萧子良为南徐州刺史及封竟陵王并非在同一时间，先为南徐州刺史，再封竟陵郡王。子良，武帝萧赜次子。

六月甲申，立萧长懋为皇太子。(《南齐书》卷三《武帝纪》)

平按：《南齐书·文惠太子传》："(建元)四年，迁使持节、都督南徐兖二州诸军事、征北将军、南徐州刺史。世祖即位，为皇太子。"萧长懋立为太子后，萧子良接其任为南徐州刺史。

六月乙酉，以鄱阳王萧锵为雍州刺史，临汝公萧子卿为郢州刺史。(《南齐书》卷三《武帝纪》)

平按：萧锵字宣韶，萧道成第七子。《南齐书·鄱阳王锵传》："建元四年，世祖即位，以锵为使持节、督雍梁南北秦四州郢州之竟陵司州之随郡军事、北中郎将、宁蛮校尉、雍州刺史。"萧子卿字云长，武帝萧赜第三子。《南齐书·庐陵王子卿传》："建元元年，封临汝县公，千五百户。兄弟四人同封。世祖即位，为持节、都督郢州司州之义阳军事、冠军将军、郢州刺史。"隆昌元年(494)，子卿被害，年二十七。

六月丙申，立皇太子妃王氏。进封闻喜公萧子良为竟陵王，临汝公萧子卿为庐陵王，应城公萧子敬为安陆王，江陵公萧子懋为晋安王，枝江公萧子隆为随郡王，皇子萧子真为建安王，皇孙萧昭业为南郡王。(《南齐书》卷三《武帝纪》)

平按：安陆王萧子敬，字云端，萧颐第五子。延兴元年（494），为萧鸾所杀，时年二十三。建安王萧子真字云仙，萧颐第九子，延兴元年被害，年十九。子良、子卿、子懋、子隆、萧昭业均见别处。

七月庚申，以卫尉萧顺之为豫州刺史。（《南齐书》卷三《武帝纪》）

九月丁巳，以国哀，罢国子学。（《南齐书》卷三《武帝纪》）

平按：正月立国学，至本月即因国讳废学。齐高帝立国学保留了宋明帝泰始六年（470）所设立的总明观建制，至永明三年国学建立，撤销总明观。南齐国学废立不定，永明十一年（493）齐武帝死，国学暂停，齐明帝建武四年（497）又诏恢复国学。第二年，齐明帝死，萧宝卷即位，国学又一次停办。三年以后，南齐灭亡，故永泰元年（498）以后国学便不复存在。作为国家培养人才的最高机构，终南齐一代国学停办三次，对于经学教育和人才培养十分不利。

褚渊（435—482）卒。

平按：《南齐书·武帝纪》："建元四年八月癸卯，司徒褚渊薨。"又《南史》本传："高帝崩，遗诏以为录尚书事。……顷之寝疾。彦回少时尝笃病，梦人以卜著一具与之，遂差其一，至是年四十八矣，岁初便寝疾。而太白荧惑相系犯上将，彦回虑不起，表逊位。武帝不许，乃改授司空、骠骑将军，侍中、录尚书事如故。薨年四十八，家无余财，负债数十万，诏给东园秘器。"褚渊字彦回，河南阳翟人。祖褚秀之，宋太常。父褚湛之，骠骑将军。渊少有世誉，父湛之卒，推财与弟，唯取书数千卷。宋明帝崩，遗诏与尚书令袁粲并受顾命，辅幼主。在萧道成行废立事及建齐中，始终予萧道成以鼎力支持，为南齐开创基业的重臣。渊美仪貌，善容止，俯仰进退，咸有风则。涉猎谈义，善弹琵琶。性和雅有器度，不妄举动。卒谥文简。今存文十篇。萧道成尝赐褚渊白貂坐褥。褚渊卒，其弟褚澄将其兄所用过的一些物件赎回，包括萧道成所赐的白貂坐裈，以及介帻犀导、彦回常所乘黄牛等。《南史·褚彦回传》："彦回薨，澄以钱一万一千就招提寺赎高帝所赐彦回白貂坐裈，坏作裘及襦，又赎彦回介帻犀导及彦回常所乘黄牛。"

刘苞（482—511）生。

平按：《梁书·刘苞传》："天监十年，卒，时年三十。"刘苞字孝尝，彭城人，其祖父为宋司空刘勔。少好学，能属文，梁武帝即位，"引后进文学之士，苞及从兄孝绰、从弟孺，同郡到溉、溉弟洽、从弟沆，吴郡陆倕、张率并以文藻见知"。《隋志》："太子洗马《刘苞集》十卷。"刘苞文无存，《全梁诗》辑诗二首。